全国高等院校物流管理与工程专业类
应用型人才培养“十三五”规划精品教材

编 委 会

全国高等院校物流管理与工程专业类
应用型人才培养“十三五”规划精品教材

总主编◎刘志学

现代物流信息技术与应用

MODERN LOGISTICS INFORMATION TECHNOLOGY AND APPLICATION

主　编◎邹安全
副主编◎黄建标　罗杏玲
　　　　刘　军　周梓荣

華中科技大學出版社
http://www.hustp.com
中国·武汉

内 容 提 要

本书系统地阐述了构筑现代物流信息技术的关键技术原理等基础理论以及在物流领域的实践应用。全书共分10章，内容主要涉及现代物流信息技术导论、物流条码技术、RFID技术原理、物流数据交换技术、卫星导航与物流动态跟踪技术、互联网＋电子商务物流技术、大数据与云计算技术、SOA技术、快速响应和有效客户响应技术、物流公共信息平台技术等。本书每章的章首都有教学要点、导入案例，内容丰富，实用性强；章末有小结和形式多样的习题，便于读者理解和巩固各章内容，是较为成熟的物流信息技术教材。本书可作为高等院校物流管理、物流工程、信息管理与信息系统、计算机应用等相关专业的教材，也可作为物流领域相关行业各级管理人员和技术人员的参考用书。

图书在版编目(CIP)数据

现代物流信息技术与应用/邹安全主编．—武汉：华中科技大学出版社，2017.3
全国高等院校物流管理与工程专业类应用型人才培养"十三五"规划精品教材
ISBN 978-7-5680-2560-7

Ⅰ.①现… Ⅱ.①邹… Ⅲ.①物流-信息技术-高等学校-教材 Ⅳ.①F253.9

中国版本图书馆CIP数据核字(2017)第012300号

现代物流信息技术与应用 邹安全 主编
Xiandai Wuliu Xinxi Jishu yu Yingyong

策划编辑：陈培斌 周晓方
责任编辑：苏克超
封面设计：原色设计
责任校对：何 欢
责任监印：周治超
出版发行：华中科技大学出版社(中国·武汉) 电话：(027)81321913
武汉市东湖新技术开发区华工科技园 邮编：430223
录 排：华中科技大学惠友文印中心
印 刷：湖北恒泰印务有限公司
开 本：787mm×1092mm 1/16
印 张：19.25 插页：2
字 数：476千字
版 次：2018年12月第1版第2次印刷
定 价：48.00元

华中出版

本书若有印装质量问题，请向出版社营销中心调换
全国免费服务热线：400-6679-118 竭诚为您服务

总　序

物流业是国民经济和社会发展的基础性、战略性产业。加快发展现代物流业对于促进产业结构调整和提高企业市场竞争力都具有非常重要的作用。进入21世纪以来，随着经济全球化的加速推进和信息技术的强力驱动，我国现代物流业发展迅速并呈现出强劲的发展潜力，企业物流管理水平不断提高，物流企业服务能力显著增强，迫切需要大批高素质的物流管理与物流工程专业人才。《物流业发展中长期规划》指出“要着力完善物流学科体系和专业人才培养体系，以提高实践能力为重点”，对培养既有理论创新思维又有实践应用能力的应用型本科物流专业人才提出了明确要求。

在教育部《普通高等学校本科专业目录(2012年)》中，物流管理与工程类专业已上升为管理学学科的一级大类本科专业，不仅为全国高校物流管理与物流工程专业的发展带来了崭新的发展机遇，而且对加速培养社会和企业需要的物流本科专业人才提供了重要的发展平台。据最新统计，我国开办物流管理与工程类本科专业的高等学校已达到524所，专业布点数有570个，其中物流管理专业点456个，物流工程专业点109个，在校本科生约10万人。可见，我国物流高等教育已进入全方位发展新阶段，亟须全面创新物流管理与工程类本科专业人才培养体系，切实提升物流专业人才培养质量，以更好地满足日益增长的现代物流业发展对物流专业人才的需求。

在本科专业人才培养体系中，教材建设是极其重要的基础工程。在教育部高等学校物流管理与工程类专业教学指导委员会的大力支持下，华中科技大学出版社2015年7月召开“全国高等院校物流管理与工程专业类应用型人才培养‘十三五’规划精品教材”建设研讨会，来自国内二十多所大学的物流专业资深教授和中青年学科带头人就课程体系、教材定位、教学内容、编著团队、编写体例等进行认真研讨，并达成共识，成立由多位物流管理与工程类专业教学指导委员会委员领衔组成的编委会，组织物流领域的专家学者共同编写定位于应用型人才培养的精品教材。

经多次研讨，编委会力求本套规划教材凸显以下特色：

一是充分反映现代物流业发展对应用型物流专业人才的培养要求。在考虑本套教材整体结构时,既注重物流管理学、供应链管理、企业物流管理等核心课程,更强调当今电商物流、冷链物流、物流服务质量等实践趋势;既注重知识结构的完整性,更强调知识内容的实践性,力求实现先进物流管理理论与当代物流管理实践的充分融合。

二是遵循《物流管理与工程类专业教学质量国家标准》规范要求。2015 年,教育部高等学校物流管理与工程类专业教学指导委员会颁布了《物流管理与工程类专业教学质量国家标准》,对物流管理与工程类本科专业人才的培养目标、培养规格、课程体系、教学条件等提出了明确要求。因此,本套教材从书目选题到内容组织都力求以《物流管理与工程类专业教学质量国家标准》为指南。

三是强化案例分析教学。应用型本科物流专业人才特别注重实践动手能力的培养,尤其是培养其独立发现问题、分析问题和解决问题的能力,而案例分析教学是实现学生能力提升的有效途径。因此,本套教材的每章都以案例导入,并配备了大量的同步案例和综合案例,力求通过案例教学增强学生独立思考和综合分析能力,学以致用,知行合一。

本套教材由多年从事物流管理与工程类本科专业教学、在本学科领域具有丰富教学经验的专家学者担任各教材的主编。首批教材涵盖《物流管理学》、《供应链管理》、《企业物流管理》、《国际物流学》、《现代物流信息技术与应用》、《第三方物流》、《运输管理》、《仓储管理》、《物流系统建模与仿真》、《物流成本管理》、《采购与供应管理》、《物流系统规划与管理》、《物流自动化系统》、《物流工程》、《物流项目管理》、《冷链物流》、《物流服务质量管理》、《电子商务物流》、《物流决策与优化》等书目。同时,编委会将依据我国物流业发展变化趋势及其对应用型本科物流专业人才培养的新要求及时更新教材书目,不断丰富和完善教学内容。

为了充分反映国内外最新研究和实践成果,在本套教材的编写过程中参考了大量的专著、教材和论文资料,各位编著者已尽可能在参考文献中列出,在此对这些研究者和实践者表示诚挚的谢意。如果有疏漏之处,作者表示非常抱歉,一旦获知具体信息将及时予以纠正。

应该指出的是,编撰一套高质量的教材是一项十分艰巨的任务。尽管编著者认真尽责,但由于理论水平和实践能力所限,本套教材中难免存在一些疏忽与缺失,真诚希望广大读者批评指正,不吝赐教,以期在教材修订再版时补充完善。

2016 年 5 月 20 日

前　言

现代物流产业已成为推动我国经济发展的强大引擎。随着国民经济增长和互联网+的经济模式不断完善,“十三五”将来很长一段时间内,物流总量将持续增长。近几年来,随着我国“一带一路”发展战略的继续推进,发展现代物流产业,建立稳定高效的物流运输和配送系统已成为中国经济增长的一大热点。懂现代物流信息技术的物流人才的匮乏却不能满足中国物流产业发展的基本需要。随着国内物流市场需求日益旺盛以及物流领域的进一步开放,现代信息技术在物流业中的应用越来越广泛。随着供给侧改革的深入,我国企业,特别是现代物流企业,对我国物流人才的质量提出了新的要求,懂技术、会管理的物流应用型人才更受青睐。

本书广泛参考了国内外相关物流信息技术和物流管理著作与论文,在吸收它们的理论、思路、方法与实践经验的精华的基础上,结合作者多年的教学实践、物流企业服务和培训经验编写而成,以现代物流信息技术的关键技术原理等基础理论及其在物流领域的实践应用为主线,突出重点,强调深入浅出、通俗易懂。本书可作为高等院校物流管理、物流工程、信息管理与信息系统、计算机应用等相关专业的教材,也可作为物流领域相关行业各级管理人员和技术人员的参考用书,也可供成人教育本科、企业物流管理人员和相关专业人员自学、提高之用。

本书由佛山科学技术学院邹安全教授任主编,编写第一章和第三章;湘南学院黄建标副教授和唐小刚老师编写第四章和第五章;湖南现代物流学院罗杏玲老师编写第二章、第七章和第十章;佛山科学技术学院刘军副教授编写第六章和第九章;东莞理工学院周梓荣教授编写第八章。全书由邹安全和罗杏玲总审定,由长沙学院全春光博士和罗杏玲负责统稿。

在本书的编写过程中,我们参考并汲取了国内外物流信息技术及物流管理方面的许多专家、学者的理论观点、著作和研究成果,借鉴了众多物流信息技术及物流管理实际工作者的实践经验,在此深表感谢! 由于编者水平有限,书中难免有不当和疏漏之处,恳请广大读者批评指正。

作者

2017 年 3 月 1 日

目　录

第一章
现代物流信息技术导论

学习目标

1. 理解并掌握现代物流、信息、信息技术的概念；
2. 掌握现代物流信息技术的分类、内涵及作用；
3. 了解现代物流信息化的含义、发展过程及趋势。

引 例

“普利特”——从数据里发现盈利之源

上海普利特复合材料股份有限公司（以下简称“普利特”）创立于1993年，目前拥有五大类200余种品级的改性塑料产品，为汽车制造、家用电器生产、电子信息等企业提供配套服务，是专业从事高性能塑料复合材料研究、生产、销售和服务的民营高新技术企业。

2009年5月，在中国企业制造业上海峰会上，上海普利特总工程师（副总经理）张祥福展示了一张特别的管理报表，它揭示了普利特的盈利之源。这张报表显示：某个客户1年销售收入贡献近2000万元，而真实的利润贡献不到28万元；而另一个客户1年销售收入贡献不到600万元，利润贡献却超过100万元。通过这样的多维度分析，可以揭示一个事实：销售收入最高的客户不一定是企业利润贡献最大的客户。

这得益于商业智能系统。传统ERP（企业资源计划）系统可以帮助用户获取客户收入、费用支出、产品销售这一系列维度的单一信息，但无法将这些信息统一到一张表里进行综合分析，类似综合信息只有通过商业智能系统才能获得。普利特有500家以上客户，而商业智能系统能有效帮助该公司更好地提高客户服务水平，挖掘最有价值的客户。

公司有几十个业务员，如何掌握业务员对企业的利润贡献，是普利特管理者关注的问题。有的业务员看似销售收入贡献很大，但其花费的成本也较高，算下来最终纯利率很低；而有的业务员销售收入贡献看似不大，但成本合理，最终纯利率较高，这样的业务员才是企业的核心人才。

张祥福认为，企业管理者都应该掌握使用商业智能系统的技能。该系统工具可以指导管理者更好地经营，抛弃传统的经验管理，以数字说话。现在普利特的管理者每天上班第一件事就是查看一下个人的管理门户（U8 商业智能管理者门户），查看企业运营是否异常，分析企业运营状况。

普利特真正实现了从数据中发现企业的盈利之源，帮助管理者实现了科学管理决策。

第一节　信息与物流信息

一、信息

（一）信息的概念及其特点

信息是客观世界中各种事物的存在方式和运动变化规律以及这种方式和规律的表征与表述。对于信息的定义呈现出多定义而又无定论的局面，这一局面的形成是由于观察事物的多维视野造成的。多维视野是现代自然科学、社会科学、人文科学以及横向科学研究的一个显著特点，因此，不同学科有不同的信息定义。即使是同一学科，也可能出现差异很大的命题。在信息的定义这一问题上，也是如此。自然科学、社会科学中所说的信息常常不是一回事，前者多指数据、指令，后者多指消息、情报。即便如此，同属社会科学的消息、情报与信息也有一定的差别。

信息化的创始人香农和韦弗 1948 年在《通信的数学理论》中指出："凡是在一种情况下能减少不确定性的任何事物都叫作信息(information)。"这一定义是从通信科学的角度来探讨信息概念的，排除了信息的语义因素的定义，不考虑信息的含义价值，特指一种形式信息和统计概率信息因此不能直接用于研究人类的信息传播。但这一定义指出了信息的一个价值——减少不确定性，这是信息的认知知识功能，即当一个信息为人们所感知和确认后，这一信息就成为一定意义上的知识，形成后的知识又可以作为信息来传递(冗余信息)；而尚未被认识的信息，则成为人们努力探讨的对象，在尚未认识它们之前，它们还不是知识(未知信息)。

我国国家标准 GB489885《情报与文献工作词汇基本术语》中，关于"信息"的解释为：信息是物质存在的一种方式、形态或运动状态，也是事物的一种普遍属性，一般指数据、消息中所包含的意义，可以使消息中所描述事件的不确定性减少。这个定义首先明确了信息的本质是物质的属性，而不是物质实体本身。客观存在的一切事物，包括自然界、人体本身和人类社会，都在不断运动着，运动的物质，必然会产生相互作用和影响，从而引起物质结构、数量等多方面的变化。事物的这些变化，便成为信息产生的物质基础。因此，信息不是事物本身，而是由事物发出的数据、消息中所包含的意义。

这个定义首先弥补了信息论中对信息定义的特定指向性——只描述了非人类、非语义层的信息概念，把信息这一概念放到人类社会以及人类交往中考察，也纠正了控制论信息定义中对信息概念的泛化倾向，继而明确指出信息是物质的属性，而不是事物本身，是由事物发出的消息、指令、数据、信号等所包含的内容，是数据、消息中的意义。同时，这一定义明确了信息的认知知识的功能，即能减少不确定性的能力，可以说，信息是知识的源泉，知识是对所获得的信息进行处理并使之系统化的结果。这一功能是信息的基本功能，是人类解释客观世界发展规律的重要途径。知识的积累、科技的发展进步、经济文化的繁荣，都离不开信息的这一功能，经过大脑对信息的鉴别、筛选、归纳、提炼和存储，人类对客观世界的认识逐步深入，人类逐步进化、进步、发展。其次，这一定义明确了信息是指数据与消息中所包含的意义，区分了信息与讯息，从结构上使信息的概念更加准确。信息包含了人们以往不知道或者不能确定的东西。因此，消息、新闻、报道、资料、情报都是一种信息。知识也是一种信息，是经过人们提炼、加工、系统化了的信息。信息只有通过交流才能发挥效益。只有当信息借助载体进行传播的时候，才具有实际意义。通过信息交流，人们能够了解别人，认识世界，并传达自己的思想，正是信息的广泛传播，使人类区别于任何其他动物而具有发达的智慧，改变着这个世界，也改变着我们的生活。

一般地讲，信息具有六个特点。

1. 客观真实性

信息是事物存在方式和运动变化的客观反映，客观真实性是信息最重要的本质特征。

2. 传递性

传递性是信息的基本要素和明显特征。信息只有借助一定的载体（媒介），经过传递才能为人们所感知和接受。没有传递就没有信息，更谈不上信息的效用。

3. 时效性

信息的最大特点在于它的不确定性，千变万化、稍纵即逝。信息的功能、作用、效益都是随着时间的延续而改变的，此即信息的时效性。时效性是时间与效能的统一性，它既表明信息的时间价值，也表明信息的经济价值。一则信息如果超过了其价值的实用期就会贬值，甚至毫无用处。

4. 有用性（或称目的性）

信息是为人类服务的，它是人类社会的重要资源，人类利用它认识和改造客观世界。

5. 可处理性

这一特征包括多方面内容，如信息的可拓展、可引申、可浓缩等。这一特征使信息得以增值或便于传递、利用。

6. 可共享性

信息与一般物质资源不同，它不属于特定的占有对象，可以为众多的人共同享用。实物转赠之后，就不再属于原主，而信息通过双方交流，两者都有得无失。这一特性通常以信息的多方位传递来实现。

（二）信息的分类及其功能

1. 信息的分类

1）按照信息的发生领域分类

按照信息的发生领域，可将信息划分为物理信息、生物信息和社会信息。

（1）物理信息是指无生命世界的信息。如形形色色的天气变化、地壳运动、天体演化等现象。无生命的世界每时每刻都在散发着大量的信息。只是由于条件的限制，我们对于这类信息现象的认识还远远不够。

（2）生物信息是指生命世界的信息。有关实验研究表明，植物之间存在着信息交换现象，植物能够感知并传递信息。动物之间更是有着特定的信息联系方式，各类动物都有自己交换信息的“语言”。而遗传信息的作用则是生命进化的重要原因。没有信息，就没有丰富多彩的生物界，更不会出现人类社会。

（3）社会信息是指社会上人与人之间交流的信息，包括一切人类社会运动变化状态的描述。按照活动领域，社会信息又可分为科技信息、经济信息、政治信息、军事信息、文化信息等。社会信息是人类社会活动的重要资源，也是社会大系统的一类构成要素和演化动力。因此，社会信息是信息管理的主要对象。

2）按照信息的表现形式分类

按照信息的表现形式，可将信息划分为消息、资料和知识。

（1）消息是关于客观事物发展变化情况的最新报道。消息反映的是事物当前动态的信息，因此生存期短暂，有较强的时间性，主要用于了解情况，为决策提供参考。

（2）资料是客观事物的静态描述与社会现象的原始记录。资料反映的是客观现实的真实记载，因此生存期长久，有较强的累积性，主要用作论证的依据。

（3）知识是人类社会实践经验的总结，是人类发现、发明与创造的成果。知识反映的是人类对客观事物的普遍认识和科学评价，因此对人类社会活动有重要的意义。人类通过学习和掌握知识，可以增长创造才能，提高决策水平，从而更有效地开展各项社会活动。

3）按照主体的认识层次分类

按照主体的认识层次，可将信息划分为语法信息、语义信息和语用信息。

（1）语法信息只是客观事物形式上的单纯描述，只表现事物的现象而不深入揭示事物发展变化的内涵及其意义。这一层次涉及可能出现的符号的数目，信源的统计性质、编码系统、信道容量等，主要研究信道传递信息的能力，设计合适的编码系统，以高度的可靠性快速有效地传递数据，这些都是通信工程所关心的问题。

（2）语义信息是信息认识过程的第二个层次。它是指认识主体所感知或所表述的事物的存在方式和运动状态的逻辑含义。换而言之，语义信息不仅反映了事物运动变化的状态，而且揭示了事物运动变化的意义。从信源发出的数则消息，如果只是从通信符号的统计数量上来看，其信息量可能相等，但信息量相等的消息，其意义却可以是完全不同的。在信息检索中就要考虑到信息的语义问题。

（3）语用信息是信息认识过程的最高层次。它是指认识主体所感知或所表述的事物存在方式和运动状态，相对于某种目的所具有的效用。换而言之，语用信息就是指信源所发出的信息被信宿接收后将产生的效果和作用。同语义信息相比，它对信宿的依赖性更强，而且与信息传递时间、地点、环境等有着密切的关系。信息管理关注的主要是语用层次上的信息现象。

2．信息的功能

1）信息的中介功能

这是指信息是人类认识客观世界的中介物这一功能。信息作为中介，贯穿于人类认识世界和改造世界的全过程。在管理实践中，信息的中介功能主要表现为：管理者对管理客体的认识，是通过对管理客体所发出的信息的接收、加工之后而感知的；是依据对管理客体信息的分析和加工，形成新的更高层次的认识，然后通过实践反作用于管理客体，对组织进行管理、实现组织的目标。

2）信息的诱导功能

这是指信息具有诱发信息接收者产生该信息所能导致的某种行为的功能。当信息被信息接收者接收后，该信息会立即在信息接收者的头脑中占据一定的位置，并使信息接收者将自己头脑里原有的需求信息与之相联系，从而使信息接收者产生某种动机或感受。当这种新的动机占据主导地位时，信息接收者将产生该信息所能导致的行为。这就是信息诱导功能产生的机制。

3）信息的资源功能

它又称经济功能，是指信息具有促进社会经济发展以及产生和增强经济效益的功能。首先，利用信息可以直接创造财富。使用信息可以使非资源转化为资源而创造财富；使用信息可以取代劳动力、资金和材料，替代传统资源而创造财富；许多信息本身就是商品，可以在市场进行流通而创造财富；使用信息可以加快决策速度和保证决策正确，从而降低时间成本和减少决策失误进而创造财富。其次，利用信息可以间接创造经济价值。将信息要素注入生产力系统，可以提高劳动者的素质，可以缩短劳动者对生产对象的认识及熟练过程，可以引发对生产过程、生产工具、操作方法、工艺技术和原材料使用的变革与创新，提高生产力系统的质量和效率，间接创造经济价值。最后，利用信息可以使国民经济产业结构合理化，使产业结构与国民经济发展相适应，使各产业部门之间更加协调。利用信息还有利于产业结构的高级化、劳动就业结构的高级化、产品结构的高级化，以及投资结构、消费结构和贸易结构的高级化。

二、物流信息

（一）物流信息的概念及其特点

中华人民共和国国家标准《物流术语》(GB/TN18354—2006)对物流信息的定义为：物流信息是反映物流各种活动内容的知识、资料、图像、数据、文件的总称。在物流活动的管理与决策中，运输工具的选择、运输线路的选择、仓储的库存管理与控制、订单的处理等都需要准确的物流信息，物流信息对运输、仓储、配送等物流活动工具有支持、保障的作用。

物流信息一部分直接来自物流活动本身，另一部分则来自商品交易活动和市场。因此，物流信息的定义可以从狭义和广义两个方面来分析。狭义上的物流信息是指直接产生于物流活动的信息，如在运输、保管、包装、装卸、流通加工等活动中产生的信息。在物流活动管理与决策中，如运输工具的选择、运输路线的确定、每次运送批量的确定、在途货物的跟踪、仓库存储的有效利用、最佳库存数量的确定、订单管理、顾客服务水平的提高等，都需要详细、准确的物流信息。因为物流信息对运输管理、库存管理、订单管理、仓库作业管理等物流活动具有支持、保障的功能。广义上的物流信息不仅指与物流活动有关的信息，而且包括与其他流通活动有关的信息，如商品交易信息和市场信息等。商品交易信息是指与买卖双方的交易过程有关的信息，如销售和购买信息、订货和接受订货信息、发出货款和收到货款信息等。市场信息是指与市场活动有关的信息，如消费者的需求信息、竞争者或竞争性商品的信息、与销售促进活动有关的信息、交通通信等基础设施信息。在现代经营管理活动中，物流信息与商品交易信息、市场信息相互交叉、融合，有着密切的联系。

物流信息与商品信息及市场信息相比，具有以下四个方面的特征。

1. 量大、面广

物流是一个大范围活动，在运输、仓储、包装、装卸搬运、流通加工、配送等环节产生大量的物流信息且分布于厂商、仓储或堆场、物流中心、配送中心、分销商、客户等不同的物流节点，因此，物流信息涉及面广、信息量大。

2. 动态、适时

市场竞争状况、客户需求的变化及物流活动的频繁发生会使物流信息瞬息万变，呈现一种动态性。物流信息价值也会随时间的变化不断贬值，表现出适时性。我们只有及时掌握变化多端的物流信息，才能为物流管理决策提供依据。

3. 类多、复杂

物流信息不仅包括企业内部的物流信息，而且包括企业间的物流信息，包括物流活动相关的基础设施、市场等多方面的信息。随着物流业的发展，物流信息种类更多，来源将更复杂多样。

4. 共享、标准

现代物流信息涉及多个国家、多个企业、多个部门，在市场活动中各国家、企业、部门之间需要进行大量的信息交流。为了实现不同系统间的物流信息共享，必须采用国际或国家信息标准。

（二）物流信息的分类及其作用

1. 物流信息的分类

物流信息的种类繁多，按照不同的标准，会有各种各样的分类情况。

1）按照信息的加工程度分类

根据信息的加工程度，物流信息可以分为原始的物流信息和经过加工的物流信息。原始的物流信息是通过物流活动直接反映出来的信息，是没有经过加工的初级物流信息；经过加工的物流信息是按照一定目标要求，经加工处理后得到的物流信息。

2）按照信息的用途分类

根据信息的用途，物流信息可以分为计划信息、控制与作业信息、统计信息。计划信息是被当作目标加以确认的信息，例如仓储计划、物流设施设备建设计划等，这类信息相对稳定，变动频率较小；控制与作业信息是在物流业务操作过程中产生的信息，这类信息动态性较强；统计信息是物流活动整个流程结束后，对整个物流活动做出的总结性、归纳性信息，这类信息具有一定的规律性。

3）按照作用层次分类

根据信息作用的层次，物流信息可分为基础信息、作业信息、协调控制信息和决策支持信息。基础信息是物流活动的基础，是最初的信息源，如物品基本信息、货位基本信息等。作业信息是物流作业过程中发生的信息，信息的波动性大，具有动态性，如库存信息、到货信息等。协调控制信息主要是指物流活动的调度信息和计划信息。决策支持信息是指能对物流计划、决策、战略具有影响的相关统计信息或宏观信息，如科技、产品、法律等方面的信息。

4）按照物流职能分类

按照物流的职能，物流信息可以分为运输信息、仓储信息、包装信息、流通加工信息、装卸搬运信息、配送信息。

5）按照环节分类

根据信息产生和发挥作用的环节，物流信息可分为输入物流活动的信息和物流活动产生的信息。

2. 物流信息的作用

物流信息在物流活动中具有十分重要的作用，通过物流信息的收集、传递、存储、处理、输出等，成为决策依据，对整个物流活动起指挥、协调、支持和保障作用。其主要作用包括以下几个方面。

1）沟通和联系的作用

物流系统是由多个行业、部门及众多企业群体构成的经济大系统，系统内部正是通过各种指令、计划、文件、数据、报表、凭证、广告、商情等物流信息，建立起各种纵向和横向的联系，沟通生产厂、批发商、零售商、物流服务商和消费者，满足各方需要。因此，物流信息是沟通和联系物流活动各环节的桥梁。

2）引导和协调的作用

物流信息随着物资、货币及物流当事人的行为等信息载体进入物流供应链中，同时信息的反馈也随着信息载体反馈给供应链上的各个环节，依靠物流信息及其反馈可以引导供应链结构的变动和物流布局的优化；协调物资结构，使供需之间平衡；协调人、财、物等物流资源的配置，促进物流资源的整合和合理使用等。

3）管理和控制的作用

通过移动通信、计算机信息网、电子数据交换（EDI）、全球定位系统（GPS）等技术实现物流活动的电子化，如货物实时跟踪、车辆实时跟踪、库存自动补货等，用信息化代替传统的手工作业，实现物流运行、服务质量和成本等方面的管理控制。

4）缩短物流供应链的作用

为了应对需求波动，在物流供应链的不同节点上通常设置有库存，包括中间库存和最终库存，如零部件、在制品、制成品的库存等，这些库存增加了供应链的长度，提高了供应链成本。但是，如果能够实时掌握供应链上不同节点的信息，如知道在供应管道中，什么时候、什么地方、多少数量的货物可以到达目的地，那么就可以发现供应链上的过多库存并进行缩减，从而缩短物流供应链，提高物流服务水平。

5）辅助决策分析的作用

物流信息是制定决策方案的重要基础和关键依据，物流管理决策过程本身就是对物流信息进行深加工的过程，是对物流活动发展变化规律的认识过程。物流信息可以协助物流管理者鉴别、评估经比较物流战略和策略后的可选方案，如车辆调度、库存管理、设施选址、资源选择、流程设计以及有关作业比较和安排的成本-收益分析等均是在物流信息的帮助下才能做出的科学决策。

6）支持战略计划的作用

作为决策分析的延伸，物流战略计划涉及物流活动的长期发展方向和经营方针的制定，如企业战略联盟的形成、以利润为基础的顾客服务分析，以及能力和机会的开发与提炼。作为一种更加抽象、松散的决策，它是对物流信息进一步提炼和开发的结果。

7）价值增值的作用

物流信息本身是有价值的，而在物流领域中，流通信息在实现其使用价值的同时，其自身的价值又呈现增长的趋势，即物流信息本身具有增值特征。此外，物流信息是影响物流的重要因素，它把物流的各个要素及有关因素有机地组合并联结起来，以形成现实的生产力和创造出更高的社会生产力。同时，在社会化大生产条件下，生产过程日益复杂，物流诸要素都渗透着知识形态的信息，信息真正起着影响生产力的现实作用。企业只有有效地利用物流信息，投入生产和经营活动后，才能使生产力中的劳动者、劳动手段和劳动对象实现最佳结合，产生放大效应，使经济效益出现增值。物流系统的优化，各个物流环节的优化所采取的办法、措施，如选用合适的设备、设计最合理路线、决定最佳库存储备等，都要切合系统实际。

第二节　现代物流与信息技术

一、现代物流

（一）现代物流及其特征

物流是物品通过包装、装卸、保管、库存、流通加工、运输等作业服务活动，实现空间与时间价值的过程。从系统角度来看，物流是物品从供应商所在地向接收地流动的过程，是将物流服务活动有机结合的综合服务系统。现代物流在传统物流基础上发展而来，有其独有特征。

1. 现代物流的概念

在传统物流中，物流研究的对象主要集中于与商品销售有关的物流活动，着重于物品的存储和运输方面，以弥补商品销售中的时间和空间差异。由于信息技术落后，没有完整的物流系统，物流的各个活动环节相互独立，无法实现有效连接和协同。

经济的发展使物流活动向前拓展，扩大到生产领域，物流不再仅限于从产品制造完成才开始，而是扩展到从原材料采购、加工生产，到产品销售、售后服务，直到包装物品、废旧物品回收等整个物理性的过程。同时，信息技术的迅速发展，为物流的系统化、自动化以及物流活动的整合等提供了有力的支持，物流的运作形式和效率有了快速发展和提升。

1986年，美国物流管理协会（Council of Logistics Management，CLM）将 Physical Distribution 改为 Logistics，将物流定义为：对物品、服务及相关信息，从起源地到消费地的有效率、有效益的流动和储存，进行计划、执行和控制，以满足顾客要求的过程。该过程包括物品进向、去向，内部和外部的移动，以及以环境保护为目的的物料回收。这个定义将物流的范围扩大到经济的各个领域。因此，物流的内容不仅包括货物，还包括服务、信息，反映了现代经济以顾客为中心的理念。这个定义指出了信息在物流中的价值、地位和作用。

现代物流概念是现代化管理制度、管理组织、管理技术、信息技术和管理方法在物流中的运用，具体包括物流专业化、管理系统化、运输合理化、仓储自动化、包装服务标准化、装卸机械化、配送一体化和信息网络化。信息在物流中的价值、地位和作用不断被重视，认为信息管理是现代物流高效运作的关键因素，利用信息技术，可以合理地调配物流中的人、财、物等资源；通过物流信息系统，可以将原来独立的物流活动有机结合起来，形成完整的物流系统，为用户提供多功能、一体化的综合性服务。因此，信息化、系统化、一体化是现代物流与传统物流最显著的区别。

与传统物流偏向生产运作相比，现代物流强调供应链和生产运作一体化，对供应链中流动的存货管理进行统筹运作，以挖掘第三利润源泉。目前的物流业涵盖着两层内容：其一，将企业生产的产品进行分类、包装后，运至各生产企业，此类产品多为零配件、原材料，通过物流业的配送，各生产企业无须单独储存不同门类的多种元器件、零配件，省去了单独采购的麻烦，可以最大限度地压缩库存与采购成本；其二，将不同国家、地区、企业生产的各种不同规格商品配送至连锁商店、超市或最终消费者。两种不同流径的物流配送要求从事物流的专业企业除了应当具备仓储、集中采购和科学分类包装的内在能力外，还必须具备方便、快捷的运输条件、信息网络条件，以及快捷、准确的支付条件等。

2．现代物流的特征

现代物流强调物流客户服务的重要性，其活动范围广泛，包括整个生产、流通、消费过程的全部物流活动。现代物流不仅重视效率，更加重视效果，强调物流各构成要素的整体最佳，而且强调物流活动与其他生产经营活动的整体最佳，更强调库存一体化管理、信息管理及按需生产。相较于传统物流要求的安全、切实、迅速和经济性，现代物流的主要特征如下。

1）物流过程一体化

物流过程一体化是指将原料、半成品和成品的生产、供应、销售结合成有机整体，实现流通与生产的引导和促成关系。物流过程一体化的一个重要体现是物流供应链概念的出现。供应链将物流系统定义为从采购开始、经过生产过程和货物配送到达客户的整个过程。作为一条环环相扣的“链”，物流不再限于单个企业，而是对整条供应链各环节的运作和管理。物流过程一体化是20世纪末最有影响的商业趋势之一，它改变了过去将产品的流动视为一系列独立活动的思维模式，将从原材料直到消费者的商品流动作为整体系统进行计划与协调。它是物流管理系统化的具体体现，充分考虑整个物流过程及影响此过程的各种环境因素，对商品的实物流动进行整体规划和运行。因此，物流过程一体化的目标是将市场、分销网络、制造过程和采购活动联系起来，以实现顾客服务的高水平与低成本，赢得竞争优势。

2）物流技术专业化

物流技术专业化体现出物流作业应用专业化、标准化、智能化的先进技术与设备来提高效率。现代物流使用先进的技术、设备与管理为销售提供服务，生产、流通、销售规模越大、范围越广，物流技术、设备与管理的现代化程度越高。目前，计算机技术、通信技术、语音识别技术、传感技术、机电一体化技术等得到了普遍应用。世界上最先进的物流系统已运用全球定位系统、卫星通信技术、射频识别装置、机器人，实现了自动化、机械化、信息化和智能化。

3）物流运营与管理信息化

物流运营与管理信息化是现代物流管理的基础，是现代物流发展的必然要求和基石。现代物流高度依赖于对大量信息的采集、分析、处理和及时更新。在信息技术高度发达的现代社会，从客户信息和订单的数据化、编码化，到物流信息处理的电子化和计算机化，再到信息传递的实时化和标准化，信息化渗透物流的每一个领域。拥有为数众多的无车船和固定物流设备等物流资源的新型物流企业正是依赖其信息化的优势展开经营的。从某种意义上说，现代物流竞争已成为物流信息资源的竞争。

4）物流标准化

物流标准化是实现物流管理现代化的必要条件。对于企业，物流标准是产品质量的组成部分，是企业降低物流成本、提高物流效益的有效措施。要想实现供应链的衔接和统一管理，必须实现数据、流程的标准化。此外，信息技术的进步给传统物流带来了新的发展，移动信息技术、智能化信息平台等新兴技术也与物流业交融，形成一系列独具时代特色的现代物流产物。

5）物流网络化

网络经济的出现，促使网络市场成为新经济体系的核心，政府、企业、消费者通过网络市场相互联系并相互作用。电子商务的出现，使流通领域的经济行为产生分化和重组。分化体现在以下方面。第一，商品和服务的信息将在网络上出现和流通，而不再仅仅依赖于传统市场。第二，信息商品生产、流通与消费三个环节都可能转移到网上，从而使信息商品的生产企业、信息商品的消费者和用于信息商品流通的市场都有可能脱离实体经济而进入网络经济。第三，资金流越来越脱离传统市场而倚重网络进行流通。重组体现在以下方面。第一，流通企业业务流程重组。信息上网及信息商品的生产、流通和消费网络化，大大降低了信息成本，信息成为首要资源并渗透到业务的各个环节，从而改变业务流程。第二，市场流通方式重组。由于信息流、资金流从传统市场中剥离出来，传统市场的作用降低、功能减少、批发和零售的地位下降。在电子商务及新的在线购物系统中，顾客可以从供应链的各个成员中“拉出”他们所需的东西，结果是顾客可获得更加快速而可靠的服务，供应商也可减少成本。

6）物流移动化

现代物流中最重要的是降低成本、提高效率，应用移动信息技术可以实现有效的物流管理。物流信息具有很强的时效性、动态性，信息价值衰减速度快，物流信息管理对信息的时效性要求较高。如订单处理、配送管理和运输管理对信息的时效性要求很高。因此，物流企业为了进一步降低运作成本、提高工作与沟通效率、增强企业竞争力，引入了“移动物流”的管理理念。“移动物流”从最初的信息采集概念拓展为包括前端数据采集、数据无线传递及集成管理的物流管理信息系统。物流移动化有效满足了物流行业的业务与需求特征，对实现物流企业不受时空限制、实现信息共享、提升运输过程的合理性与安全性、提高企业精细化管理程度等都起到了举足轻重的作用，从而真正满足了物流信息的时效性要求。

7）物流虚拟化

虚拟物流是以信息技术进行物流运作与管理，实现企业间物流资源共享和优化配置的物流方式，其目的就是通过物流组织、交易、服务、管理方式的网络化，使物流活动能够方便快捷地进行，实现物流运营的高效、安全、可靠、低成本的目的。由于市场需求具有不确定性，具备相对稳定的内在物流资源的单个物流企业，可能在客户需求较高时由于资源的缺乏无法满足市场需求，而在市场需求较低时，又出现资源富余而增加了物流资源维护保养等成本费用。借助虚拟物流模式，能够有力地规避这种商业风险。例如，一个综合性的物流中心借助电子商务，通过信息构建了虚拟物流企业，将分散在各地区且属于不同所有者的仓库、车队、码头经由网络系统地连接起来，使之成为"虚拟仓库"、"虚拟配送中心"，进行统一管理和配套使用。当市场动态变化时，在各个联盟成员间动态调剂资源余缺。这样的虚拟物流企业因为整合了各成员企业的核心能力，从而在资源组织的速度、规模、效率和合理配置方面大大提升了整个联盟的市场竞争力。

（二）现代物流服务提供方式

现代物流服务已经超出了传统意义上的货物运输、仓储等服务范畴。对于现代物流企业来说，面对经济的发展、需求的变化与技术的进步，尤其是随着信息化进程的不断推进，物流服务的提供方式正在发生巨大变化，其主要特征见表1-1。

表1-1　物流服务提供方式的主要特征

项　　目	传统物流服务提供方式	现代物流服务提供方式
实施主体	生产企业和零售企业	第三方物流企业
服务导向	生产商或零售商	顾客
追求目标	规模生产、低成本服务	规模定制、个性化服务
服务类型	被动服务	主动服务
管理层次	管理单一环节	优化整体系统
管理方式	个人控制	信息管理
关注领域	物流基本活动	物流增值活动
推进机构	企业自身	各国政府与各行业协会
交易方式	直线型	网络型
信息属性	封闭	开放

单纯的运输、仓储业务已经无法构成企业牢固的基础，企业必须一方面提供新的增值服务，扩大业务范围；另一方面不断推陈出新，为客户提供增值服务，以提升自身竞争力。

1. 传统物流服务提供方式

随着铁路、公路、水路、航空、管道等运输通道基础设施相继得到完善，在物流发展的初期，企业为了将自己生产的产品销售出去，不得不为顾客提供一些诸如运输、仓储等物流基本服务形式，这是一种被动的反应。由于通信技术尚不发达，对于物流环节的管理只是停留在人工控制的层次上。虽然许多企业已经开发了自己的EDI系统，但也只起到企业内部信息传递的作用，企业与顾客之间的信息是不对称的。而且，在以生产制造企业为主的大型企业的垂直销售的观念下，企业所追求的是高效率的规模效益，生产制造企业对市场和流通等环节有很大的影响力，批量生产的产品经制造商、批发商、零售商这一垂直销售渠道投入市场。

然而，随着消费者购买力的增强，他们不再无条件地购买生产制造商事先已经准备好的商品。生产制造企业为了避免大量的库存所带来的风险，有必要关注消费者的需求和市场动向，以便有针对性地进行产品策划、开发和生产。因此，企业不得不转向多品种、小批量的生产方式。消费及与市场相关的信息对制造商来说比以往更为重要，而承担提供信息责任的就是零售企业，因为它们离消费者最近，可以准确把握消费者的实际需求。这样，零售企业为了更好地做好销售，以连锁商店、量贩式商店和专卖店等零售企业为中心，建立快速响应(quick response，QR)和有效客户响应(efficiency consumer response，ECR)机制，把握畅销商品，实现有效备货。零售商可以更快、更便宜地采购畅销商品，因而交易方式也由垂直型变成水平、开放式的。不论生产企业的物流，还是零售企业的物流，其提供的物流服务都是以基本物流服务为主，都只是为了实现商品的有效流通，这是传统物流服务提供方式的基本特征。

2. 现代物流服务提供方式

传统物流服务中的信息系统大都局限于企业内部或相关企业间的封闭系统，以互联网为基础建立起来的开放、自由的电子商务物流模式，奠定了现代物流服务实现的基础。B2B(企业对企业)、B2C(企业对消费者)、C2C(消费者对消费者)等一系列服务模式更好地实现了消费者个性化物流服务的需求，提升了企业把握市场实际需求及其变化的敏捷程度。对于消费者而言，购买商品途径的选择范围扩大了，消费者取代了零售商在供应链中的主导地位。在传统的物流服务过程中，一个产品从生产线出来到最后到达消费者手中，其流通渠道是有限的，而现代物流服务提供给消费者的是多种商品流通渠道。

现代物流服务提供方式关注的是物流增值服务。有了信息化的基础，为了更好地满足消费者对个性化服务的要求，物流企业关注的就必须是整个供应链的合理优化问题。只有相关企业协调运作，物流的社会效益才会体现出来。

3. 物流服务提供方式的发展趋势

信息化是物流服务提供方式最重要的一个发展趋势。从传统与现代物流服务提供方式的对比中不难发现，物流产业正在经历着一场信息化革命。企业要想实现高效的货物流通，解决企业之间与企业内部的信息共享、业务流程合理化，推进电子商务发展，建立信息管理系统等与提升企业竞争力直接相关的问题。物流服务信息化是其必经之路。尽可能为货主提供货物的实时信息，在相关企业之间建立即时的共享物流信息的架构，并根据信息的特点优化组织架构，其结果自然导致以信息化为基础的一站式物流服务提供商的问世。通过互联网等信息技术收集信息变得越来越容易，尤其重要的是能收集海量信息，并且通过将这些信息有机地整合在一起，创造出全新的价值。

二、信息技术

(一) 信息技术及其分类

信息技术(information technology，IT)是指在信息科学的基本原理和方法的指导下扩展人类信息功能的技术。一般来说，信息技术是以电子计算机和现代通信技术为主要手段，实现信息的获取、加工、传递和利用等功能的技术总和。人的信息功能包括:感觉器官承担的信息获取功能、神经网络承担的信息传递功能、思维器官承担的信息认知功能和信息再生功能、效应器官承担的信息执行功能。

1. 信息技术的定义

人们对信息技术的定义,因其使用的目的、范围、层次不同而有不同的表述:

(1) 信息技术就是“获取、存储、传递、处理分析信息以及使信息标准化的技术”。

(2) 信息技术“包含通信、计算机与计算机语言、计算机游戏、电子技术、光纤技术等”。

(3) 现代信息技术“以计算机技术、微电子技术和通信技术为特征”。

(4) 信息技术是指在计算机和通信技术支持下用以获取、加工、存储、变换、显示和传输文字、数据、图像以及声音信息,包括提供设备和提供信息服务两大方面的方法与设备的总称。

(5) 信息技术是人类在生产斗争和科学实验中,经由认识自然和改造自然而积累起来的获取信息、传递信息、存储信息、处理信息以及使信息标准化的经验、知识、技能和体现这些经验、知识、技能的劳动资料有目的的结合过程。

(6) 信息技术是管理、开发和利用信息资源的有关方法、手段与操作程序的总称。

(7) 信息技术是指能够扩展人类信息器官功能的一类技术的总称。

(8) 信息技术指“应用在信息加工和处理中的科学、技术与工程的训练方法和管理技巧;上述方法和技巧的应用;计算机及其与人、机的相互作用,与人相应的社会、经济和文化等诸种事物”。

(9) 信息技术包括信息传递过程中的各个方面,即信息的产生、收集、交换、存储、传输、显示、识别、提取、控制、加工和利用等技术。

2. 信息技术的特征

有人将计算机与网络技术的特征即数字化、网络化、多媒体化、智能化、虚拟化当作信息技术的特征。我们认为,信息技术的特征应从如下两方面来理解。

(1) 信息技术具有技术的一般特征——技术性。具体表现为方法的科学性、工具设备的先进性、技能的熟练性、经验的丰富性、作用过程的快捷性、功能的高效性等。

(2) 信息技术具有区别于其他技术的特征——信息性。具体表现为:信息技术的服务主体是信息,核心功能是提高信息处理与利用的效率、效益。由信息的秉性决定信息技术还具有普遍性、客观性、相对性、动态性、共享性、可变换性等特性。

3. 信息技术的分类

信息技术可以按照不同标准划分为不同的类型。

(1) 按表现形态的不同划分,信息技术可分为硬技术(物化技术)与软技术(非物化技术)。其中,硬技术指各种信息设备及其功能,如显微镜、电话机、通信卫星、多媒体电脑。软技术指有关信息获取与处理的各种知识、方法与技能,如语言文字技术、数据统计分析技术、规划决策技术、计算机软件技术等。

(2) 按工作流程中基本环节的不同划分,信息技术可分为信息获取技术、信息传递技术、信息存储技术、信息加工技术及信息标准化技术。信息获取技术包括信息的搜索、感知、接收、过滤等。如显微镜、望远镜、气象卫星、温度计、钟表、Internet 搜索器中的技术等。信息传递技术指跨越空间共享信息的技术，又可分为不同类型。如单向传递与双向传递技术，单通道传递、多通道传递与广播传递技术。信息存储技术指跨越时间保存信息的技术，如印刷技术、照相技术、录音技术、录像技术、缩微技术、磁盘技术、光盘技术等。信息加工技术是对信息进行描述、分类、排序、转换、浓缩、扩充、创新等的技术。信息加工技术的发展已有两次突破：从人脑信息加工到使用机械设备（如算盘，标尺等）进行信息加工，再发展为使用电子计算机与网络进行信息加工。信息标准化技术是指使信息的获取、传递、存储、加工各环节有机衔接，提升信息交换共享能力的技术。如信息管理标准、字符编码标准、语言文字的规范化等。

(3) 按使用的信息设备不同划分。在日常应用中，有人按所用的信息设备不同，把信息技术分为电话技术、电报技术、广播技术、电视技术、复印技术、缩微技术、卫星技术、计算机技术、网络技术等。也有人按信息传播模式的不同，将信息技术分为传者信息处理技术、信息通道技术、受者信息处理技术、信息抗干扰技术等。

(4) 按技术的功能层次不同划分，可将信息技术体系分为基础层次的信息技术（如新材料技术、新能源技术）、支撑层次的信息技术（如机械技术、电子技术、激光技术、生物技术、空间技术等）、主体层次的信息技术（如传感技术、通信技术、计算机技术、控制技术）、应用层次的信息技术（如文化教育、商业贸易、工农业生产、社会管理中用以提高效率和效益的各种自动化、智能化、信息化应用软件与设备）。

传感技术、通信技术、计算机技术和控制技术是信息技术的四大基本技术。其中，起支柱性作用的是通信（communication）技术、计算机（computer）技术和控制（control）技术，即3C 技术。信息技术是实现信息化的核心手段。信息技术是一门多学科交叉综合的技术，计算机技术、通信技术与多媒体技术、网络技术相互渗透、相互作用、相互融合，形成以智能多媒体信息服务为特征的大规模信息网。信息科学、生命科学和材料科学一起构成了当代三种前沿科学，信息技术是当代世界范围内新的技术革命的核心。信息科学和技术是现代科学技术的先导，是人类进行高效率、高效益、高速度社会活动的理论、方法与技术，是国家现代化的一个重要标志。

（二）信息技术与现代物流的关系

现代物流是以满足消费者的需求为目标，把制造、运输、销售等市场情况统一起来考虑的一种战略措施。物流所要解决的基本问题，是物流活动的机械化、自动化和合理化，以实现物流系统的时间和空间效益。在国外，物流行业还包含了在物流中心为货物提供的封装、装潢等增值服务。为了解决相关问题，系统思想是必不可少的，而如今这种思想就体现在强大的信息技术的应用上。正是信息技术的飞速发展，才使物流得以向现代化方向大步迈进，完成了许多原来无法完成的事情，包括使客户实现原材料、物资服务等的实时无缝对接。因此，可以说信息系统是物流公司的灵魂。

信息技术是现代物流的神经系统，正是它使物流产业成为国民经济又一新的增长点。众所周知，物流是为生产制造企业和商贸业服务的。在当今人们的消费需求提高，市场追求多样化、个性化的同时，生产也趋于多品种、小批量。原材料供应商和产成品的销售商都在不断调整自己，以适应这种变化。物流企业也在改变传统业务方式，通过与供应商、批发商和零售商联合协作来减少库存，降低作业成本，实行供应链管理。要做到这一点，必须有畅通的信息网络系统和高效的信息技术作为保证，才能满足市场对品种、规格、样式、色彩、数量等不断变化的需求。物流企业是供应链中的一员，同时也是这条信息网络中的一个重要节点，处于将信息转化为物资位移的关键位置。畅通的、安全的、可靠的信息管理系统贯穿物流企业活动的全过程，并不断地发展更新，源源不断地为企业创造高额的经济效益。因此，可以说是信息技术造就了现代物流。

现代物流体系的核心是信息技术的应用，信息技术也是现代物流技术的核心。信息技术将原来割裂的各个物流环节整合在一起，以体现现代物流体系的特征。信息技术在不断提升速度和能力的同时又在降低成本。因此，信息技术被视为提升生产力和竞争能力的主要因素。当企业都在识别新的核心竞争力时，信息技术已经在物流系统中广泛应用了。信息技术在现代物流中发挥着重要的支撑作用，是整个物流体系运作的基础。首先，信息技术提高了物流信息共享的程度，消除了原先物流过程中的时滞和不增值的环节。其次，借助现代信息技术，企业整合了原来无法整合的物流的各个环节，即出现专门从事整合性业务的社会组织——第三方物流，进而出现"第四方物流"，即从事物流业务的社会组织借助于自己所拥有的信息技术来实现物流的充分需求和供给信息，开展物流运作。再次，信息技术促使物流与商流分离，使商流和物流按各自的规律和渠道独立运行。最后，信息技术提升了物流的服务质量。通过信息技术，将物流各环节联成一个整体，按照统一的供货计划准时地实现物资的流动，压缩物流过程中的原材料和成品的运输与存储时间，提高效率。在物流服务质量上则要体现 JIT 的思想，也就是要做到"在需要的时间，在需要的地点，以尽可能低的物流成本，提供所需要的物资"。

（三）现代物流信息技术

现代物流信息技术是指应用在现代物流各个作业环节中的信息技术。它是建立在计算机、网络通信技术平台上的各种应用技术，包括硬件技术和软件技术，如条码技术、RFID（射频识别）技术原理、物流数据交换技术、卫星导航与物流动态跟踪技术、大数据与云计算技术等，以及在这些技术手段支撑下的数据库技术、面向行业的信息系统等软件技术。

从构成要素上看，现代物流信息技术作为现代信息技术的重要组成部分，本质上属于信息技术的范畴。信息技术应用于物流领域而使其在表现形式和具体内容上存在一些特性，但其基本要素仍然同现代信息技术一样，可分为以下四个层次。

（1）现代物流信息基础技术。即有关元器件的制造技术，它是整个信息技术的基础。例如微电子技术、光子技术、光电子技术、分子电子技术等。

（2）现代物流信息系统技术。即有关现代物流信息的获取、传输、处理、控制的设备和系统的技术，它是建立在现代物流信息基础技术之上的，是整个现代物流信息技术的核心。其内容主要包括现代物流信息获取技术、现代物流信息传输技术、现代物流信息处理技术及现代物流信息控制技术。

（3）现代物流信息应用技术。即基于管理信息系统（MIS）技术、优化技术和计算机集成制造系统（CIMS）技术而设计出的各种物流自动化设备和现代物流信息管理系统。例如自动化分拣与传输设备、自动导引车（AGV）、集装箱自动装卸设备、仓储管理系统（WMS）、运输管理系统（TMS）、配送优化系统、全球定位系统、地理信息系统等。

（4）现代物流信息安全技术。即确保现代物流信息安全的技术，主要包括密码技术、防火墙技术、病毒防治技术、身份识别技术、访问控制技术、备份与恢复技术和数据库安全技术等。

第三节　现代物流信息化

一、现代物流信息化的内涵及其作用

（一）现代物流信息化的内涵

信息化至少包含两方面的含义：一方面，信息本身的特性决定了其具有一种载体的功能；另一方面，实现信息交换的信息技术作为一种先导技术广泛地应用于包括物流行业在内的诸多行业。基于这种理解，物流信息化至少有两个层面的含义：第一，信息成为物流业务中商流、物流（商品移动）、资金流的载体；第二，通过信息交换实现物流业务，反映物流资源的信息成为信息资源，并且信息资源已经成为企业竞争的情报和一种财富，通过信息技术在物流领域的应用来实现物流管理的全面信息化。

综上所述，现代物流信息化是指运用现代信息技术分析、控制物流信息，以管理与控制物流、商流和资金流，提高物流运作的自动化程度和物流决策的水平，达到合理配置物流资源、降低物流成本、提高物流服务水平的目的。

现代物流信息化是物流企业和社会物流系统核心竞争能力的重要组成部分，是电子商务的必然要求。现代物流信息化主要表现为现代物流信息收集的代码化、现代物流信息处理的电子化、现代物流信息传递的标准化和实时化、现代物流信息存储的数字化等一系列先进的信息技术的应用。

提高信息化、网络化水平是物流业发展的前提及重要条件，也就是说，物流行业最需要信息化、网络化支持。物流信息化是现代物流发展的关键，是物流系统的灵魂，更是主要的发展趋势。21 世纪初，我国确定了实现以信息化带动工业化、以工业化促进信息化的方针。为了推动我国电子商务的发展，必须大力提高我国现代物流信息化水平。

现代物流信息化利用信息技术的手段来满足电子商务环境的需要，它需要对物流运行环境、流程与相关经济背景进行深刻的理解和分析。物流信息化是对整个社会物流系统进行的变革，通过信息技术与传统物流功能的融合，形成新的物流核心竞争能力，丰富了物流的内涵。电子商务环境下物流的信息技术应用全面而深入，如 EDI 技术、条码技术、射频技术、人工智能技术应用等，提高了电子商务的效率。

物流信息化的程度是衡量物流业务水平的重要指标，可以说没有信息化的物流，便没有现代化的物流。要发展现代化物流，现代物流信息化是必须要经历的一个阶段。

（二）现代物流信息化的作用

当今世界，经济全球化趋势不断深入，科学技术突飞猛进，国际产业升级和转型速度加快。全球采购、全球生产、全球销售，企业生产经营模式和资源获取手段发生了重大的变化。为了追求竞争优势，实现扩大市场规模和降低成本的双重目标，全球供应链式的生产营销体

系逐步兴起并得到普及。专业化分工加快，物流外包与“第三方物流”的出现，为宏观物流效率的提高提供了重要的微观机制。在这种形势下，信息技术的应用和物流信息系统的建设对现代物流的发展起到了非常关键的促进作用。总体上来说，现代物流信息化建设的作用具体表现在如下几个方面。

1）现代物流信息化有助于降低物流成本

无论是企业物流还是物流企业，如何对自身物流资源进行优化配置，如何实施管理和决策，以期用最小的成本带来最大的效益，是其所面临的最重要的问题之一。物流的信息化能够使管理人员运用智能规划理论和方法，高效地进行运输资源的使用、运输路线的选择、工作计划的拟定、人员的安排、库存数量的决策、需求和成本的预测、系统的控制等，取得良好的经济效益。

2）现代物流信息化有助于提高物流传递的效率和质量

物流不再仅仅是运输物资，同时也在传递信息，各种信息经过加工、处理再传播出去。现代物流信息化的目的并不仅仅是为了精减人员、节约费用，而是要形成一个效率高、质量好的物流系统，提高物流传递的效率和质量。

3）现代物流信息化有助于提升物流服务能力

现代物流信息技术的广泛应用，将整个生产、流通和消费环节有效地整合为一体，打破了传统意义上的地域限制、时区限制，扩大了物流服务的范围；同时，也能为客户提供更优质的服务。由于信息能及时、全面地获取与加工，供需双方可以充分地进行交互和信息共享，使得物流服务更准确、客户满意度更高；顾客可以有更多自我服务功能，可以决定何时、何地、以何种方式获得定制的服务；在提供物流服务的同时，企业还可以为顾客提供信息、融资等多种增值服务。

4）现代物流信息化有助于促进供应链管理和物流服务创新

供应链管理是一种集成的管理思想和方法。供应链上的各个企业作为一个不可分割的整体，相互之间分担供应、生产、分销和销售的职能，成为一个协调发展的有机体。如果没有完善的信息交互、协同商务机制，信息就不能分享，整条供应链上的节点就是彼此独立的信息孤岛。信息技术的合理应用有利于建立起一种跨企业的协作，通过信息平台和网络服务进行商务合作，合理调配企业资源，加速企业存货资金的流动，提升供应链运转效率和竞争力。同时，现代物流信息化有利于促进电子商务的发展，形成信息流、商流、物流和资金流的统一，从而为企业产生新的增值服务并创造新的利润源泉，进一步推动物流服务方式的创新。

二、我国现代物流信息化发展现状

我国物流企业的信息化建设起步较晚，尽管目前距离现代物流信息化的目标还有一定距离，但是追赶的脚步却从未停歇过。进入 21 世纪以后，随着我国经济的飞速发展以及信息技术的进步，我国现代物流信息化进入了快速发展期，呈现出以下特点。

1）信息化意识提升，整体应用水平较低

近年来，我国从政府部门到企业对现代物流信息化重要性的认识不断提升，物流的灵魂是信息这一理念已得到我国工商企业、物流企业的广泛认同，各类企业呈现出开发物流信息平台、应用综合性或专业化物流管理信息系统的态势。发展现代物流业,需要现代物流信息化的支撑和推动,因此,我国各级政府也将现代物流信息化作为一项基础建设纳入发展规划之中,并进一步加大对现代物流信息化的投资力度。但是,整体应用水平还较低,特别是中小物流企业的信息化水平很低。一方面,先进的信息技术应用较少,应用范围有限。调查显示,国外物流企业广泛使用的条码技术、RFID、GPS、GIS 和 EDI 技术在我国物流企业中的应用还不够理想。同时,立体仓库、自动识别系统、自动导向车系统、货物自动跟踪系统等物流自动化设施应用不多。另一方面,信息化对企业运营生产环节的渗入层次较低。据相关调查发现,在信息化水平较高的大中型物流企业,其企业网站的功能仍然以企业形象宣传等基础应用为主,将其作为电子商务平台的比例相对较小,大约占 17%。同时,已建信息化系统的功能主要集中在仓储管理、财务管理、运输管理和订单管理,而关系到物流企业生存发展的有关客户关系管理的应用所占比例很小,大约为 24%。事实上,目前较低的信息化应用水平已经成为制约我国现代物流发展的重要因素,我国物流业迫切需要提高信息化水平,以提升国际竞争力。

2) 信息化建设步伐加快,物流信息平台建设滞后

物流公共服务平台的载体主要是物流信息平台。物流信息平台是指能整合各种物流信息资源,完成各系统间数据交换,实现信息共享的平台。物流信息平台可推动物流相关政府职能部门间协同工作机制的建立,提高相关管理部门工作的协同性、决策的科学性。物流信息平台为政府相关职能部门的信息沟通提供信息枢纽作用,强化政府对物流市场的宏观管理与调控能力,为政府的宏观规划与决策提供信息支持。一个典型代表就是河南省交通物流信息平台“八卦来网”。与此同时,为港口、物流园区等提供公共服务的物流信息平台也在迅速发展,这种物流信息平台所面向的用户相对集中一些。虽然我国以物流信息平台为代表的物流公共服务信息化发展取得了一定进展,但在发展过程中也存在诸多问题,主要体现在以下两个方面。一方面是物流信息平台建设运营主体的确定问题。物流信息平台建设运营主体主要有两种。第一种是以政府为主的模式。在这种模式下,物流信息平台的规划、建设和运营维护都由政府直接负责。这种模式的特点是物流信息平台的公益性较强,但也存在很多弊端,如后期资金的投入不能得到有效保证,且容易造成对市场需求把握不足。第二种是以企业为主的模式。在这种模式下,企业可以自主经营,积极把握市场需求。但这种模式也有一定的局限性。如整合资源的能力不强,缺乏系统规划,投资资金压力大等。二是物流信息平台盈利能力不足。物流信息平台的成功既需要完善的市场调研、雄厚的资金支持,更需要合适的商业模式。目前为止,多数物流信息平台缺乏良好的商业模式的支持,导致盈利能力有限,使平台的持续发展受到一定的影响。

3) 顺应信息化趋势,提升政府物流监管水平

物流流程中涉及政府监管,例如对于物流中的交通安全、环保等的监管,对于通关、检验检疫的监管,对于医药、食品和危险化学品物流的监管等。政府物流监管方式的信息化能够有效提高监管效率,降低监管成本。2007 年以来,国家陆续对食品、药品、危化品、通关物流等项目实施重点监管。因此,这些领域的物流信息化工程也迅速推进,起到了一定的示范效应。目前,全国多数地方的电子口岸实现了大通关核心流程全程上网,物流信息化水平大大提高。与此同时,海关的电子商务和综合物流服务平台逐步开发完成,实现了由政务向商务、物流服务的延伸。在医药领域,物流监管信息化开始在多处试点。在青岛,药品医疗器

械电子监管网已经建立并投入运行,有效实现了对药品医疗器械流通的实时监管,通过对药品医疗器械的生产、经营单位的资质和物流过程实施监管,大大提高了药品医疗器械监管部门的监管水平、监管能力和工作效率。总而言之,政府物流监管信息化正从重点行业、重点领域逐渐向多个行业延伸,并且推进速度较快。但由于物流活动涉及的部门较多,现在多数物流监管平台之间的信息不能互联互通,不但给企业带来了不必要的麻烦,同时也降低了政府部门的监管效率和水平。另外,很多物流监管信息平台建设完成后,由于多方面的原因,未能较快地应用起来,不能产生较大的应用价值,造成了信息化建设和应用的不同步。

三、现代物流信息化的发展过程及趋势

(一)现代物流信息化的发展过程

现代物流信息化的发展过程包括电子数据处理系统阶段、管理信息系统阶段和决策支持系统阶段。随着现代物流信息化的发展,综合物流信息化建设将成为未来的发展趋势。信息技术结合现代物流思想的发展,使物流信息系统不断地被充实和提升,物流信息系统在发展上体现了与计算机信息处理技术的相似历程。

1. 电子数据处理系统阶段

电子数据处理系统的特点是数据处理的计算机化,目的是提高数据处理速度。根据数据的综合处理程度,电子数据处理系统又分为单项数据处理阶段和综合数据处理阶段。

在单项数据处理阶段,计算机硬件和软件都比较落后。在硬件方面,外存容量小,数据和程序一起输入,且计算机不能长期保存数据;在处理方式上,受计算机外部设备、软件和通信技术的限制,主要采用批处理方式。单项数据处理阶段主要用计算机实现某个单项处理的手工操作,其特点是集中式处理、数据不能共享、数据处理采用单机。

在综合数据处理阶段,出现了具有高速存取和容量较大的外存储器,大容量的外存储器可以促使操作系统的产生和文件管理功能的完善。这时数据被组织成数据文件储存在磁盘上,由操作系统完成程序和数据的管理,简化了人工数据的处理,实现了数据与程序的分离,大大促进了计算机信息处理能力的提升。计算机应用由当下的数据处理扩展到部分物流管理的范围或物流管理子系统,计算机的运算能力有了很大提高,通过带动多个终端,对多个业务过程进行综合处理。该阶段应用的特点为实时处理、集中式数据处理、数据局部共享、系统采用主从式结构。

2. 管理信息系统阶段

电子数据处理系统的数据不能为企业管理决策提供过去的、现在的和未来的信息,人们对计算机信息处理系统提出了新的需求。在这个阶段,统计学、运筹学、管理科学和计算机科学结合在一起,建立了以决策制定为基础的现代管理理念,并出现了大/超大规模集成电路及大容量的存储器、网络技术和数据库技术,计算机性能和价格遵循摩尔定律发展,使计算机的应用更加普及。信息技术应用于整个企业的物流管理,在企业内部运行的计算机应用系统,能系统地组织、保存和处理企业的信息,辅助企业进行计划、生产、经营和销售。企业信息系统以局域网结构和客户/服务器体系结构为主,是生产系统、计划系统、财务系统、工程设计、工程管理和生产制造等功能系统的有机结合。

在这个阶段，各种先进的结合信息管理来进行企业管理的理念不断出现，如准时生产(just in time，JIT)、全面质量管理(total quality management，TQM)、供应链管理(supply chain management，SCM)、客户关系管理(customer relationship management，CRM)、电子商务等理念极大地丰富了物流管理和物流信息管理的内容。管理信息系统方面，主要有MRP(material requirement planning，物料需求计划)和MRPⅡ及ERP(enterprise resource planning，企业资源计划)系统。MRP是物料需求计划的简称，是一种以计算机技术为基础的物料计划与库存控制的系统管理方法。MRPⅡ是在闭环MRP的基础上，将企业的宏观决策输入系统，增加了销售管理子系统和财务管理子系统，企业经营过程中所产生的物流与资金流结合在一起，从而成为一个完整的企业生产经营系统。

3. 决策支持系统阶段

决策支持系统是以信息技术为手段，应用决策科学及有关学科的理论和方法，针对某一类型的半结构化和非结构化的决策问题，通过提供背景资料、明确相关问题、修改完善模型、列举可能方案、进行分析比较等方式，为管理者做出正确决策提供帮助的人机交互式的信息系统。

决策支持系统阶段始于20世纪90年代初，由于信息技术本身有了巨大的进步，如超大容量的存储器出现，互联网技术由军事应用扩展为商业应用，通信技术由单一的电信扩展为数据通信；在数据管理方面产生了数据仓库，应用数学、人工智能等研究成果应用与数据挖掘提供了知识管理。这一切进步使计算机辅助管理由系统管理阶段进入了决策支持阶段。决策支持系统是在管理信息系统的基础上发展起来的，以管理信息系统所产生的信息为基础，应用模型或其他方法和手段实现辅助决策和预测功能。在现代物流管理中，经常需要运用运输路线优化、配送中心选址、存货管理等模型，这些模型的开发和应用使得物流信息系统进入了一个更高的层次。

（二）现代物流信息化的发展趋势

随着现代物流的发展和现代物流信息化建设进程的推进，综合物流信息化建设将成为未来发展的主题。综合物流信息化建设不同于那些用信息技术在某一方面或者一定程度上改善企业物流的过程，而是着眼于全方位地提升企业物流，体现在商务活动、物流战略、库存、运输、组织及信息处理系统等方面的变革。通过综合物流信息化建设，可以提高物流企业及生产流通企业的服务效率，带来巨大的经济效益。综合物流信息化建设的特征分析如表1-2所示。

表1-2　综合物流信息化建设的特征分析

项　目	传统物流	一般信息技术支持的物流	综合物流信息化建设
组织	以功能为核心	以过程为核心	虚拟组织
运输	低效率送货； 依据人工经验计算拼装	局部联合送货	联合送货、共同配送； 依据标准自动计算拼装
库存	分散库存； 高的生产/销售库存； 自己管理库存	集团内部的局部集中库存管理	集中库存管理； 生产/销售端的零库存； 供应商管理库存(VMI)

续表

项　目	传统物流	一般信息技术支持的物流	综合物流信息化建设
物流战略	以预估为基础的战略	以经验、历史数据分析为基础的战略	以快速反应为基础的战略；以客户服务为中心
商务活动	口头、电话、会面交流；实物产品展示；信息格式不标准；无信用记录	简单的电子文本交流；简单的网上产品信息发布；局部标准化、规范化信息	网上交流、多媒体交流；网上多媒体产品展示；标准、规范的信息格式；历史信息的保持和追踪

1）软件体系结构变化

随着经济全球化进程的推进，物流跨地域服务的特性越来越显著。我国物流业的重组和并购已迫在眉睫，拥有跨区域仓库网点的物流企业、生产流通企业正在不断增多。在系统结构上，目前我国基于局域网的物流信息系统比较多，适合于地理范围有限的业务管理要求；对于分属不同地域的分支机构往往采用数据上报的汇总管理方式。这种系统在跨区域范围内摆脱不了数据实时性差的问题，而且维护成本往往比较高，难以适应物流业务快速增长的需要。因此，为了适应国内跨区域的大型企业经营管理的需要，许多物流软件提供商已经把目光转向开发基于服务器浏览器（B/S）模式的系统，在全球网络平台上构筑物流信息系统。

2）专业性更强、接口趋于透明

从物流发展的形势看，专业化服务已经成为一种趋势。因此，物流信息系统软件的专业化程度比较高，往往具有更好的适应性，更能体现出信息化的优势。虽然提供“大而全”的一体化解决方案的物流软件为软件开发商所追求，但提供能满足某种或某类业务模式的物流信息系统软件可能更现实一些。另外，在各类物流服务过程中，系统对接与数据交换也成为一种需要，要求与其他的应用系统如财务系统、企业资源计划和物料需求计划等方便地进行数据交换，这就要求物流软件的接口透明和规范。

3）数据信息的采集更为明细

物流与信息流相互依存成为趋势，也就是说软件系统记录的“物”的有关信息将更为精确。例如，如果软件系统没有实现货位及库房形状、通道的管理，那么就无法实现货物在库移动路径优化的决策支持；如果没有记录物品体积、形状，那么车辆配载设计就无法实现。目前的物流信息系统软件已经不再是简单的料账管理系统或报表汇总系统，生产作业管理型的系统正在成为主流。

4）自动化管理的程度在不断提高

随着物流业务的提升，物流信息系统软件的自动化管理程度正在不断提高。这既包括仓储设施的自动化和运输、配送作业的自动化，也包括物流作业调度的自动化和作业管理的自动化。

5）决策支持功能将会加强

随着信息技术在物流管理中的应用不断深入，物流信息系统软件已不仅仅限于支持数据信息的处理，而且向更高层次发展，支持物流管理的决策。通过提供数学模型分析数据，辅助决策。

6）社会化物流信息平台建设受到重视

资源共享、专业化分工是社会发展的趋势，建设社会化的物流信息平台是提高我国社会物流服务效率的基础。通过提供物流软件的应用服务提供商（application service provider，ASP），可以充分做到资源共享，迅速提升我国物流管理的信息化水平。

小结

现代物流信息化是物流企业和社会物流系统核心竞争能力的重要组成部分，是电子商务的必然要求。本章作为全书的导论，主要对我国现代物流信息化发展环境进行了分析。首先介绍了信息、物流信息的概念、特点、分类及其作用；其次介绍了现代物流、信息技术的特征，阐述了信息技术对现代物流业产生的影响；最后分析我国现代物流信息化的意义、现状及发展趋势。

重要概念

信息（information）

信息技术（information technology，IT）

准时生产（just in time，JIT）

全面质量管理（total quality management，TQM）

供应链管理（supply chain management，SCM）

客户关系管理（customer relationship management，CRM）

练习与思考

一、简答题

1. 什么是信息？什么是物流信息？
2. 现代物流的含义及其特征是什么？
3. 什么是现代物流信息化？
4. 现代物流信息化的发展过程包括哪些阶段？

二、思考题

1. 电子商务环境下物流发展的趋势如何？
2. 简述我国现代物流信息化的发展现状及趋势。

综合案例

UPS核心竞争优势——现代物流信息技术

成立于1907年的美国联邦快递公司(UPS)是世界上最大的配送公司。2015年,UPS年收入接近456亿美元,其中包裹和单证流量大约40亿件,平均每天向遍布全球的顾客递送1600万件包裹。公司向制造商、批发商、零售商、服务公司以及个人提供各种范围的陆路和空运的包裹和单证的递送服务,以及大量的增值服务。表面上UPS的核心竞争优势来源于其由15.25万辆卡车和574架飞机组成的运输队伍,而实际上UPS今天的成功并非仅仅由于上述原因。

20世纪80年代初,UPS以其大型的棕色卡车车队和及时的递送服务,控制了美国陆路的包裹速递市场。然而,到了80年代后期,随着竞争对手利用不同的定价策略以及跟踪和开单的创新技术对UPS的市场进行蚕食,UPS的收入开始下滑。许多大型托运人希望通过单一服务来源提供全程的配送服务,进一步地,顾客希望通过掌握更多的物流信息,以利于自身控制成本和提高效率。随着竞争的白热化,这种服务需求变得越来越迫切。正是基于这种服务需求,UPS从20世纪90年代初开始致力于物流信息技术的广泛利用和不断升级。如今,提供全面物流信息服务已经成为包裹速递业务中的一个至关重要的核心竞争要素。

UPS通过应用三项以物流信息技术为基础的服务提升竞争能力。

第一,条形码和扫描仪使UPS能够有选择地每周7天、每天24小时地跟踪和报告装运状况,顾客只需拨个免费电话号码,即可获得"地面跟踪"和航空递送这样的增值服务。

第二,UPS的递送驾驶员现在携带着以数控技术为基础的笔记本电脑到排好顺序的线路上收集递送信息。这种笔记本电脑使驾驶员能够用数字记录装运接受者的签字,以提供收货核实。通过电脑协调驾驶员信息,减少了差错,加快了递送速度。

第三,UPS最先进的信息技术应用,是创建于1993年的一个全美无线通信网络,该网络使用了55个蜂窝状载波电话。蜂窝状载波电话技术使驾驶员能够把实时跟踪的信息从卡车上传送到UPS公司的中央电脑上。无线移动技术和系统能够提供电子数据储存,并能实时跟踪公司在全球范围内的数百万笔递送业务。通过安装卫星地面站和扩大系统,到1997年,实时包裹跟踪成为现实。

以UPS为代表的企业应用和推广的物流信息技术是现代物流的核心,是物流现代化的标志。尤其是飞速发展的计算机网络技术的应用使物流信息技术达到新的水平,物流信息技术也是物流技术中发展最快的领域,从数据采集的条形码系统,到办公自动化系统中的互联网,各种终端设备等硬件以及计算机软件等都在日新月异地发展。同时,随着物流信息技术的不断发展,产生了一系列新的物流理念和新的物流经营方式,推进了物流变革。今天来看,物流信息技术主要由通信、软件、面向行业的业务管理系统三大部分组成。包括基于各种通信方式的移动通信手段、全球定位技术、地理信息系统技术、计算机网络技术、自动化仓库管理技术、智能标签技术、条形码及射频技术、信息交换技术等现代尖端科技。在这些尖端技术的支撑下,形成以移动通信、资源管理、监控调度管理、自动化仓储管理、业务管理、客户服务管理、财务处理等多种信息技术集成的一体化现代物流管理体系。譬如,运用卫星定位技术，用户可以随时“看到”自己的货物的状态，包括运输货物车辆所在的位置（某座城市的某条道路上）、货物名称、数量、重量等，从而，不仅大大提高了监控的“透明度”，降低了货物的空载率，做到资源的最佳配置，而且有利于顾客通过掌握更多的物流信息，以控制成本和提高效率。

UPS公司通过在以下三个方面推广物流信息技术发挥出核心竞争优势。

第一，信息技术方面。在信息技术方面，UPS已经配备了第三代速递资料收集器Ⅲ型DIAD，这是业界最先进的手提式计算机，可几乎同时收集和传输实时包裹传递信息，也可让客户及时了解包裹的传送现状。这台DIAD配置了一个内部无线装置，可在所有传递信息输入后立即向UPS数据中心发送信息。司机只需扫描包裹上的条形码，获得收件人的签字，输入收件人的姓名，并按动一个键，即可同时完成交易并送出数据。Ⅲ型DIAD的内部无线装置还在送货车司机和发货人之间建立了双向文本通信。专门负责某个办公大楼或商业中心的司机可缩短约30分钟的上门收货时间。每当接收到一个信息，DIAD角上的指示灯就会闪动，提醒司机注意。这对消费者来说，不仅意味着所寄送的物品能很快发送，还可随时“跟踪”到包裹的行踪。通过这一过程，速递业真正实现了从点到点、户对户的单一速递模式，向除为客户提供传统速递服务外，还包括库房、运输服务等全方位物流服务的发展，从而大大地拓展了传统物流概念。

第二，信息系统方面。在信息系统上，UPS将应用在美国国内运输货物的物流信息系统扩展到了所有国际运输货物上。这些物流信息系统包括署名追踪系统及比率运算系统等，其解决方案包括自动仓库、指纹扫描、分拣技术、产品跟踪和决策软件工具等。这些解决方案从商品原起点流向市场或者最终消费者的供应链上，帮助客户改进了业绩，真正实现了双赢。

第三，信息管理方面。在信息管理上，最典型的应用是UPS在美国国家半导体公司位于新加坡仓库的物流信息管理系统。该系统有效减少了仓储量，节省了货品运送时间。今天我们可以看到，在UPS物流管理体系中的美国国家半导体公司新加坡仓库，一位管理员像挥动树枝一样用一台扫描仪扫过一箱新制造的电脑芯片。随着这个简单的举动，他启动了高效和自动化、像魔术般的送货程序。这座巨大仓库是由UPS的运输奇才们设计建造的。UPS的物流信息管理系统将这箱芯片发往码头，而后送上卡车和飞机，接着又用卡车，在短短的12小时内，这些芯片就会送到国家半导体公司的客户——硅谷的个人电脑制造商手中。在整个途中，芯片中嵌入的电子标签将让客户以较高的精确度跟踪订货。

由此可见，物流信息技术通过切入UPS的业务流程来实现对物流企业各生产要素进行合理组合与高效利用，降低了经营成本，直接产生了明显的经营效益。它有效地把各种零散数据变为商业智慧，赋予了UPS新型的生产要素——信息，大大提高了UPS的业务预测和管理能力，通过“点、线、面”的立体式综合管理，实现了UPS内部一体化和外部供应链的统一管理，有效地帮助UPS提升了服务素质和整体效益。

（资料来源：http://www.chinawuliu.com.cn/information/200407/22/150377.shtml.）

第二章
物流条码技术及应用

学习目标

1. 理解条码、物流条码的概念；
2. 熟悉物流条码技术的特点和分类；
3. 掌握常用的条码知识，了解物流条码技术在现代物流管理中的应用。

引 例

物流条码技术在连锁超市中的应用

物流条码技术的应用在现代大型超市管理中不可或缺。像沃尔玛、易初莲花等世界著名大型超市，从纵向到横向，从商品的流通、供应商的选择到客户及员工的管理，都已充分使用条码技术。许多连锁企业广泛使用物流条码技术，完成从商品进货及出货、供应商的选择、库房管理到售后服务及客户管理的全部过程。物流条码技术在连锁超市中的应用主要体现在四个方面：商品流通环节管理、商品仓储和配送管理、售后服务管理及企业人事管理。

1. 商品流通环节管理

商品销售时，如商品印有 EAN 店内码，扫描器可直接读出商品种类和价格；如商品印有 EAN 商品条码，扫描器识读后，可从计算机数据库中查出此件商品的名称和价格，比传统的键盘输入更快捷、准确。尤其在销售高峰时，利用条码销售商品比传统的手工销售效率明显提高。同时，现代大型连锁超市的销售规模巨大，各连锁店和加盟店每天汇总来的销售数据极大，手工方式统计销售数据根本达不到快速、准确的要求。而使用条码销售商品后，各种销售数据可准确、快捷地输入计算机数据库，被严格地管理起来。另外，商品的各种销售记录还可作为超市管理者进货的依据，为商品高速流通和减少库存奠定基础。供货商也可通过这些销售信息了解本企业产品的销售情况，及时调整生产结构和送配货周期，可做到超市只保存很少库存，而较少出现缺货现象。美国宝洁公司便是成功的范例，它将企业的信息采集点直接设于沃尔玛的收银台上，快速、准确地利用这些信息制订自己的生产和配送计划。建立这套快速反应的信息系统虽然投入较高，但回报巨大。

2. 商品仓储和配送管理

销售规模扩大后，总部对各连锁店和配送中心的管理就成为主要问题，而条码和EDI技术在这些方面可起到很好的作用。仓储方面，配送中心的仓库多由计算机管理系统、通信系统、立体货架、运输系统等组成，而关键是对商品的种类、数量及摆放位置的监控管理，这些信息的获得就可利用条码技术，使用识读设备对商品条码进行扫描，获得货物的名称、类别、货号、数量等信息。通过计算机系统，可很方便地获得货物的摆放位置。配送中心通过这套系统，能方便、灵活地调配货物，清查仓库中各种货物的余量，保证货物的及时配送。配送方面，连锁店销售商品时，将用扫描器识读所获得的销售数据信息全部存入自己店内的计算机数据库，之后通过互联网或企业内部网络定时将信息传向企业总部和配送中心，总部对一段时间内的销售数据进行汇总、分析，作为超市进货的参考数据，尽量避免购进滞销的商品。配送中心获得这些数据后，与数据库进行比较，就可及时发现各家分店所有货物的销售情况。超市所有分店和加盟店的销售、库存、经营情况，都在总店和配送中心的监控之下。

3. 售后服务管理

随着市场竞争的加剧，售后服务已被越来越多的企业所重视。随着连锁超市的规模不断扩大，商品的销售数量巨大，当售出商品出现问题时，可根据计算机数据库中存储的商品信息，很快查阅到哪些是有问题的商品，解决退货和换货问题十分方便。此外，各分店的销售数据都通过网络定时传送至总店的数据库，各分店也可随时查询总店数据库的信息，为在全超市网络内做到异地退换货提供了必要的条件，这种退换货方式也是连锁超市今后发展的一个趋势。

4. 企业人事管理

连锁超市对内部人事管理也可使用条码自动识别技术，利用NBS条码影像制卡系统为所有职工制造一张表明身份的职工卡。卡上除印有职工彩色照片外，还有职工的姓名、级别、年龄、工作部门等持卡人的条形码信息，使用考勤系统进行考勤。

第一节　条码概述

一、条码的概念及特点

条码，又称条形码(bar code)，是由一组宽度不同、反射率不同的平行相邻的条和空按规定的编码规则组合表示一定信息的代码，也是一种能利用光电扫描阅读设备识读并实现将数据输入计算机的特殊代码。它一般由静空区(即左侧空白区和右侧空白区)、起始码、数据码、检验码和终止码组成。条码的主要技术参数有宽窄比、特征比、密度等。

目前，条码作为一种及时、准确、可靠、经济的数据输入手段已被物流信息系统所采用。在发达国家已被普及应用，已成为商品独有的、世界通用的“身份证”。它被证明是一种廉价、实用的基础性信息技术，具有以下优点。

(1) 简单。条码由简单的条和空组成，编写简单，易于制作，可印刷，被称为“可印刷的计算机语言”，扫描操作简单易行。

(2) 信息采集速度快。普通计算机键盘录入速度是每分钟 200 字符，而利用条码扫描录入信息的速度是键盘录入的 20 倍。

(3) 采集信息量大。利用条码扫描，依次可以采集几十位字符的信息，而且可以通过选择不同码制的条码增加字符密度，使采集的信息量成倍增加。

(4) 可靠性强。键盘录入数据，误码率为三百分之一，利用光学字符识别技术，误码率为万分之一。而采用条码扫描录入方式，误码率仅为百万分之一，首读率可达 98%以上。

(5) 使用灵活。条码作为一种识别手段，可以单独使用，也可以和有关设备组成识别系统实现自动化识别，还可以和其他控制设备联系起来实现整个系统的自动化管理。同时，在没有自动识别设备时，也可实现手工键盘输入。

(6) 自由度大。条码可应用于各类物品，可包含各种信息，外包装上占用面积小，可印刷在物品的任何合适部位。

(7) 设备结构简单、成本低。条码识别设备结构简单，容易操作，无须专门训练。与其他自动化技术相比，推广应用条码技术所需费用较低。

条码是便于传输数据的一种方法，这种方法将要输入计算机内的所有字符，经过编码后使得每一字符有自己相对应的“码”。而编码方式由许多宽度不一的“线条”及“空白”的组合来表示出各种不同的码，每一种条码规格都各有其编码的方法。在一种条码规格中，每一字符的码都自有其独特“线条”及”空白”的宽窄组合，而与其他字符不同。条码因国家、区域及使用目的和需求不同而有不同的编码方式，但它基本由四个部分组成：①起始码(start code)：一个条形码的起头，以便条形码读取器判别开始；②数据码(data code)：条形码的主要部分，因用途不同，其编码方式也不同；③检验码(check code)：又称查核码，用计算公式算出，以确保数据正确性；④终止码(end code)：一个条形码的结束，以便条形码读取器判别结束。

二、条码的发展沿革

信息化带动工业化，将信息技术广泛应用于经济建设和社会发展的各个领域，已成为全社会的共识。条码技术作为一种重要的自动识别信息技术，在信息化建设中发挥着越来越重要的作用。

条码最早诞生于 20 世纪 20 年代的威斯汀豪斯(Westinghouse)实验室里，由约翰·科芒德(John Kermode)提出。他的想法是在信封上做条码标记，条码中的信息是收信人的地址，类似于今天的邮政编码。为此，科芒德发明了最早的条码标识，设计方案非常简单(注：这种方法称为模块比较法)，用一个“条”表示数字“1”，用两个“条”表示数字“2”，以此类推。他还发明了由基本的元件组成的条码识读设备：一个扫描器(能够发射光并接收反射光)；一个用于测定反射信号条和空的边缘定位线圈；一个用于测定结果的译码器。

1949 年，乔·伍德兰德(Joe Woodland)和伯尼·西尔沃(Berny Silver)开始研究用代码表示食品项目及相应的自动识别设备，发明了全方位条码符号，于 1949 年获得了专利。他们的想法是利用科芒德和杨的垂直的“条”和“空”，并使之弯曲成环状，扫描器通过扫描图形的中心，解码条码符号。该图案很像射箭靶，被称为“公牛眼”代码。这种代码的图案如图

2-1所示。

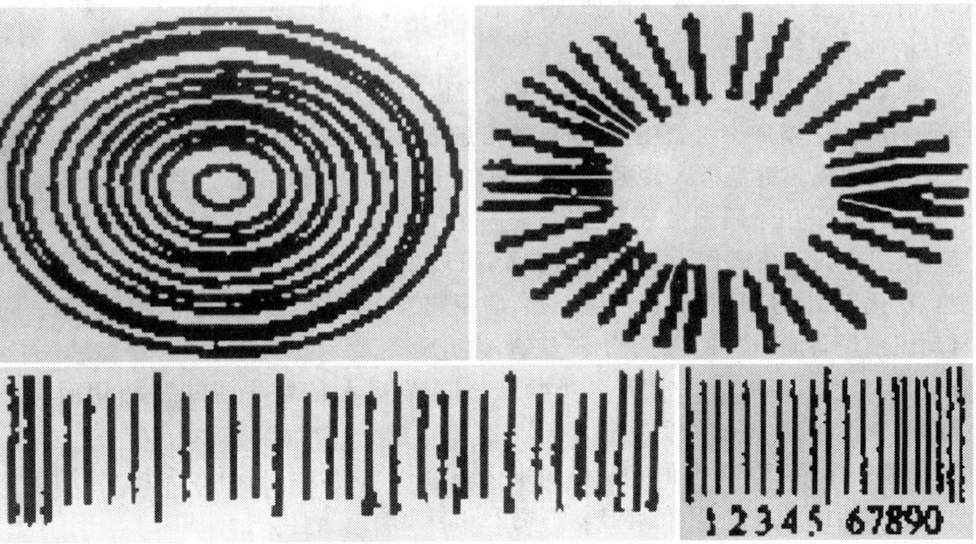

图 2-1　早期的代码

1959 年，吉拉德·费伊塞尔(Girard Fessel)等发明家申请了一项专利，描述数字 0～9 中每个数字可由七段平行条组成。但是这种码使机器难以识读，读起来也不方便。不过这个构想促进了后来条码的产生和发展。不久，E. F. 布宁克(E. F. Brinker)申请了另一项专利，该专利是将条码标识在有轨电车上。20 世纪 60 年代，西尔沃尼亚(Sylvania)发明了一个条码系统，被北美铁路系统采纳。

1970 年，美国超级市场 AdHoc 委员会制定出通用商品代码 UPC 码，许多团体也提出了各种条码符号方案。UPC 码首先在杂货零售业中试用，为以后条码的统一和广泛应用奠定了基础。1971 年，布莱西公司研制出布莱西码及相应的自动识别系统，用于库存验算。这是条码技术第一次在仓库管理系统中的实际应用。1972 年，蒙那奇·马金(Monarch Marking)等人研制出库德巴(Codabar)码，至此，美国的条码技术进入新的发展阶段。1973 年，美国代码委员会(UCC)建立了 UPC 码系统，实现了该码制的标准化。同年，食品杂货业把 UPC 码作为该行业的通用标准码制，为条码技术在商业流通领域里的广泛应用起到了推动作用。1974 年，Intermec 公司的戴维·阿利尔(Davide Allair)博士研制出 39 码，被美国国防部采纳作为军用条码码制。39 码是一个由字母、数字相结合的条码，后来也广泛应用于工业领域和商业领域。1976 年，UPC 码在美国和加拿大超级市场上的成功应用给了人们很大鼓舞，尤其是欧洲人对此产生了极大兴趣。1977 年，欧洲共同体在 UPC-A 码基础上制定出欧洲物品编码 EAN-13 和 EAN-8 码，签署了“欧洲物品编码”协议备忘录，并正式成立了欧洲物品编码协会(EAN)。1981 年，由于 EAN 已发展成为国际性组织，因此改名为国际物品编码协会(IAN)。但由于历史原因和习惯，至今仍被称为 EAN(后改为 EAN International)。

日本从 1974 年开始着手建立 POS 系统，研究标准化以及信息输入方式、印制技术等。并在 EAN 的基础上，于 1978 年制定出日本物品编码 JAN。同年，日本加入了国际物品编码协会，开始进行厂家登记注册，并全面转入条码技术及其系列产品的开发工作，10 年之后成为 EAN 最大的用户。

20 世纪 80 年代初，人们围绕提高条码符号的信息密度展开了多项研究，研制了 128 码和 93 码。128 码于 1981 年被推荐使用，93 码于 1982 年被使用。这两种码的优点是条码符号密度比 39 码高出近 30%。随着条码技术的发展，条码码制种类不断增加，因而标准化问题显得很突出。为此先后制定了军用标准 1189，交叉 25 码、39 码，库德巴码，等等。同时，一些行业也开始建立行业标准，以适应发展需要。此后，戴维·阿利尔又研制出 49 码，这是一种非传统的条码符号，它比以往的条码符号具有更高的密度（即二维条码的雏形）。Iterface Mechanisms 公司开发出了二维条码以及价格适于销售的二维矩阵条码的打印和识读设备，主要用于报社排版过程的自动化。接着特德·威廉斯（Ted Williams）推出 16K 码，这是一种适用于激光扫描的码制。到 1990 年底为止，共有 40 多种条码码制，相应的自动识别设备和印刷技术也得到了长足的发展。

由于一维条码的信息容量很小，如商品上的条码仅能容纳几位或者几十位阿拉伯数字或字母，商品的详细描述只能依赖数据库提供，离开了预先建立的数据库，一维条码的使用就受到局限。基于这个原因，人们迫切希望发明一种新的码制，除具备一维条码的优点外，同时还有信息容量大、可靠性高、保密防伪性强等优点。为了满足人们的这种需求，美国 Symbol 公司经过几年的努力，于 1991 年正式推出名为 PDF417 的二维条码，简称为 PDF417 条码，即“便携式数据文件”。随后，各国研究人员又发明了不少二维条码，通用的二维条码有 Datamatrix 二维条码、Maxicode 二维条码、QR Code、Code 49、Code 16K、Code one 等，除了这些常见的二维条码之外，还有一些企业和机构发明的未完全公开的二维条码。

在经济全球化、信息网络化、生活国际化的资讯社会到来之时，起源于 20 世纪 40 年代、研究于 60 年代、应用于 70 年代、普及于 80 年代的条码与条码技术及各种应用系统，引起世界流通领域的大变革。条码作为一种可印制的计算机语言，被未来学家称之为“计算机文化”。90 年代的国际流通领域将条码誉为商品进入国际计算机市场的“身份证”，从而使得全世界对它刮目相看。印刷在商品外包装上的条码，像一条条经济信息纽带，将世界各地的生产制造商、出口商、批发商、零售商和顾客有机地联系在一起。这一条条纽带，一经与 EDI 系统相连，便形成多项、多元的信息网，各种商品的相关信息犹如投入了一个无形的永不停息的自动导向传送机构，流向世界各地，活跃在世界商品流通领域。自动识别技术作为信息技术的一个重要分支，已成为推动国民经济信息化发展的重要支撑技术。经过多年的探索和努力，我国自动识别产业持续、稳定、快速发展，得到越来越广泛的应用。条码、射频和生物识别技术都有较大突破，各项技术在市场应用上的拓展力度也不断加大，新产品与服务种类层出不穷，对我国国民经济发展和信息化建设发挥了重要作用。

20 世纪 80 年代中期，我国一些高等院校、科研部门及一些出口企业也开始研究条码技术和应用，条码技术开始在我国零售、仓储、邮电、图书馆及生产过程的自动控制等领域得到初步发展。1988 年 9 月，国家技术监督局（现国家质量监督检验检疫总局）联合原国家科委、财政部、外交部向国务院正式提出成立中国物品编码中心。同年 12 月 28 日，在多方的共同努力下，中国物品编码中心获准成立。1991 年 4 月，中国物品编码中心代表我国加入国际物品编码协会（GS1）。该中心是统一组织、协调、管理我国商品条码、物品编码与自动识别技术的专门机构，隶属于国家质量监督检验检疫总局，负责推广国际通用的、开放的、跨行业的商品条码标识系统和供应链管理标准，组织、协调、管理全国商品条码、物品编码、产品电子代码(EPC)、动物射频识别代码、自行车编码与自动识别技术工作,贯彻执行我国物品编码与自动识别技术发展的方针、政策,提出国家物品编码体系,全面指导我国物品编码工作。在全国设有46个分支机构,形成了覆盖全国的集编码管理、技术研发、标准制定、应用推广及技术服务为一体的工作体系。中国物品编码中心在零售、制造、物流、电子商务、电子政务、医疗卫生、产品质量追溯、图书音像等国民经济和社会发展的诸多领域都发挥着重要的作用。零售业是商品条码应用最成功的领域,在零售结算方式的变革中更是起到了关键作用。商品条码已经作为商品流通领域内的“身份证”在1000多万种商品中广泛应用,商品条码系统成员已超过十万家,100多万商家采用条码技术进行零售结算,90%以上的快速消费品采用了商品条码。从城市到乡镇、从大型超市到小型便利店、从零售到整个物流供应链,商品条码广泛应用到国民经济的各个领域。除了变革零售结算方式,中国物品编码中心还完成了《商品条码　储运包装商品编码与条码表示》、《商品条码　店内条码》、《商品条码　条码符号印制质量的检验》及《库德巴条码》等十多项商品条码国家标准的修订工作。同时,编码中心先后完成了70多项国家重大科技攻关项目、标准化科研项目和条码推进工程项目,并且为物联网及食品追溯体系的建设奠定了良好的基础。

2005年《汉信码》国家标准的制定,更是打破了外国企业对二维条码生成与识读核心技术的垄断。2008年,席卷全球的金融危机催生出新的经济驱动力,物联网应运而生。物联网的出现推动了新一轮的技术变革,在智能家居、远程医疗、工业监控、环境监测、公共安全、城市管理、绿色农业等方面都产生了深远的影响。物品编码贯穿物联网的各个环节,是物联网建设的基础。采用商品条码标识系统及统一的编码标准,是实现物品自动识别、信息系统互联的一个前提。商品条码标识系统在制造业、零售业、物流业的广泛应用,为物联网的建设奠定了良好的基础。同时,在推动应用商品条码标识系统、产品电子代码技术的基础上,加强物品编码标准化研究,建立物联网编码体系,对加快我国物联网建设具有重要意义。目前,中国的物品编码体系已经可以满足物联网各系统信息的交换需要,并且可以实现动态维护、支撑物联网的应用、运行与管理。同时,中国物品编码中心积极配合国家振兴规划的重点行业进行试点与示范,制定应用规范,搭建应用环境,建立应用服务系统,为制定标准和产业发展提供基础保障。《物品电子编码　基于射频识别的贸易项目代码编码规则》等多项国家标准的研制,也为下一步物联网工作的全面推广提供了理论支持。

为了在我国推进条码技术的应用与发展,2003年,国家批准中国物品编码中心实施“条码推进工程”。在高校开设条码课程和建立条码实验室,是“条码推进工程”的重要内容之一。“条码推进工程”的总体目标是:加速推进条码在各个领域的应用,在加速发展食品、日化、鞋帽等领域系统成员的同时,加大在服装服饰、建材、家具、玩具、服务等行业的发展力度。“条码推进工程”实施以来,在战略研究、人才教育、系统开发等多方面推进条码技术在我国的应用,政府、医疗、商业、金融、制造业等领域的条码应用每年以20%的速度增长。

第二节　条码的分类

条码按照不同的分类方法、不同的编码规则可以分成许多种,现在已知的世界上正在使用的条码有250多种。条码的分类主要依据条码的编码结构和条码的性质来决定。例如,按条码的长度来分,可分为定长条码和非定长条码;按排列方式分,可分为连续型条码和非连续型条码;从校验方式分,又可分为自校验型条码和非自校验型条码等。通常,我们按维数不同,将条码分为一维条码和二维条码。一维条码按照应用又可分为商品条码和物流条码。商品条码包括 EAN 条码和 UPC 条码,物流条码包括 128 条码、ITF 条码、39 条码、库德巴条码等。二维条码根据构成原理、结构形状的差异,也可分为行排式二维条码(2D stacked bar code)和矩阵式二维条码(2D matrix bar code)。本节重点介绍一维条码、二维条码和物流条码的相关内容。

一、一维条码

一维条码是我们通常所说的传统条码。它是将线条与空白按照一定的编码规则组合起来的符号,用以代表一定的字母、数字等资料。"条"指对光线反射率较低的部分,"空"指对光线反射率较高的部分,这些条和空组成的数据表达一定的信息,并能够用特定的设备识读,转换成与计算机兼容的二进制和十进制信息。对于每一种物品,它的编码通常是唯一的。对于普通的一维条形码来说,还要通过数据库建立条形码与商品信息的对应关系。当条形码的数据传到计算机上时,由计算机上的应用程序对数据进行操作和处理。因此,普通的一维条形码在使用过程中仅作为识别信息,它的意义是通过在计算机系统的数据库中提取相应的信息来实现的。在进行辨识的时候,是用条形码阅读机扫描,得到一组反射光信号,此信号经光电转换后变为一组与线条、空白相对应的电子信号,经解码后还原为相应的文数字,再传入电脑。条形码辨识技术已相当成熟,其读取的错误率约为百万分之一,首读率大于 98%,是一种可靠性强、输入快速、准确性高、成本低、应用面广的资料自动收集技术。各种一维条形码的发明年代见表 2-1,其标准制定年代见表 2-2。

表 2-1 一维条码的发明年代

年	条码名称	发明人或公司	特殊意义
1949	Bull's Eye Code(公牛眼码)	N. Joe Woodland Bernard Silver	第一个条码
1972	Codabar	Monarch Marking System	
1973	UPC 码	IBM	首次大规模应用的条码
1974	39 码	David C. Allias(Intermec)	第一个商业性文数字条码
1976	EAN 码	EAN	
1981	Code 128		
1983	Code 93		

表 2-2 一维条码标准制定年代

年	条码	纳入标准
1982	Code 39	Military Standard 1189
1983	Code 39, Interleaved 2 of 5, Codabar	ANSI MH10.8M
1984	UPC 码	ANSI MH10.8M
1984	Code 39	AIAG 标准
1984	Code 39	HIBC 标准

自 UPC 诞生后，为满足不同的应用需求，陆续发展出各种不同的条形码标准和规格，时至今日，条形码已成为商业自动化不可缺少的基本条件。条形码可分为一维条码（One Dimensional Barcode，1D）和二维条码（Two Dimensional Code，2D）两大类。目前在商品上的应用仍以一维条码为主，二维条码则是另一种渐受重视的条码，其功能较一维条码强，应用范围更加广泛。

世界上约有 225 种以上的一维条码，每种一维条码都有自己的一套编码规格，规定每个字母（可能是文字或数字，或文数字）是由几个线条、几个空白以及字母排列组成。常用的一维条码包括 EAN 码、39 码、交叉 25 码、UPC 码、128 码、93 码，及 Codabar（库德巴码）等，详见表 2-3。

表 2-3　常用的一维条码简介

名　称	简　介	图　片
EAN 码	EAN 码是国际物品编码协会制定的一种商品用条码，通用于全世界。EAN 码符号有标准版（EAN-13）和缩短版（EAN-8）两种，我国的通用商品条码与其等效，日常购买的商品包装上所印的条码一般就是 EAN 码	6 901234 567892 （EAN-13） 6901 2341 （EAN-8）
UPC 码	UPC 码是美国统一代码委员会制定的一种商品用条码，主要用于美国和加拿大地区	0 89600 12456 5 UPC-A 0 896000 7 UPC-E
39 码	39 码是一种可表示数字、字母等信息的条码，主要用于工业、图书及票证的自动化管理，目前应用极为广泛	*123ABC*
93 码	93 码与 39 码具有相同的字符集，但前者的密度要比后者高，所以在面积不足的情况下，可以用 93 码代替 39 码	BJ100080
库德巴码	库德巴码也可表示数字和字母信息，主要用于医疗卫生、图书情报、物资等领域的自动识别	a000800a
128 码	128 码可表示 ASCII 0 到 ASCII 127 共计 128 个 ASCII 字符	Aux(124)-TR

续表

名　称	简　介	图　片
交叉 25 码	交叉 25 码是一种条和空都表示信息的条码，交叉 25 码有两种单元宽度，每一个条码字符由五个单元组成，其中二个宽单元，三个窄单元。在一个交叉 25 码符号中，组成条码符号的字符个数为偶数，当字符是奇数个时，应在左侧补 0 变为偶数。条码字符从左到右，奇数位置字符用条表示，偶数位置字符用空表示。交叉 25 码的字符集包括数字 0 到 9	1234567890
Industrial 25 码	Industrial 25 码只能表示数字，有两种单元宽度。每个条码字符由五个条组成，其中两个宽条，三个窄条。这种条码的空不表示信息，只用来分隔条，一般取与窄条相同的宽度	123456
Matrix 25 码	Matrix 25 码只能表示数字 0 到 9。当采用 Matrix25 码的编码规范，而采用交叉 25 码的起始码和终止码时，生成的条码就是中国邮政编码	1234567890

一个完整的条形码的组成次序为静区（前）、起始码、数据码、中间分割符（主要用于 EAN 码）、校验码、终止码、静区（后），如图 2-2 所示。其中，静区指条形码左右两端外侧与空的反射率相同的限定区域，它能使阅读器进入准备阅读的状态。当两个条形码相距较近时，静区有助于对它们加以区分，静区的宽度通常应不小于 6 毫米（或 10 倍模块宽度）。起始/终止码，指位于条形码开始和结束处的若干条与空，标志着条形码的开始和结束，同时提供了码制识别信息和阅读方向信息。数据码，位于条形码中间的条、空结构，它包含条形码所表达的特定信息。构成条形码的基本单位是模块，模块是指条形码中最窄的条或空，模块的宽度通常以毫米或密耳（1 密耳＝25.39999918 微米）为单位。构成条形码的一个条或空称为一个单元，一个单元包含的模块数是由编码方式决定的，有些码制（如 EAN 码）中，所有单元由一个或多个模块组成；而另一些码制（如 39 码）中，所有单元只有两种宽度，即宽单元和窄单元，其中的窄单元即为一个模块。

另外，一维条码的基本参数如下。

(1) 密度(density)。条形码的密度指单位长度的条形码所表示的字符个数。对于一种码制而言，密度主要由模块的尺寸决定，模块尺寸越小，密度越大，所以密度值通常以模块尺寸的值来表示（如 5 密耳）。通常 7.5 密耳以下的条形码称为高密度条形码，15 密耳以上的条形码称为低密度条形码，条形码密度越高，要求条形码识读设备的性能（如分辨率）也越高。高密度的条形码通常用于标识小的物体（如精密电子元件），低密度条形码一般应用于远距离阅读的场合（如仓库管理）。

(2) 宽窄比。对于只有两种宽度单元的码制，宽单元与窄单元的比值称为宽窄比，比值一般为 2～3（常用的有 2∶1,3∶1）。宽窄比较大时，阅读设备更容易分辨宽单元和窄单元，因此比较易于阅读。

(3) 对比度(PCS)。PCS 是条形码符号的光学指标，PCS 值越大，则条形码的光学特性越好。其中，PCS＝(RL－RD)/RL×100%（RL 指条的反射率，RD 指空的反射率）。

在条码技术和应用中，经常会接触到一些基本术语，为便于理解和使用，表 2-4 列出了

图 2-2　一维条码的结构

相关基本术语的名称和定义。

表 2-4　条码基本术语

术语名称	定　义
条码(bar code)	由一组规则排列的条、空及其对应字符组成的标记
条码系统(bar code system)	由条码符号设计、制作及扫描阅读组成的自动识别系统
条(bar)	条码中反射率较低的部分
空(space)	条码中反射率较高的部分
空白区(clear area)	条码左右两端外侧与空的反射率相同的限定区域
保护框 (bearer bar)	围绕条码且与条反射率相同的边或框
起始符(start character)	位于条码起始位置的若干条与空
终止符(stop character)	位于条码终止位置的条与空
中间分隔符(central seperating character)	位于条码中间位置的若干条与空
条码字符(bar code character)	表示一个字符的若干条与空
条码数据符(bar code data character)	表示特定信息的条码字符
条码校验符(bar code check character)	表示校验码的条码字符
条码填充符(filler character)	不表示特定信息的条码字符
条高(bar height)	构成条码字符的条的二维尺寸的纵向尺寸
条宽(bar width)	构成条码字符的条的二维尺寸的横向尺寸
空宽(space width)	构成条码字符的空的二维尺寸的横向尺寸
条宽比(bar width ratio)	条码中最宽条与最窄条的宽度比
空宽比(space width ratio)	条码中最宽空与最窄空的宽度比
条码长度(bar code length)	从条码起始符前缘到终止后缘的长度

续表

术语名称	定　　义
长高比(length to height ratio)	条码长度与条高的比
条码密度(bar code density)	单位长度的条码所表示的字符个数
模块(module)	组成条码的基本单位
条码字符间隔(bar code intrcharacte gap)	相邻条码字符间不表示特定信息且与空的反射率相同的区域
单元(element)	构成条码字符的条、空
连续型条码(continuos bar code)	没有条码字符间隔的条码
非连续型条码(discrete bar code)	有条码字符间隔的条码
双向条码(bidirectional bar code)	左右两端均可作为扫描起点的条码
附加条码(add-on bar code)	表示附加信息的条码
自校验条码(self-cheching bar code)	条码字符本身具有校验功能的条码
定长条码(fixed length of bar code)	条码字符个数固定的条码
非定长条码(unfixed length of bar code)	条码字符个数不固定的条码
条码字符集(bar code character set)	某类型条码所能表示的字符集合

简单来说，条形码是用来方便人们输入资料的一种方法，这种方法是将要输入电脑内的所有字元，以宽度不一的线条和空白组合来表示每一字元相对应的码。其中空白亦可视为一种白色线条，不同的一维条形码规格有不同的线条组合方式。在一个条形码的起头及结束的地方，都会放入起始码及结束码，用以辨识条形码的起始及结束。不过不同条形码规格的起始码及结束码的图样并不完全相同。具体而言，每一种一维条形码规格明定了下列七个要素。

(1) 字元组合。每一种条形码规格所能表示的字元组合有不同的范围及数目，有些条形码规格只能表示数字，如 UPC 码、EAN 码；有些则能表示大写英文字及数字，甚至能表示出全部 ASCII 字元表上的 128 字元，如 39 码、128 码。

(2) 符号种类。依据条形码被解读时的特性，可将条形码规格分成分散式和连续式两大类。①分散式：每一个字元可以独自解码，列印时每个字元与旁边的字元间是由字间距分开的，而且每个字元固定以线条作为结束。然而，并不一定是每一个字间距的宽度大小都必须相同，可以容许某些程度的误差，只要彼此差距不大即可。如此，对条形码印表机(barcode printer)的机械规格要求可以比较宽松。例如 39 码与 128 码。②连续式：字元之间没有字间距，每个字元都是以线条开始，以空白结束。且在每一个字元的结尾后，紧跟下一个字元的起头。由于无字间距的存在，所以在同样的空间内，可列印出较多的字元数。但相对地，因为连续式条形码的密度比较高，其对条形码机的列印精度的要求也较高，例如 UPC 和 EAN 码。

(3) 粗细线条的数目。条形码的编码方式，是借由许多粗细不一的线条及空白的组合方式来表示不同的字元码。大多数的条形码规格都是只有粗和细两种线条，但也有些条形码规格使用两种以上不同粗细的线条。

（4）固定或可变长度。指在条形码中包含的资料长度是固定或可变的，有些条形码规格因限于本身结构的关系，只能使用固定长度的资料，如 UPC 码、EAN 码。

（5）细线条的宽度。指条形码中细线条及空白的宽度，通常是某个条形码中所有细的线条及空白的平均值，而且它使用的单位通常是密耳。

（6）密度。指在某一固定长度内可表示字元的数目。例如条形码规格 A 的密度高于条形码规格 B 的密度，表示当两者密度值相同时，在同一长度内，条形码规格 A 比条形码规格 B 可容纳更多的字元。

（7）自我检验。指某个条形码规格自我检测错误的能力，检测会不会因一个列印上的小缺陷，而可能使得一个字元被误判成为另外一个字元。有自我检验能力的条形码规格，大多没有硬性规定要使用检验码，例如 39 码。没有自我检验能力的条形码规格，在使用上大多有检验码的设定，如 EAN 码、UPC 码等。

一维条形码系统的运作流程如图 2-3 所示。

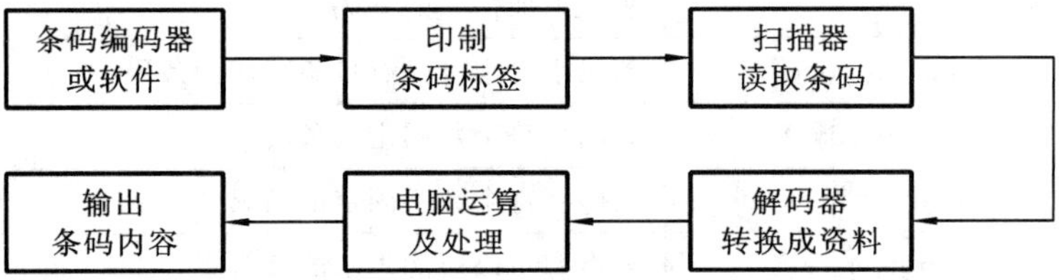

图 2-3　一维条形码系统的运作流程

根据上述流程，条形码系统由以下五个要素构成。

（1）条形码编码方式：依不同需求选择适当的条形码编码标准，如使用最普遍的 EAN、UPC，或地域性的 CAN、JAN 等标准，一般以最容易与交易伙伴流通的编码方式为最佳。

（2）条形码打印机：专门用来列印条形码标签的打印机，这些打印机大部分被应用在工作环境较恶劣的工厂中，而且必须能负荷较长的工作时间，所以在设计时，特别重视耐用性及稳定性，以至于其价格也比一般打印机更贵。有些公司也提供特殊设计的纸张，可供一般的激光打印机及点阵打印机印制条形码。大多数条形码打印机是属于热感式打印机或热转式打印机，其差别在于：热感式打印机的工作原理是将印字头加热，再运用热度与停留时间来促使感应纸显示出不同深浅的颜色。其优点是条形码品质佳且价格较低廉，一般热感式打印机的体积可以制造到很小。缺点是因为必须采用感光纸，感光纸不耐光线照射，易造成纸上条形码褪色，影响辨识率。热转式打印机的工作原理是将碳粉带加热后转印至纸上，故像激光打印机般可采用普通纸，条形码也不易因为光线照射而褪色，列印的品质比热感式更好，不过价格较高，且体积较大。此外，一般常用的打印机也可打印条形码，其中以激光打印机的品质最好。目前市面上彩色打印机也相当普遍，而条形码在列印时颜色的选择也十分重要，一般以黑色当作条色，如果无法使用黑色时，可利用青色、蓝色或绿色系列取代。而底色最好以白色为主，如果无法使用白色时，可利用红色或黄色系列代之。

（3）条形码扫描器：用以扫描条形码，读取条形码所代表字元、数值及符号的周边设备称为条形码扫描器。其原理是借由电源激发发光二极体而射出一束红外线来扫描条形码，由于空白会比线条反射回来更多的光度，借由这些明暗关系，让光感应接收器的反射光有着不同的类比信号，然后再经由解码器译成资料。条形码扫描器的类型大致可分为笔式扫描器、固定式扫描器、CCD(光耦合装置)扫描器、激光扫描器四种。其中,笔式扫描器(俗称光笔)是一种外形像笔的扫描器,使用时以机就物,即移动光笔去扫描物体上的条形码。光笔的价格比较便宜,但扫描的长度稍受限制,在 32 个字元左右,较适合一般小商店及个人使用。固定式扫描器为一种体积较大,价格较高的扫描系统,使用时以物就机,即机器固定,以物品的移动来扫描解码,适用于输送带或一般大型超市。CCD 扫描器采用发光二极体的泛光源照亮整个条形码,再透过平面镜与光栅将条形码符号映射到由光电二极体组成的探测器阵列上,经探测器完成光电转换,再由电路系统对探测器阵列中的每一光电二极体依次采集信号,辨识出条形码符号,完成扫描。CCD 扫描器的优点是操作方便,不直接接触条形码也可辨读,性能较可靠,寿命较长,且价格较激光扫描器便宜。激光扫描器借由激光光束的扫描来读取条形码的资料,由于它和笔式扫描器一样,可自由移动到物体处扫描,因此条形码的长度在容许的范围内并不会受到限制。不过光笔一定要接触到条形码的表面才能辨读,激光扫描器的扫描距离较笔式、CCD 扫描器来得远,故在扫描时可悬空划过条形码。

(4) 编码器及解码器:它们是介于资料与条形码间的转换工具。编码器可将资料编成条形码。而解码器的工作原理是由传入的类比信号分析出黑、白线条的宽度,然后根据编码原则,将条形码资料解读出来,再经过电子元件的转换后,转成电脑所能接受的数位信号。

(5) 应用程式界面(API):负责处理应用程式与条形码化的界面,以供应用程式处理条形码,达到商业自动化的目的。

二、二维条码

一维条码虽然提高了资料收集与处理的速度,但由于受到资料容量的限制,一维条码仅能标识商品,而不能描述商品,因此相当依赖电脑网路和资料库。在没有资料库或不便联网的地方,一维条码很难派上用场。因此,最近几年开始有人提出一些储存量较高的二维条码(简称"二维码")。二维条码具有高密度、大容量、抗磨损等特点,拓宽了条码的应用领域。

二维条码是指一种由点、空组成的点阵形条码,其在应用中以独立的文件出现,且在应用中有着高密度、高信息量等优势,可广泛应用到各个领域中。与过去的一维条码相比,二维条码能够凭借自身强大的信息储存能力,将原本后台数据库中存储的信息通过条码的方式表达出来,人们通过读取条码就能获得商品的相关信息。同时和一维条码相比,二维条码本身还可以对错误进行修正并且进行防伪,从而极大增强了数据的安全性。目前主要使用的二维条码有 PDF417 码、DataMatrix 码、QR Code 码、MaxiCode 码等,详见表 2-5。

表 2-5 常用的二维条码

名　称	简　介	图　片
PDF417 码	PDF417 码是一种堆叠式二维条码,目前应用最为广泛。它由美国 Symbol 公司发明的,PDF(Portable Data File)的意思是"便携数据文件"。组成条码的每一个条码字符由 4 个条和 4 个空共 17 个模块构成,故称为 PDF417 条码。PDF417 条码需要具有 417 解码功能的条码阅读器才能识别。PDF417 条码最大的优势在于其庞大的数据容量和极强的纠错能力	

续表

名　称	简　介	图　片
DataMatrix 码	DataMatrix 码是一种在较小的条形码卷标上存入较多数据的矩阵式二维条形码,它是目前所有条形码中尺寸最小的,尤其特别适用于小零件的标识,以及直接印刷在实体上	
QR Code 码	QR Code 码呈正方形,只有黑白两色。在 4 个角落的其中 3 个,印有像“回”字的正方图案。这 3 个是供解码软件作定位用的图案,使用者无须对准或特意匹配,无论以任何角度扫描,资料都可被正确读取	
MaxiCode 码	MaxiCode 是一种中等容量、尺寸固定的矩阵式二维条形码,它由紧密相连的六边形模块和位于符号中央位置的定位图形所组成。MaxiCode 是特别为高速扫描而设计的,主要应用于包裹搜寻和追踪上	

条码技术作为当前最经济、实用的自动识别技术,由于自身具有速度快、可靠性高、信息采集量大的优势而受到人们的青睐。人们将条码技术应用于单证、护照、仓储配送中心、运输管理、金融文件管理等多种环境中。伴随着计算机的广泛应用及信息技术的日新月异,条码技术已成为人们日常生活中的常见管理手段。在条码使用中,一维条码受自身携带信息量的局限,已无法满足人们的生活需求。比方说目前绝大多数商品上的条码只能容纳 13 位阿拉伯数字,在其他信息上则更多地依赖商品数据库,一旦离开数据库,条码将失去意义。与一维条码相比,二维条码具有以下特点。

(1) 信息储存量大。比如说二维条码中的 PDF417 条码符,能够将 1848 个字母字符或 2729 个数字字符或字母、数字混编字符进行编码。这就使得同等面积下,二维条码的信息量是一维条码的几十倍。

(2) 印刷成本较低。与一维条码相比,二维条码可以方便地印在纸、卡片及各种常用条码载体上,并可以用喷墨打印、激光打印、热敏/热转印条码打印等多种标准的打印技术及卡片印制技术印制。

(3) 自我纠错功能。它采用人造卫星和 VCD 等常用的纠错模式,能够有效防止译码错误,提高译码的速度及可靠性。同时一维条码本身在设计时基于“识读时拒读(即读不出)要比误读(读错)好”的考虑,在条码破损时即不能识别,而二维条码自身携带错误修正功能,甚至能够将符号受损面积达 50%的条码符号所含信息复现出来。

(4) 保密性、防伪性较高。二维条码本身可以利用加密算法对数据进行处理,读取时再用二维条码进行解码,可以有效防范伪造等行为。

在二维条码的应用中也常会接触到一些基本术语,详见表 2-6。

表 2-6　二维条码的基本术语

术语名称	定　义
堆叠式二维条形码 (2D stacked code)	是一种多层符号(multi-row symbology),通常是将一维条码的高度截短再层叠起来表示资料
矩阵式二维条形码 (2D matrix code)	是一种由中心点到与中心点存在固定距离的多边形单元所组成的图形,用来表示资料及其他与符号相关的功能
资料字元(data character)	用于表示特定资料的 ASCII 字元集的一个字母、数字或特殊符号等字元
符号字元(symbol character)	依条形码符号规则定义来表示资料的线条、空白组合形式。资料字元与符号字元间不一定是一对一的关系。一般情况下,对每个符号字元分配一个唯一的值
代码集(code set)	是指将资料字元转化为符号字元值的方法
字码(codeword)	指符号字元的值为原始资料转换为符号字元过程的一个中间值,一种条形码的字码数决定了该类条形码所有符号字元的数量
字元自我检查 (character self-checking)	指在一个符号字元中出现单一的印刷错误时,扫描器不会将该符号字元解码成其他符号字元的特性
错误纠正字元 (error correction character)	用于错误侦测和错误纠正的符号字元,这些字元是由其他符号字元计算而得。二维条形码一般有多个错误纠正字元用于错误侦测以及错误纠正,有些线性扫描器有一个错误纠正字元用于错误侦测
E 错误纠正 (erasure correction)	E 错误指在已知位置上因图像对比度不够,或有大污点等原因造成该位置符号字元无法辨识,因此又称拒读错误。通过错误纠正字元对 E 错误的恢复称为 E 错误纠正。对于每个 E 错误的纠正,仅需一个错误纠正字元
T 错误纠正 (error correction)	T 错误指因某种原因将一个符号字元识读为其他符号字元的错误,因此又称替代错误。T 错误的位置以及该位置的正确值都是未知的,因此对每个 T 错误的纠正需要两个错误纠正字元,一个用于找出位置,另一个用于纠正错误
错误侦测 (error detection)	一般是保留一些错误纠正字元用于错误侦测,这些字元被称为侦测字元,用以侦测出符号中不超出错误纠正容量的错误数量,从而保证符号不被读错。此外,也可利用软件透过侦测无效错误纠正的计算结果来提供错误侦测功能。若仅为 E 错误纠正,则不提供错误侦测功能

为避免同一行业采用不同的二维条码造成资讯传输上的困扰,国际组织在二维条码标准上的努力已取得初步成效,详见表 2-7。

表 2-7　国际标准组织建议二维条码应用项目

应用项目	建议采用的条码
小零件标识	DataMatrix
EDI 运货	PDF417
高品质运输	PDF417
生产保证	PDF417
产品行销	PDF417

续表

应用项目	建议采用的条码
设备管理	PDF417
物品安全管制表	PDF417
搜寻追踪	MaxiCode

二维条码的阅读设备依阅读原理的不同可分为以下几种。

(1) 线性 CCD 和线性图像式阅读器:可阅读一维条码和线性堆叠式二维条码(如 PDF417),在阅读二维条码时需要沿条形码的垂直方向扫过整个条形码,我们称为"扫动式阅读",这类产品比较便宜。

(2) 带光栅的激光阅读器:可阅读一维条码和线性堆叠式二维条码。阅读二维条码时将光线对准条码,由光栅元件完成垂直扫描,不需要手工扫动。

(3) 图像式阅读器:采用面阵 CCD 摄像方式将条码图像摄取后进行分析和解码,可阅读一维条码和所有类型的二维条码。

另外,二维条码的识读设备依工作方式的不同还可以分为手持式、固定式和平版扫描式。二维条码的识读设备对于二维条码的识读会有一些限制,但是均能识别一维条码。二维条码的识别有两种方法:①通过线性扫描器逐层扫描对二维条码进行解码;②通过照相和图像处理对二维条码进行解码。对于堆叠式二维条码,可以采用上述两种方法识读,但对绝大多数的矩阵式二维条码则必须用照相方法识读,例如使用面陈 CCD 扫描器。用线性扫描器如激光枪对二维条形码进行辨识时,如何防止垂直方向的资料漏读是关键。在识别二维条码符号时,扫描线往往不会与水平方向平行。解决这个问题的方法之一是必须保证条码的每一层至少有一条扫描线完全穿过,否则解码程序不识读。这种方法简化了处理过程,但降低了资料密度,因为每层必须要有足够的高度来确保扫描线完全穿过,如图 2-4 所示。我们所提到的二维条码中,如 Code 49、Code 16K 的识别即是如此。不同于其他堆叠式二维条形码,PDF 417 建立了一种能"缝合"局部扫描的机制,只要确保有一条扫描线完全落在任一层中即可,因此层与层间不需要分隔线,而是以不同的符号字元来区分相邻层,因此 PDF 417 的资料密度较高,是 Code 49 及 Code 16K 的两倍多,但其识读设备也比较复杂。

图 2-4 二维条码的识别(每层至少有一条扫描线通过)

通常我们所看到的以及大多数软件生成的二维码都是黑色的,但事实上彩色的二维码生成技术也并不复杂,并且备受年轻人的喜爱,已有一些网站开始提供彩色二维码在线免费生成服务了。基于二维码的纠错功能,即使二维码部分被覆盖或丢失,扫描设备依然能够识别出其记录的完整信息。当前已有不少"个性二维码"的生成工具,把一些个性图案与二维码进行合成,得到个性化并能被扫描设备识别的二维码,这种"个性二维码"也开始流行起来。彩色二维码比黑色二维码优胜的地方,是它可以利用较低的分辨率来提供较高的数据容量。一方面，彩色二维码不需较高分辨率的镜头来解读，使沟通从单向变成双向；另一方面，较低的分辨率亦令使用条码的公司在条码上加上变化，以提高读者参与的兴趣。新型彩色二维码将使用 4 种或 8 种颜色，在较少的空间中储存更多的资讯，并以小三角形取代传统的长方形。彩色二维码未来计划用于电影、电玩等商业性媒介上，以提供更高的安全性。

二维码作为一种信息容量大、可标识文字网址等多种信息、成本低廉的自动识别技术，目前已经在我国众多行业得到规模化应用。近年来，随着智能手机技术的发展与普及，通过手机等移动智能设备，获得二维码承载相关信息与服务的应用已经走入千家万户，二维码已经逐渐从封闭系统应用向开放系统应用转变。作为我国负责条码和物品编码管理与标准化的专门机构，为解决目前我国二维码快速发展中出现的编码信息各自为政，缺乏标准化编码方案、标准化应用方案支撑的问题，中国物品编码中心成立国家二维码注册管理中心，为我国二维码用户、二维码技术提供商、二维码服务提供商以及广大系统成员提供二维码注册管理服务，从而促进我国二维码技术应用与产业化的协调健康发展，规范二维码编码标识工作，促进物联网领域中的互联互通。

虽然一维条码和二维条码的原理都是用符号来携带资料，达成资料的自动辨识，但是从应用的观点来看，一维条码偏重于标识商品，二维条码偏重于描述商品。因此相较于一维条码，二维条码不仅只存储关键值，而且可将商品的基本资料编入二维条码中，达到资料库随着产品走的效果，进一步提供许多一维条码无法达成的应用。例如，一维条码必须搭配电脑资料库才能读取产品的详细资讯，若为新产品，则必须重新登录，对产品特性为多样少量的行业构成应用上的困扰。此外，一维条码稍有磨损即会影响条码阅读效果，故不适用于工厂型行业。除此之外，二维条码还可有效解决一维条码所面临的许多问题，让企业充分享受资料自动输入、无键输入的好处，对企业与整体产业带来利益，也拓宽了条码的应用领域。一维条码与二维条码的区别如表 2-8 所示。

表 2-8　一维条码与二维条码的区别

项　目	一 维 条 码	二 维 条 码
外观	由纵向黑条和白条组成，黑白相间，而且条纹的粗细也不同，条纹下通常还会有英文字母或阿拉伯数字	通常为方形结构，不仅由横向和纵向的条码组成，而且码区内还会有多边形的图案，同样二维码的纹理也黑白相间、粗细不同，是点阵形式
作用	可以识别商品的基本信息，例如商品名称、价格等，但并不能提供更详细的信息，要调用更多的信息，则需要电脑数据库的进一步配合	不仅具有识别功能，而且可显示更详细的商品内容。例如衣服，不但可以显示衣服名称和价格，还可以显示采用的是什么材料，每种材料占的百分比，衣服尺寸大小，适合身高为多少的人穿着，以及一些洗涤注意事项等，无须电脑数据库配合，简单方便
信息密度	密度低、容量小	密度高、容量大
信息内容	数值、英文	数值、英文、中文、图片、声音
纠错能力	只能校验，不能纠错	很强的纠错能力，并可根据需要设置不同的纠错等级

续表

项　目	一维条码	二维条码
优点	技术成熟，应用广泛，设备成本低	信息量大，具备纠错能力，安全性高，支持多种文字
缺点	信息量少，只支持英文或数字，需与电脑数据库结合	需支付专利费用

伴随着一维条码和二维条码在高科技、零售批发和储存运输等领域的普及，条码技术与其他技术的相互渗透和相互促进将改变传统产品的结构及性能，小型化和微型化是条码技术产品今后发展的重要方向。

三维条码（简称“三维码”），又称多维条码、万维条码，或者叫作数字信息全息图，它是在二维码的基础上，增加了色彩维度或灰度（亦称黑密度）维度来表示信息，能够显示出计算机中所有的信息内容，包括音频、图像、视频、世界各国文字，具有更多的信息容量和更强的视觉表现力。同样信息容量的二维码与三维码相比，三维码的条码尺寸更小、条码密度更低。随着近年来彩色印刷设备和采集设备日趋成熟并日益低成本化，三维码必将取代二维码，成为更理想的条码样式。三维码的主要特征在于利用色彩或灰度表示不同的数据并进行编码。日本“Content Idea of Asia”公司研发出一种能够承载 0.6 MB 到 1.8 MB 信息的三维码，于 2006 年投入使用。我国目前也拥有该项技术的完全自主知识产权，深圳大学光电子学研究所已经研发出了信息容量更大、编码方式更灵活的任意进制三维码技术。条形码的信息空间从线性的一维扩展到平面的二维，继而扩展到立体的三维。编码空间的量变必然带来编码内容的质变，编码对象从数字、字母发展到汉字、声音乃至图像。三维码作为“纸面上的比特流”，在某些多媒体信息检索上具有独特优势。例如读者在阅读音乐欣赏类书籍时可以借助书内所附的三维码，利用手持设备解码后试听音乐，并可在数据流的层面进行查询。多媒体信息按色彩、纹理、灰度、频谱等特征入手，检索算法较复杂。如果通过三维码将该多媒体信息与数据库中相同格式的数据相比对，即将两段格式、大小都相同的文件对应比特流进行异或运算，结果若是全零的字符串，则可以确定两段多媒体信息完全吻合，实现精确匹配。同理，还可通过某个声音片断寻找到包含它的整段音频资料。

三、物流条码

物流条码，是供应链中用以标识物流领域中具体实物的一种特殊代码。它是由一组黑白相间的条、空组成的图形，可被识读设备自动识别，并自动完成数据采集。它是整个供应链过程，包括生产厂家、配销业、运输商、消费者等环节的共享数据。它贯穿整个贸易过程，并通过物流条码数据的采集、反馈，提高整个物流系统的经济效益。运用物流条码可使信息的传递更加方便、快捷、准确，充分发挥物流系统的功能。

与商品条码相比较，物流条码具有如下特点。

(1) 储运单元的唯一标识。商品条码是最终消费品，通常是单个商品的唯一标识，用于零售业的现代化管理；物流条码是储运单元的唯一标识，通常标识多个或多种商品的集合，用于物流业的现代化管理。

(2) 服务于供应链全过程。商品条码服务于消费环节:商品一经出售到最终用户手里,商品条码就实现了其存在的价值,商品条码在零售业的POS系统中起到了单个商品的自动识别、自动寻址、自动结账等作用,是零售业现代化、信息化管理的基础;物流条码服务于供应链全过程:生产厂家生产出产品,经过包装、运输、仓储、分拣、配送,直到零售商店,中间经过若干环节,物流条码是这些环节中的唯一标识,因此它涉及面更广,是多种行业共享的通用数据。

(3) 信息多。通常,商品条码是一个无含义的13位数字条码;物流条码则是一个可变的,可表示多种含义、多种信息的条码,是无含义的货运包装的唯一标识,可表示货物的体积、重量、生产日期、批号等信息,是贸易伙伴根据在贸易过程中的共同需求,经过协商统一制定的。

(4) 可变性。商品条码是商品的一个国际化、通用化、标准化的唯一标识,是零售业的国际化语言;物流条码是随着国际贸易的不断发展,贸易伙伴对各种信息需求的不断增加而产生的,其应用在不断扩大,内容也在不断丰富。

(5) 维护性。物流条码的相关标准需要经常维护。及时沟通用户需求,传达标准化机构有关条码应用的变更内容,是确保国际贸易中物流现代化、信息化管理的重要保障之一。

物流条码涉及面较广,因此相关标准也较多。它的实施和标准化是基于物流系统的机械化、现代化,包装运输等作业的规范化、标准化。物流条码标准化体系已基本成熟,并日趋完善。物流条码标识的内容主要有项目标识(货运包装箱代码SCC-14)、动态项目标识(系列货运包装箱代码SSCC-18)、日期、数量、参考项目(客户购货订单代码)、位置码、特殊应用(医疗保健业等)及内部使用,具体规定见相关国家标准。目前现存的条码码制多种多样,但国际上通用和公认的物流条码码制只有三种:ITF-14条码、UCC/EAN-128条码及EAN-13条码。选用条码时,要根据货物的不同和商品包装的不同,采用不同的条码码制。单个大件商品,如电视机、电冰箱、洗衣机等商品的包装箱往往采用EAN-13条码(标准版商品条码),参见GB 12904。储运包装箱常常采用ITF-14条码或UCC/EAN-128条码,包装箱内可以是单一商品,也可以是不同的商品或多件商品小包装。其中,ITF条码是一种连续型、定长、具有自校验功能,并且条、空都表示信息的双向条码,该条码字符集、条码字符的组成与交叉25相同,主要由矩形保护框、左侧空白区、条码字符、右侧空白区组成。ITF-14编码的组成见GB/T 16830《储运单元条码》。UCC/EAN-128条码是一种连续型、非定长条码,能更多地标识贸易单元中需表示的信息,如产品批号、数量、规格、生产日期、有效期、交货地等。该条码由应用标识符和数据两部分组成,每个应用标识符由2位到4位数字组成。条码应用标识的数据长度取决于应用标识符。条码应用标识采用UCC/EAN-128码表示,并且多个条码应用标识可由一个条码符号表示。UCC/EAN-128条码是由双字符起始符号、数据符、校验符、终止符及左、右侧空白区组成。UCC/EAN-128应用标识条码是使信息伴随货物流动的全面、系统、通用的重要商业手段。

第三节 条码技术在现代物流中的应用

现代物流是以信息网络为核心的,但实物流动过程的描述,必须有效地反映在信息的交换过程中,并达到信息与实物的匹配对应关系,这就是采用条码技术的必要性。由于条码技术使用成本较低，因而被大量使用。条码技术主要解决的问题是实物与信息之间的匹配关系，使实物的运输、仓储过程，可以即时反映到信息网络环境中，使操作者能够迅速了解物流的全部过程，尤其是在途的情况，提高物流过程的作业效率及货物数量的准确性。实物与信息的关系如图 2-5 所示。

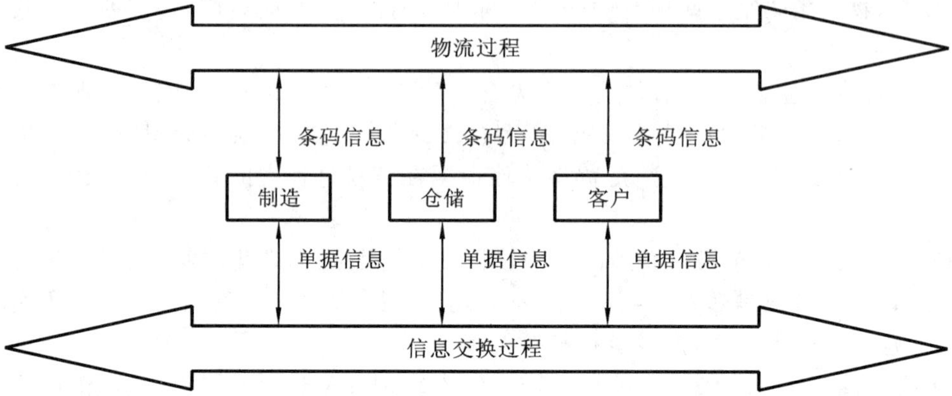

图 2-5　实物与信息的关系

作为物流信息技术的一种，条码技术包括符号表示技术、快速识别技术、条码标识符号的设计及编码技术、计算机管理技术等。条码技术是实现计算机管理和电子数据交换不可缺少的前端数据采集技术，也是极为重要的自动识别技术。同时，也是零售业实现 POS 系统、商业贸易 EDI、电子商务、供应链管理的技术基础，是现代物流管理的重要技术手段。目前，国际物品编码协会分配给中国的商品编码的前缀码有 6 个，即 690、691、692、693、694、695。现在有许多企业获得了条码标记的使用权，促使中国的商品大量打入国际市场，给企业带来了可观的经济效益。条码技术应用非常广泛，普遍用于仓储、运输、分拣、邮电、商业等诸多领域。当然，条码技术应用最广泛、最为人们熟悉的还是通用商品流通销售领域的 POS 系统，其在北美、欧洲各国和日本的应用普及率已达 95%以上。

一、条码技术在运输管理中的应用

在货物运输中，物流和信息流是不可分割的统一体。物流过程必定伴随着信息流，否则，物流将无法实现；而信息流也不能独立于物流，离开了物流，信息流就没有任何意义。在数字化、信息化的现代经济中，对于同贸易有关的信息的电子化、物流与信息的相互配合、物品和信息的一致化（物品同相关信息传递的一致化、同时化）已显得越来越重要。因此，在货物运输中，如何实现物流和信息流的完好结合是关键。

在过去相当长的一段时间内，我国的运输业包括铁路、邮政等都比较落后，主要的作业方式依然是落后的手工作业，但随着近几年计算机技术、条码技术和网络技术的快速发展，我国的传统作业方式正在被越来越新的科学技术和管理方式所取代。尤其是随着条码技术的不断发展，条码在包裹、货物运输上扮演着越来越重要的角色。在传统的物流及交通运输过程中，信息流通常以单证或书面文本的形式出现并传递，如货物提单、产品说明书等，通过这些附带的各种单证和说明书，可以了解货物的产地、制造商、产品特性及运输特性等特征，但这种方式已无法适应计算机管理和电子商务的需求，体现在其录入速度慢、效率低、差错率高等缺陷上。虽然 EDI 可解决各种交易信息的录入和在线传送问题，如咨询信息、价格估算、订货单、申请书、交货信息、收货信息、请求付款、支付款项等均可因 EDI 的应用而全部实现在线处理。然而 EDI 交易意味着交易的物品同其相关的信息是通过不同的途径来处理的，这样，交易上最重要的“物品和信息的一致化”就难以实现，一致化若实现不了，将使 EDI 的效果减半。应用条形码技术，上述问题就迎刃而解。既可解决信息的录入问题，又能使信息与货物同时传递，实现“物品和信息一致化”，同时还能给电子 EDI 提供可靠的备份，从而减少对网络的依赖。利用条码技术，发送方将与贸易有关的 EDI 信息编制成一张 PDF417 条码标签（又称纸面 EDI）贴在商品或商品包装上，货运商、海关或收货方等可通过直接扫描商品的 PDF417 条码标签，就可将信息立即传入各自的计算机系统，这一切都发生在恰当的时间和恰当的地点，使得整个运输过程的效率大大提高。此外，收货方还可将此信息与发货方通过因特网发来的交货信息进行核对，确认所收物品的正确性。

现如今许多国家的运输公司纷纷采用一维条码和二维条码 PDF417 相结合的标签，来实现货物运输中的条码跟踪和信息传递。PDF417 条码信息容量大，可以储存包裹、货物的详细信息，并且容易打印，可以采用原来的标签打印机打印，同时可以根据需要进行加密，防止数据的非法篡改。此外，由于 PDF417 条码具有很强的自动纠错能力，因此在实际的包裹运输中，即使条码标签受到一定的污损，PDF417 条码依然可以正确地识读。PDF417 条码这些突出的特点，使得它被广泛应用在各个国家的邮局、铁路、机场、码头等的包裹和货物运输上，实现了货物运输的全过程跟踪，消除了数据的重复录入，加快了货物运输的数据处理速度，降低了对计算机网络的依赖程度，从而实现了物流管理和信息流管理的完美结合。作为一种纸面 EDI，PDF417 条码可以传递整个货票信息，因此，在广域计算机网络没有建立以前，PDF417 条码完全可以实现它的功能，成为网络的替代品；而当网络建成以后，PDF417 条码则可以作为它的一种补充和加强。针对 PDF417 条码的这一特点，可以看出，在运输领域，PDF417 条码的使用具有重大意义。

二、条码技术在配送管理中的应用

近年来，条码技术在物流配送管理中已经得到广泛应用，特别是在配送中心业务处理中的收货、摆货、仓储、配货、补货等环节。条码应用几乎涉及整个配送中心作业流程中的所有环节。在配送中心接到客户的送货订单后，将信息汇总，并对配送信息进行分析，决定配送的时间、路线等。配送中心将货物从仓库中拣出，在装车之前对商品进行扫描，以确保所发送的商品的准确性，避免发错商品。在整个发货运输过程中，对商品进行实时跟踪，每到一个地点，用条码阅读器读取信息，输入计算机，实时监控商品的动态状况，有利于配送中心及时对商品运输做出调整。由于条码和计算机的应用，大大提高了信息的传递速度和数据的准确性，从而可以做到实时物流跟踪，实现进货、发货、运输中的装卸自动化管理，整个配送中心的运营状况、商品的库存量也会通过计算机及时反映到管理层和决策层。条码技术在配送管理中的具体应用如下。

(1) 订货。无论是总部向供应商订货，还是连锁店向总部或配送中心订货，订货方式可以根据订货簿或货架牌进行订货。不管采用哪种订货方式，都可以用条码扫描设备输入订货簿或货架上的条码信息（如商品名称、品牌、产地、规格等信息）。然后通过主机，利用网络通知供货商或配送中心要订哪种货、订多少。这种订货方式比传统手工订货效率高出数倍。

(2) 入库。应用条码进行入库管理，商品到货后，通过条码输入设备将商品基本信息输入计算机，告诉计算机系统哪种商品要入库，要入多少。计算机系统根据预先确定的入库原则、商品库存数量，确定该种商品的存放位置。然后根据商品的数量发出条码标签，这种条码标签包含该种商品的存放位置信息。然后在货箱上贴上标签，并将其放到输送机上。输送机识别货箱上的条码后，将货箱放在指定的库位区。

(3) 摆货。人工摆货时，搬运工要把收到的货品摆放到仓库的货架上，在搬运商品之前，首先扫描包装箱上的条码，计算机就会提示工人将商品放到事先分配的货位。搬运工将商品运到指定的货位后，再扫描货位条码，以确认找到的货位是否正确。这样，在商品从入库到搬运再到货位存放的整个过程中，条码起到了相当重要的作用。商品以托盘为单位入库时，把到货清单输入计算机，就会得到按照托盘机数量发出的条码标签。将条码贴于托盘面向叉车的一侧，叉车前面安装有激光扫描器，叉车将托盘提起，并将其放置于计算机所指引的位置上。在各个托盘货位上装有传感器和发射显示装置、红外线发光装置和表明货区的发光图形牌。叉车驾驶员将托盘放置好后，通过叉车上装有的终端装置，将作业完成的信息传送到主计算机。这样，商品的货址就存入计算机中了。

(4) 配送。在配货过程中，也都采用了条码管理。在分拣、配送中应用条码，能使拣货迅速、准确，并提高生产率。总部或配送中心在接受客户的订单后，将订货单汇总，并分批发出印有条码的拣货标签。这种条码包含有这件商品要发送到哪一家连锁店的信息。分拣人员根据计算机打印出的拣货单，在仓库中进行拣货，并在商品上贴上拣货标签(在商品上已有包含商品基本信息的条码标签)。将拣出的商品运到自动分类机，放置于感应输送机上。激光扫描器对商品上的两个条码自动识别，检验拣货有无差错。如无差错，商品即分岔流向按分店分类的滑槽中。然后将不同分店的商品装入不同的货箱中，并在货箱上贴上印有条码的送货地址卡，这种条码包含有商品到达区域的信息。再将货箱送至自动分类机，在自动分类机的感应分类机上，激光扫描器对货箱上贴有的条码进行扫描，然后将货箱输送到不同的发货区。当发现拣货有错时，商品流入特定的滑槽内。条码配合计算机应用于物流管理中，大大提升了物流作业自动化水平，提高了劳动生产率。

(5) 补货。查找商品的库存，确定是否需要进货或者货品是否占用太多库存，同样需要利用条码来实现管理。另外，由于商品条码和货架是一一对应的，也可通过检查货架来达到补货的目的。条码不仅仅在配送中心业务处理中发挥作用，配送中心的数据采集、经营管理同样离不开条码。通过计算机对条码的管理，对商品运营、库存数据的采集，可及时了解货架上商品的存量，从而进行合理的库存控制，将商品的库存量降到最低点；也可做到及时补货，减少由于缺货造成的分店补货不及时，避免发生销售损失。条码同样可用于对配送中心进行配货分析。由于条码和计算机的应用，大大提高了信息的传递速度和数据的准确性，从而可以做到实时物流跟踪，整个配送中心的运营情况、商品的库存量也会通过计算机及时反映到管理层和决策层。这样就可以进行有效的库存控制，缩短商品的流转周期，将库存量降到最低。

三、条码技术在仓储管理中的应用

条码技术在仓储管理中的应用是将无线网络技术和条码自动识别技术嵌入到企业产成

品库存管理中去。从成品入库开始，就用固定式扫描设备，扫描入库流水线的成品包装条码，记录下入库时间及入库的产品数量，形成产品库的入库登记，仓库内存增加。在产品出库时，按照出库计划，扫描整机包装箱的条码，检验出库的产品的信息，包括产品的种类、数量等，是否与计划出库的产品的信息相吻合。最后，完成产品出库操作。在整个存取过程中，应用条码技术，可有效防止产品登记错误，避免产品出现缺漏或产品被错拿，提升了产品存货和拣货的准确性。在每个流程点中，都将人工操作完全电子化地在手持终端中实现，从而提高作业效率，确保库存管理、运输过程的统一性和准确性。条码技术在仓储管理中的具体应用如下。

（1）系统的准备。货物的条形码是建立整个供应链的最基本条件，它是实现仓储自动化的第一步，也是为POS系统快速、准确收集销售数据的手段。借助条形码，POS系统可以实现商品从订购、送货、内部配送、销售到盘货等零售业循环的一元化管理，实现从传统的依靠经验管理到依靠精确的数字分析管理的转变；从事后管理到实时管理的转变，即从隔一段时间进行结算、盘点转变为对每一商品项目（如品种、规格、包装样式等）细账的管理。这样一来，销售商可随时掌握商品销售情况，以调整进货计划，组织适销货源，从而减少脱销、滞销带来的损失，并可以加速资金周转，有利于货架安排的合理化，提高销售额。对库存品进行科学编码，并列印库存品条码标签，根据不同的管理目标（例如要追踪单品还是实现保质期/批次管理）对库存品进行科学编码。在科学编码的基础上，入库前打印出物资条码标签，粘贴在物资上，以便于以后数据的自动化采集。对仓库的库位进行科学编码，并用条码符号加以标识，实现仓库的库位管理，对仓库的库位进行科学编码，用条码符号加以标识，并在入库时采集物资所入的库位，同时导入管理系统。仓库的库位管理有利于在仓库中快速定位库存品所在的位置，有利于实现先进先出的管理目标及提高仓库作业的效率。然后，使用带有条码扫描功能的手持数据终端进行仓库管理，使用手持数据终端可以办理物资验收、入库等手续，也可以查询相应的数据。将采集的数据上传到物资管理系统中，自动更新系统中的数据。同时也可以将系统中更新以后的数据下载到手持终端上，以便在现场进行查询和调用。

（2）系统的应用。条形码在仓库中的应用包括申报计划、验收货物、入库、盘库、出库、移库等，具体表现如下。①车间申报计划。各单位在申报物资库存计划时，先在PC机上添加计划主体，确定后，再用手持终端到仓库中扫描条码或电子标签。该方法能够使仓库管理员根据自己仓库的库存情况，比较准确、快速地申报物资需求计划。②物资验收。设备到货后，打印条码，粘贴在设备上，由采购员在计算机上提出验货申请，然后和保管员共同利用移动手持终端验收物资，保管员在手持终端上填写验收结果。③物资入库。在手持终端上添加入库单主体，然后扫描物资条码，办理验收合格后的物资的入库手续。④盘点仓库。根据货位和货位上的物资，进行盘库，首先扫描货位，然后扫描电子标签或条形码，确定物资存放的货位是否正确。盘点完毕后，将实际库存和账面物资进行对比，形成盘盈盘亏表。根据盘盈盘亏表，进行盘盈入库和盘亏出库，使账面和实物相符。⑤物资出库。在手持终端上添加出库单主体，然后扫描物资条码办理物资出库。⑥物资消耗。车间和班组利用手持终端对准备使用的物资进行消耗手续办理。⑦物资移库。保管员移动货位时，用移动手持终端先扫描物资条形码，同时对该物资的原货位条码和现在的货位条码进行扫描，将物资的货位信息记录在系统中。

(3) 应用效果。在仓库管理中应用条码技术，实现数据的自动化采集，去掉了手工书写单据和送到机房输入的步骤，大大提高了工作效率。有助于解决库房信息陈旧、滞后的弊病，解决手工单据信息不准确(主要是抄写错误，键入错误)的问题。将单据所需的大量纸质信息转换成电子数据，简化了日后的查询步骤。这是用条形码对企业仓库进行的管理，虽然是针对自动化部设计的，但它同样适用于一般的仓储管理，具有较强的适用性。

小结

作为一种可印制的计算机语言，条码在物流信息化中起着举足轻重的作用。条码技术的应用是物流企业信息化建设的必由之路。条码的信息容量大、可靠性高、成本低、灵活实用、自由度大等特点奠定了条码技术在物流信息系统中的基础地位，被广泛应用于物流运输、配送、仓储以及大型超市等领域。二维条码相对于一维条码拥有更强的容错能力，容纳的信息量更大，在译码可靠性和保密性方面更强。二维条码的出现使得条码技术的应用范围更广泛。条码就像是印刷在商品上的信息链条，有机地将世界各地的制造商、批发商和零售商联系在一起。条码通过与电子数据交换系统相连接形成多元信息网，不同商品的信息被输送到世界各地，活跃在世界商品流通领域。目前我国条码技术在物流行业中的应用刚刚起步，因此发展空间还很大。随着我国物流信息化的不断发展，条码技术在物流行业的运用范围会更加宽广。

重要概念

条码(bar code)
一维条码(1D barcode)
二维条码(2D barcode)
物流条码(logistics barcode)

练习与思考

一、简答题

1. 条码编码的方法有哪些？其各自的基本原理是什么？
2. 条码识读的基本原理和流程是什么？
3. 一维条码和二维条码的区别有哪些？
4. 物流条码的特点是什么？

二、思考题

1. 在日常生活中，我们可以运用物流条码技术来解决哪些问题？

2. 简述条码技术在物流应用中存在的问题及对策。

综合案例

条码技术在物流作业中的应用

条码技术已经成为物流现代化的一个重要组成部分。同时,它还有力促进了物流体系各环节作业的机械化、自动化,对物流各环节的计算机管理起着基础性作用。条码在现代化物流管理中起着直接、高效的信息媒体作用,它使现代化的管理和现代化的技术互相结合。以条形码技术的应用为基础的信息流将是未来信息技术的重要特征,控制了信息流就控制了物流,信息技术的现代化必然促进物流技术和管理的现代化。我国物流业要在条形码的开发应用上多下功夫,应当学习国外先进经验,加快条形码的普及应用,推动物流现代化的发展。条码技术在物流作业中的具体应用如下。

1. 订货作业

以便利店的订货簿为例。连锁总部定期将订货簿发给各便利店,订货簿上有商品名称、商品货号、商品条形码、订货点、订货单位、订货量等,工作人员拿着订货簿巡视各商品以确认所剩陈列数,记入订货量;或到办公室后,用条形码扫描器扫描预订商品的条形码并输入订货量,再用调制器传出订货数据。

2. 配送中心的进货验收作业

对整箱进货的商品,其包装箱上有条形码,放在输送带上经过固定式条形码扫描器的自动识别,可接受指令并将其传送到存放位置附近。对以整个托盘进货的商品,叉车驾驶员用手持式条形码扫描器扫描外包装箱上的条形码标签,利用计算机与射频数据通信系统,可将存放指令下载到叉车的终端机上。

3. 补货作业

基于条形码进行补货,可确保补货作业的正确性。有些拣货错误源于前项的补货作业错误。商品进货验收后,移到保管区,需适时、适量地补货到捡货区;避免补货错误,可在储位卡上印上商品条形码与储位码的条形码,当商品移动到位后,以手持式条形码扫描器读取商品条形码和储位码条形码,由计算机核对是否正确,这样就可以保证补货作业的正确性。

4. 拣货作业

拣货有两种方式:一种是按客户进行拣取的摘取式拣货;另一种是先将所有客户对各商品的订货汇总,一次拣出,再按客户分配各商品量,即整批拣取、二次分拣,可称之为播种式拣货。对于摘取式拣货,在拣取后用条形码扫描器读取刚拣取商品上的条形码,即可确认拣货的正确性。对于播种式拣货,可使用自动分货机,当商品在输送带上移动时,由固定条形码扫描器判别商品货号,指示移动路线与位置。

5. 交货时的交点作业

交货时的交点作业通常分为两种形式:一种是由配送中心出货前即复点数量,另一种是交由客户当面或事后确认。对于配送中心出货前的复点式作业,由于在拣货的同时已经以条形码确认过,故无须进行复点。对于客户的当面或事后确认,由于拣货时已用条形码确认过,故无须在交货时由双方逐一核对。

6. 仓储配送作业

其实商品的自动辨识方法还可以采用磁卡等方式来实现。但以物流仓储配送作业而言,由于大多数的库存货品都有条形码,所以用条形码进行自动识别与资料收集是最便捷的方式。商品条形码上的资料经条形码识别设备读取后,可迅速、准确、简单地将商品资料自动输入,从而达到自动化登录、控制、传递、沟通的目的。条码技术在储存管理上产生的作用有:

(1) 登录快速,节省人力;

(2) 提高物流作业效率;

(3) 减少管理成本;

(4) 降低错误率,提高作业质量;

(5) 更精确地控制储位的指派与货品的拣取;

(6) 可方便有效地盘点货品,准确地掌握库存状况,控制存货;

(7) 可做到实时数据收集,实时显示,并经计算机快速处理而达到实施分析与控制的目的。

第三章 RFID 技术原理及应用

学习目标

1. 理解 RFID 技术的基本概念、特点和分类；
2. 掌握 RFID 系统的组成及工作原理；
3. 理解 RFID 技术在现代物流管理中的应用。

引例

基于物联网 RFID 技术的铁路集装箱物流管理系统

随着现代物流的快速发展，集装箱运输已成为铁路货运发展全方位物流服务的重要途径。但我国铁路集装箱运输与国外相比，存在着很大的差距。例如，我国铁路集装箱运输信息化程度低、业务流程不统一、重复作业多、流程效率低下，组织结构复杂导致货主办理运输业务手续繁多，等等。这些不足之处大大抑制了铁路货运物流以及铁路集装箱运输自身的发展，使其运量增长缓慢，所占份额逐渐减少。因此，应用现代物流技术与理念，优化铁路集装箱运输业务流程及组织结构，加快铁路集装箱运输系统发展，已经刻不容缓。集装箱运输是铁路提高服务质量的非常有效的运输方式，它蕴含着巨大的增长空间，具备很强的发展优势。使用物联网 RFID 技术将极大地改善铁路物流信息环境，从信息采集、传递、存储到处理，一切以数字信息的形式运转，信息对称程度得到加强。实时分布的信息在物联网 RFID 和互联网技术的支持下，整个流通过程的通道透明性和流程能见度得到提升。以数字形式出现的物联网 RFID 智能标签、无线网络、高速局域网、互联网等使得信息传递速度加快。铁路部门从接货、验货、运输跟踪、出货、运单传递、信用证管理以及货差货损的事后追查等环节都将因为数字化、无障碍物联网 RFID 技术的应用而特别快捷、方便。铁路物流在自动化、实时性方面较传统的物流运作更准确、更智能，不仅提高了工作效率，而且节约了人力物力。铁路物流运作也将因为“一签到底”的智能标签而更加统一、连续，便于后续管理和应用的延伸。因此，开发基于物联网 RFID 技术的铁路集装箱物流管理系统意义重大。

集装箱运输是现代物流业的发展方向，是铁路提高服务质量的非常有效的运输方式，蕴含着巨大的增长空间，具备很强的发展优势。目前全国铁路集装箱总量约为 60 万只，种类比较多，但总数具体有多少、类别有多少、分布如何、使用情况如何等并不清晰，这实际上反映了铁路集装箱管理工作的滞后。目前全球集装箱采用的箱号识别技术基本以箱号图像识别为主，即通过摄像头识别集装箱表面的印刷箱号，通过图像处理形成数字箱号并采集到计算机中。这种方法识别率较低，而且受天气及集装箱破损的影响较大。此时将物联网 RFID 技术应用到铁路集装箱系统，开发出信息化集装箱系统是非常迫切的，能大大提高铁路集装箱运输的效率和效益。

2005 年 8 月，铁道部(现中国铁路总公司和国家铁路局)和中铁集装箱公司对现有铁路集装箱进行了清查。结果显示，全路拥有 1 吨、10 吨集装箱，20 英尺(1 英尺＝0.3048 米)、40 英尺国际通用箱和折叠式台架箱、板架式箱、双层汽车箱、罐式箱、散装水泥箱、干散货箱等种类专用集装箱共计 20.3 万 TEU(一个 TEU 相当于一个 20 英尺的集装箱)。据测算，2010 年铁路集装箱保有量达到 27.5 万余 TEU。若按多式联运来计算，我国每年生产集装箱约 300 万标箱，每年检修集装箱约 100 万标箱。

全路现有北京东、杨浦、大朗、成都东、重庆东和昆明东 6 个直属站和北京、上海等 18 个集装箱中心站。609 个集装箱办理站，6000 多个站段，12000 多个通道，每个通道需安装 1 套卡口信息采集系统(包括 2 套固定物联网 RFID 读写设备、2 套电子封条读写设备、图像采集设备、IC 设备、车辆及集装箱状态检测设备、地磅、挡杆、主控计算机等)，每个通道的投资约 10 万元，市场前景可达 12 亿元。由此可见，基于物联网 RFID 技术的铁路集装箱物流管理系统市场潜力巨大，一旦实现产业化则必将带来可观的社会效益与经济效益。且铁道部铁路车号自动识别系统(ATIS)是我国最早应用物联网 RFID 技术的系统，也是应用 RFID 技术范围最广的系统。早在 20 世纪 90 年代中期，铁道部在中国铁路车号自动识别系统建设中，就最终确定 RFID 技术为解决货车自动抄车号的最佳方案。采用 RFID 技术以后，铁路车辆管理系统实现了统计的实时化、自动化，降低了管理成本。据报道，货车自动抄号后，货运物流每年的直接经济效益达到 3 亿多元。这也为“基于物联网 RFID 技术的铁路集装箱物流管理系统”实现产业化提供了成功例证。

(资料来源：田广东. 物联网技术对铁路集装箱物流影响分析[J]. 工业技术经济，2011.)

第一节　RFID 技术概述

一、RFID 技术的概念及特点

(一) RFID 技术的概念

RFID(radio frequency identification，无线射频识别)技术，是从 20 世纪 80 年代起走向成熟的一种非接触式的自动识别技术，它通过射频信号自动识别目标对象并获取相关数据，而无须在识别系统与特定目标之间产生机械或光学接触。射频一般是微波，适用于短距离通信。

从概念上讲,RFID 类似于条码扫描。条码技术是将已编码的条形码附着于目标物并使用专用的扫描读写器,利用光信号将信息由磁条传送到扫描读写器。RFID 技术则使用专用的 RFID 读写器及专门的可附着于目标物的 RFID 标签,利用频率信号将信息由 RFID 标签传送至 RFID 读写器。RFID 单元中载有关于目标物的各类相关信息,例如,目标物的名称,目标物运输起始与终止地点、中转地点,以及目标物经过某地的具体时间等,还可以载入诸如温度等指标。RFID 单元,如标签、卡等可灵活附着于从车辆到载货底盘的各类物品。很显然,RFID 技术是条码技术的升级版,在感应距离、便捷性、信息丰富程度上均有较大突破。产品功能升级一般面临着成本提升,不过随着现代科技及工业的发展,RFID 产品自身的功能会越来越丰富,而价格也会越来越趋于合理。从结构上讲,RFID 是一种简单的无线系统,只有两个基本器件,该系统用于控制、检测和跟踪物体。系统由一个询问器和很多应答器组成。在技术领域,应答器最初是指能够传输信息、回复信息的电子模块,近年来,由于射频技术发展迅猛,应答器有了新的说法和含义,又被称为智能标签或标签。RFID 电子标签的阅读器通过天线与 RFID 电子标签进行无线通信,可以实现对标签识别码和内存数据的读取或写入操作。RFID 技术可识别高速运动物体并可同时识别多个标签,操作快捷方便。贴有 RFID 电子标签的物品,可以结合 3G、4G 网络环境实现精准定位并实时传递信息。RFID 标签可以解决短距离尤其是室内物体的定位,可以弥补 GPS 等定位系统只能适用于室外大范围的不足。GPS 定位、手机定位再加上 RFID 短距离定位手段与无线通信手段一起可以实现物体位置的全程跟踪与监视,甚至可以感知物体本身的状况并采取相应措施。当然,结合目前的科技及制造水平,这种功能的实现还有待 RFID 技术的飞速发展。

在未来,RFID 技术的飞速发展对于物联网领域的进步具有重要的意义。然而目前 RFID 技术的发展及应用仍未达到理想的标准。目前 RFID 技术在很大程度上仅仅比条形码扫描高级一些,现在的无源 RFID 标签可以根据用户的需要扩充到数十 K,虽然比目前数据容量最大的二维条形码(PDF417,最多存储 2725 个数字)多出许多倍,但离理想中的物联网应用需求仍有较大距离。实现物联网的技术有很多,但从目前来看,RFID 技术是相当重要而且关键的,RFID 技术应用范围非常广泛,如电子不停车收费管理(ETC)、物流与供应链管理、集装箱管理、车辆管理、人员管理、图书管理、生产管理、金融押运管理、资产管理、钢铁行业、烟草行业、国家公共安全、证件防伪、食品安全、动物管理等领域。这些应用中有物联网的范畴,也有其他行业的需求。总体来看,物联网与 RFID 技术关系密切,RFID 技术是物联网发展的关键部分,但 RFID 技术的应用不仅仅在物联网领域。物联网发展的制约因素除了 RFID 技术之外,还有很多其他同样关键的因素。但是 RFID 技术的飞速发展无疑对物联网领域的进步具有重要的意义。在物联网发展方面,应注意不能只炒作概念,而要注重挖掘现实需求,以点带面、以小带大地发展。

(二) RFID 技术的特点

RFID 技术是一项易于操控、简单实用且特别适用于自动化控制的灵活性应用技术,识别工作无须人工干预。它既可支持只读工作模式,也可支持读写工作模式,且无须接触或瞄准。它可自由工作在各种恶劣环境下:短距离射频产品不怕油渍、灰尘污染等恶劣的环境,可以替代条码,例如用在工厂的流水线上跟踪物体;长距离射频产品多用于交通上,识别距离可达几十米，如自动收费或识别车辆身份等。其所具备的独特优越性是其他识别技术无法企及的。

1. 非接触阅读

RFID标签可以透过非金属材料阅读，RFID阅读机能透过泥浆、污垢、油漆涂料、油污、木材、水泥、塑料、水和蒸汽阅读标签，而且不需要与标签直接接触，因此这使得它成为肮脏、潮湿环境下的理想选择。

2. 数据存储容量大

RFID标签的数据存储容量大，标签数据可更新，特别适合于储存大量数据或物品上所储存的数据需要经常改变的情况下使用。一维条形码的容量是50字节，二维条形码最大的容量可储存2000～3000字符，RFID最大的容量则有数兆字节。随着记忆载体的发展，数据容量也有不断扩大的趋势。未来物品所需携带的资料量会越来越大，对卷标所能扩充容量的需求也相应增加。

3. 读写速度快

RFID技术可识别高速运动物体并可同时识别多个标签，操作快捷方便。例如用在工厂的流水线上跟踪部件或产品，长距离射频产品还可用于自动收费或识别车辆身份等交通运输上，识别距离远达几十米。

4. 体积小、易封装

射频电子标签能隐藏在大多数材料或产品内，同时可使被标记的货品更加美观。电子标签外形多样化，如卡形、环形、纽扣形、笔形等，由于其具有超薄及大小不一的外形，使之能封装在纸张、塑胶制品上，使用非常方便。

5. 无磨损、使用寿命长

由于无机械磨损，因而射频电子标签的使用寿命可长达10年以上，读写次数达10万次之多。RFID技术是革命性的，有人称之为"在线革命"，它可以将所有物品通过无线通信连接到网络上。在可以预见的时间内，RFID标签将得到高速发展。目前，RFID标签和条码适用于不同的场合，条码适合售价极低的商品，而RFID标签适合于价格较高的商品或多目标同时识别的场合。当RFID标签的价格进一步降低后，RFID标签将是零售业中条码的终结者。

6. 动态实时通信

标签以每秒50～100次的频率与解读器进行通信，所以只要RFID标签所附着的物体出现在解读器的有效识别范围内，就可以对其位置进行动态追踪和监控。

7. 安全性能高

由于RFID技术承载的是电子式信息，其数据内容可经由密码保护，使其内容不易被伪造及变造，具有较高的安全性。近年来，RFID技术因其所具备的远距离读取、高储存量等特性而备受瞩目。它不仅可以帮助一个企业大幅提高货物、信息管理的效率，还可以让销售企业和制造企业互联，从而更加准确地接收反馈信息，控制需求信息，优化整个供应链。

二、RFID技术的发展与作用

(一) RFID技术的发展

RFID技术诞生于第二次世界大战期间,它是传统条码技术的继承者,又称电子标签。美国军方早在20世纪后半叶就开始研究RFID技术,目前这项技术已经广泛应用在武器和后勤管理系统上。美国在伊拉克战争中利用RFID技术对武器和物资进行了非常准确的调配,保证了前线弹药和物资的准确供应。近年来,RFID技术因其所具备的远距离读取、高储存量等特性而备受瞩目。目前包括沃尔玛在内的很多跨国公司已开始采用RFID技术辅助企业管理,同时,国外也有多家仓库采用RFID技术实现仓储自动化管理。据有关权威数据显示,射频识别产品在全世界的销量以每年25.3%的比例增长。

从历史上看,RFID技术的发展基本可按10年期划分为几个阶段,如表3-1所示。

表3-1 RFID技术发展历程表

时间	RFID技术发展
1940—1950	雷达的改进和应用催生了RFID技术,1948年奠定了RFID技术的理论基础
1950—1960	早期RFID技术的探索阶段,主要处于实验室实验研究层面
1960—1970	RFID技术的理论得到了发展,开始了一些应用尝试
1970—1980	RFID技术与产品研发处于一个大发展时期,各种RFID技术测试得到加速,出现了一些最早的射频识别应用
1980—1990	RFID技术及产品进入商业应用阶段,各种规模应用开始出现
1990—2000	RFID技术标准化问题日趋得到重视,RFID产品得到广泛采用,RFID产品逐渐成为人们生活中的一部分
2000年后	标准化问题日益为人们所重视,RFID产品种类更加丰富,有源电子标签、无源电子标签及半无源电子标签均得到发展,电子标签成本不断降低,规模应用行业扩大
2004年2月	中国RFID电子标签国家标准工作组成立,负责起草、制定中国有关RFID电子标签的多项国家标准
2004年4月	EPC中国成立,标志着中国正式步入EPC(产品电子代码)领域。同时,日本的RFID标准化组织与中国企业实华开合作成立了UID中国中心,国际两大RFID标准组织在中国的战略布局都已经完成。ISO(国际标准化组织)也在制定有关RFID技术的相关标准,如ISO14443、ISO15693、ISO18000等

关于RFID技术的研究已经在全球如火如荼地进行着,许多大型开发商纷纷在其产品中集成RFID技术以满足未来市场的巨大需求。RFID技术在国外的发展较早也较快,尤其是在美国、英国、德国、瑞典、瑞士、日本、南非目前均有较为成熟且先进的RFID系统。其中,美国已经在RFID标准的建立、相关软硬件技术的开发及应用领域走在世界的前列。在产业方面,Intermec公司、德州仪器、飞利浦、Ahen公司和讯宝等国际大型设备生产商都生产RFID读写设备;Cheekpoint、Symbol、Progress、IBM等公司都在研制不同领域的RFID解决方案,以满足企业对于效率、成本以及安全方面的需求;Sun、Microsoft、SAP、Oracle等大型软件公司为企业的RFID应用提供软件技术支持。其中,惠普成立了专门的研发队伍

来开发 RFID 技术的相关工作，IBM 成立了专门的 RFID 技术咨询与实施部门，微软以设备驱动程序的形式在 Windows 平台中支持 RFID。在应用方面，美国现在已经将 RFID 技术成功应用于其国防管理系统。日本及欧洲国家也已经将 RFID 技术广泛应用于工业自动化、商业自动化、交通运输控制管理等众多领域，如汽车火车交通监控、高速公路自动收费、停车场管理、物品管理、流水线生产自动化、安全出入检查动物管理、车辆防盗等。据 Deloitte 研究中心分析，未来几年内，RFID 技术主要以供应链的应用为盈利主体，以沃尔玛、宝洁和吉利等公司为首的零售业厂商正在积极实验，将 RFID 技术引入其供应链，研究如何使用 RFID 技术来最大限度地确保其物流供应链的顺畅，而这种技术的应用必定会给供应链整体以及供应链各个子环节带来革命性变化。

RFID 在中国尚处于起步阶段，国内已初步开展了 RFID 相关技术的研发及产业化工作，并在部分领域开始应用，但基础相对薄弱，缺乏核心技术，应用分散，不具备规模优势。2004、2005 年两届国内 RFID 学术年会的召开，标志着 RFID 技术在我国的应用进入大发展时期。在 RFID 技术研究及产品开发方面，国内企业已具有自主开发低频、高频与微波 RFID 电子标签和读写器的技术能力及系统集成能力，与国外 RFID 先进技术之间的差距主要体现在 RFID 芯片技术方面。目前，中国企业完全自主研发的铁路车号自动识别信息采集系统已达到国际先进水平。中国政府、产业部门、科技部门都已经将 RFID 的应用及发展规划、产业化问题列在相关课题中。国家的中、长期发展规划，包括国家的“863”项目以及国家自然科学基金的一些项目，也都提出要研究 RFID 相关的应用和技术。2006 年 6 月，由科技部、国家发改委、商务部、信息产业部等 15 个部委共同编制的《中国射频识别(RFID)技术政策白皮书》，为中国 RFID 技术与产业的发展提供了系统性指南。

目前，国内已有一些单位在试点应用 RFID 技术，如海尔的国际物流中心的立体仓库，香港溢达集团的新疆棉花物流系统，还有整个铁路调度和统计系统；此外，上汽集团和中国重汽卡车公司将 RFID 技术应用于汽车制造质量管理中，中国邮政利用 RFID 技术分拣邮包和追踪大型包裹，杭州卷烟厂和昆明市烟草公司采用 RFID 技术实现了卷烟产品以托盘为单位的自动堆垛、出库扫描和商品到货确认等。这些应用既有仓库一级的，也有整个供应链的，还有铁路这样覆盖全国的网络。但所有用户无一例外是在闭环中试点应用。这些封闭的独立系统自成体系，标准也多是自己定的。这是当前 RFID 技术应用的一个共同特点。

（二）RFID 技术在现代物流中的作用

尽管物流只是 RFID 技术的应用领域之一，但如果 RFID 技术能与电子物流紧密联系，它很有可能在几年内取代条码扫描技术，并将给物流管理带来革命性变化。

从采购、存储、包装、装卸搬运、运输、流通加工、配送、销售到服务，都是物流上环环相扣的业务环节和流程，它们之间是相辅相成又相互制约的。在物流运作时，企业必须实时、精确地了解和掌握整个物流环节上的商流、物流、信息流和资金流这四者的流向和变化，使这四种流以及各个环节、各个流程都协调一致、相互配合，才能最大限度地发挥其经济效益和社会效益。然而，由于在物体的移动过程中，各个环节都是处于运动和松散的状态，信息和方向常常随物体在空间和时间上发生移动和变化，结果影响了信息的可获性和共享性。而 RFID 技术，正是有效解决物流管理上各项业务运作数据的输入/输出、业务过程的控制与跟踪以及减少出错率等难题的一种新技术。

RFID 在物流诸多环节中发挥了重要作用，其主要应用如下。

(1) 零售环节。RFID 可以改进零售商的库存管理，实现适时补货，有效跟踪运输与库存，提高效率，减少出错。同时，智能标签能够对某些具有时效性的商品的有效期限进行监控；商店还能利用 RFID 系统在付款台实现自动扫描和计费，取代人工收款方式。在未来的数年中，RFID 标签将大量用于供应链终端的销售环节，特别是在超市中，RFID 标签免除了跟踪过程中的人工干预，并能够生成 100%准确的业务数据，因而具有巨大的吸引力。目前，世界零售巨头沃尔玛即将淘汰条形码，全面采用 RFID 技术，从而进一步提高零售环节的效率。

(2) 存储环节。在仓库里，RFID 技术最广泛的应用是存取货物与库存盘点，它能用来实现自动化的存取货等操作。在整个仓库管理中，通过将供应链计划系统制订的收货计划、取货计划、装运计划等与射频识别技术相结合，能够高效地完成各种业务操作，如指定堆放区域、上架/取货与补货等。这样，增强了作业的准确性和快捷性，提高了服务质量，降低了成本，节省了劳动力和库存空间，同时减少了整个物流中由于商品误置、送错、被盗、损害以及库存、出货错误等造成的损耗。RFID 技术的另一项好处就是在库存盘点时降低人力。RFID 的设计就是要让商品的登记自动化，盘点时不需要人工检查或扫描条码，更加快速准确，并且减少了损耗。RFID 解决方案可提供有关库存情况的准确信息，管理人员可由此快速识别并纠正低效率运作情况，从而实现快速供货并最大限度地减少储存成本。

(3) 运输环节。在运输管理中，在途运输的货物和车辆是通过贴上 RFID 标签(例如将标签贴在集装箱和装备上)，经由射频识别来完成设备跟踪与控制。RFID 接收转发装置通常安装在运输线的一些检查点上(如门柱上、桥墩旁等)，以及仓库、车站、码头、机场等关键地点。接收装置收到 RFID 标签信息后，将其连同接收地的位置信息上传至通信卫星，再由通信卫星传送给运输调度中心，送入数据库中。

(4) 配送/分销环节。在配送环节，采用射频技术能大大加快配送的速度和提高拣选与分发过程的效率与准确率，并能减少人工、降低配送成本。到达中央配送中心(CDC)的所有商品都贴有 RFID 标签，在进入中央配送中心时，托盘通过一个门阅读器，读取托盘上所有货箱的标签内容。系统将这些信息与发货记录进行核对，以检测出可能的错误，然后将 RFID 标签更新为最新的商品存放地点和状态。这样就确保了精确的库存控制，甚至可确切了解目前有多少货箱处于转运途中、转运的始发地和目的地以及预期的到达时间等信息。RFID 技术使得合理的产品库存控制和智能物流技术成为可能。借助电子标签，可以实现商品对原料、半成品、成品、运输、仓储、配送、上架、最终销售甚至退货处理等环节进行实时监控。比如，经营者透过 RFID 技术，可以实时了解到货架情况并迅速补货，减少 10%至 30%的安全库存量，从而大大降低仓储成本。自动化程度的提高和差错率的降低，使整个供应链管理显得透明而高效。RFID 技术非常适用于物料跟踪、运载工具、仓库货架以及其他目标的识别等要求非接触数据采集和交换的场合。广泛用于物流管理中的仓库管理、运输管理、物料跟踪、运载工具与货架识别，以及商店特别是超市的商品防盗等场合。

RFID 技术与其他新兴技术一样，仍存在很多问题，如标准不统一、成本高、侵犯隐私、读错率过高等，但其在未来物流管理中的发展趋势是不容忽视的。为保证 RFID 在物流领域的广泛应用，其未来研究方向应关注以下几个方面。

(1) RFID 标准的制定。RFID 标准(特别是关于数据格式定义的标准)的不统一是制约 RFID 技术发展的首要因素。因为每个 RFID 标签中都有一个唯一的识别码，如果它的数据格式有很多种且互不兼容，那么使用不同标准的 RFID 产品就不能通用，这对经济全球化下的物流是十分不利的。因此，制定 RFID 标准，让一个 RFID 产品能顺利地在世界范围内流通，是当前重要而急需解决的问题。其标准应包括 RFID 技术本身的标准，如芯片、天线、频率等方面，以及 RFID 技术的各种应用标准，如 RFID 技术在物流、身份识别、交通收费等各领域的应用标准。

(2) RFID 软硬件技术的突破。尽管 RFID 技术具备远距离读取、高储存量、有强力的抗污性等特性，但 RFID 技术读取的准确性问题仍需进一步提高，主要是射频识别标签与读取机的进一步研发工作。在 RFID 技术的应用管理过程中，离不开其读取设备和相关的管理与应用软件。因此，RFID 技术的读取设备、管理与应用软件开发和研究工作也有待进一步发展。如何有效处理应用 RFID 技术带来的巨大数据以降低成本、提高生产效率，是至关重要的问题。

(3) RFID 技术安全问题的解决。采用 RFID 技术的最大好处是可以对企业的供应链进行透明管理，但同时会使个人隐私受到影响。因此，RFID 技术的安全性也非常令人关注，需要尽快推出增强安全性能的 RFID 产品。因为没有人会因为它使用起来方便而自愿让自己的隐私曝光。

(4) RFID 技术成本的降低。RFID 技术的成本问题目前是困扰企业大量应用 RFID 技术的关键问题，其成本主要是标签、读写设备及相关管理软件的成本。其中，由于标签需贴于单件产品上，数量巨大，所以标签成本的降低，将是 RFID 技术成本降低的重要部分。

(5) 加强 RFID 技术与电子供应链的研究。EPC、物联网与 RFID 技术同样作为物流信息及其管理的最新技术，在近年得到了飞速发展。EPC 是基于无线射频技术，在网络环境下，在自动识别技术领域的新应用。在此基础上，物品之间、物品和人之间建立起了庞大的物联网。RFID 技术的发展和应用应该与电子供应链相联系，才能在供应链环节广泛应用，从而取代条码技术。

由此可见，RFID 技术已成为 21 世纪最具发展潜力的技术之一，虽然目前该技术有一些潜在问题，但由于 RFID 技术的独有特点，它在未来几年内将取代条码扫描技术，并会给物流产业带来革命性变革。

三、RFID 的分类

对于 RFID 系统来说，它的分类主要是根据 RFID 电子标签的类别来进行的。RFID 系统分类如表 3-2 所示。

表 3-2 RFID 系统分类

分类依据	系统分类	说明
根据采用的频率不同	高频系统	工作频率使用 850～950 MHz 或者 2.4～5.8 GHz 微波段，用于需要较长读写距离和高读写速度的场合，如火车监控、高速公路收费系统等，但它天线波束较窄，需视距离传播、识别，且价格较高
	中频系统	工作频率在 10～15 MHz 范围内，13.56 MHz 内的频率可用于门禁控制和需要传送大量数据的场合
	低频系统	工作频率在 100～500 kHZ 范围内，用于短距离、低成本的场合，如门禁控制、动物监管、货物跟踪等

续表

分类依据	系统分类	说明
根据 RFID 电子标签的能量来源不同	有源系统	其 RFID 标签使用内部电池的能量，识别距离长，可达几米，但使用寿命有限，且价格较高
	无源系统	其 RFID 电子标签利用 RFID 读写器发射的电磁场能量作为自己的能量，标签接收射频脉冲，整流并给电容充电，电容电压经过稳压处理后作为工作电压。它识别距离短，使用寿命较长
根据读写方式的不同	只读标签	存在一个唯一的号码，比较便宜
	一次写入、多次读出标签	用户一次性写入数据，但写入后就不能更改
	可读写标签	用户可对标签内的数据进行多次修改，成本较高
根据工作方式的不同	主动式系统	其 RFID 电子标签用自身的射频能量主动发送数据给 RFID 读写器
	被动式系统	其 RFID 电子标签使用调制散射方式发射数据，在收到 RFID 读写器发出的射频信号后才被唤醒，以避免相互之间的干扰
根据工作距离的远近不同	远程系统	识别距离在 100 厘米以上的系统
	近程系统	识别距离在 10～100 厘米之间的系统
	超近程系统	识别距离在 0.2～10 厘米之间的系统
根据 RFID 系统完成的功能不同	EAS 系统	EAS(电子物品监视)系统是一种设置在需要控制物品出入的门口的 RFID 技术
	便携式数据采集系统	便携式数据采集系统是使用带有 RFID 阅读器的手持式数据采集器采集 RFID 标签上的数据
	物流控制系统	当物体、人经过阅读器时，阅读器会自动扫描标签上的信息并把数据信息输入数据管理信息系统进行存储、分析、处理，达到控制物流的目的
	定位系统	用于自动化加工系统中的定位以及对车辆、轮船等进行定位支持

根据 RFID 系统完成的功能不同，可以粗略地把射频系统分成四种类型：EAS 系统、便携式数据采集系统、物流控制系统、定位系统。

（一）EAS 系统

EAS 系统是一种设置在需要控制物品出入的门口的 RFID 技术。这种技术的典型应用场合是商店、图书馆、数据中心等地方，当未被授权的人从这些地方非法取走物品时，EAS 系统会发出警告。在应用 EAS 技术时，首先在物品上粘贴 EAS 标签，当物品被正常购买或者合法移出时，在结算处通过一定的装置使 EAS 标签失活，物品就可以取走。物品经过装有 EAS 系统的门口时，EAS 装置能自动检测标签的活动性，发现活动性标签 EAS 系统会发出警告。EAS 系统的应用可以有效防止物品被盗，不管是大件的商品，还是很小的物品。应用 EAS 系统，物品不用再被锁在玻璃橱柜里，可以让顾客自由地观看、检查商品，这在自选商品日益流行的今天有着非常重要的现实意义。典型的 EAS 系统一般由三部分组成：

①附着在商品上的电子标签,电子传感器;②电子标签灭活装置,以便授权商品能正常出入;③监视器,在出口造成一定区域的监视空间。

EAS系统的工作原理如下。在监视区,发射器以一定的频率向接收器发射信号。发射器与接收器一般安装在零售店、图书馆的出入口,形成一定的监视空间。当具有特殊特征的标签进入该区域时,会对发射器发出的信号产生干扰,这种干扰信号也会被接收器接收,再经过微处理器的分析判断,就会控制警报器的鸣响。根据发射器所发出的信号不同以及标签对信号的干扰原理不同,EAS系统可以分成多种类型。关于EAS系统最新的研究方向是标签的制作,人们正在讨论EAS标签能不能像条码一样,在产品的制作或包装过程中被加进产品,成为产品的一部分。

(二)便携式数据采集系统

便携式数据采集系统是使用带有RFID阅读器的手持式数据采集器采集RFID标签上的数据。这种系统具有比较大的灵活性,适用于不宜安装固定式RFID系统的应用环境。手持式阅读器(数据输入终端)可以在读取数据的同时,通过无线电波数据传输方式实时地向主计算机系统传输数据,也可以暂时将数据存储在阅读器中,再一批一批地向主计算机系统传输数据。

(三)物流控制系统

在物流控制系统中,RFID阅读器分散布置在给定的区域,并且阅读器直接与数据管理信息系统相连,信号发射机是移动的,一般安装在移动的物体、人上面。当物体、人经过阅读器时,阅读器会自动扫描标签上的信息并把数据信息输入数据管理信息系统进行存储、分析、处理,达到控制物流的目的。

(四)定位系统

定位系统用于自动化加工系统中的定位以及对车辆、轮船等进行运行定位支持。阅读器放置在移动的车辆、轮船上或者自动化流水线中移动的物料、半成品、成品上,信号发射机嵌入到操作环境的地表下面。信号发射机上存储有位置识别信息,阅读器一般通过无线或者有线的方式连接到主信息管理系统。

第二节　RFID系统的组成及工作原理

一、RFID系统的组成

在实际RFID解决方案中,不论是简单的RFID系统还是复杂的RFID系统都包含一些基本组件。组件分为硬件组件和软件组件。从端到端的角度来看,一个RFID系统由电子标签、读写器天线、读写器、传感器/执行器/报警器、通信设施、读写器、控制器、应用软件等组成。图3-1给出了RFID系统的组成结构图。

若从功能实现的角度观察,可将RFID系统分成边沿系统和软件系统两大部分,如图3-2

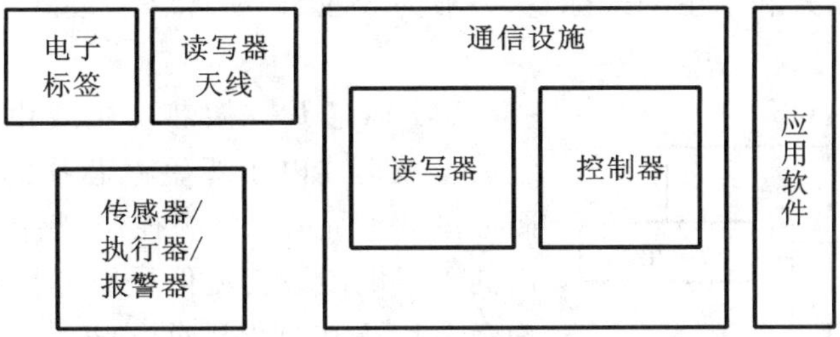

图 3-1　RFID 系统的组成结构图

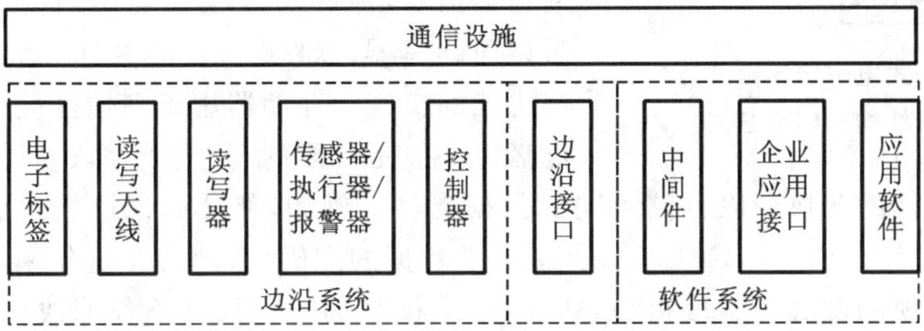

图 3-2　RFID 系统基本组成

所示。这种观点同现代信息技术观点相吻合。边沿系统主要是完成信息感知，属于硬件组件部分；软件系统完成信息的处理和应用；通信设施负责整个 RFID 系统的信息传递。

（一）RFID 系统中的硬件组件

RFID 系统中的硬件组件包括电子标签、读写器（包括传感器/执行器/报警器和边沿接口）、控制器和读写天线；系统中当然还要有主机，用于处理数据的应用软件程序，并连接网络。

1. 电子标签

电子标签也称应答器，是一个微型的无线收发装置，主要由内置天线和芯片组成。芯片中存储有能够识别目标的信息，当读写器查询时它会发射数据给读写器。RFID 标签具有持久性、信息接收与传播的穿透性强，以及存储信息容量大、种类多等特点。按照所存储的信息是否被改写，标签也被分为只读式标签和可读写标签。只读式标签内的信息在集成电路生产时即将信息写入，以后不能修改，只能被专门设备读取；可读写标签将保存的信息写入其内部的存储区，需要改写时也可以采用专门的编程或写入设备擦写。一般将信息写入电子标签所花费的时间远大于读取电子标签信息所花费的时间，写入所花费的时间为秒级，阅读花费的时间为毫秒级。根据电子标签组成原理和工作方式不同，有被动式、主动式、半主动式电子标签之分。

1）被动式电子标签

被动式电子标签无板载电源，其电源由读写器供给。电子标签必须利用读写器的载波来调制自身的信号，标签产生电能的装置是天线和线圈。标签进入 RFID 系统工作区后，天线接收特定的电磁波，线圈产生感应电流供给标签工作。被动式电子标签与读写器之间的通信，总是由读写器发起，标签响应，然后由读写器接收标签发出的数据。被动式电子标签的读写距离小于主动式和半主动式标签，一般为3厘米～9米。被动式电子标签由微芯片和天线组成。

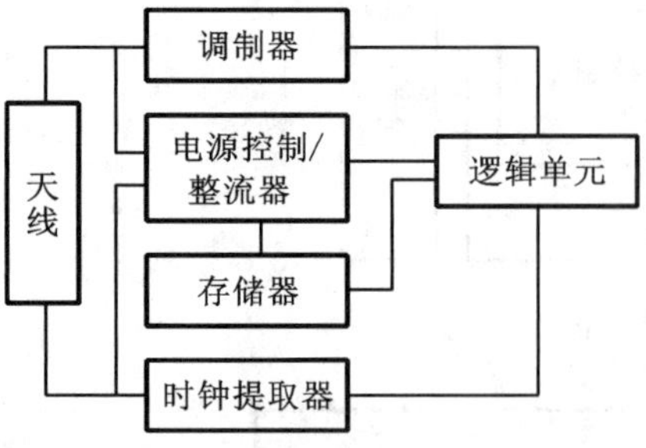

图3-3　被动式电子标签微芯片的内部结构原理示意图

（1）微芯片。微芯片主要由数字电路及存储器组成。被动式电子标签微芯片的内部结构原理示意图如图3-3所示。电源控制/整流器模块将读写器发出的天线电磁波交流信号经过整流转换为直流电源，为微芯片及其组件工作供电。时钟提取器从读写器的天线信号中提取时钟信号。调制器调制接收到的读写器信号，标签对接收到的调制信号做出响应，然后传回读写器。逻辑单元负责标签和读写器之间通信协议的实施。存储器用于存储微处理器记忆数据。记忆体一般是分段的（分块或字段），寻址能力就是地址读写范围，不同的分块可以存储不同的数据类型。例如，部分标记标签对象的标识数据，经数据校验（循环冗余校验（CRC））来保证发送数据的准确性，等等。近年来，随着技术的进步，可以将小规模的微芯片做得很小，然而，一个标签的物理尺寸不仅取决于它的芯片的大小，还与其天线有关。

（2）标签天线。标签天线是电子标签与读写器的空中接口，不管是何种电子标签读写设备，均少不了天线或耦合线圈。标签天线用于接收读写器的射频能量和相关的指令信息，发射带有标签信息的反射信号。标签天线设计与标签相关，天线长度与标签波长成正比。一个偶极子天线由直线电导体组成，总长度是半个波长。双偶极子天线是由两个偶极子组成，大大降低了标签的敏感性。因此，读写器可以在不同的标签环境下读标签。叠偶天线由两个或两个以上的直线电导体并联在一起构成，每个电导体的长度是半个波长。当两个电导体折叠时称为2线折叠偶极子天线，当3个电导体折叠时称为3线折叠偶极子天线。一般地，一个标签天线长度远超标签微芯片大小，因此最终由天线尺寸决定一个标签的物理尺寸。天线设计可以基于以下几个因素：①标签同读写器之间的距离；②标签同读写器之间的方位和角度；③产品类型；④标签的运动速度；⑤读写器天线极化类型。微芯片和天线之间的连接点是标签最薄弱的地方，如果这些连接点受损，标签可能失效或性能显著下降。目前，标签天线是由金属（如铜、银或铝）薄带构成。然而，在未来，有可能会直接使用导电油墨、碳或铜、镍将天线印刷在标签标识、容器、产品的包装上。是否将这种印刷技术也用于微芯片，则正在研究中。未来这些先进的技术可能使制作一个RFID电子标签就像用计算机打印一个条形码和物品的包装条一样容易。这样，RFID标签价格可能会大幅下降。

被动式电子标签具有构造简单、价格低、寿命长、抗恶劣环境等特点。例如，有些标签可以在水下工作，有的具有抗化学腐蚀能力。被动式电子标签广泛应用于各种场合，例如，门禁或交通系统、安全保障系统、身份证、消费卡等。

2）主动式电子标签

主动式电子标签有一个板载电源（例如电池或太阳能电池）为标签电子电路工作提供能量。主动式电子标签可以主动向读写器发送数据，它不需要读写器发射来激活数据传输。板载电路包括微处理器、传感器、输入/输出端口和电源电路等。因此，这类电子标签可以测量环境温度和生成平均温度数据，然后将这些数据、当时日期和唯一标识符等发送到读写器上。

主动式电子标签同读写器之间的通信始终都是由标签主动发起，读写器做出响应。这类标签中，不管读写器是否存在，标签都能够连续发送数据。另外，这类标签在读写器没有询问时，可以进入休眠状态或低功耗状态，从而可以节省电池能量。另外，读写器可以通过发出适当的命令唤醒休眠的电子标签。因此，与主动连续发送数据的电子标签相比，这类标签通常具有较长的使用寿命。标签仅在读写器询问时发送数据，可以减少大量的电磁射频噪声。这类主动式电子标签也称为发射机/接收机（或应答器）。

主动式电子标签的阅读距离一般可以在 30 米以上。主动式电子标签通常包括：①微芯片；②天线，以射频组件的形式发送标签信号和接收读写器的信号响应，对于半主动式标签，一般由铜薄带组成；③板载电源；④板载电子电路等。微芯片和天线构成与被动式电子标签相同，区别在于板载电源和板载电子电路部分。

（1）板载电源。所有的主动式电子标签都由板载电源（电池）为板载电子电路提供能量和发送数据。根据电池的使用寿命，一般主动式电子标签寿命为 2～7 年。决定寿命的因素之一是电子标签发送数据的时间间隔，间隔越大，电池持续时间越长，标签的寿命越长。例如，标签由每隔几秒钟发送一次，增加到每分钟发送一次或每小时发送一次，这样会增加电池的寿命。另外，板载传感器和处理器也会消耗电能，缩短电池寿命。当电池消耗完后，标签就停止发送数据，即使标签在读写器的读取范围内，读写器也无法读取标签信号，除非标签向读写器发送了电池状态信息。

（2）板载电子电路。板载电子电路可以使标签主动发送数据和完成特殊任务，如计算、显示某种参数值、执行传感器感知等，还可以提供同外部传感器的连接。因此，根据传感器的类型，这类标签可以完成各种各样的感知任务。换句话说，这个元件的功能是无限的。其功能和物理尺寸成正比例，功能越强，物理尺寸越大。

由于能量来源的不同，主动式标签和被动式标签有如表 3-3 所示的区别。

表 3-3　主动式标签和被动式标签的区别

项　　目	主动式标签	被动式标签
成本	高	低
寿命	短	长
存储信息量	大	小
对信号的要求	低	高
工作距离	远	近

3）半主动式电子标签

半主动式电子标签也有板载电源和完成特殊任务的电子元件，板载电源仅仅为标签的运算操作提供能量，其发送信号由读写器提供电源。半主动式电子标签也称电池辅助电子标签。标签和读写器之间的通信始终是读写器处于主动发起方，标签是被动式响应。为什么使用半主动式电子标签而不用被动式电子标签？因为半主动式电子标签不像被动式电子标签一样由读写器来激活，它可以读取一个更远距离的读写器信号。在读写器区域内，由于无须通电激活，标签有充分的时间被读写器读取数据。因此，即使标签目标在高速移动，它仍可被可靠地读取数据。最后，半主动式电子标签通过使用透明和具有吸附性的材料的射频使其具有更好的可读性。在理想条件下，半主动式电子标签使用反向散射调制技术，其读写器距离在 30 米以内。

2. 读写器

读写器是一个捕捉和处理 RFID 标签数据的设备，它可以是单独的个体，也可以嵌入到其他系统之中。读写器也是构成 RFID 系统的重要部件之一，由于它能够将数据写入 RFID 标签中，因此称为读写器，但早期由于功能单一，它在许多文献中被称为阅读器、查询器等。读写器还负责与主机连接，通过计算机软件来读取或写入标签内的数据信息。由于标签是非接触式的，因此必须借助读写器来实现标签和应用系统之间的数据通信。

1) 读写器的组成结构

读写器的硬件部分通常由收发机、微处理器、存储器、外部传感器/执行器/报警器的输入/输出接口、通信接口，以及电源等部件组成。

(1) 收发机。收发机包含有发射机和接收机两个部分，通常由收发模块组成。发射机在读写器的读写区域内发送电磁波功率信号，接收机负责接收标签返回读写器的数据信号，并传送给微处理器。收发模块同天线模块相连接。目前，有的读写器收发模块可以同时连接 4 个天线。

(2) 微处理器。微处理器是实现读写器和电子标签之间通信协议的部件，同时完成接收数据信号的译码和数据纠错功能。另外，微处理器还有低级数据滤波和逻辑处理功能。

(3) 存储器。存储器用于存储读写器的配置参数和阅读标签的列表。因此，如果读写器与控制器/软件系统之间的通信中断，所有阅读标签数据会丢失。存储容量的大小受实际应用情况限制。

(4) 外部传感器/执行器/报警器的输入/输出接口。为了降低能耗，读写器不能始终处于开启状态。因此，读写器需要一个能够在工作周期内开启和关闭读写器的控制机制。输入/输出端口提供了这种机制，使读写器依靠外部事件开启和关闭读写器。

(5) 通信接口。通信接口为读写器和外部实体提供通信指令，通过控制器传输数据和接收指令并做出响应。一般通信接口可以根据通信要求分为串行通信接口和网络接口。①串行通信接口是目前读写器普遍的接口方式。读写器同计算机通过串行端口 RS-232 或 RS-485 连接。因此，串行通信接口被推荐为 RFID 系统的首选方式。串行通信的缺点包括通信受电缆长度的限制，通信数据速率较低，更新维护成本也较高。②网络通信接口通过有线或无线方式连接网络读写器和主机。网络读写器就像一台网络设备，其优点是同主机的连接不受电缆线的限制，维护更新容易。缺点是网络连接可靠性不如串行接口，一旦网络通信链路失败，就无法读取标签数据。随着物联网技术的应用推广，网络通信接口将作为一个标准逐渐成为主流。网络读写器可以根据应用自动发现读取目标，嵌入式服务器允许读写器接收命令，并通过标准浏览器显示读取结果。

2) 读写器的功能

读写器可将主机的读写命令传送到电子标签，再把从主机发往电子标签的数据加密，电子标签返回的数据经解密后送到主机。读写器和标签的所有行为均由应用软件来控制完成。在系统中，应用软件作为主动方对读写器发出读写指令，而读写器则作为从动方只对应用软件的读写指令做出回应。读写器接收到应用软件的动作指令后，回应的结果就是对电子标签做出相应的动作，建立某种通信关系。电子标签响应读写器的指令，因此，相对于标签来讲，读写器就是指令的主动方。在RFID系统的工作程序中，应用软件向读写器发出读取命令，作为响应，读写器和标签之间就会建立特定的通信，读写器触发标签工作，并对所触发的标签进行身份验证，然后标签开始传送所要求的数据信息。具体说来，读写器具有以下功能：

(1) 在规定的技术条件下，读写器可与电子标签进行通信；

(2) 通过标准接口，如RS-232等，读写器可以与计算机网络连接，实现多读写器的网络通信；

(3) 读写器能在读写区域内查询多标签，并能正确识别各个标签，具备防碰撞功能；

(4) 能够校验读写过程中的错误信息；

(5) 对于有源标签，读写器能够识别有源标签的电池信息，如电池的总电量、剩余电量等。

综上所述，读写器的功能包括三个主要部分：一是发送和接收功能，用来与标签和分离的单个物品进行通信；二是对接收信息进行初始化处理；三是连接主机网络，将信息传送到数据交换与管理系统。

3. 控制器

控制器是读写器芯片有序工作的指挥中心，主要功能有：与应用系统软件进行通信；执行从应用系统软件发来的动作指令；控制与标签的通信过程；基带信号的编码与解码；执行防碰撞算法；对读写器和标签之间传送的数据进行加密和解密；进行读写器与电子标签之间的身份认证；对键盘、显示设备等其他外部设备的控制。其中，最重要的是对读写器芯片的控制操作。

4. 读写器天线

天线是一种以电磁波形式把前端射频信号功率接收或辐射出去的设备，是电路与空间的界面器件，用来实现导行波与自由空间波能量的转化。在RFID系统中，天线分为电子标签天线和读写器天线两大类，分别承担接收能量和发射能量的作用。

在确定的工作频率和带宽条件下，天线发射射频载波，并接收从标签发射或反射回来的射频载波。目前，RFID系统主要集中在LF(135 kHz)、HF(13.56 MHz)、UHF(860～960 MHz)和微波频段(2.45 GHz)，不同工作频段的RFID系统天线的原理和设计有着根本上的不同。RFID读写器天线的增益和阻抗特性会对RFID系统的作用距离等产生影响，RFID系统的工作频段反过来对天线尺寸以及辐射损耗有一定要求。所以RFID天线设计的好坏关系到整个RFID系统的成功与否。

RFID系统读写器天线的特点是：①足够小以至于能够贴到需要的物品上；②有全向或半球覆盖的方向性；③能够给标签的芯片提供最大可能的信号；④无论物品在什么方向，天线的极化都能与读卡机的询问信号相匹配；⑤具有鲁棒性；⑥价格便宜。

在选择读写器天线时应考虑的主要因素有：①天线的类型；②天线的阻抗；③应用到物品上的RF(射频)的性能；④在有其他物品围绕贴标签物品时RF的性能。

RFID系统的天线类型主要有偶极子天线、微带贴片天线、线圈天线等。偶极子天线辐射能力强，制造工艺简单，成本低，具有全向方向性，通常用于远距离RFID系统。微带贴片天线的方向图是定向的，但工艺较复杂，成本较高。线圈天线用于电感耦合方式，适合近距离的 RFID 系统。

5. 通信设施

通信设施为不同的 RFID 系统管理提供安全通信连接，是 RFID 系统的重要组成部分。通信设施包括有线或无线网络和读写器或控制器与计算机连接的串行通信接口。无线网络可以是个域网（PAN）（如蓝牙技术）、局域网（如 Wi-Fi），也可以是广域网（如 GPRS、3G 技术）或卫星通信网络（如同步轨道卫星 L 波段的 RFID 系统）。

（二）RFID 系统中的软件组件

RFID 系统中的软件组件主要完成数据信息的存储、管理以及对 RFID 标签的读写控制，是独立于 RFID 硬件之上的部分。RFID 系统归根结底是为应用服务的，读写器与应用系统之间的接口通常由软件组件来完成。一般，RFID 软件组件包含有：①边沿接口；②中间件，即为实现所采集信息的传递与分发而开发的中间件；③企业应用接口，即为企业前端软件，如设备供应商提供的系统演示软件、驱动软件、接口软件、集成商或者客户自行开发的 RFID 前端软件等；④应用软件，主要指企业后端软件，如后台应用软件、管理信息系统（MIS）软件等。

1. 边沿接口

边沿接口完成 RFID 系统硬件与软件之间的连接，通过使用控制器实现同 RFID 软、硬件之间的通信。边沿接口的主要任务是从读写器中读取数据和控制读写器的行为，激励外部传感器、执行器工作。此外，边沿接口还具有以下功能：①从不同读写器中过滤重复数据；②允许设置基于事件方式触发的外部执行机构；③提供智能功能，将其选择并发送到软件系统；④远程管理功能。

2. 中间件

RFID 系统中间件是介于读写器和后端软件之间的一组独立软件，它能够与多个 RFID 读写器和多个后端软件应用系统连接。应用程序使用中间件所提供的通用应用程序接口（API），就能够连接到读写器，读取 RFID 标签数据。即中间件屏蔽了不同读写器和应用程序后端软件的差异，从而减轻了多对多连接的设计与维护的复杂性。使用 RFID 中间件有 3 个主要目的：①隔离应用层和设备接口；②处理读写器和传感器捕获的原始数据，使应用层看到的都是有意义的高层事件，大大减少所需处理的信息；③提供应用层接口，用于管理读写器和查询 RFID 观测数据，目前，大多数可用的 RFID 中间件都有这些特性。

3. 企业应用接口

企业应用接口是 RFID 前端软件，主要是提供给 RFID 设备操作人员使用的，如手持读写设备上使用的 RFID 识别系统、超市收银台使用的结算系统和门禁系统使用的监控软件等，此外还应当包括将 RFID 读写器采集到的信息向软件系统传送的接口软件。

前端软件最重要的功能是保障电子标签和读写器之间的正常通信，通过硬件设备的运行和接收高层的后端软件控制来处理和管理电子标签与读写器之间的数据通信。前端软件完成的基本功能如下。

（1）读/写功能。读功能就是从电子标签中读取数据，写功能就是将数据写入电子标签。这中间涉及编码和调制技术的使用，例如采用 FSK 还是 ASK 方式发送数据。

（2）防碰撞功能。很多时候不可避免地会有多个电子标签同时进入读写器的读取区域，要求同时识别和传输数据，这时，就需要前端软件具有防碰撞功能。具有防碰撞功能的 RFID 系统可以同时识别进入识别范围内的所有电子标签，其并行工作方式大大提高了系统的效率。

（3）安全功能。确保电子标签和读写器双向数据交换通信的安全。在前端软件设计中，可以利用密码限制读取标签内信息、读写一定范围内的标签数据以及对传输数据进行加密等措施来实现安全功能。也可以使用软、硬件结合的方式来实现安全功能。标签不仅提供了密码保护功能，而且能对数据从标签传输到读取器的过程进行加密，而不仅是对标签上的数据进行加密。

（4）检/纠错功能。由于使用无线方式传输数据很容易被干扰，使得接收到的数据产生畸变，从而导致传输出错。前端软件可以采用校验和的方法，如循环冗余校验（CRC）、纵向冗余校验（LRC）、奇偶校验等检测错误。可以结合自动重传请求（ARQ）技术重传有错误的数据来纠正错误，以上功能也可以通过硬件来实现。

4．应用软件

由于信息是为生产决策服务的，因此，RFID 系统所采集的信息最终要向后端应用软件传送，应用软件系统需要具备相应的处理 RFID 数据的功能。应用软件的具体数据处理功能需要根据客户的具体需求和决策的支持度来进行软件的结构与功能设计。

应用软件也是系统的数据中心，它负责与读写器通信，将读写器经过中间件转换之后的数据，插入到后台企业仓储管理系统的数据库中，对电子标签管理信息、发行电子标签和采集的电子标签信息集中进行存储和处理。一般来说，后端应用软件系统需要完成以下功能。

（1）RFID 系统管理：系统设置以及系统用户信息和权限。

（2）电子标签管理：在数据库中管理电子标签序列号和每个物品对应的序号及产品名称、型号规格，芯片内记录的详细信息等，完成数据库内所有电子标签的信息更新。

（3）数据分析和存储：对整个系统内的数据进行统计分析，生成相关报表，对采集到的数据进行存储和管理。

二、RFID 系统的工作原理

RFID 系统的基本工作原理是：由读写器通过发射天线发送特定频率的射频信号，当电子标签进入有效工作区域时产生感应电流，从而获得能量被激活，使得电子标签将自身编码信息通过内置天线发射出去；读写器的接收天线接收到从标签发送来的调制信号，经天线的调制器传送到读写器信号处理模块，经解调和解码后将有效信息传送到后台主机系统进行相关处理；主机系统根据逻辑运算识别该标签的身份，针对不同的设定做出相应的处理和控制，最终发出信号，控制读写器完成不同的读写操作。

从电子标签到读写器之间的通信和能量感应方式来看，RFID 系统一般可以分为电感耦合（磁耦合）系统和电磁反向散射耦合（电磁场耦合）系统。电感耦合系统是通过空间高频交变磁场实现耦合，依据的是电磁感应定律；电磁反向散射耦合，即雷达原理模型，发射出去的电磁波碰到目标后反射，同时携带回目标信息，依据的是电磁波的空间传播规律。

电感耦合方式一般适合中、低频率工作的近距离 RFID 系统；电磁反向散射耦合方式一般适合高频、微波工作频率的远距离 RFID 系统。

（一）电感耦合 RFID 系统的工作原理

电感耦合的射频载波频率为 13.56 MHz 和小于 135 kHz 的频段，应答器和读写器之间的工作距离小于 1 米。电磁耦合方式的应答器几乎都是无源的，能量（电源）从读写器获得。由于读写器产生的磁场强度受到电磁兼容性能有关标准的严格限制，因此系统的工作距离较近。由于所有工作频率范围内的波长（13.56 MHz 的波长为 22.1 米，135 kHz 的波长为 2400 米）比读写器和应答器线圈之间的距离大很多，所以两线圈之间的电磁场可以视为简单的交变磁场。读写器和应答器之间的功率传输效率与工作频率、应答器线圈的匝数、应答器线圈包围的面积、两线圈的相对角度以及它们之间的距离是成比例的。因为电感耦合系统的效率不高，所以只适合于低电流电路。只有功耗极低的只读电子标签（小于 135 kHz）可用于 1 米以上的距离。具有写入功能和复杂安全算法的电子标签的功率消耗较大，因而其一般的作用距离为 15 厘米。

应答器向读写器的数据传输采用负载调制方法。应答器二进制数据编码信号控制开关器件，使其电阻发生变化，从而使应答器线圈上的负载电阻按二进制编码信号的变化而改变。负载的变化也按二进制编码规律而变化。该电压的变化通过滤波放大和调制解调电路，恢复应答器的二进制编码信号，这样，读写器就获得了应答器发出的二进制数据信息。

（二）反向散射耦合 RFID 系统的工作原理

1. 反向散射

雷达技术为 RFID 的反向散射耦合方式提供了理论和应用基础。当电磁波遇到空间目标时，其能量的一部分被目标吸收，另一部分以不同的强度散射到各个方向。在散射的能量中，一小部分反射回发射天线，并被天线接收（因此发射天线也是接收天线），对接收信号进行放大和处理，即可获得目标的有关信息。

2. RFID 反向散射耦合方式

一个目标反射电磁波的频率由反射横截面来确定。反射横截面的大小与一系列参数有关，如目标的大小、形状和材料，电磁波的波长和极化方向等。由于目标的反射性能通常随频率的升高而增强，所以 RFID 反向散射耦合方式采用特高频和超高频，应答器和读写器的距离大于 1 米。

读写器、应答器和天线构成一个收发通信系统。无源应答器的能量由读写器提供，读写器天线发射的功率经自由空间衰减后到达应答器，被吸收的功率经应答器中的整流电路后形成应答器的工作电压。在 UHF 和 SHF 频率范围内，有关电磁兼容的国际标准对读写器所能发射的最大功率有严格的限制，因此在有些应用中，应答器采用完全无源方式会有一定困难。为解决应答器的供电问题，可在应答器上安装附加电池。为防止电池不必要的消耗，应答器平时处于低功耗模式，当应答器进入读写器的作用范围时，应答器由获得的射频功率激活，进入工作状态。由读写器传到应答器的功率的一部分被天线反射，反射功率经自由空间后返回读写器，被读写器天线接收。接收信号经收发耦合器电路传输到读写器的接收通道，被放大后经处理电路获得有用信息。应答器天线的反射性能受连接到天线的负载变化的影响，因此，可采用相同的负载调制方法实现反射的调制。其表现为反射功率是振幅调制信号，它包含了存储在应答器中的识别数据信息。

读写器至应答器的命令及数据传输，应根据 RFID 的有关标准进行编码和调制，或者按所选用应答器的要求进行设计。

3. 声表面波应答器

1）声表面波器件

声表面波(SAW)器件以压电效应和与表面弹性相关的低速传播的声波为依据。SAW器件体积小、重量轻、工作频率高、相对带宽较宽，并且可以采用与集成电路工艺相同的平面加工工艺，制造简单，重获得性和设计灵活性高。

声表面波器件具有广泛的应用，如通信设备中的滤波器。在 RFID 应用中，声表面波应答器的工作频率目前主要为 2.45 GHz。

2）声表面波应答器

长长的一条压电晶体基片的端部有指状电极结构，基片通常采用石英铌酸锂或钽酸锂等压电材料制作。在压电晶体基片的导电板上附有偶极子天线，其工作频率和读写器的发送频率一致。在应答器的剩余长度安装了反射器，反射器的反射带通常由铝制成。

读写器送出的射频脉冲序列电信号，从应答器的偶极子天线馈送至换能器。换能器将电信号转换为声波。转换的工作原理是利用压电衬底在电场作用时的膨胀和收缩效应。电场是由指状电极上的电位差形成的。一个时变输入电信号(即射频信号)引起压电衬底振动，并沿其表面产生声波。严格地说，传输的声波有表面波和体波，但主要是表面波，这种表面波纵向通过基片。一部分表面波被每个分布在基片上的反向带反射，而剩余部分到达基片的终端后被吸收。

一部分反向波返回换能器，在那里被转换成射频脉冲序列电信号(即将声波转换为电信号)，并被偶极子天线传送至读写器。读写器接收到的脉冲数量与基片上的反射带数量相符，单个脉冲之间的时间间隔与基片上反射带的空间间隔成比例，从而通过反射的空间布局可以表示一个二进制的数字序列。

由于基片上的表面波传播速度缓慢，在读写器的射频脉冲序列电信号发送后，经过约 1.5 ms的滞后时间，从应答器返回的第一个应答脉冲才到达。这是表面波应答器时序方式的重要优点。因为在读写器周围所处环境中的金属表面上的反向信号以光速返回到读写器天线(例如，与读写器相距 100 米处的金属表面反射信号，在读写器天线发射之后 0.6 毫秒内就能返回读写器)，所以当应答器信号返回时，读写器周围的所有金属表面反射都已消失，不会干扰返回的应答信号。声表面波应答器的数据存储能力和数据传输取决于基片的尺寸和反射带之间所能实现的最短间隔，实际上，16～32 bit 的数据传输率大约为 500kb/s。声表面波 RFID 系统的作用距离主要取决于读写器所能允许的发射功率，在 2.45 GHz 下，作用距离可达到 1～2 米。采用偶极子天线的好处是它的辐射能力强，制造工艺简单，成本低，而且能够实现全向性的方向图。微带贴片天线的方向图是定向的，适用于通信方向变化不大的 RFID 系统，但工艺较为复杂，成本也相对较高。

三、RFID基本技术参数

可以用来衡量射频识别系统的技术参数比较多，比如系统使用的频率、协议标准、识别距离、识别速度、数据传输速率、存储容量、防碰撞性能以及电子标签的封装标准等。这些技术参数相互影响和制约。其中，读写器的技术参数有读写器的工作频率、读写器的输出功率、读写器的数据传输速度、读写器的输出端口形式和读写器是否可调等；电子标签的技术参数有电子标签的能量要求、电子标签的容量要求、电子标签的工作频率、电子标签的数据传输速度、电子标签的读写速度、电子标签的封装形式、电子标签数据的安全性等。

1. 工作频率

通常阅读器发送时所使用的频率被称为RFID系统的工作频率。工作频率是射频识别系统最基本的技术参数之一。常见的工作频率有低频125 kHz、134.2 kHz及13.56 MHz等。低频系统一般指其工作频率小于30 MHz，典型的工作频率有125 kHz、225 kHz、13.56 M等，这些频段应用的射频识别系统一般都有相应的国际标准予以支持。其基本特点是电子标签的成本较低、标签内保存的数据量较少、阅读距离较短、电子标签外形多样（有卡状、环状、纽扣状、笔状等）、阅读天线方向性不强等。高频系统一般指其工作频率大于400 MHz，典型的工作频段有915 MHz、2.45 GHz、5.8 GHz等。高频系统在这些频段上也有相应的国际标准予以支持。高频系统的基本特点是电子标签及阅读器成本均较高、标签内保存的数据量较大、阅读距离较远（可达几米至十几米），适应物体高速运动性能好，外形一般为卡状，阅读天线及电子标签天线均有较强的方向性。工作频率的选择在很大程度上决定了射频识别系统的应用范围、技术可行性以及系统的成本高低。从本质上说，射频识别系统是无线电传播系统，必须占据一定的无线通信信道。在无线通信信道中，射频信号只能以电磁耦合或者电磁波传播的形式表现出来。因此，射频识别系统的工作性能必然会受到电磁波空间传输特性的影响。从电磁波的物理特性、识读距离、穿透能力等特性上来看，不同射频频率的电磁波存在较大的差异，特别是在低频和高频两个频段上。低频电磁波具有很强的穿透能力，能够穿透水、金属、动物等导体材料，但是传播距离比较近。另外，由于频率比较低，可以利用的频带窄，数据传输速率较低，信噪比较低，容易受到干扰。相比低频电磁波而言，要得到同样的传输效果，高频系统的发射功率较小，设备比较简单，成本也比较低。高频电磁波的数据传输速率较高，没有低频的信噪比限制。但是，高频电磁波的穿透能力较差，很容易被水等导体媒质所吸收，因此，高频电磁波对障碍物的敏感性较强。

2. 作用距离

射频识别系统的作用距离指的是系统的有效识别距离。影响读写器识别电子标签有效距离的因素有很多，主要包括读写器的发射功率、系统的工作频率和电子标签的封装形式等。其他条件相同时，低频系统的识别距离最近，其次是中高频系统、微波系统，微波系统的识别距离最远。只要读写器的频率发生变化，系统的工作频率就会随之改变。射频识别系统的有效识别距离和读写器的射频发射功率成正比。发射功率越大，识别距离也就越远。但是电磁波产生的辐射超过一定范围时，就会对环境和人体产生有害影响。因此，在电磁功率方面必须遵循一定的功率标准。电子标签的封装形式也是影响系统识别距离的原因之一。电子标签的天线越大，即电子标签穿过读写器的作用区域内所获取的磁通量越大，存储的能量也越大。应用项目所需要的作用距离取决于多种因素：电子标签的定位精度；实际应用中多个电子标签之间的最小距离；在读写器的工作区域内，电子标签的移动速度。通常在RFID应用中，选择恰当的天线，即可适应长距离读写的需要。例如，FastTrack 传送带式天线就是设计安装在滚轴之间的传送带上，REID 载体则安装在托盘或产品的底部，以确保载体直接从天线上通过。

3．数据传输速率

对于大多数数据采集系统来说，速度是非常重要的因素。由于当今不断缩短产品生产周期，要求读取和更新 RFID 载体的时间越来越短。

（1）只读速率。RFID 只读系统的数据传输速率取决于代码的长度、载体数据发送速率、读写距离、载体与天线间的载波频率，以及数据传输的调制技术等因素。传输速率随实际应用中产品种类的不同而不同。

（2）无源读写速率。无源读写 REID 系统的数据传输速率决定因素与只读系统一样，不过除了要考虑从载体上读取数据外，还要考虑往载体上写入数据。传输速率随实际应用中产品种类的不同而有所变化。

（3）有源读写速率。有源读写 RFID 系统的数据传输速率决定因素与无源系统一样，不同的是无源系统需要激活载体上的电容充电来通信。很重要的一点是，一个典型的低频读写系统的工作速率可能仅为每秒 100 字节或每秒 200 字节。这样，由于在一个站点上可能会有数百字节数据需要传送，数据的传输时间就会需要数秒钟，这可能会比整个机械操作的时间还要长。EMS 公司已经通过采用数项独到且专有的技术，设计出一种低频系统，其速率高于大多数微波系统。

4．安全要求

安全要求，一般指的是加密和身份认证。对一个计划中的射频识别系统应该就其安全要求做出非常准确的评估，以便从一开始就排除在应用阶段可能会出现的各种危险攻击。为此，要分析系统中存在的各种安全漏洞、攻击出现的可能性等。

5．存储容量

数据载体存储容量的大小不同，系统的价格也不同。数据载体的价格主要是由电子标签的存储容量确定的。对于价格敏感、现场需求少的应用，应该选用固定编码的只读数据载体。如果要向电子标签内写入信息，则需要采用 EEPROM 或 RAM 存储技术的电子标签，系统成本会有所增加。基于存储器的系统有一个基本的规律，那就是存储容量总是不够用。毋庸置疑，扩大系统存储容量自然会扩大应用领域。只读载体的存储容量为 20 位，有源读写载体的存储容量从 64 B 到 32 kB 不等，也就是说在可读写载体中可以存储数页文本，这足以装入载货清单和测试数据，并允许系统扩展。无源读写载体的存储空间从 48 B 到 736 B 不等，它有许多有源读写系统所不具有的特性。

6．RFID 系统的连通性

作为自动化系统的发展分支，RFID 系统必须能够集成现存的和发展中的自动化技术。重要的是，RFID 系统应该可以直接与个人计算机、可编程逻辑控制器或工业网络接口模块（现场总线）相连，从而降低安装成本。连通性使 RFID 技术能够提供灵活的功能，易于集成到广泛的工业应用中去。

7. 多电子标签的同时识读性

由于系统可能需要同时对多个电子标签进行识别，因此，对读写器提供的多标签识读性也需要考虑。这与读写器的识读性能、电子标签的移动速度等都有关系。

8. 电子标签的封装形式

针对不同的工作环境，电子标签的大小、形式决定了电子标签的安装与性能的表现，电子标签的封装形式也是需要考虑的参数之一。电子标签的封装形式不仅影响到系统的工作性能，而且影响到系统的安全性能和美观程度。对射频识别系统性能指标的评估十分复杂，影响射频识别系统整体性能的因素有很多，包括产品因素、市场因素及环境因素等。

第三节　RFID 技术在现代物流中的应用

物流管理是 RFID 技术的另一个重要应用，目前在国内也正在逐步试用与推广。RFID 技术可对整个物流过程进行监控和管理，保证物品在运输流通中不会被误送或丢失，降低物流成本，提高运输效率。同时，由于 RFID 技术具有防伪的特性，可对特殊的物品(如危险品)结合物流管理进行严格控制，防止假冒伪劣产品流入市场。典型的应用如下。①铁道部铁路车号自动识别，使用基于 EPC CLASS 0 标准的 UHF 电子标签。②中国邮政邮包分拣，正在试用多种标准的 UHF 电子标签，尚未最后确定。③上海液化气钢瓶管理，使用基于 ISO/IEC 15693 标准的 13.56 MHz 电子标签。④上海烟花爆竹管理，使用基于 ISO/IEC 14443-A 标准的 13.56 MHz 电子标签。从 RFID 技术在国内的应用可以看出，不同频段的 RFID 系统，其应用与发展不均衡。13.56 MHz 电子标签发展成熟，应用广泛，正在向更多的应用领域发展。UHF 频段电子标签的应用还处于起步阶段，这与国内目前的市场需求密切相关。在身份识别、电子票据防伪、危险品管理等领域，其需求特点是工作距离要求不高、有一定安全加密要求、成本要求不高，这些都是 13.56 MHz 电子标签发展较快的领域。在商业供应链管理、仓储管理、不停车收费等领域，其需求特点是工作距离远、快速识别、安全性要求不高、成本要求很高，这些领域将是 UHF(特高频)、微波频段电子标签的重要发展领域。但由于技术、成本等各方面原因，RFID 技术在这些方面的应用与发展相对较慢。但随着一些国际商业巨头(如沃尔玛等)，对 RFID 技术在商业供应链管理应用上的推动，可以预见，UHF、微波频段电子标签的应用在不远的将来，在全球、在国内都会有重大的发展。

面对日趋激烈的全球竞争环境，企业急需利用信息技术将企业内部管理拓展至供应链整合，从采购、生产制造、包装、装卸、仓储、运输、配送、分销、销售到服务，供应链上的业务环节和流程环环相扣，相辅相成而又相互制约。在供应链运作时，企业必须实时、精确地了解和掌握整个供应链上的物流、信息流和资金流的流向与变化。RFID 技术为我们提供了快速、准确地采集与输入数据的有效手段，能充分解决目前物流行业中存在的问题，从而建立敏捷而高效的供应链物流系统。RFID 技术所能应用和发挥效应之处主要包括：节约人工成本、信息集成更准确、同步计划更有效、增加工作流的协同程度、全新的商业环境。

因此，在供应链中采用 RFID 技术是供应链管理发展的要求。实际上，由于 RFID 技术所具备的显著优势，只要有使用数据识别和数据收集的地方，就有 RFID 技术的用武之地。

RFID技术可以为供应链中各个环节提供更新到每分钟的信息，使整个供应链管理变成一个完全透明的快速反应体系，即实现从产品设计，原材料采购，半成品与产成品的生产制造、存储、配送分销、运输，一直到零售，甚至售后服务等的实时监控，随时随地准确地获取诸如种类、制造商、序列号、颜色、尺寸、数量、生产日期、生产地点、到达地以及接收者等产品相关信息，较好地满足了供应链对信息获取和信息处理的需求，极大地提高了自动化程度，大幅降低了出错率，显著提高了供应链的透明度，从而节省了供应链的管理成本。

1. 采购环节

在采购环节，企业可以通过RFID技术实现及时采购和快速反应采购。企业通过RFID技术能够实时了解整个供应链的销售和供应状态，从而更好地把握库存信息、供需信息等，及时对企业的采购计划进行制订和管理，并及时生成有效的采购订单。企业通过应用RFID技术，可以在准确的时间购入准确的物料，不会造成库存积压，又不会因为缺料影响生产，从而实现由简单购买向合理采购转变，即在合适的时间，选择合适的产品，以合适的价格，按合适的质量，并通过合适的供应商获得。企业以通过RFID技术集成的信息资源为前提，可以实现采购内部业务和外部运作的信息化，实现采购管理的无纸化，提高信息传递的速度，加快企业对市场的反应速度，并且最终达到工作流的统一。即以采购单为源头，对从供应商确认订单、发货、到货、检验到入库等采购订单流转的各个环节进行准确的跟踪，并可进行多种采购流程选择，如订单直接入库，或经过到货质检环节后检验入库等。同时在整个过程中，可以实现对采购存货的计划状态、订单在途状态、到货待检状态等的监控和管理。通过对过程中跨企业的资金流、物流和信息流的统一控制，以达到采购过程总成本和总效率的最优匹配。此外，企业和供应商通过RFID技术能够实时了解到产品的生产、流通和销售情况以及产品对消费者的影响等，不仅加强了双方的信息沟通能力，也促进了两者之间的持续发展与合作能力，从而建立双赢的伙伴关系。企业也因此增强了对供应商评价的准确性及透明度，避免了企业采购成本的增加，同时提高了企业的采购效率，降低了交易费用。

2. 生产制造环节

在生产制造环节，RFID技术主要应用于物料管理和生产管理。在物料管理方面，由于物料配送的不协调而影响产品的生产效率，通过RFID技术，对采购的生产物料按EPC编码要求及企业规则建立统一的物料编码，从而杜绝因物料无序而导致的损失和混乱。管理人员对需要进行标识的物料贴上EPC电子标签，以便在生产管理中对物料进行跟踪，从而建立完整的产品档案。通过RFID技术，不仅便于物料跟踪管理，而且有助于做到合理的物料库存准备，提高生产效率，便于企业资金的合理运用。RFID技术帮助管理人员及时根据生产进度发出补货信息，不仅减少了物料库存和库存统计压力，使物料库存信息实时、准确，同时也加强了对产品质量的控制和追踪，减少了产品召回成本和维护成本。在生产管理方面，产品通过RFID技术可以完成自动化生产线运作，准确找到规格纷繁复杂的零部件，及时将其运送到生产线上，实现在整个生产线上对原材料、零部件、半成品、产成品的识别和跟踪，从而杜绝仿冒部件和不合格产品，减少人工识别成本，降低出错率，提高效益。通过RFID技术实时监控生产及产品流向，能够提高产品下线合格率，为管理者提供及时、准确的数据，以便根据实际生产情况及时调整作业计划，解决生产中的问题，做到库存管理的自动化和流水线的均衡、稳步生产。通过RFID技术对各车间生产物料的识别和实时跟踪，可以将企业的管理信息系统与生产过程监控系统融为一体，实现其一体化集成和资源共享，建立综合实时信息库，确保各类数据的一致和完整，从而为企业决策者提供动态的生产监控，为企业生产调度、决策提供依据，提高管理效率，延伸企业管理功能，进而为实现 JIT 等先进的管理模式做出保证。RFID 技术特别适用于不允许任何一个环节脱节的准时制生产方式，其中一个显著的应用就是在汽车制造流程中使用 RFID 技术。德国宝马汽车公司和上海通用汽车公司利用 RFID 技术实现对生产流水线的自动控制和监视：汽车公司对汽车底盘都添加了具有读写功能的 RFID 电子标签，当汽车底盘在流水线上移动时，RFID 电子标签可以为装配过程提供指导并记录装配的完成情况；而安装在每个工作点处的读写器，可以保证汽车在各个流水线上都能毫不出错地完成装配任务。

3. 仓储环节

在仓储环节，RFID 技术广泛应用于产品的存取、盘点和库存控制。以 RFID 技术为核心的智能托盘系统解决了产品在仓库中装卸、处理和跟踪的问题，保证了相关信息的准确、可靠。通过管理系统与 RFID 技术的结合，管理人员能高效完成各种业务操作，如指定堆放区域、上架取货与补货等。管理人员通过 RFID 技术能够实时了解到产品的存放位置，有效地利用库存空间，不仅提高了工作效率，也降低了库存成本。通过 RFID 技术对产品进行自动识别和数据采集，能够避免数据的重复输入和因此造成的错误，增强了作业的准确性和快捷性，因此节省了人工成本，并减少了由于错误所造成的损耗。由于 RFID 实现数据录入的自动化，盘点时不需人工检查或扫描条码，可以减少人力物力，使盘点更加快速和准确。企业利用 RFID 技术进行库存控制，能够实时掌握产品相关库存情况的准确信息，从中了解每种产品的需求模式，及时进行补货，改变低效率的运作情况，同时提升库存管理能力，降低平均库存水平。通过动态实时的库存控制，能够有效降低库存成本，其作用对象包括原材料、零配件、在制品、半成品、产成品等。

4. 配送分销环节

在配送分销环节，RFID 技术的强大功能可以满足产品的较高配送要求，加快配送速度，提高配送过程的准确率，降低配送成本。配送中心利用 RFID 技术，能够缩短配送作业流程、改善配送作业质量、节省人力成本。由于在流程中捕获数据，信息的传送更加迅速准确，增加了配送管理的透明化程度。由于入库、整理、补充的可靠性提高，提高了整个供货配送的效率。如果到达配送(分销)中心的所有产品都贴有 RFID 标签，在货物的发运与接收过程中，就能够自动处理装货与卸货，自动换装，自动生成准确的电子配货清单，从而减少人力需求，使处理速度更快；在货物的存储与配送过程中，自动搬运、分拣与包装货物，增加仓库物流和货物存放的准确性，减少时间浪费，提高订单完成率，并支持最后一分钟订货，改善送货容器的利用率。

Walmart 的供应商为了满足订货要求，将配送中心发来的各个门店所需产品的订单信息与产品标签信息进行匹配，迅速拣选出所需产品，放置在托盘上直接送上传送带。RFID 阅读器可以方便地识别同一托盘上不同种类的产品，不需人工处理，实现快速准确发货。在 Walmart 配送中心的接货口，产品通过门口时即由阅读器自动完成盘点并输入 Walmart 的数据库中，随即交付运送。此外，英格兰和威尔士的多家药店、医院和药品生产商，如英国 Merck 医药公司、Novartis、Sehering 医疗保健公司和 Solvay，利用 RFID 技术在配送时快速辨识伪造药品。

5. 运输环节

在运输环节,RFID 技术允许企业跟踪供应链中的特定库存单元,直到传递中的某一特定托盘上的产品为止。在直接转装运作过程中,使用 RFID 能实现自动送货处理,提高装载准确性,减少产品转移,提高核查点效率,提升运输安全性,并改善运输资产利用率,使交付周转速度更快。由于人工数据采集工作只有在停止当前业务流程的情况下才能进行,这样不但会影响数据采集的准确性,并且限制了运输过程中业务的处理速度。使用 RFID 技术能够对高速移动的远距离目标进行非接触自动识别,并且还可以追踪产品的生命周期,提供更多、更深入的过程资料记录。电子标签可以嵌入到产品装运设施中,以便在货物从仓库运往商店上架的途中监视温度、震动腐坏和其他因素的变化。这样企业就能够及时掌握在途产品的情况和实时跟踪运输工具。RFID 技术主要用于对集装箱和货盘的识别和跟踪。通过在集装箱和货盘上贴上电子标签,以识别和追踪集装箱、空运盘柜等。同时在大型货柜上安装固定 RFID 阅读器,对货柜内的产品进行辨识和读取,这有助于在全球化运作时,增强对产品的掌控能力。世界第三大零售业巨头麦德龙集团的供应商通过 RFID 技术对箱柜和货盘进行全面追踪。Walmart 的供应商在产品发往各门店的途中,借助全球定位系统或者沿途设置的 RFID 监测点就可以准确预测抵达时间。

6. 零售环节

在零售环节,RFID 技术主要用于单个产品,在每一个产品上以 RFID 标签取代条形码标签,每一个 RFID 标签上用产品编号加上序号来识别每一个产品,利用这个方式进行盘点、收货以及零售点的付款台作业。由于每一个产品具有唯一的 RFID 标签,可将所有产品以最小单位进行管理,对货架上的产品促销、防窃、顾客行为分析等也可以按照单个产品来进行管理。通过 RFID 技术对单个产品的管理,可以实时监控供应链中的物品运送情况,同时提高运营效率与商店的效率,而有效的供应链运营又可以确保消费者在准备进行购买时商品能够及时到货。当产品实现 RFID 标签化以后,开架销售可以促进产品销售量的增长。RFID 在零售领域所产生的可见性的潜在收益还包括减少库存量、降低人力成本和提高销售额。通过使用 RFID 技术,可以消除由于脱销而导致的销售额损失;提高商店收货、处理、补货以及销售点(POS)效率,加快退货处理速度;在商店收货时可以快速通知销售现场所需的商品数量;通过掌握销售现场及仓库存放商品的情况,快速满足客户需求;快速、准确地进行库存审核;及时监控整个环节中的装置、纸箱以及货盘;在检查点立即识别异常情况;及时将正确的货物补充到位;杜绝缺陷商品与仿冒商品;改进零售商的运营方式,对产品的生命周期进行监控;在付款台实现自动扫描和计费,取代人工收款方式。麦德龙集团在德国杜伊斯堡市的未来商店应用 RFID 技术实现商品登记和收款方式自动化。英国的 Marks & SPencer 超市应用 RFID 电子标签对新鲜食品实行供应链管理,大大节约了资源,提高了效率,能够对食品开展全程控制,包括食品的日期、温度、质量等,保证食品安全。世界著名化妆品、护肤品公司雅诗兰黛将 RFID 技术应用到其 LAB 系列男士专用护肤产品的销售上。当顾客拿起产品使其离开货架时,货架中的阅读器就不再接收商品电子标签发出的信息,从而激活系统并促使系统播放关于这个产品的视频;而当顾客将其放回原处时,视频就会关闭。通过 RFID 技术不仅可以为顾客提供产品视频,使顾客通过视频互动更好地了解产品,还可以通过将数据存储在系统服务器上以详细记录某产品被顾客拿起的频率并与卖场的销售点做比较来追踪了解产品展出的效果。

7. 售后服务环节

在售后服务环节，企业为了提高产品信誉以及售后服务质量，可通过RFID技术与管理信息来建立用户信息和产品售后维修档案。通过产品维修点反馈产品售后维修记录，建立售后维修跟踪记录，监督产品维修点和建立产品的售后产品质量，记录、统计维修原因，以便企业能够进一步提高产品售后维修服务水平。从记录的维修原因中，能够及时发现是零部件的原因还是装配的原因，并及时将信息反馈给物料供应商，以及产品设计、生产管理、质量管理和经营决策部门，帮助企业全面提高产品质量。通过对零部件的跟踪，帮助企业客观评价供应商的零部件产品质量，从而使企业能够选择最优的供应商，降低质量成本。RFID技术在产品监控方面得到了很好的应用，其中以Toyota为代表。在Toyota南非汽车制造厂的车辆跟踪系统项目中，Toyota的第三期试验将系统延伸到零售环节和售后服务环节，在车辆上植入永久性的RFID标签，标签中不仅记录着制造过程中的数据，而且记录着顾客和车辆保修的相关信息。每次顾客驾车去服务门店接受服务或者进行车辆保修时，门店RFID系统就会自动读取RFID标签中的数据，顾客信息和车辆服务记录便会一目了然。这样顾客就不需要携带任何证明以及维修记录等资料，从而为顾客提供方便。

总之，RFID技术由于其远距离以及快速、多目标同时读取等特点，应用在供应链中的生产、仓储、运输等作业环节。通过对各个环节数据的采集，就可以实现增加收入和缩减成本的双重效果。据基于投资收益ROI模型的分析，RFID技术在供应链管理中的应用可将库存的可用性提高5%～10%，从而增加销售3%～7%；同时，顾客的保持度可提高0.3%～0.5%；后勤管理中回收率提高将使利润提高25%～40%；回收管理的改进将使总收入提高1%～2%。此外，可减少盗窃损失40%～50%；提高送货速度10%；减少人工成本（包括场地管理成本减少30%；物品存储的人工成本减少65%；存货成本减少25%；循环计算成本减少25%）；提高仓库产品的吞吐量可达20%；减少损坏率和过期商品的销账可达20%；减少丢失包裹而导致的投诉可达98%。此外，一份来自美国Symbol公司的调查报告也表明：采用RFID技术，对于生产商来说，可以使库存降低5%～30%，使运输成本降低2%～13%，产品的供货周期缩短10%～50%。对于零售企业来说，可以使货架利用率提高5%～8%，库存降低5%～10%，销售额增加2%～10%，物流成本降低3%～4%。图3-4显示了在供应链中应用RFID技术所节省成本的排序。

一、RFID技术在运输与配送中的应用

1. 高速公路自动收费（AVI）及交通管理

高速公路自动收费系统是RFID技术最成功的应用之一。目前中国的高速公路发展非常快，同时也存在一些问题：一是交通堵塞，造成收费站口有许多车辆要停车排队，形成交通瓶颈问题；二是少数收费员贪污路费，使国家损失了一定数额的财政收入。RFID技术应用于高速公路自动收费上能够充分体现它非接触识别的优势，让车辆在高速通过收费站的同时自动完成收费，同时可以解决少数收费员贪污路费及交通拥堵的问题。

一般对于公路收费系统，由于车辆的大小和形状不同，需要大约4米的读写距离和很快

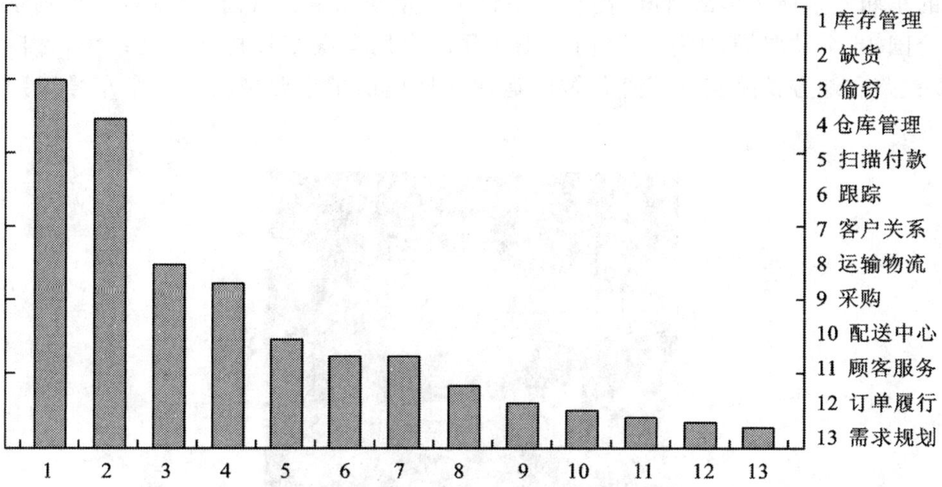

图 3-4 在供应链中应用 RFID 技术所节省成本的排序

的读写速度,要求系统的频率为 869 MHz 或 902～928 MHz,或 5.8 GHz。目前,一般将多车道的收费口分为两个部分:自动收费口、人工收费口。将射频卡放置在车的挡风玻璃后面,天线架设在道路的上方,距离收费口 50～100 米处。当车辆经过天线时,车上的射频卡被头顶上的天线接收到,判别车辆是否带有有效的射频卡。读写器指示灯指示车辆进入不同车道,人工收费口仍维持现有的操作方式,进入自动收费口的车辆,养路费款被自动从用户账户上扣除,且用指示灯及蜂鸣器告诉司机收费是否完成,不用停车就可通过,挡车器将拦下恶意闯入的车辆。公路收费系统如图 3-5 所示。

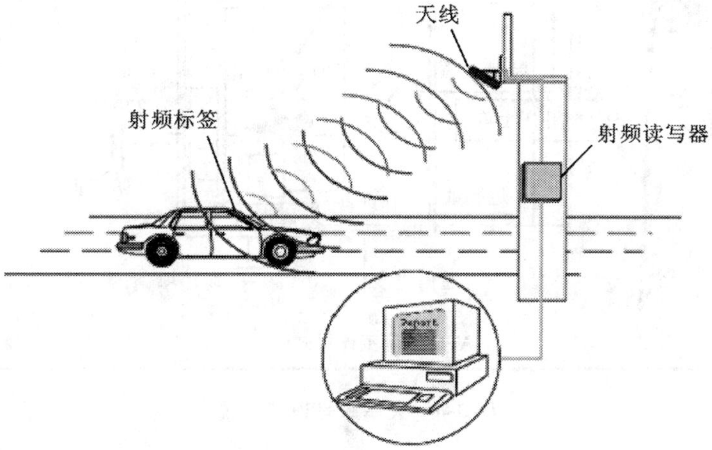

图 3-5 公路收费系统

2. 火车和货运集装箱的识别

在火车运营中,RFID 技术因其出色的识别能力已取代了早期依靠超声波和雷达测距的条码技术。在具体应用中,通常将射频卡安装在车顶,读写器安装在铁路沿线,从而得到火车的实时信息及车厢内物品信息。RFID 系统的优势体现为:火车按既定路线运行,当通过设定的读写器安装地点,可读取数据,从而确认火车的身份、监控火车的完整性,防止遗漏在铁轨上的车厢发生撞车事故，同时能在车站将车厢重新编组。目前，射频自动识别系统的安装遍布全国 14 个铁路局，国家铁路局亦正式联网启用车次车号自动识别系统，为自备车企业、合资铁路和地方铁路实现信息化智能运输管理提供了重要契机。火车车号识别系统如图 3-6 所示。

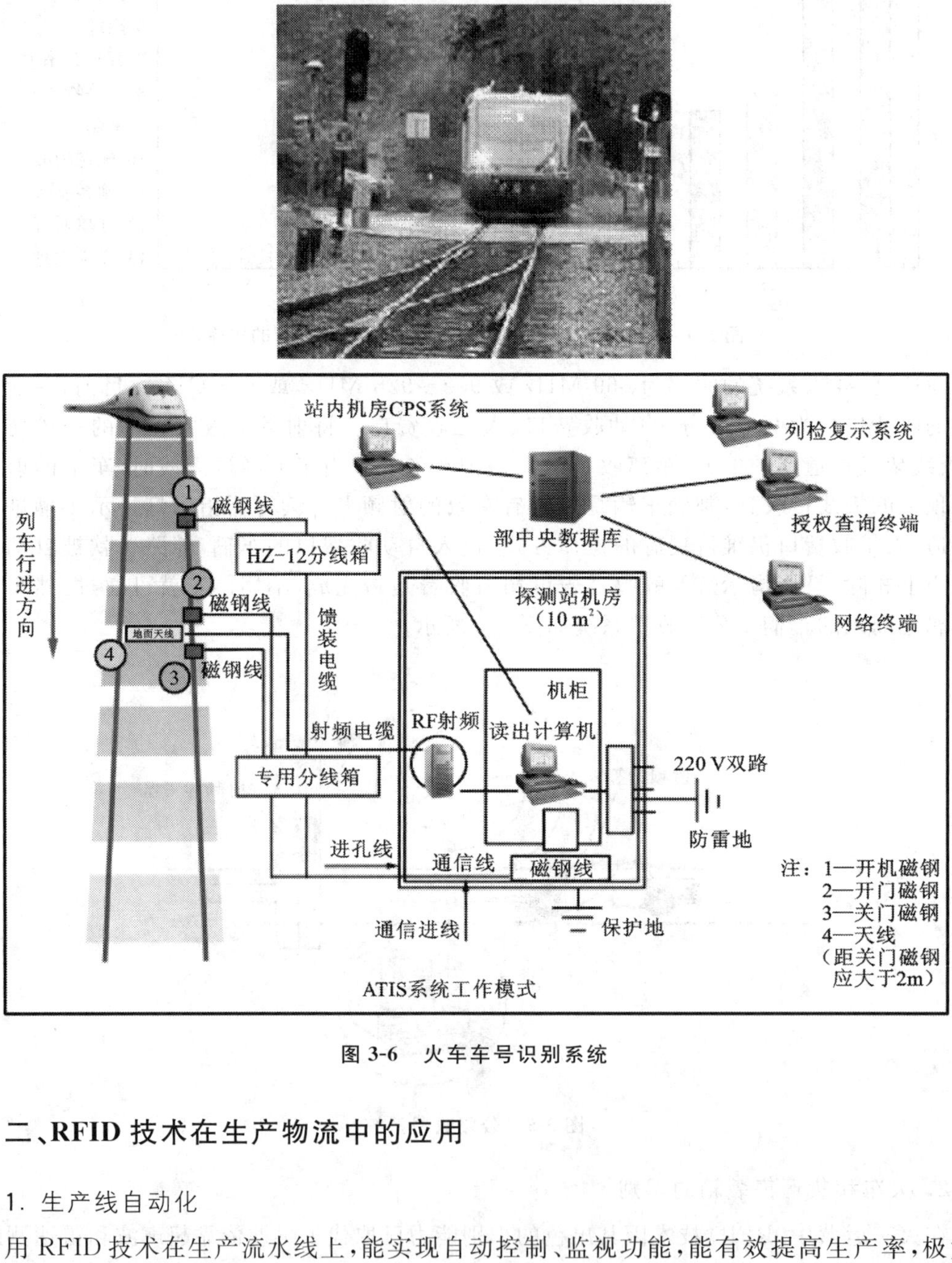

图 3-6　火车车号识别系统

二、RFID 技术在生产物流中的应用

1. 生产线自动化

用 RFID 技术在生产流水线上，能实现自动控制、监视功能，能有效提高生产率，极大地改进生产方式、节约成本。如德国宝马汽车公司在汽车装配流水线上应用 RFID 技术以尽可能快的速度大量生产用户定制的汽车。宝马汽车是基于用户提出的式样要求而生产的。用户可以从上万种内部和外部选项中，选定自己所需车的颜色、引擎型号和轮胎式样等。这

样一来，汽车装配流水线上就得装配上百种式样的宝马汽车，如果没有一个高度组织的、复杂的控制系统是很难完成这样复杂的任务的。宝马汽车公司在其装配流水线上配有 RFID 系统，使用可重复利用的射频卡。该射频卡上带有汽车所需的所有详细的要求，在每个工作点都有读写器，这样可以保证汽车在各个流水线位置毫不出错地完成装配任务。

目前，上汽集团下属的上海汽车制动系统有限公司在制动器生产流水线上已经采用了 RFID 技术。该公司在每一个制动器加工托盘上植入了电子标签，从制动器初次放置在托盘上开始，电子标签就与该制动器一一对应，工厂在流水线上的每个工位上均设置了读写装置，将每个加工信息记录在标签中，直到流水线的末端。该套系统中的 RFID 标签记录了制动器的各类参数后，在制动器加工装配完成从托盘上取下时，电子标签中的数据将转存到电脑系统中，并产生一个编码与之对应，此编码即为该制动器的身份识别码。这种相对初级的 RFID 技术的使用，既满足了汽车召回制度对关键零部件进行标识和追溯的要求，也为生产过程控制提供了基础数据，有利于加快和提高生产效率与质量水平。

2. 汽车防盗

汽车防盗是 RFID 技术较新的应用。目前已经开发出了足够小的、能够封装到汽车钥匙当中、含有特定码字的射频卡。它需要在汽车上装有读写器，当钥匙插入到点火器中时，读写器能够辨别钥匙的身份。如果读写器接收不到射频卡发送来的特定信号，汽车的引擎将不会发动。用这种电子验证的方法，汽车的中央计算机也就能容易防止短路点火。

另一种汽车防盗系统是，司机自己带有一张射频卡，其发射范围是距司机座椅 45～55 厘米，读写器安装在座椅的背部。当读写器读取到有效的 ID 号时，系统发出三声鸣叫，然后汽车引擎才能启动。该防盗系统还有另一强大功能：倘若司机离开汽车，并且车门敞开，引擎也没有关闭，这时读写器就需要读取另一有效 ID 号；假如司机将该射频卡带离汽车，这样读写器不能读到有效 ID 号，引擎就会自动关闭，同时触发报警装置。

另外，米其林轮胎北美公司已推出带“电子身份证”的轮胎——RFID 轮胎。RFID 轮胎与普通轮胎的不同之处在于胎侧内装有 RFID 卡，先在轮胎生产厂内被写入轮胎序列号、生产日期、生产厂代号等信息，然后在汽车制造厂的总装线上写入汽车标识号码。这样一旦轮胎出现质量问题，就可以缩小召回范围。

三、RFID 技术在仓储物流中的应用

1. 电子物品监视防盗

应用 EAS 技术的目的是防止商品被盗。整个系统包括贴在物体上的一个内存容量仅为 1 比特的射频卡，以及商店出口处的读写器。射频卡在安装时被激活。在激活状态下，射频卡接近扫描器时会被探测到，同时会报警。如果货物被购买，由销售人员用专用工具拆除射频卡（典型的是在服装店里），或者用磁场来使射频卡失效，或者直接破坏射频卡本身的电特性。EAS 系统已被广泛使用。

2. 仓储管理

目前国内仓库管理还处于最基础的人工管理阶段，由于每个不同产品的组件各不相同，所需原料配件品种、规格繁多，光靠人工操作容易造成仓库管理混乱、仓库库存难以控制。当每批产品生产快结束时，总是有一些配件短缺或多余，造成交货延期或库存积压；每次对账要花很多时间，而且经常出错，账实不符现象严重。针对此情况，在仓库的门口使用 RFID

手持机，同时根据现场环境进行射频规划，比如可以安装上下左右四个天线，保证RFID电子标签不被漏读。接到入库单后，按照一定的规则将产品入库，当RFID电子标签进入RFID手持机的电磁波范围内时，会主动激活，然后RFID电子标签与RFID手持机进行通信。当采集RFID标签完成后，会与订单进行比对，核对货物数量及型号是否正确，如有错漏，则进行人工处理，最后将货物运送到指定的位置，按照规则进行摆放。RFID手持机在仓库管理应用中最主要的优势是非接触式远距离识别，且能够批量读取，提高效率与准确性。

按照仓库管理的要求，进行定期与不定期的盘点。传统的盘点，耗时耗力，且容易出错。而RFID技术把这些问题解决了，当有了盘点计划的时候，利用RFID手持机进行货物盘点扫描，盘点货物的信息，可以通过无线网络传入后台数据库，并与数据库中的信息进行比对，生成差异信息，实时显示在RFID手持机上，供盘点工作人员核查。在盘点完成后，将盘点的信息与后台的数据库信息进行核对，盘点完成。在盘点的过程中，系统通过RFID非接触式读取非常快速方便地读取服装货物信息，与传统的模式相比，会提高盘点效率和准确性。对货物的属性进行设置管理，RFID手持机的主要功能是添加、编辑、删除、查询仓库中存贮货物的信息。这样就可以针对不同企业所经营产品的属性进行设置，保证其符合每个企业的个性化需求。也可对仓库进行位置划分，可以仓库、区域、货位等为单位进行划分，从而对大型仓库做到管理更精确。各层级仓库管理人员可以针对不同维度的库存信息进行查询与相关的业务操作。仓库管理系统通过结合RFID技术进行数据采集和日常业务管理，建立仓库信息RFID管理平台，支持服装仓库管理重要的业务流程，提高如入库、出库、盘点等核心业务流程的效率。实现自动识别，信息共享和追踪，带来生产力、准确性、盈利性和客户服务水平的改善。

将RFID系统用于智能仓库货物管理，能有效解决与货物流动有关的信息管理，不但增加了处理货物的速度，还可监视货物的一切信息。射频卡贴在货物所通过的仓库大门边上，读写器和天线都放在叉车上，每个货物都贴有条码，所有条码信息都被存储在仓库的中央计算机里，与该货物有关的信息都能在计算机里查到。当货物出库时，由另一读写器识别并告知中央计算机其被放在哪个拖车上。这样，管理中心可以实时地了解到已经生产了多少产品和发送了多少产品。

小结

RFID技术作为一种先进的自动识别技术，在我国已展开相关研发并投入使用，在生产、生活等多方面已取得显著成效，它在中国将很快普及，RFID技术的需求及应用前景非常广泛。射频识别系统至少应包括读写器和电子标签两个部分，另外，还应包括天线、主机等。RFID系统在具体的应用过程中，根据不同的应用目的和应用环境，系统的组成会有所不同，但从RFID系统的工作原理来看，系统一般都由信号发射机、信号接收机、发射天线和接收天线四部分组成。RFID技术的非接触性阅读，数据存储容量大，读写速度快，体积小、易封装，无磨损、使用寿命长，动态实时通信，以及安全性能高等特点，奠定了其在物流信息系统中的地位，被广泛应用于物流运输、配送、仓储等领域。

重要概念

无线射频识别(RFID)
电子物品监视系统(EAS)
标签(tag)
仓库管理系统(WMS)

练习与思考

一、简答题

1. RFID 技术的特点是什么?
2. RFID 系统主要由哪几部分组成?
3. RFID 技术的工作原理是什么?
4. RFID 技术的基本技术参数有哪些?

二、思考题

1. RFID 技术在现代物流业主要应用于哪些领域?
2. 分析 RFID 技术在现代物流企业中的应用前景。

综合案例

中远物流 RFID 技术的应用

随着 RFID 技术不断成熟、应用成本(单品价格、实施费用等)逐步降低以及在国内物流企业应用案例的增多,RFID 技术对物流企业业务处理效率的提升价值将日益凸显。利用 RFID 技术实现货物供应链实时监控,保证库存高可见性,使得企业不需要在业务起步时就拥有强大的条形码系统。凭借 RFID 无光电应用特性,支持更多的自动读取,在缩减制造及人力成本的同时保证高准确性。RFID 提供对供应链资产的实时监控并通过电子标签操作人员了解产品的详细信息。

中远物流为欧尚提供仓储服务业务,中远 RFID 的实验仓库就选在欧尚仓库。中远物流分析了欧尚仓库的操作流程,发现两个大问题:第一个大问题是差错率高,第二个大问题是盘点时间太长。中远物流将标识放在货位和标签上面。使用标准是 ISO180000—6C,读写器部署在门禁、叉车和手持终端上。中远物流采用的手持终端基本上是一个无线的 PDA,再套上一个 RFID 读写器,其本身具有条码扫描器的功能。中远物流有自己仓库的 WMS 服务器和前段的设备控制服务器,此外又建立了无线网,使用了叉车的车载终端,天线读写器,还有手持终端,标签放在托盘的货位上面。主要仓库流程基本上全部采用 RFID 技术。

(1) 验收。现场操作员根据到货单在手持终端上选取验收任务。操作人员扫描托盘上的 RFID 标签以及货品上的条码,键入货品数量,系统后台对验收结果进行审核。

(2) 上架。叉车天线读取托盘 RFID 标签,后台系统提示建议货架和货位号。操作人员将托盘货品上架并读取货位 RFID 托盘,但是也允许货位员更改。

(3) 拣货。传统的拣货是由拣货人员来驱使整个拣货流程的进行,然而在本物流中心的电子标签拣货系统则是由输送带来负责驱动。这是凭借拣货物流箱外箱辨识码与输送带间,适时适地地进行信息沟通与数据交换,以自动判断哪些拣货副线该进入,哪些拣货副线可直接略过。

(4) 盘点。RFID 技术使得盘点货物变得更加容易,不需要由管理人员挨个清点,只需要持终端设备绕仓库走一圈即可清楚货物存库情况。RFID 技术改变了仓库管理的一贯流程,较好地解决了差错率高和盘点难的问题。

(资料来源:文浩. 中远物流信息技术新观察[J]. 中国电子商情(RFID 技术与应用),2009(6).)

第四章 物流数据交换技术及应用

学习目标

1. 理解 EDI 技术、ebXML 技术的基本概念、特点；
2. 掌握 EDI 技术、ebXML 技术的组成及工作原理；
3. 理解 EDI 技术、ebXML 技术在现代物流管理中的应用。

引　例

EDI 技术在南孚配送物流中的应用

1. 南孚企业概况

世界五大碱性电池生产商之一——南孚公司，系国家级高新技术企业、商务部重点扶持的出口企业、中国电池行业龙头企业、福建省重点企业。南孚牌是中国驰名商标、福建省著名商标、福建省名牌产品。南孚公司生产的 LR20、LR14、LR6、LR03、6LR61 系列碱锰电池均为无汞、无镉、无铅绿色环保产品，通过 ISO9001 质量管理体系认证、ISO14001 环境管理体系认证和中国环境标志产品认证，并获“产品质量国家免检证书”、福建省质量奖。NR6 高功率镍干电池等新产品，已成为南孚公司新的经济增长点。在国内市场建立了“以顾客为中心”的现代营销立体网络，现有市场占有率达 56%；在国外市场，“EXCELL”商标已在美国、日本等全球 50 多个国家和地区注册。出口产品行销世界五大洲 60 多个国家和地区。南孚公司是全国文明单位、全国“五一劳动奖”企业、全国质量效益型先进企业、全国企业科协先进集体、2007 年度产品信用中国 500 强、福建省首届最佳诚信企业。

2. 目前南孚物流技术存在的问题

(1) 南孚电池为国内碱性电池龙头企业，近几年企业的信息化建设速度极快，目前已建立起供销存一体化的 ERP 系统平台，而且得到很好的应用，实现了信息共享。

(2) 南孚电池的产品配送由第三方物流公司负责(许多企业的物流配送有自己专门的

车队负责。这种方式对一些中小型企业而言实际上是一种负担)。

(3) 南孚下达指令单的现状。将ERP系统中的发货指令单打印并通过传真的方式发送到第三方物流订单组通知发货。南孚发送指令单和接受订单反馈信息都需要人为干预和人工处理。随着南孚业务的迅猛发展,这种操作方式效率低,安全性和保密性差,而且成本高。

3. EDI技术解决方案

1) EDI技术的优势

(1) 节约时间和降低成本。由于单证在贸易伙伴之间的传递是完全自动的,所以不再需要重复输入、传真和电话通知等重复性的工作。从而可以极大地提高企业的工作效率并降低运作成本,使沟通更快、更准。

(2) 提高管理和服务质量。将EDI技术与企业内部的仓储管理系统、自动补货系统、订单处理系统等企业MIS系统集成使用之后,可以实现商业单证的快速交换和自动处理,简化采购程序、减少营运资金及存货量、改善现金流动情况等,也使企业可以更快地对客户需求进行响应。

(3) 业务发展的需要。目前,许多国际和国内的大型制造商、零售企业、大公司等对于贸易伙伴都有使用EDI技术的需求。采用EDI技术是企业提升竞争力的重要手段之一。

2) EDI技术解决方案

(1) 建立EDI标准。南孚公司与物流公司双方建立EDI信息的标准格式,对于该格式的信息内容,双方的系统都可接收。目前使用EDI技术的多数企业普遍使用XML格式,根据该EDI标准,南孚公司通过ERP系统将发货指令单导出生成XML文件并以某种传输方式提交给物流公司,物流公司将XML文件导入自己的系统生成物流公司的客户订单,进行货物配送。

(2) 安全性标准建立。为防止XML文件内容被他人恶意修改或在传输过程中被人截取后读取内容,避免给企业带来不必要的损失,南孚与物流公司双方技术人员共同确定某一算法加密和解密:当从南孚ERP系统导出XML文件后,对文件进行加密;当提交给物流公司后再解密,并导入物流公司的相关物流系统中。

(3) 传输方式建立。应用EDI技术很重要的一步是选择EDI系统的通信方式。EDI系统之间通信方式的不同,将直接影响到企业EDI系统的应用效果。EDI系统的通信方式主要有如下几种:点对点连接、第三方网络(VAN)、Intemet、Intranet、EDI到传真、传真到EDI。根据南孚现有网络通信条件,在设计项目时将EDI传送方式确定为3种形式:Email(电子邮件),FTP(文件传输协议),电子数据交换公司。南孚及物流公司建议采取第一种或第二种方式。第三种方式需要南孚和物流公司采用所雇用的电子数据交换公司的报文(电子数据)标准,所以造成对报文的格式缺少控制。但第三种方式与设计思路中的节省费用相冲突。因此考虑到相关因素,双方选择第二种方式即FTP:在双方各自建立FTP站点,并根据授权共享文件夹。

(4) EDI信息传输和反馈机制。采用双向传输机制,既可传送发货指令,又可接收反馈信息。特别是反馈信息的接收与分析具有必要性。反馈分析系统将及时向南孚提供相关的货物配送状态(备货、在途、客户签单、回单等)信息。

(5) EDI信息传输的实时性、及时性。发货指令单的传输应具有及时性。从技术角度而言,使用Automation工具,并编写一些FTP、PUT的批处理命令,在Automation中设置执行FTP与PUT的频率。南孚与物流公司需要建立共同的操作约束机制,以尽量避免以下情况:南孚正在上传/下载信息,而物流公司却正在下载/上传数据。

(6)建立事后处理机制。这样的机制是必须考虑的,可最大限度地避免企业的损失。主要体现在两个方面:撤单机制和应急机制。

4. 结论

(1)对于制造业来说,利用EDI技术可以有效减少库存量及生产线待料时间,降低生产成本。对于运输业来说,利用EDI技术可以快速通送报检、科学合理地利用运输资源、缩短运输距离、降低运输成本费用和节约运输时间。对于零售业来说,利用EDI技术可以建立快速响应系统,减少商场库存量与空架率,加速资金周转,降低物流成本;同时也可以建立起物流配送体系,完成产、存、运、销一体化的供应线管理。

(2)对南孚而言,目前EDI技术主要应用在产品的配送环节上。与早期传统的FAX方式相比,EDI技术具有如下显著特点。①节约成本。使用EDI技术,可基本实现无纸化办公,目前仅需要一个劳动力即可轻松进行全公司产品物流的配送处理。②自动化程度高。整个操作100%后台自动运作,只有在出现撤单和紧急状况时,才需要人为介入,业务处理效率大为提高,客户投诉率明显下降。

(资料来源:廖江辉.EDI电子技术在南孚物流配送中的应用[J].企业技术开发,2011(15).)

第一节　EDI技术及其应用

随着信息化时代的到来,物流信息化成为电子商务的必然要求。物流信息化包括物流信息处理的电子化和计算机化、物流信息传递的标准化和实时化、物流信息存储的数字化等。目前,全球物流产业正在积极地由单一的物流服务逐步向综合性物流服务过渡。尤其是物流企业与其他企业之间、物流企业与物流企业之间的信息交流量迅速增大,对于一些商务活动频繁的物流企业来说,其信息交换的质量和效率对于增强竞争力是相当重要的。在物流任何一个环节上的延迟处理造成未能及时送达货物,都会影响企业的信誉,传统的纸质形式的信息往来已经远不能满足当前对效率的需要。因此,实现物流系统中EDI技术的应用已具备了良好的市场需求基础。

一、EDI技术的概念及特点

(一)EDI技术的概念

自从1839年电话发明以后,人们就开始尝试用电子通信的方式进行商务活动,这种将贸易信息及合同以莫尔斯电码的形式在电线中传输的商务模式,可以说是EDI的雏形。而真正意义上的EDI问世于20世纪60年代。20世纪70年代,数字通信技术的发展大大加快了EDI技术的成熟,扩大了EDI的应用范围,出现了一些行业性数据传输标准,并建立了行业性EDI系统。进入20世纪90年代以来,EDI已成为世界性的热门话题,随着互联网的广泛普及和应用,企业界和商业界人士都积极采用EDI来改善生产和流通领域的环境,以获得良好的经济效益。

EDI(electronic data interchange,电子数据交换),是20世纪80年代发展起来的一种新颖的电子化贸易工具,是计算机、通信和现代管理技术相结合的产物。它是一种在公司之间传输订单、发票等作业文件的电子化手段。它通过计算机通信网络将贸易、运输、保险、银行和海关等行业信息,用一种国际公认的标准格式,实现各有关部门或公司与企业之间的数据交换与处理,并完成以贸易为中心的全部过程。由于使用EDI可以减少甚至消除贸易过程中的纸质文件,因此EDI又被人们通俗地称为无纸贸易。

1995年版的《美国电子商务辞典》将电子商务定义为:为了商业用途在计算机之间所进行的标准格式单据的交换。美国国家标准局EDI标准委员会对EDI的解释是:EDI指的是在相互独立的组织机构之间所进行的标准格式、非模糊的具有商业或战略意义的信息的传输。联合国EDIFACT培训指南认为,EDI指的是在最少的人工干预下,在贸易伙伴的计算机应用系统之间的标准格式数据的交换。从上述EDI定义不难看出,EDI包含了三个方面的内容,即计算机应用、通信环境、数据标准化。其中计算机应用是EDI的条件,通信环境是EDI应用的基础,数据标准化是EDI的特征。这三方面相互衔接、相互依存,构成EDI的基础框架。EDI系统的概念模型如图4-1所示。

图4-1　EDI系统的概念模型

国际标准化组织(ISO)将EDI描述成:将贸易(商业)或行政事务处理按照一个公认的标准变成结构化的事务处理或信息数据格式,实现从计算机到计算机的电子传输。而ITU-T(原CCITT)将EDI定义为:从计算机到计算机之间的结构化的事务数据互换。EDI的定义至今没有一个统一的标准,但是有3个方面是相同的:资料用统一的标准;利用电信号传递信息;计算机系统之间的连接。EDI应用计算机代替人工处理交易信息,大大提高了数据的处理速度和准确性。然而,为使商业运作各方的计算机能够处理这些交易信息,各方的信息必须按照事先规定的统一标准进行格式化,才能被各方的计算机识别和处理。

因此,可以将EDI的概念概括为:EDI是指参加商业运作的双方或多方按照协议,对具有一定结构的标准商业信息,通过数据通信网络在参与方计算机之间进行传输和自动处理。广义地讲,EDI包括两个方面:EDI标准和EDI计算机系统。EDIFACT系列标准包括一系列专用的规则、协议和目录。规则有EDI应用级语法规则、语法实施指南、EDI报文设计指南;协议有通信标准选择方面的约定等;目录则包括报文目录、数据元目录、复合数据元目录、段目录以及涉及具体业务内容的代码集。

(二)EDI技术的特点

EDI技术的特点可归纳为以下6个方面。

(1)EDI的适用对象是不同的企业,EDI传输的是企业间的报文,是企业间信息交流的一种方式。

(2)EDI所传送的资料是一般业务资料,如发票、订单等,而不是指一般性的通知。

(3) EDI传输的报文是格式化的,是符合国际标准的,这是计算机能够自动处理报文的基本前提。

(4) EDI使用的数据通信网络一般是增值网、专用网。

(5) 数据传输由收送双方的计算机系统直接传送、交换资料,不需要人工介入操作。

(6) EDI与传真或电子邮件的区别是:传真与电子邮件,需要经人工的阅读判断处理才能进入计算机系统,人工将资料重复输入计算机系统中,既浪费人力资源,也容易发生错误;而EDI不需要将有关资料人工重复输入系统。

EDI与现有的一些通信手段,如传真、用户电报、电子邮箱等,有着很大的区别,主要表现在以下几个方面。

(1) 传输文件格式不同。EDI传输的是格式化的标准文件,并具有格式校验功能。而传真、用户电报和电子邮箱等传送的是自由格式的文件。

(2) 传输对象不同。EDI是实现计算机到计算机的自动传输和自动处理,其对象是计算机系统。而传真、用户电报和电子邮箱等的用户是人,接收到的报文必须经人为干预或人工处理。

(3) 安全功能不同。EDI对于传送的文件具有跟踪、确认、防篡改、防冒领、电子签名等一系列安全保密功能。而传真、用户电报没有这些功能。虽然电子邮箱具有一些安全保密功能,但它比EDI的层次低。

(4) 法律效力不同。EDI文本具有法律效力,而传真和电子邮箱则没有。

(5) 传输网络不同。传真是建立在电话上,用户电报是建立在电报网上,而EDI和电子邮箱都是建立在分组数据通信网上。

(6) 通信平台不同。EDI和电子邮箱都建立在计算机通信网开放式系统互联模型(OSI)的第七层上,而且都建立在MHS通信平台之上,但EDI比电子信箱要求的层次更高。传真目前大多为实时通信,EDI和电子信箱都是非实时的,具有存储转发功能。因此不需用户双方联机操作,解决了计算机网络同步处理的困难和低效率。如果利用信箱系统,也可实现传真的存储转发。

(三) EDI技术的作用

在欧洲多数国家中,EDI技术不仅被广泛运用,同时,也成为每个国家做生意的主要途径。特别是运用在西方发达国家的重工业(如钢铁业和汽车业),以及海关和商检等政府部门、百货零售业、运输业等其他行业中。在美国,使用了EDI技术的大规模物流企业不少于数百家,在美国国内的五百强企业中,使用EDI技术的企业约占总体的70%。如今美国的诸多行业(如物流、汽车以及钢铁等)离开EDI技术将会面临倒闭的困境。我国使用和研究EDI技术起步较晚,在20世纪90年代初,我国才建立了中国促进EDI应用协调小组。现阶段,我国大型外贸公司、商务、海关和税务等部门以及很多大型生产企业和国家的相关部门都实施了自己的EDI系统。

据有关专家分析,使用EDI技术,可提高商业文件传递速度81%,降低文件传递成本44%,减少由于错漏造成的商业损失40%,提升竞争能力34%。近些年的实践证明,凡是采用EDI技术的国家和地区,都获提了可观的经济和社会效益。例如,美国通用汽车公司采用EDI技术后,每生产一辆汽车的成本可减少250美元,以每年生产500万辆汽车计算,便可节省 12.5 亿美元。美国通用电气最近 5 年的统计表明，应用 EDI 技术使其产品零售额上升 60%，库存周期由 30 年降到 6 天。每年仅连锁店的文件处理费用一项就节约 60 万美元，节省运输时间 80%。美国 IBM 公司 1991 年在其所属的制造商、供应商中推行 EDI 技术后，当年节约 600 万美元，此后 5 年节约 6000 万美元。北美零售业 1989 年应用 EDI 技术，使其季节性商品的降价销售率减少 30%，时装的降价销售率减少 40%，零售额上升 20%～30%。在美国图书出版业，EDI 技术的引入改变了以往通过中间发行人的习惯做法，出版商和零售商直接通过 EDI 网络联系，使订货时间节省 60%，并密切了出版商与书店的关系，使书店经理们视该网络系统为“个人生活中所发生的最美好的事情”。EDI 技术也由此得到不断推广和应用。

1993 年 1 月 1 日起，欧共体(现称欧盟)建立欧洲统一市场后，规定所有成员国海关都将采用 EDI 技术，仅此一项，估计每年可带来 20 亿德国马克的效益。例如，Benneton 集团，是一个总部设在意大利的服装公司，在服装行业激烈竞争的时代，其销售额却能迅速增长，原因之一，就是采用 EDI 技术同世界各地的经销商保持着紧密的商务联系，订单和发货票可及时穿梭往来。当顾客需要最新款式的时装时，EDI 技术可帮助公司及时地供货。

日本东芝公司在使用 EDI 技术之前，每笔交易的文件处理费用是 1500 日元，使用 EDI 技术后则降到 375 日元，仅为原来的 1/4。

新加坡为了取代香港而成为亚洲最大的经济、金融和转口贸易中心，花两年多的时间建成了全国性的贸易信息网——TRADENET，它把贸发局、海关、船运公司等单位联结在一起，从而实现了无纸贸易环境。TRADENET 每年可为新加坡节省 10 亿新元(约合 6 亿美元)的文件处理费用。

我们必须看到，采用 EDI 技术进行贸易是贸易方式变革的结果，从而产生了巨大的社会效益。据估计，使用 EDI 技术的间接效益能达到其全部贸易价值的 3%～5%。这些间接效益主要是通过各 EDI 伙伴间的业务环节更加密切的协调和一致，而促进资金流动、库存、成本和服务等方面的改善而获得的。具体来说：对海关业，报关资料不必自行建档，减少了报、理单储存空间，简化了作业程序，加速了货物通关，提升了对外服务能力，防止了人为弊端；对航运业，进出口舱单直接由电脑向海关申报，出口放行由海关直接通知货载及相关部门，提高了装载效率；对仓储业，可加速货物提取及周转率，减缓仓储空间紧张的矛盾，提高利用率；对银行业，可扩大服务面，简化核对手续，降低作业成本；对进出口业，则省时省力，减少风险，加速货物通关，缩短库存期，从而降低成本，提升竞争力，有利于打开市场；对报关业，连线作业后，海关 24 小时受理报关，报关行可随时在自己办公室申报，对于免验报单可于放行后补送海关，出口报关因海关与仓储业连线，而可直接检查货物是否进仓，可节省站关人力、制单费用等。

EDI 技术的作用主要体现为以下四点。

(1) EDI 取代纸面贸易。英国每年国际贸易总额约为 700 亿英镑，其中纸张消费就近 10 亿英镑。韩国政府做过统计，在使用 EDI 之前，每次国际贸易需 300 多份文件单证。美国国际贸易单证委员会的调查表明，美国过去出口一批货物要打印、编制 46 种单证，连同正副本一共要 360 份，制单需要 36 小时之多，单证费用一般占货物价值的 7.5%左右。因此，采用 EDI 不仅能节约纸张成本，也可取得可观的收益。

(2) 信息传递快，可靠性强。为了适应国际市场瞬息万变的情况，采用 EDI 可以更快、更有效地与客户联系。EDI 可大大提高单证的传递速度，减少单证的传递环节，减少单证的交换手续，从而使各种单证数据可瞬间在不同的地区和国家完成全部传递过程，同时提高了结汇的安全性，缩短和减少结汇清算的时间，加速贸易资金的周转，进而促进国际贸易的发展。

(3) 提升工作效率和竞争能力。采用 EDI，在各种不同处理阶段，不需要重新输入信息(数据存储在直接读取的数据库中)；降低或减少了与书面相关联的任务、文档的发送和检验等行政管理工作。

(4) 在贸易伙伴间建立更好、更密切的关系。由于 EDI 可以使企业内部动作过程更加合理化，增加了贸易机会，提高了服务质量，因此它使企业之间的对立关系变成合作关系，使贸易过程变成"没有输家的"、每个企业均可从中获利的过程，从而极大增强了企业自身的发展能力。

总之，由于 EDI 从根本上改变了现代产业结构、组织管理和贸易方式，因此 EDI 被认为是一场全球性的商业大革命。西方 EDI 专家曾说："做生意，如果没有 EDI，将像没有电话一样。"日本 EDI 专家也指出："EDI，正像电力、煤气、水和电话一样，成为日本经济的基础设施的组成部分。"

二、EDI 技术的组成及工作原理

(一) EDI 技术的组成

EDI 的组成要素包括三个部分：数据标准、EDI 软件及硬件和通信网络。

1. 数据标准

EDI 标准是由各企业、各地区代表共同讨论、制定的电子数据交换共同标准，可以使各组织之间的不同文件格式，通过共同的标准达到彼此之间交换文件的目的。

2. EDI 软件及硬件

实现 EDI，需要配备相应的 EDI 软件和硬件。

EDI 软件具有将用户数据库系统中的信息译成 EDI 的标准格式以供传输、交换的能力。EDI 软件主要由以下三部分组成。

(1) 转换软件。它可以帮助用户将计算机系统文件转换成翻译软件能够理解的平面文件，或是将从翻译软件接收来的平面文件转换成计算机系统中的文件。

(2) 翻译软件。将平面文件翻译成 EDI 标准格式，或将接收到的 EDI 标准格式翻译成平面文件。

(3) 通信软件。将 EDI 标准格式的文件外层加上通信信封再送到 EDI 系统交换中心的邮箱，或由 EDI 系统交换中心将接收到的文件取回。

EDI 所需的硬件设备有计算机、调制解调器及电话线。由于使用 EDI 进行电子数据交换需通过通信网络，目前采用电话网络进行通信是很普遍的方法，因此 Modem 是必备硬件设备。此外，如果对传输时效及资料传输量有较高要求，可以考虑租用专线。

3. 通信网络

通信网络是实现 EDI 的手段。EDI 通信方式有多种，第一种是点对点，这种方式只有在贸易伙伴数量较少的情况下使用。随着贸易伙伴数目的增多，当多家企业直接进行电脑通信时，会出现由于计算机厂家不同而通信协议相异以及工作时间不易配合等问题。为了克服这些问题，许多公司逐渐采用第三方网络，即增值网络（VAN）方式。它类似于邮局，为发送者与接收者维护邮箱并提供存储转送、记忆保管、格式转换、安全管制等功能。因此通过增值网络传送 EDI 文件，可以大幅降低相互传送资料的复杂度和困难度并提高 EDI 的效率。

EDI 有通信网络，计算机硬件和专用软件组成的应用系统，以及 EDI 标准三个基本组成要素，相应地，它的关键技术主要有通信技术、标准化技术、安全保密技术和计算机数据处理技术。

1）通信技术

通信网络是 EDI 应用的物质基础。EDI 可以采用各种数据通信网，例如分组交换网（PsDN）、数字数据网（DDN）、综合业务网（ISDN）、帧中继网（FRN）、卫星数据网（VAST）、数字移动通信网，各种网络的广域网（WAN）、局域网（LAN）和增值网（VAN）等及高层的各种网络协议。网络互联技术给 EDI 提供了安全可靠、高效的通信基础。

EDI 的通信方式经历了以下几个发展阶段：点到点方式、专用系统方式、增值网（VAN）方式、公共开放 EDI（基于 Internet）系统方式。

目前常用的是增值网方式和公共开放 EDI 系统方式。随着因特网的广泛应用，基于 Internet 的公共开放 EDI 系统方式以其覆盖范围广、实现成本低等优点已越来越引起人们的关注。

2）标准化技术

EDI 的本质特征是标准化。参照统一的国际标准或行业标准，是使 EDI 能在不同国家和地区、不同行业内开展的必要的前提。EDI 是结构化的电子报文交换，EDI 标准则规定了电子报文的标准结构，从而使得报文接收方的计算机能够准确地理解和进行自动处理。实际上，有关 EDI 的组织结构都是 EDI 标准的总结、制定和推广机构。

EDI 标准一般包括以下三方面的内容。

（1）语法规则标准：定义对报文进行结构化处理的语法规则。

（2）报文标准：定义标准报文的内容和格式。

（3）数据元标准：定义用于标准报文的数据元，给出数据元的基本属性（如名称、表示方法及是否代码等）。

3）安全保密技术

随着 EDI 应用的发展，为确保参与交换各方的经济和政治利益，国际社会对 EDI 的安全研究投入了相当的人力和财力，制定了多种安全法规，保障信息安全制度的实施和安全技术的推广应用。计算机及通信网络安全是 EDI 实施的基本保证，因此首先要从系统的整体技术上来保障安全性。EDI 应用系统中的安全性可归结为要解决以下几个问题。

（1）信息的完整性问题。数据在传输或储存过程中不会受到非法的修改、删除或重放，要确保信息的顺序完整性和内容的完整性。

（2）信息的可认证性（可鉴别）问题。需要确认发出信息者的身份，防止假冒者和伪造信息的进入。

（3）信息的保密性问题。数据在传送过程中不被泄露且数据不为他人所读懂。

（4）信息的不可否认性（不可抵赖性）问题。发送方对已发出的信息不可抵赖，收取方对已收到的信息不可否认。通过使用一些基本的安全技术，如加密、数字签名、内容完整性检查和序列号完整性等，可以在EDI应用系统中实现上述安全服务。

4）计算机数据处理技术

使EDI真正具有应用价值的前提是企业管理信息系统的广泛应用。因此，EDI应用中的计算机数据处理技术首先应包括管理信息系统技术。EDI应用所独有的数据处理技术则主要是EDI软件的各个组成部分，以及EDI与其他应用系统的集成技术。

（二）EDI技术的工作原理

下面通过图4-2来具体说明EDI系统的工作原理。

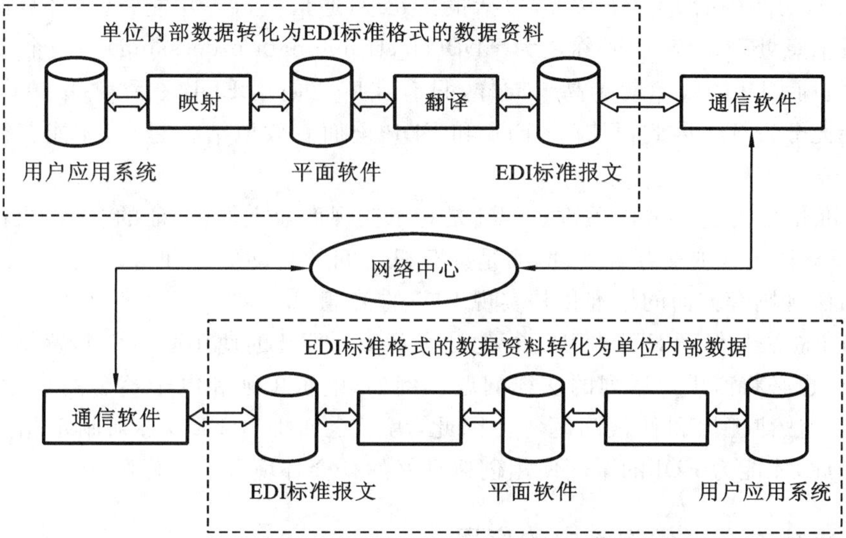

图4-2　EDI系统的工作原理

（1）平面文件转换及初始化过程。用户应用系统与平面文件之间的转换过程（即映射）是联结翻译和用户应用系统的中间过程。用户应用系统存储了生成报文所需的数据，该过程的任务就是读取用户数据库中的相关数据，按照不同的报文结构生成平面文件以备翻译。平面文件不必包含用户文件的全部数据，只需包含要翻译的数据。在实际应用中，用户可将翻译系统和应用系统集成起来，在输入数据时，直接生成平面文件，随后再翻译。

（2）翻译过程。翻译就是根据报文标准、报文类型和版本，将平面文件转换为EDI标准报文。而报文标准、报文类型和版本由上述EDI系统的贸易伙伴清单确定，或由服务机构提供的目录服务功能确定。实际上，翻译的过程就是翻译程序标准的句法规则，用规定分隔符将平面文件中的数据连接起来，生成不间断的ASCII码字符串，并根据贸易伙伴清单生成报文头，最后生成报文尾。

（3）通信过程。翻译过程结束，生成EDI交换通信参数文件，一般包含电话拨号、网络地址或其他特殊地址符号，以及表示停顿、回答和反应的动作描述码。通信软件根据这些通信设置拨通网络，建立用户的EDI服务通道，进行文件传输。

以上三步是EDI实现的前三步，即平面转换、翻译和通信。接下来的工作是交易接收方从信箱中收取 EDI 信件，翻译、映射并转送到应用系统进一步处理。另外，要实现 EDI 的全部功能，需要具备以下 4 个方面的条件，其中包括 EDI 通信标准和 EDI 语义语法标准。

（1）数据通信网是实现 EDI 的技术基础。为了传递文件，必须有一个覆盖面广、高效安全的数据通信网作为其技术支撑环境。由于 EDI 传输的是具有标准格式的商业或行政有价文件，因此除了要求数据通信网除具有一般的数据传输和交换功能之外，还必须具有格式校验、确认、跟踪、防篡改、防被窃、电子签名、文件归档等一系列安全保密功能，并且在用户间出现法律纠纷时，能够提供法律证据。

（2）计算机应用是实现 EDI 的内部条件。EDI 不是简单地通过计算机网络传送标准数据文件，它还要求对接收和发送的文件进行自动识别和处理。因此，EDI 的用户必须具有完善的计算机处理系统。从 EDI 的角度看，一个用户的计算机系统可以划分为两大部分：一部分是与 EDI 密切相关的 EDI 子系统，包括报文处理，通信接口等功能；另一部分则是企业内部的计算机信息处理系统，一般称之为 EDP(electronic data processing)。一个企业的 EDP 搞得越好，使用 EDI 的效率就越高。同样，只有在广泛使用 EDI 之后，各单位内部的 EDP 的功能才能充分发挥。因此，只有将 EDI 和 EDP 全面有效地结合起来，才能获得最大的经济效益。

（3）标准化是实现 EDI 的关键。EDI 是为了实现商业文件，单证的互通和自动处理，这不同于人-机对话方式的交互式处理，而是计算机之间的自动应答和自动处理。因此文件结构、格式、语法规则等方面的标准化是实现 EDI 的关键。

（4）EDI 立法是保障 EDI 顺利运行的社会环境。EDI 的使用必将引起贸易方式和行政方式的变革，也必将产生一系列的法律问题。例如，电子单证和电子签名的法律效力问题，发生纠纷时的法律证据和仲裁问题等。因此，为了全面推行 EDI，必须制定相关的法律法规。只有如此，才能为 EDI 的全面使用创造良好的社会环境和法律保障。

三、EDI 技术在现代物流中的应用

现代物流的目标之一就是广泛应用各种先进技术以降低流通过程中发生的成本。EDI 应用于现代物流业中的信息传输不但可以减少纸面单证的使用，也降低了处理单证的成本，同时还可提高单证处理的速度和准确性。因此，EDI 在现代物流业中的应用非常广泛，典型的应用领域有交通运输业、通关自动化及商业、工业企业。

1. EDI 技术在交通运输业中的应用

在交通运输业，通过集装箱运输信息的电子数据交换，将船运、空运、陆路运输等企业之间各自的应用系统联系在一起，解决传统单证处理时间长、效率低等问题，可以有效提升货物运输能力，实现物流控制电子化。从而实现国际集装箱多式联运，进一步促进港口集装箱运输事业的发展。

EDI 在集装箱配载中的应用主要是指通过 EDI 传输给船长，或相关部门已经配载好的集装箱配载信息报文，通过软件解析生成配载图，无须重新配载的集装箱只要通过测试集装箱船舶的性能要素，诸如浮态、稳性和强度等，就能衡量配载信息是否正确，之后重新配载不合理的少数集装箱。

1995 年，交通部组织实施了“九五”重点科技攻关项目——“国际集装箱运输 EDI 系统

及示范工程”，其目标是在1997年以前在“四点一线”(上海、天津、青岛、宁波4个口岸和中远集团)建成具有互联性和分局管理功能的EDI服务中心，实现国际集装箱运输单证的电子数据交换，以后逐步延伸，最终形成覆盖我国主要外贸口岸与集装箱多式联运网络相配套的电子信息传输和运行系统。1996年，在外经贸部(现商务部)领导下，成立“国际贸易EDI服务中心”，2000年更名为中国国际电子商务中心，组建了中国国际电子商务网，继续提供国际贸易EDI服务。中国电信公用电子数据交换业务网(CHINAEDI)是大陆最早建立的面向社会各行业的公用EDI网络，它由13个EDI节点组成，提供信箱总容量为3万个，在全国3个大城市设立了EDI服务中心，为用户提供单证开发、技术培训、系统集成服务，可作为专用EDI网的公共转接和交换中心。

2. 通关自动化

随着信息技术的迅速发展和信息网络的广泛应用，物流信息化正在向多方面扩展渗透。物流EDI公共信息平台建设在经过多年的探索后，走向更加便利化、综合化。在外贸领域，通过采用EDI技术，可以将海关、商检、卫检等口岸监管部门与外贸公司、来料加工企业、报关公司等相关部门和企业紧密地联系起来，从而可以避免企业多次往返多个外贸管理部门进行申报、审批等。海关EDI，即“无纸通关”，简单地说，就是不需要通过纸面单证，即可向海关进行申报。报关单位在电子计算机终端填写进出口报关单证，并将其报关单证传输至报关自动化系统，向海关申报。海关的电子计算机对报关单进行审核与处理后，凡符合海关监管规定的，就自动发出海关放行指令或签发海关放行通知单。通关自动化可大大简化进出口贸易程序，提高货物通关的速度，最终起到改善经营投资环境，加强企业在国际贸易中的竞争力的目的。

海关总署、对外经济贸易合作部、国家税务总局、中国人民银行、国家出入境检验检疫局等12个部委，利用现代信息技术，借助国家电信公网，将各行政管理机关分别管理的进出口业务信息流、资金流、货物流电子底账数据集中存放到公共数据中心，在统一、安全、高效的计算机物理平台上建设了“金关”EDI系统。该系统将向企业提供全天候、全方位网上服务，联网办理各种进出口业务，使口岸业务更方便、快捷，从而提高贸易效率，降低贸易成本，方便合法企业进出，并有效防范和打击走私违法活动。我国台湾地区物流业通过信息技术的应用，实现虚拟作业模式中水平和垂直的整合，带动国际物流及第三方物流的发展。其中，大荣货运与东源物流就是成功的例子。

在税务、银行、保险等多个贸易环节之中，EDI技术同样也具有广泛的应用前景。通过EDI和电子商务技术(ECS)，可以实现电子报税、电子资金划拨(EFT)等多种应用。

3. 企业EDI应用

随着计算机技术和通信技术的不断发展和应用的普及，信息技术已经逐步融入各种商业活动中，工业管理信息系统应用日益成熟。同时，产生了一些行业性传输标准，如化学工业、电子工业、汽车工业等标准。目前，EDI在工业企业已有广泛的应用，借助于EDI的应用，工业企业可以有效地简化贸易流程，缩短交易周期，节约人工和处理成本，加快资金周转，提升企业竞争力。下面通过一个实例来说明EDI在企业物流系统中的应用，如图4-3所示。

企业EDI是通过通信网络接收到来自客户的一笔EDI方式的订货单，企业EDI系统随

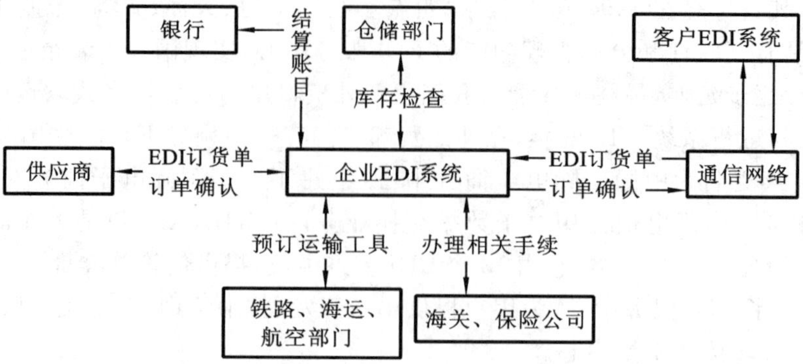

图 4-3　企业应用 EDI 系统案例

即检查订货单是否符合要求并决定是否接受订货，然后向客户回送确认信息。企业 EDI 系统根据订货单的要求检查库存，如果需要则向相关零部件和配套设备厂商发出 EDI 订货单；向铁路、海运、航空等部门预订车辆、舱位和集装箱；以 EDI 方式与保险公司和海关联系，申请办理保险手续和办理出口手续；向客户开 EDI 发票；同银行以 EDI 形式结算账目等。从订货、库存检查与零部件订货到办理相关手续及签发发票等全部过程，都由计算机自动完成，既快速又准确。

另外，在商业贸易领域，通过采用 EDI 技术，可以将不同制造商、供应商、批发商和零售商等商业贸易之间各自的生产管理、物料需求、销售管理、仓库管理、商业 POS 系统有机结合起来，从而使这些企业大幅提高经营效率，并创造出更高的利润。商贸 EDI 业务特别适用于那些具有一定规模及良好计算机管理基础的制造商、采用商业 POS 系统的批发商和零售商、为国际著名厂商提供产品的供应商等。

第二节　ebXML 技术及其应用

目前应用比较广泛的 EDI 存在着诸如成本高、使用范围有限、难以实现跨平台系统的数据交换等方面的缺陷，为了克服这些问题，由 UN/CEFACT、OASIS 等提出了新的电子商务框架的规范——ebXML 技术。

一、ebXML 技术的概念及特点

（一）ebXML 技术的概念

ebXML 是联合国贸易简化和电子商务促进中心（UN/CEFACT）及结构化信息标准组织（OASIS）共同倡导、全球参与开发和使用的规范，旨在促成模块化的电子交易。OASIS 对其的定义为：ebXML 是一套模块化的技术规范集合，使任何地理位置、任何规模的企业都可以与其他企业在 Internet 上开展业务。

笔者认为，ebXML 是一系列构成电子商务模型框架的技术规范的统称，通过这些技术规范构建一个全球化的电子市场，它使得任意规模的企业可以通过交换基于 XML 的信息，不受地域和规模限制与各类企业接洽和处理商业数据，彼此进行信息业务的交换。ebXML

的远景是使任何地域、任何规模的企业可以与任何其他企业开展电子商务业务。全国物流信息管理标准化技术委员会已经宣布选择 ebXML 作为物流信息表示和交换的标准，国内很多机构也已开始对 ebXML 进行研究。

ebXML 的关键技术包括商业流程与信息建模、核心组件、交易伙伴信息、注册表和消息服务。ebXML 标准主要包括技术规范、技术报告、引用材料和白皮书四大部分，其官方网站提供上述部分的具体说明。而技术规范则是最重要的部分，它详细阐述了使用 ebXML 进行电子商务时的体系结构、消息机制以及接口、商务过程、发现和协商机制等等，表 4-1 是实现这一架构的七项机制。

表 4-1　ebXML 规范中的七种机制

规范名称	功能描述
需求规范/ebREQ	交易伙伴相关需求规范机制
业务流程/ebBPSS	描述商务流程和相关信息模型的标准机制
注册信息模型/ebRM	注册、存储商务流程和信息模型的机制
注册服务规范/ebRS	注册和存储上述相关信息，供交易伙伴彼此发现、检索相关信息的机制
协作协议概要/协定/ebCPPA	协作协议概要/协定配置机制
技术框架规范/ebTA	标准化的商务报文服务框架，保证贸易伙伴间报文交换可互操作、安全及可靠
消息服务规范/ebMS	根据约定的商务流程，配置参与方消息服务的机制

（二）ebXML 技术的特点

在商务信息交换上，ebXML 有着无可比拟的优势。

(1) 它和 EDI 一样有自己的商务规则和定义，参与信息交换的企业必须予以遵守。

(2) 它是以 XML 技术为基础，采用 XML 表示商务信息，继承了 XML 不受操作系统限制、良好的可扩展性和利用 Internet 进行传输的特点，ebXML 支持各种常用传输协议，企业只要可以上网就能使用 ebXML。

(3) 在对业务流程和信息建模的支持上，ebXML 吸收并继承了 EDI 的性能，支持 UML 和 XML，将建模方法和工具通用化。物流企业外部信息交换系统能够很好地消除外部系统与公司内部物流管理系统在数据交换方面的差异，其特点为：①各企业不用在意其贸易伙伴内部的管理系统，只需关心与之发生数据交换的接口问题；②随着企业自身业务和规模的不断发展，与贸易伙伴的信息交换方式也会有所变化；③需要交换的信息种类和数量少但格式变化多，因此物流企业外部信息交换系统主要是解决格式转换的问题。

根据以上分析，采用 ebXML 建立外部信息交换系统是一个理想的选择，使用业务流程和信息建模统一数据的交换格式，使用 XML 表达数据格式，使用 ebMS/SOAP 传输数据。

物流企业应用 ebXML 构建外部数据交换系统的流程如图 4-4 所示。

(1) 注册阶段。物流企业 A 把自己的商业配置信息（包括实施细节和相关链接）提交到 ebXML 注册。提交到 ebXML 注册的商业配置文件描述了该公司具有的 ebXML 能力、约束以及它支持的商务剧本。

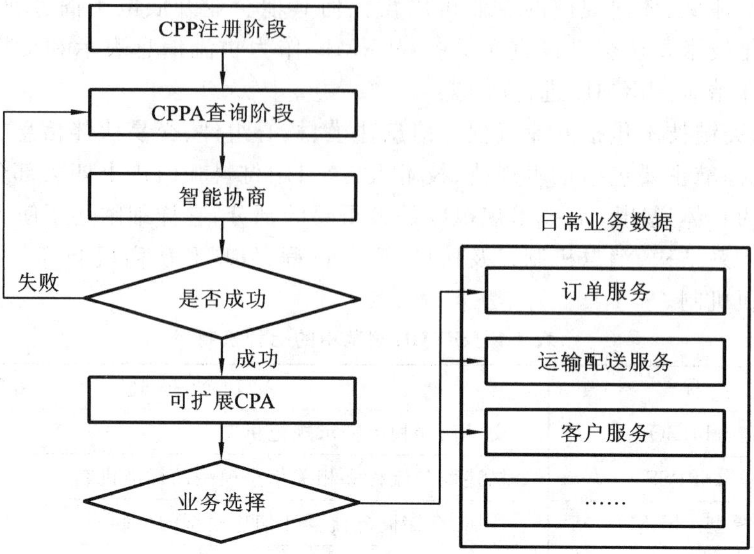

图 4-4 基于 ebXML 的外部数据交换系统流程图

(2) 发现阶段。客户 B 在 ebXML 注册中发现了 A 公司的商务运作能力。B 公司向 A 公司发送一个请求,表示它愿意运用 ebXML 进行商务信息交换。

(3) 协商阶段。A 和 B 进行智能协商,最终生成商务合作的 CPA 文档。

(4) 业务阶段。根据 CPA 文档协商的贸易要求以及物流企业的业务需求进行业务选择,并进行实际业务操作。通过消息服务,贸易伙伴之间交换消息,实现贸易往来。

二、ebXML 技术架构

(一) ebXML 的结构模型

ebXML 结构模型采用商务运营模型和功能服务模型来表述业务处理过程。

商务运营模型解决两种语法问题,即业务处理中的商务数据语法和相关的数据交换及商务业务处理结构。因此,可按照选定的 ebXML 商务过程和信息模型,建立 ebXML 商务和信息模型。

商务过程和建立信息模型的目的在于在共享式商务过程中建立贸易伙伴之间的商务关系模型,以及它们在商务过程中每次执行的交互作用和信息交换。

功能服务模型在于提供 ebXML 所要求的业务,其着眼点在于提供服务功能和服务接口及协议的信息技术。主要内容包括发现、利用和运行时间环境的能力,用户应用接口,数据传输基础结构接口,从不同的机构网际互联 ebXML 词汇调用的协议。

ebXML 功能服务的核心是 ebXML 注册系统,它不仅保存 ebXML 基础结构规范,而且保存行业集团、中小企业和其他机构开发的商务过程和信息模型。这些模型依从于 ebXML 元模型和相关的方法。

这种基于 ebXML 的商业信息用通过协调一致的方法表示属性的方式予以表述。为了实现这一功能,要求对 ebXML 注册和储存库系统中的所有数据项使用专用识别符(UID)。

这些UID作为ebXML的属性,表述为每一种ebXML物理元素和结构的属性。

核心信息是商务信息中的一个事项或相匹配的一系列商务信息事项。核心部件收集商务方案以及该商务方案与其他商务方案之间的关系方面的信息。这种事项之所以称之为核心部件,是因为其涉及行业和企业信息交互作用的许多不同的领域,并起到桥梁作用。

核心部件包含属性或者包含其他核心部件的组成部分,因此必须规定精确的上下文连接和上下文连接的组合条件,以此来确定一个核心部件相对于其他核心部件的位置。

(二) ebXML的技术体系结构

ebXML的技术体系结构尽可能使用现存的标准,建立在EDI经验之上,并利用XML的灵活性和Internet的普及性,整个体系结构是模块式的。

(1) 消息传送。ebXML消息使用SOAP(简单对象访问协议)规范。SOAP是一个XML应用程序,定义一种用报头表示发送者、接收者、路由和安全细节的消息格式。SOAP还可以附加任何数字内容(如图片、声音等)。

(2) 商务流程。ebXML体系结构最重要的一个基本特征是强调商务流程,这也是与其他XML框架不同的地方。它通过使用建模语言和图表工具,便可以系统地获得贸易伙伴间的商务数据,并用标准格式表示。通过商务流程的定义,使其具备跨行业通用消息序列、互操作的能力。

(3) 贸易伙伴草案和协定。ebXML的另一重要特征,是通过使用CPP(合作草案档案)文档系统地描述企业能够提供哪些电子商务服务。首先企业使用XML格式列出其所支持的行业、商务流程、消息和数据交换技术,然后使用CPP将这些信息生成一个CPA文件(贸易伙伴协议),自动提供协定。

(4) 注册表/知识库。注册表(registry)包含行业流程、消息和用于定义贸易伙伴间交换数据的交易词汇表。企业通过注册表登记CPP,列出它们的电子商务服务能力供潜在的贸易伙伴检索,也可以通过注册表搜索合适的贸易伙伴。知识库(repository)则是用于存储这些内容的。

(5) 核心组件。ebXML利用核心组件提供行业间的互操作性和商务性能,核心组件作用于单个的数据元素级别。核心组件识别商家最常使用和跨行业的数据项,给它们分配中立的名字和唯一的标识符。通过核心组件,企业能够将一个行业的数据同另一个行业中相似的数据对应起来,或从一个XML术语对应到早先定义的EDI交易。

三、基于ebXML的物流数据交换技术的应用

1. 现代物流企业的外部信息交换系统的流程

应用ebXML建造外部信息交换系统时的主要流程如下。

(1) 注册阶段。现代物流企业A利用ebXML注册自己的商业实施细节以及相关链接等配置信息。注册到ebXML的商业配置文件将描述该企业支持的商务文本以及具有的数据交换能力等。

(2) 发现阶段。客户A在ebXML中注册了其商务运作能力之后,客户B发现客户A,并向客户A发送请求信息,向其表达愿意运用ebXML交换商务信息。

(3) 协商阶段。客户 A 和客户 B 达成相关协议之前要进行智能协商,并最终生成 CPA 文档。

(4) 业务阶段。首先要根据现代物流企业的业务需求和客户 A 与客户 B 达成的 CPA 文档中的协商的贸易条件选择相应的业务,然后再进行实际操作。贸易伙伴相互之间的信息交换和贸易往来的实现都是通过消息服务进行的。

2. ebXML 在物流企业内部的数据处理流程

在现代物流企业内部的信息平台中,ebXML 的数据流程是:在互联网 HTTP 协议的支持下,物流企业的客户端通过浏览器向物流信息平台的处理业务接口发出数据请求的,接受请求并通过安全认证后,请求数据由 XML 中间件打包为格式标准的 XML 文件;数据打包文件被 XML 的中间件解释为适合企业的内部数据库的数据格式后,在业务数据库进行储存;业务数据通过企业内部的信息管理系统存储或者提取,然后再按照业务数据类型通过物流信息的业务处理接口发布或者传送给物流供应链中的节点企业。

现代物流企业的信息平台在 XML 的基础上,不强迫物流供应链中的其他企业使用统一的标准进行数据处理,而只是将不同系统的数据格式通过客户化的接口来实现统一。ebXML 技术在现代物流企业信息平台中的应用,有助于物流企业能够和不同的多个供应商、配货商以及客户之间相互传递信息,以此驱动物流系统的快速运转,并使物流企业内部能及时获得物流的运作信息,实现对商品流通的及时控制,提高物流效益。

经过分析不难发现,ebXML 技术作为一个信息交流平台,不但可以使现代物流企业在低成本的条件下实现与客户信息的互换,还可以使不同规模的现代物流企业平等参与市场竞争,从而使其能够获得更多的机会。

在商业领域内通过 ebXML 规范实现基于 Internet 的标准化供销存模式,包括主体企业与客体企业双方的商业操作规则。由于此类企业在行业中的典范作用,因此所制定的规范在很大程度上自然具备一定的标准性。

企业内部物流平台中 ebXML 的数据处理流程如下:在 HTTP 协议支持下,客户端通过浏览器向物流信息平台的业务处理接口发出数据请求;物流业务处理接口接受 HTTP 请求,通过安全认证后由 XML 中间件将请求数据打包为标准格式的 XML 文件;XML 中间件将数据打包文件解释为内部数据库的数据格式,存入业务数据库;企业内部信息管理系统存储或提取业务数据,物流信息平台的业务处理接口按业务数据进行发布或发送给供应链中的其他节点企业。

基于 XML 技术的物流信息平台并不强迫供应链中的所有节点企业使用统一的数据处理标准,而是通过客户化的接口来实现不同系统数据格式之间的统一。在企业物流信息平台中的 XML 技术,能够实现企业与多个不同的供应商、客户及配送单位之间的物流信息互动,使销售或采购订单可以直接驱动物流的运作,并将即时的物流运作信息反馈到企业内部信息管理系统。

在企业间运用 ebXML 进行交易时,各企业都遵循 ebXML 规则,并且在 ebXML 存储库中按照统一的要求保存公司的信息。其他企业可以通过对 ebXML 存储库的查询,来寻求某一公司的信息,并且实现企业间的商业交易。

随着 Internet 技术的进一步发展,企业物流打破了传统封闭、孤立的体系,使企业实现了采购物流系统和销售物流系统的社会化转变，使企业能与供应商、客户和协作厂商建立起密切联系，这就为 ebXML 的发展提供了广阔的空间。

小结

以 EDI 技术、ebXML 技术为标志的物流数据交换技术使得物流商务环境迈向无纸化、自动化和智能化，大大加快了电子单证等物流信息传输的速度和准确性。EDI 是指参加商业运作的双方或多方，按照协议，对具有一定结构的标准商业信息，通过数据通信网络，在参与方计算机之间进行传输和自动处理。ebXML 是一系列构成电子商务模型框架的技术规范的统称，通过这些技术规范构建一个全球化的电子市场，它使得任意规模的企业通过交换基于 XML 的信息，不受地域和规模限制与各类企业接洽和处理商业数据，彼此进行信息业务的交换。

重要概念

电子数据交换(EDI)
电子商务模型框架的技术规范(ebXML)
映射(mapping)
翻译(translation)
平面文件(flat file)

练习与思考

一、简答题

1. EDI 与其他通信手段的区别主要表现在哪些方面？
2. EDI 技术的工作原理是什么？
3. 在商务信息交换上，ebXML 的优势是什么？

二、思考题

1. 不同领域引入 EDI 的关键因素是什么？
2. 阐述 ebXML 的技术结构模型。

第五章
卫星导航与物流动态跟踪技术及应用

学习目标

1. 理解 BDS、GPS、GIS 的基本概念和特点；
2. 掌握 BDS、GPS、GIS 的组成及工作原理；
3. 理解 BDS、GPS、GIS 在现代物流管理中的应用。

引　例

物流车队基于 GPS 的即时货况管理——以精技电脑公司为例

在物流领域的发展中，将 GPS 应用于运输车队管理上，其实早已行之多年。简单的运用模式是利用卫星系统来对行进中的车辆进行坐标定位管理，然后再透过装置于车上的 GPRS 无线通信模组，将坐标传送给资讯后台，可让客户或企业管理层透过网络查询货车位置。但是随着企业竞争日趋激烈，为了向客户提供更好更快的服务，单纯的导航与车辆定位追踪功能已经无法完全满足消费者或企业管理者的期待与需求，而是需要具有整合更完善且即时的货况管理资讯，借以提升服务价值。

企业有效管理车辆位置与状况，随时掌握客户的货品所在，目前业界经过多年的技术演进，已发展出成熟的车队即时货况管理应用平台（如图一），其主要包含以下项目：行动手持设备、无线通信技术、全球定位系统、电子地图、Internet、客服或资讯传送服务。整合上述主要的资讯工具功能，包含使用卫星定位与电子地图，显示车辆即时地理位置，含条码扫描功能的行动手持设备于送货前端扫描货单号码，并记录送达时间及客户收件状态，做到货资讯记录，透过无线传输再由网际网络平台达成资讯分享，可同时做到对物流车辆的管理、人员的管理甚至绩效管理等功能整合。

以精技电脑（股份）公司物流车队即时货况管理应用为例：精技电脑（股份）公司创立于 1979 年，为我国台湾地区主要的资讯科技产品通路商之一，企业营运项目主要区隔为自动辨识事业群与科技产品通路事业群。自动辨识事业群主要是提供工业级 PDA、条码扫描器与 RFID 等系统设计与解决方案服务；科技产品通路事业群主要代理 HP、IBM、Apple、ASUS 等产品。国内科技产品通路产业竞争激烈，营业毛利率也偏低，同时因为资讯产品硬件本身的差异化不明显，市场以价格导向为主，因此如何提供快速服务来回应客户需求，便成为提升企业服务价值创造力的一大思考方向，也是竞争力的主要来源之一。为了有效进行物流管理并控制成本，精技电脑(股份)公司 2000 年于林口自建物流中心，同时也自行拥有配送物流车队，针对人员、流程、物品与资讯流通强调做更有效的管理，除了 ERP 系统外，还建立了完善的仓储管理系统，在物流配送环节也导入了卫星车队即时货况追踪的资讯系统，使物流管理更加精细化。

在导入此套系统应用后，每日由主管派遣调度车辆，并由系统下载该班次配送订单于手持终端机，司机领取货物并比对订单无误后出车，每台运输车上都配置 GPS 车机系统，于间隔时间内传输坐标资讯，后台资讯系统在接收到车辆坐标后，对应于电子地图中的相对位置，主管可随时了解在外所有车辆的即时位置，并可远端随时调度与掌控全局。当司机将货物送至客户端时，透过 PDA 扫描、记录到点时间，并可记录送达状态。当客户想要了解货品是否已顺利送达客户手上时，主管或客服人员可以立即上网查询，第一时间即可给予令客户满意的回应，同时也结合客户关系管理(CRM)系统提供顾客个人化服务，更可以节省传统纸笔作业所花费的时间与人力成本，真正提升工作效率与客户满意度。

精技电脑(股份)公司所采用的车队货况管理系统，系统的主要功能(表 5-1)以采用系统的效益，可归纳为以下三个方面。

(1) 客户。为企业客户提供查询货品到货的服务平台，加速客户回应速度，不论是货主或其客户，皆可轻松掌握货品位置与状况。

(2) 管理者。易于管理在外车辆，增加机动调度能力，减少不必要的沟通，同时经由自动化的管理方式，充分掌握运输工作的资讯，协助管理者制定配送策略并有效降低营运成本。

(3) 司机。工作日志电子化可减少文书作业时间，使绩效统计透明化，轻轻松松完成每日工作任务。

表 5-1　精技电脑(股份)公司车队货况管理系统功能表

系统功能	功能说明
车辆监控	透过 GIS 电子地图，检视车辆即时位置
行车记录	记录一般与特殊的行车状况
绩效管理	司机绩效计算与报表
异常管理	特殊情形如车辆失联、紧急求救等讯息
货况管理	到货时间、点收状态、交货订单等资讯

综观全球定位系统的发展，其应用已逐渐深入民众的生活中，为生活带来很大的便利，而“时间就是金钱”的名谚，已成为在物流业界中争取时间、提升效率及竞争力的重要依据。物流企业在讲求精细化管理与提供更有效率、更低成本的营运绩效的同时，也致力于提升服务的附加价值，所以在运输配送环节，应用 GPS、PDA 与无线通信技术，使得物流业者能充分掌握车辆、订单、货物资料的时效性，也能即时满足客户对货物即时查询之需求，有效强化

企业后勤支援能力，使物流交易顺畅进行，充分掌握时间以节省成本并创造较高的效益。

（资料来源：http://wuliu.sz.bendibao.com/news/2009824/123815.shtm.）

第一节　BDS及其应用

一、BDS概述

（一）BDS的定义及其特点

1. BDS的定义

BDS（BeiDou navigation satellite system，北斗卫星导航系统）是中国自行研制的全球卫星导航系统，是继美国全球定位系统（GPS）、俄罗斯格洛纳斯卫星导航系统（GLONASS）之后第三个成熟的卫星导航系统。中国BDS和美国GPS、俄罗斯GLONASS、欧盟GALILEO，是联合国卫星导航委员会已认定的供应商。BDS的建设目标为：建成独立自主、开放兼容、技术先进、稳定可靠、覆盖全球的北斗卫星导航系统，促进卫星导航产业链形成，形成完善的国家卫星导航应用产业支撑、推广和保障体系，推动卫星导航在国民经济社会各行业的广泛应用。北斗卫星导航系统由空间段、地面段和用户段三部分组成，空间段包括5颗静止轨道卫星和30颗非静止轨道卫星，地面段包括主控站、注入站和监测站等若干个地面站，用户段包括北斗用户终端以及与其他卫星导航系统兼容的终端。

2. BDS发展历程

1970年，中国开始研究卫星导航系统的技术和方案，但之后这项名为“灯塔”的研究计划被取消。

1983年，中国航天专家陈芳允提出使用两颗静止轨道卫星实现区域性的导航功能。1989年，中国使用通信卫星进行试验，验证了其可行性，之后的北斗卫星导航试验系统即基于此方案。

1994年，中国正式开始北斗卫星导航试验系统（北斗一号）的研制，并在2000年发射了两颗静止轨道卫星，区域性的导航功能得以实现。2003年又发射了一颗备份卫星，完成了北斗卫星导航试验系统的组建。

2003年9月，中国打算加入欧盟的伽利略定位系统计划，并在接下来的几年中投入了2.3亿欧元的资金。由此，人们相信中国的北斗系统只会用于自己的武装力量。中国与欧盟在2004年10月9日正式签署伽利略计划技术合作协议。2008年1月，《南华早报》在题为《中国不当“伽利略”计划小伙伴》的报道中指出，中国不满其在伽利略计划中的配角地位，并将推出北斗二号与伽利略定位系统在亚洲市场展开竞争。

2004年，中国启动了具有全球导航能力的北斗卫星导航系统（北斗二号）的建设，并在2007年发射一颗中轨道地球卫星，进行了大量试验。2009年起，后续卫星持续发射，并在2011年开始为中国和周边地区提供测试服务，2012年完成了对亚太大部分地区的覆盖并正式提供卫星导航服务。

中国为北斗卫星导航系统制定了“三步走”发展规划，从 1994 年开始发展的试验系统（第一代系统）为第一步，从 2004 年开始发展的正式系统（第二代系统）又分为两个阶段，即第二步与第三步。至 2012 年，此战略的前两步已经完成。根据计划，北斗卫星导航系统将在 2020 年完成，届时将实现全球卫星导航功能。

3. BDS 的特点

北斗卫星导航系统应用有五大优势。一是它同时具备定位与通信功能，不需要其他通信系统支持，而 GPS 只能定位。二是覆盖范围大，没有通信盲区。北斗系统覆盖了中国及周边国家和地区，不仅可为中国，也可为周边国家服务。三是特别适合于集团用户大范围监控管理和数据采集用户数据传输应用。四是融合北斗导航定位系统和卫星增强系统两大资源，因此也可利用 GPS 使之应用更加丰富。五是作为自主系统，它安全、可靠、稳定，保密性强，适合关键部门应用。

（二）BDS 的组成

北斗卫星导航系统由空间段、地面段、用户段组成。其中，北斗卫星导航系统空间段计划由 35 颗卫星组成，包括 5 颗静止轨道卫星、27 颗中轨道地球卫星、3 颗倾斜同步轨道卫星。5 颗静止轨道卫星定点位置为东经 58.75°、80°、110.5°、140°、160°，中轨道地球卫星运行在 3 个轨道面上，轨道面之间为相隔 120°均匀分布。至 2012 年底，北斗亚太区域导航正式开通时，已为正式系统发射了 16 颗卫星，其中 14 颗组网并提供服务，分别为 5 颗静止轨道卫星、5 颗倾斜同步轨道卫星（均在倾角 55°的轨道面上），4 颗中轨道地球卫星（均在倾角 55°的轨道面上）。

系统的地面段由主控站、注入站、监测站组成。主控站用于系统运行管理与控制等。主控站从监测站接收数据并进行处理，生成卫星导航电文和差分完好性信息，而后交由注入站执行信息发送。注入站用于向卫星发送信号，对卫星进行控制管理，在接受主控站的调度后，将卫星导航电文和差分完好性信息向卫星发送。监测站用于接收卫星信号，并发送给主控站，可实现对卫星的监测，以确定卫星轨道，并为时间同步提供观测资料。

用户段即用户的终端，既可以是专用于北斗卫星导航系统的信号接收机，也可以是同时兼容其他卫星导航系统的接收机。接收机需要捕获并跟踪卫星的信号，根据数据按一定的方式进行定位计算，最终得到用户的经纬度、高度、速度、时间等信息。

1. 试验系统

北斗卫星导航试验系统又称北斗一号，是中国的第一代卫星导航系统，即有源区域卫星定位系统，1994 年正式立项，2000 年发射 2 颗卫星后即能够工作，2003 年又发射了一颗备份卫星，试验系统完成组建，该系统服务范围为东经 70°～140°，北纬 5°～55°。系统分为三个部分，分别为空间段、地面段、用户段。其中，空间段由 3 颗静止轨道卫星组成，两颗工作卫星定位于东经 80°和 140°赤道上空，另有一颗位于东经 110.5°的备份卫星，可在某工作卫星失效时予以接替。地面段由中心控制系统和标校系统组成。中心控制系统主要用于卫星轨道的确定、电离层校正、用户位置确定、用户短报文信息交换等。标校系统可提供距离观测量和校正参数。用户段即用户的终端。

北斗卫星导航试验系统于 2000 年能够使用后，其定位精度为 100 米，使用地面参照站校准后为20米，与当时的全球卫星定位系统民用码相当。系统用户能实现自身的定位，也能向外界报告自身位置和发送消息，授时精度20纳秒，定位响应时间为1秒。由于是采用少量卫星实现的有源定位，该系统成本较低，但是系统在定位精度、用户容量、定位的频率次数、隐蔽性等方面均受到限制。另外，该系统无测速功能，不能用于精确制导武器。

2. 正式系统

北斗卫星导航正式系统也被称为北斗二号，是中国的第二代卫星导航系统，英文简称BDS，曾用名COMPASS，“北斗卫星导航系统”一词一般特指第二代系统。此卫星导航系统的发展目标是对全球提供无源定位，与全球定位系统相似。在计划中，整个系统将由35颗卫星组成，其中5颗是静止轨道卫星，以与使用静止轨道卫星的北斗卫星导航试验系统兼容。

北斗卫星导航系统从其试验系统开始就有其军事目的，其正式系统也是一个军民两用的系统。项目的主要参与者为中国人民解放军总参谋部、总装备部、国家国防科技工业局、中国科学院、中国航天科技集团公司、中国电子科技集团公司、国防科技大学。截至2012年，中国为试验系统和正式系统共花费了数百亿元，为了实现覆盖全球的目标，还将投入四五百亿元以上。

北斗卫星导航系统的建设于2004年启动，2011年开始对中国和周边提供测试服务，2012年12月27日起正式提供卫星导航服务，服务范围涵盖亚太大部分地区，南纬55度到北纬55度、东经55度到东经180度为一般服务范围。该导航系统提供两种服务方式，即开放服务和授权服务。其中，开放服务是在服务区免费提供定位、测速、授时服务，定位精度为10米，测速精度为0.2米/秒，授时精度为10纳秒，在服务区的较边缘地区精度稍差。授权服务则是向授权用户提供更安全与更高精度的定位、测速、授时、通信服务以及系统完好性信息，这类用户为中国军队和政府等。由于该正式系统继承了试验系统的一些功能，能在亚太地区提供无源定位技术所不能完成的服务，如短报文通信。

据2013年1月19日中国科技工作会议透露，2013年将积极实施“中国东盟科技伙伴计划”，启动“中国-东盟联合实验室”、“中国-东盟技术转移中心”建设，在东盟各国合作建设北斗系统地面站网。

2015年7月25日，中国成功发射两颗北斗导航卫星，使北斗导航系统的卫星总数增加到19枚。这对北斗“双胞胎”弟兄，将为北斗全球组网承担“拓荒”使命。据北斗导航卫星系统总设计师谢军介绍，作为北斗系统全球组网的主要卫星，新发射的北斗双星将为中国建成全球卫星导航系统开展全面验证，为后续的全球组网卫星奠定基础。

卫星导航系统是重要的空间信息基础设施。中国高度重视卫星导航系统的建设，一直在努力探索和发展拥有自主知识产权的卫星导航系统。2000年，首先建成北斗导航试验系统，使我国继美、俄之后成为世界上第三个拥有自主卫星导航系统的国家。该系统已成功应用于测绘、电信、水利、渔业、交通运输、森林防火、减灾救灾和公共安全等诸多领域，产生了显著的经济效益和社会效益。特别是在2008年北京奥运会、汶川抗震救灾中发挥了重要作用。为更好地服务于国家建设与发展，满足全球应用需求，我国启动实施了北斗卫星导航系统建设。2012年12月27日，北斗系统空间信号接口控制文件正式版1.0正式公布，北斗导航业务正式对亚太地区提供无源定位、导航、授时服务。2013年12月27日，北斗卫星导航系统正式提供区域服务一周年新闻发布会在国务院新闻办公室新闻发布厅召开，正式发布了《北斗系统公开服务性能规范》(1.0 版)和《北斗系统空间信号接口控制文件》(2.0 版)两个系统文件。2014 年 11 月 23 日，国际海事组织海上安全委员会审议通过了对北斗卫星导航系统认可的航行安全通函，这标志着北斗卫星导航系统正式成为全球无线电导航系统的组成部分，取得面向海事应用的国际合法地位。中国的卫星导航系统已获得国际海事组织的认可。

北斗卫星导航系统的建设与发展，以应用推广和产业发展为根本目标，不仅要建成系统，更要用好系统，强调质量、安全、应用、效益，遵循以下建设原则。

(1) 开放性。北斗卫星导航系统的建设、发展和应用将对全世界开放，为全球用户提供高质量的免费服务，积极与世界各国开展广泛而深入的交流与合作，促进各卫星导航系统间的兼容与互操作，推动卫星导航技术与产业的发展。

(2) 自主性。中国将自主建设和运行北斗卫星导航系统，北斗卫星导航系统可独立为全球用户提供服务。

(3) 兼容性。在全球卫星导航系统国际委员会(ICG)和国际电联(ITU)框架下，使北斗卫星导航系统与世界各卫星导航系统实现兼容与互操作，使所有用户都能享受到卫星导航发展的成果。

(4) 渐进性。中国将积极稳妥地推进北斗卫星导航系统的建设与发展，不断完善服务质量，并实现各阶段的无缝衔接。

目前，我国正在实施北斗卫星导航系统建设。根据系统建设总体规划，2012 年左右，系统首先具备覆盖亚太地区的定位、导航和授时以及短报文通信服务能力；2020 年左右，建成覆盖全球的北斗卫星导航系统。北斗卫星导航系统致力于向全球用户提供高质量的定位、导航和授时服务，包括开放服务和授权服务两种方式。开放服务是向全球免费提供定位、测速和授时服务，定位精度为 10 米，测速精度为 0.2 米/秒，授时精度为 10 纳秒。授权服务是为有高精度、高可靠卫星导航需求的用户，提供定位、测速、授时和通信服务以及系统完好性信息。为使北斗卫星导航系统更好地为全球服务，加强北斗卫星导航系统与其他卫星导航系统之间的兼容与互操作，促进卫星定位、导航、授时服务的全面应用，中国愿意与其他国家合作，共同发展卫星导航事业。

二、BDS 的工作原理

1. 制作原理

(1) 空间定位原理。在空间中若已经确定 A、B、C 三点的空间位置，且第四点 D 到上述三点的距离皆已知的情况下，即可以确定 D 的空间位置。原理如下：因为 A 点位置和 AD 间距离已知，可以推算出 D 点一定位于以 A 为圆心、以 AD 为半径的圆球表面，按照此方法又可以得到以 B、C 为圆心的另两个圆球，即 D 点一定在这三个圆球的交汇点上，三球交汇定位。北斗的试验系统和正式系统的定位都依据此原理。

(2) 有源与无源定位。当卫星导航系统使用有源时间测距来定位时，用户终端通过导航卫星向地面控制中心发出一个申请定位的信号，之后地面控制中心发出测距信号，根据信号传输的时间得到用户与两颗卫星的距离。除了这些信息外，地面控制中心还有一个数据库，为地球表面各点至地球球心的距离，当认定用户也在此不均匀球面的表面时，三球交汇定位的条件已经全部满足，控制中心可以计算出用户的位置，并将信息发送到用户终端。北斗的试验系统完全基于此技术，而之后的北斗卫星导航系统除了使用新的技术外，也保留了这项技术。当卫星导航系统使用无源时间测距技术时，用户接收至少4颗导航卫星发出的信号，根据时间信息可获得距离信息，根据三球交汇的原理，用户终端可以自行计算其空间位置。此即为GPS所使用的技术，北斗卫星导航系统也使用了此技术来实现全球卫星定位。

(3) 精度。参照三球交汇定位的原理，根据3颗卫星到用户终端的距离信息，根据三维的距离公式，通过列出3个方程得到用户终端的位置信息，即理论上使用3颗卫星就可达成无源定位。但由于卫星时钟和用户终端使用的时钟间一般会有误差，而电磁波以光速传播，微小的时间误差将会使得距离信息出现巨大失真，实际上应当认为时钟差距不是0而是一个未知数t，如此方程中就有4个未知数，即客户端的三维坐标(X,Y,Z)，以及时钟差距t，故需要4颗卫星来列出4个关于距离的方程式，最后才能求得答案，即用户端所在的三维位置，根据此三维位置可以进一步换算出经纬度和海拔高度。若空中有足够的卫星，用户终端可以接收多于4颗卫星的信息时，可以将卫星按每组4颗分为多个组，列出多组方程，后通过一定的算法挑选误差最小的那组结果，能够提高精度。电磁波以30万千米/秒的光速传播，在测量卫星距离时，若卫星钟有一纳秒(十亿分之一秒)时间误差，则会产生三十厘米距离误差。尽管卫星采用的是非常精确的原子钟，也会累积较大误差，因此地面工作站会监视卫星时钟，并将结果与地面上更大规模、更精确的原子钟比较，得到误差的修正信息，最终用户通过接收机可以得到经过修正后的更精确的信息。当前有代表性的卫星用原子钟大约有数纳秒的累积误差，产生大约一米的距离误差。为提高定位精度，还可使用差分技术。在地面上建立基准站，将其已知的精确坐标与通过导航系统给出的坐标相比较，可以得出修正数，对外发布。用户终端依据此修正数，可以将自己的导航系统计算结果进行再次修正，从而提高精度。例如，全球定位系统使用差分全球定位系统后，定位精度可达5米左右。

2. 采用技术

1) 卫星平台

在北斗卫星导航系统中，能使用无源时间测距技术为全球提供无线电卫星导航服务(RNSS)，同时也保留了试验系统中的有源时间测距技术，即提供无线电卫星测定服务(RDSS)，但仅在亚太地区实现。从卫星所起到的功能来区分，可以分为以下两类。

(1) 非静止轨道卫星。在北斗卫星导航系统中，中轨道地球卫星和倾斜同步轨道地球卫星使用东方红三号通信卫星平台并略有改进，其有效载荷都为RNSS载荷。

(2) 静止轨道卫星。这类卫星使用改进型东方红三号平台，其5颗卫星的定点位置为东经58.75°到160°之间，每颗均有3种有效载荷，即用作有源定位的RDSS载荷、用作无源定位的RNSS载荷、用于客户端间短报文服务的通信载荷。由于此类卫星仅定点在亚太地区上空，故需要用到RDSS载荷的有源定位服务以及用到通信载荷的短报文服务只能在亚太提供。

北斗卫星导航系统同时使用静止轨道与非静止轨道卫星，对于亚太范围内的区域导航来说，无须借助中轨道地球卫星，只依靠北斗的静止轨道卫星和倾斜同步轨道卫星即可保证服务性能。而数量庞大的中轨道地球卫星，主要服务于全球卫星导航系统。此外，如果倾斜同步轨道卫星发生故障，则中轨道地球卫星可以调整轨道予以接替，即作为备份星。截至2012年发射的北斗系统的卫星的设计寿命都是8年，而后续又有数量众多的中轨道地球卫星需要发射，这些卫星将采用专门的中轨道地球卫星平台，寿命将延长至12年或更多，还会往小型化方向发展。

2）卫星制造与发射

因为需要一定数量的卫星才能提供质量可靠的导航服务，从卫星的寿命方面考虑，若发射间隔过久，则后续卫星发射时，可能早期的卫星已近退役，所以北斗的卫星需要在短时间发射，中国在3年时间内共发射了14颗北斗卫星，这是中国首次使用“一次设计，组批生产”的方式对卫星快速批量生产。到2020年时，在2010年前后发射的卫星已经退役，因此在2012至2020年，中国需要为准备覆盖全球的北斗卫星导航系统再生产出30多颗卫星。中国在1981年就成功执行过“一箭多星”，不过此技术一般用于发射一颗大卫星附带几颗小卫星，将卫星送入不同的轨道。2012年使用“一箭双星”发射北斗卫星，是中国首次用一枚火箭发射两颗相同质量的大卫星，火箭将两颗卫星送入同一个轨道面上，其运行轨迹相同，其轨位有一定差别。

3）时间系统

北斗卫星导航系统的系统时间叫作北斗时，属于原子时，与协调世界时的误差在100纳秒内，起算时间是协调世界时2006年1月1日0时0分0秒。北斗试验系统的卫星原子钟是从瑞士进口的，北斗二号的卫星原子钟逐渐开始使用中国航天科工二院203所提供的国产原子钟。北斗的卫星系统总设计师杨慧在2012年表示，北斗已经开始全部使用国产原子钟，其性能与进口产品相当。

4）信号传输

北斗卫星导航系统使用码分多址技术，与全球定位系统和伽利略定位系统一致，而不同于格洛纳斯系统的频分多址技术。两者相比，码分多址有更高的频谱利用率，在L波段的频谱资源非常有限的情况下，选择码分多址是更妥当的方式。此外，码分多址的抗干扰性能，以及与其他卫星导航系统的兼容性更佳。北斗卫星导航系统官方宣布，在L波段和S波段发送导航信号，在L波段的B1、B2、B3频点上发送服务信号，包括开放的信号和需要授权的信号。国际电信联盟分配了E1(1590 MHz)、E2(1561 MHz)、E6(1269 MHz)和E5B(1207 MHz)四个波段给北斗卫星导航系统，这与伽利略定位系统使用或计划使用的波段存在重合。然而，根据国际电信联盟的频段先占先得政策，若北斗系统先行使用，即拥有使用相应频段的优先权。2007年，中国发射了北斗-M1，之后在相应波段上被检测到信号：1561.098 MHz±2.046 MHz，1589.742 MHz，1207.14 MHz±12 MHz，1268.52 MHz±12 MHz。以上波段与伽利略定位系统计划使用的波段重合，与全球定位系统的L波段也有小部分重合。北斗-M1是一个实验性的卫星，用于发射信号的测试和验证，并能以先占的原则确定对相应频率的使用权。北斗-M1卫星在E2、E5B、E6频段进行信号传输，传输的信号分成2类，分别被称作“I”和“Q”。“I”的信号具有较短的编码，可能会被用于开放服务(民用)，而“Q”部分的编码更长，且有更强的抗干扰性，可能会被用于需要授权的服务(军用)。在北斗-M1发射后，法国、美国等工程师即展开了对信号的研究，研究者包括在中国引起热议的高杏欣，她和团队分析出了北斗-M1卫星的民用码信道编码方式并予以公开，但其研究内容与军用码的安全问题无关，事实上全球卫星定位系统和伽利略定位系统的民用码也早已被破解。

3. 标准制定

北斗接收机国际通用数据标准的制定与修订是北斗全球应用和产业发展的基础性工作之一，与卫星导航接收机密切相关的 RTCM 差分系列标准、RINEX 接收机交换数据格式、NMEA 接收机导航定位数据接口等通用数据标准几乎是世界上所有卫星导航接收机都必须遵守的通用标准。然而，全球有多个全球卫星导航系统（GNSS）接收设备技术标准制定组织，参与其中的中国企业和机构却寥寥无几。例如，成立于 1947 年的国际海事无线电技术委员会（RTCM）目前有 130 多个成员，却只有 2 家中国企业成员。成立于 1957 年的美国国家海洋电子协会（NMEA），其 535 个成员中只有 1 家中国企业成员。对于正式提供服务近两年的北斗系统而言，参与国际标准的建设任重而道远。全国北斗卫星导航标准化技术委员会于 2014 年成立，15 项北斗应用基础标准正在制定中，部分关键标准计划在近期对外发布。届时，北斗系统将完成北斗产业链中标准规范关键环节的布局，北斗应用也将进入标准化、规范化以及通用化的快车道。在国际方面，在中国民航局、交通部海事局、工信部科技司等部门指导下，依托中国航天标准化研究所、北京航空航天大学、交通部水运科学研究院、工信部电信研究院、武汉导航与位置服务工业技术研究院等科研院所，先后启动了北斗系统进入国际民航、海事、移动通信、接收机通用数据标准等国际标准工作。经过各方协作和配合，北斗国际标准工作捷报频传。国际民航组织（ICAO）同意北斗系统逐步进入 ICAO 标准框架；国际海事组织（IMO）批准发布了《船载北斗接收机设备性能标准》，实现了北斗国际标准的“零”突破，完成了北斗系统作为全球无线电导航系统（WWRNS）重要组成部分的技术认可工作，有望在近期成为第三个被 IMO 认可的 WWRNS；第三代移动通信标准化伙伴项目（3GPP）支持北斗定位业务的技术标准已获得通过。北斗已经开启了走向国际民航、国际海事、国际移动通信等高端应用领域的破冰之旅。2014 年 9 月 8 日至 9 日，国际海事无线电技术委员会第 104 专业委员会（RTCM SC-104）全体会议在美国佛罗里达州坦帕市会议中心召开，来自 Trimble、Novatel、Geo＋＋、USCG（美国海岸警卫队）等全球 20 多个 GNSS 高精度知名企业（机构）和重要用户单位的 30 多位专家代表与会。武汉导航与位置服务工业技术研究院和上海司南卫星导航技术有限公司组团参加，圆满完成各项既定任务。RTCM SC-104 主要负责差分全球卫星导航系统（DGNSS）系列推荐标准的制定与修订，以及参与接收机自主交换格式（RINEX）、接收机导航定位数据输出接口协议（NMEA-0183）等国际通用数据标准的制定与修订工作。该委员会由全球从事卫星导航设备生产、技术研发、系统服务的知名企业机构成员组成，下设 GLONASS、Galileo、RINEX、NMEA、BDS 等工作组。武汉导航院为 BDS 工作组主席单位，北斗专项应用推广与产业化专家组专家韩绍伟博士任 BDS 工作组主席。会上澄清了对 NH 码实现过程中因符号规则理解差异造成的差分解算失效、接收机无法兼容等问题，打消了国际社会对 BDS 高精度可靠应用的疑虑，对促进北斗高精度全球应用具有重要作用。2015 年 5 月 13—15 日在西安召开的第六届中国卫星导航学术年会（CSNC2015）是中国首次获得 RTCM SC104 全体会议主办权，标志着以中国企业为主体推动北斗加入 RTCM、RINEX、NMEA 等国际通用数据标准工作得到国际认可，显示了国际社会对北斗高精度全球应用的期待和信心，有助于加速北斗进入系列国际通用数据标准工作。

三、BDS 在现代物流中的应用

中国北斗卫星已获联合国正式认可，可媲美 GPS。在 2014 年 11 月 17 日至 21 日的会议上，联合国负责制定国际海运标准的国际海事组织海上安全委员会，正式将中国的北斗系统纳入全球无线电导航系统。这意味着继美国的 GPS 和俄罗斯的“格洛纳斯”后，中国的导航系统已成为第三个被联合国认可的海上卫星导航系统。专门研究中国太空项目和信息战争的加州大学专家凯文·波尔彼得表示，北斗系统能在其覆盖范围内提供足够精确的定位信息。

（一）BDS 在交通运输中的应用

2013 年 1 月 14 日，交通运输部有消息传出，2013 年 3 月底前，江苏、安徽、河北、陕西、山东、湖南、宁夏、贵州、天津 9 个示范省市区 80%以上的大客车、旅游包车和危险品运输车辆，都要安装带有北斗导航系统的车载终端。这是我国北斗卫星导航系统专项启动后首个民用示范工程。该项目作为全国北斗应用的“试验田”，计划用 2 年时间，在 9 个示范省市区建设 7 个应用系统和一套支撑平台，安装 8 万台北斗终端。

1. 道路交通管理

中国北斗卫星导航系统有利于减缓交通堵塞，提升道路交通管理水平。通过在车辆上安装卫星导航接收机和数据发射机，车辆的位置信息就能在几秒钟内自动转发到中心站。这些位置信息可用于道路交通管理。

2. 铁路智能交通

中国北斗卫星导航系统将促进传统运输方式实现升级与转型。例如，在铁路运输领域，通过安装卫星导航终端设备，可极大缩短列车行驶间隔时间，降低运输成本，有效提高运输效率。未来，北斗卫星导航系统将提供高可靠度、高精度的定位、测速、授时服务，促进铁路交通的现代化，实现传统调度向智能交通管理的转型。

3. 海运和水运

海运和水运是全世界最广泛的运输方式之一，也是卫星导航最早应用的领域之一。在世界各大洋和江河湖泊行驶的各类船舶大都安装了卫星导航终端设备，使海上与水路运输更为高效和安全。中国北斗卫星导航系统可在任何天气条件下，为水上航行船舶提供导航定位和安全保障。同时，北斗卫星导航系统特有的短报文通信功能将支持各种新型服务的开发。

4. 航空运输

当飞机在机场跑道着陆时，最基本的要求是确保飞机相互间的安全距离。利用中国北斗卫星导航系统精确定位与测速的优势，可实时确定飞机的瞬时位置，有效减小飞机之间的安全距离，甚至在大雾天气情况下，可以实现自动盲降，极大提高飞行安全和机场运营效率。北斗卫星导航系统与其他系统的有效结合，可为航空运输提供更多的安全保障。

（二）BDS 在军事物流中的应用

北斗卫星导航系统的军事功能与 GPS 类似。例如：飞机、导弹、水面舰艇和潜艇的定位导航;弹道导弹机动发射车、自行火炮与多管火箭发射车等武器载具发射位置的快速定位,以缩短反应时间;人员搜救、水上排雷定位等。这项功能用在军事上,意味着可主动进行各级部队的定位,也就是说我国各级部队一旦配备北斗卫星导航系统,除了可供自身定位导航外,高层指挥部也可随时通过北斗卫星导航系统掌握部队位置,并传递相关命令,对任务的执行有相当大的助益。换而言之,大陆可利用"北斗"卫星导航定位系统执行部队指挥与管制及战场管理。

中国北斗卫星导航系统已广泛用于沙漠、山区、海洋等人烟稀少地区的搜索救援。在发生地震、洪灾等重大灾害时,救援成功的关键在于及时了解灾情并迅速到达救援地点。北斗卫星导航系统除导航定位外,还具备短报文通信功能,通过卫星导航终端设备可及时报告所处位置和受灾情况,有效缩短救援、搜寻时间,提高抢险救灾时效,大大减少人民生命财产损失。

第二节　GPS 及其应用

一、GPS 概述

(一) GPS 的定义及其特点

1. GPS 的定义

GPS(global positioning system),即全球定位系统,是美国从 20 世纪 70 年代开始研制,于 1994 年全面建成,具有海、陆、空全方位实时三维导航与定位能力的新一代卫星导航与定位系统。

从 1995 年 4 月 27 日,GPS 宣布投入完全工作状态以后,翌年便启动了 GPS 现代化计划,对系统进行全面的升级和更新。作为 GPS 现代化的第一步,2000 年 5 月 1 日美国正式终止可用性选择(SA),放弃人为故意恶化定位精度的政策,使得民用定位精度大大提高。GPS 现代化在空间段和运控段方面的进程将在 2013 年前后完成。其后,GPS 将进入GPSⅢ发展阶段。按照美国的国家政策,GPS 的标准定位服务供民用,不直接收取费用。

GPS 测量技术能够快速、高效、准确地提供点、线、面要素的精确三维坐标及其他相关信息,具有全天候、高精度、自动化、高效益等显著特点,广泛应用于军事、民用交通(船舶、飞机、汽车等)导航、大地测量、摄影测量、野外考察探险、土地利用调查、精确农业以及日常生活(人员跟踪、休闲娱乐)等领域。GPS 与现代通信技术相结合,使得测定地球表面三维坐标的方法从静态发展到动态,从数据后处理发展到实时的定位与导航,极大地扩展了它的应用广度和深度。载波相位差分法 GPS 技术可以极大提高相对定位精度,在小范围内可以达到厘米级精度。此外,由于 GPS 测量技术对测点间的通视和几何图形等方面的要求比常规测量方法更加灵活、方便,已完全可以用于施测各种等级的控制网。GPS 全站仪的发展在地形和土地测量以及各种工程、变形、地表沉陷监测中已经得到广泛应用,在精度、效率、成本等方面显示出巨大的优越性。

GPS 的应用已十分广泛,差不多涉及国民经济的各个领域,尤其是近几年来向消费市场发展的势头强劲。未来 GPS 的发展具有如下趋势：

(1) GPS 是目前世界上发展最快的三大信息产业之一；

(2) GPS 应用产品产业将成为国际八大无线产业之一；

(3) GPS 与 GSM 和 CDMA 的结合将成为全球通信导航界的热点。

2. GPS 的特点

GPS 的特点如下。

(1) 定位精度高。应用实践已经证明,GPS 相对定位精度在 50 千米以内可达 10～6 米,100～500 千米可达 10～7 米,1000 千米可达 10～9 米。在 300～1500 米工程精密定位中,1 小时以上观测的平面位置误差小于 1 毫米,与 ME-5000 电磁波测距仪测定的边长比较,其边长校差最大为 0.5 毫米,校差中误差为 0.3 毫米。

(2) 观测时间短。随着 GPS 的不断完善,软件的不断更新,目前,20 千米以内相对静态定位,仅需 15～20 分钟;快速静态相对定位时,当每个流动站与基准站相距在 15 千米以内时,流动站观测时间只需 1～2 分钟,然后可随时定位,每站观测只需几秒钟。

(3) 测站间无须通视。GPS 测量不要求测站之间互相通视,只需测站上空开阔即可,因此可节省大量的造标费用。由于点间无须通视,点位位置可根据需要,可稀可密,使选点工作甚为灵活,也可省去经典大地网中的传算点、过渡点的测量工作。

(4) 可提供三维坐标。经典大地测量将平面与高程采用不同方法分别施测。GPS 可同时精确测定测点的三维坐标。目前 GPS 水准可满足四等水准测量的精度。

(5) 操作简便。随着 GPS 接收机不断改进,自动化程度越来越高,有的已达“傻瓜化”的程度;接收机的体积越来越小,重量越来越轻,极大地减轻了测量工作者的工作紧张程度和劳动强度。

(6) 全天候作业。目前 GPS 观测可在一天 24 小时内的任何时间进行,不受阴天黑夜、起雾刮风、下雨下雪等气候的影响。

(7) 功能多、应用广。GPS 不仅可用于测量、导航,还可用于测速、测时。测速的精度可达 0.1 米/秒,测时的精度可达几十毫微秒,其应用领域不断扩大。起初,设计 GPS 系统的主要目的是用于导航,收集情报等军事目的。但是,后来的应用开发表明,GPS 系统不仅能够达到上述目的,而且用 GPS 卫星发来的导航定位信号能够进行厘米级甚至毫米级精度的静态相对定位,米级至亚米级精度的动态定位,亚米级至厘米级精度的速度测量和毫微秒级精度的时间测量。因此,GPS 系统展现了极其广阔的应用前景。

(二) GPS 的组成

现代 GPS 由空间卫星系统、地面监控系统、用户接收系统等三大子系统构成。其中,空间卫星系统主要由 24 颗 GPS 卫星构成,其中 21 颗工作卫星,3 颗备用卫星。24 颗卫星运行在 6 个轨道平面上,运行周期为 12 个小时。保证在任一时刻、任一地点高度角 15 度以上都能够观测到 4 颗以上的卫星。其主要作用是发送用于导航定位的卫星信号。地面监控系统由 1 个主控站、5 个检测站和 3 个注入站组成。其作用是监测和控制卫星运行,编算卫星星历(导航电文),保持系统时间。用户接收系统包含 GPS 接收器及相关设备。GPS 接收器主要由 GPS 芯片构成。如车载、船载 GPS 导航仪,内置 GPS 功能的移动设备,以及 GPS 测绘设备等都属于 GPS 用户设备。其作用是接收、跟踪、变换和测量 GPS 信号。

1. 空间卫星系统

空间卫星系统由均匀分布在 6 个轨道平面上的 24 颗(21 颗工作卫星,3 颗备用卫星)高轨道卫星构成。该卫星系统能够保证在地球的任一地点向使用者提供 4 颗以上可视卫星。GPS 卫星工作组网保障全球任一时刻、任一地点都可对 4 颗以上的卫星进行观测(最多可达 11 颗),实现连续、实时的导航和定位。GPS 是单向测距系统,用户设备只要接收导航卫星发出的导航电文即可进行测距定位,因此可容纳无限多用户。这种全球定位是三维的,可以测量位置、高度、速度。

所谓的 GPS 空间段,实际上是指其卫星星座。GPS 基本星座由 24 颗卫星构成,分别在 6 个地心轨道面内。每个面内有 4 颗卫星工作,其中 1 颗是备份星。系统可支持 30～32 颗在轨卫星。卫星的轨道周期为半个太阳日(11 小时 58 分钟)。6 个轨道均为圆轨道,在赤道面上是等间隔 60°分隔,与赤道成 55°倾角。轨道半径(地球质心至卫星的距离)近似为 26600 千米。对于基本星座,地球上任何地方的用户设备能清楚地见到的卫星至少为 4 颗卫星。更多的时间,用户在视野内能见到 6～8 颗卫星。用户通过接收卫星广播的测距信号和导航电文测量伪距,并估算其位置、速度和时间。这是一种无源的只接收广播信号的模式。

2. 地面监控系统

地面监控系统由均匀分布在美国本土和三大洋的美军基地上的五个监测站、一个主控站和三个注入站构成。该系统的功能是对空间卫星系统进行监测、控制,并向每颗卫星注入更新的导航电文。

(1) 监测站。用 GPS 接收系统测量每颗卫星的伪距和距离差,采集气象数据,并将观测数据传送给主控站。

(2) 主控站。主控站接收各监测站的 GPS 卫星观测数据、卫星工作状态数据、各监测站和注入站自身的工作状态数据。根据上述各类数据,完成以下工作。①及时编算每颗卫星的导航电文并传送给注入站;控制和协调监测站间、注入站间的工作,检验注入卫星的导航电文是否正确以及卫星是否将导航电文发给了 GPS 用户系统。②诊断卫星工作状态,改变偏离轨道的卫星位置及姿态,调整备用卫星,取代失效卫星。③注入站。接收主控站送达的各卫星导航电文并将之注入飞越其上空的每颗卫星。

3. 用户接收系统

用户接收系统主要由以无线电传感和计算机技术支撑的 GPS 卫星接收机和 GPS 数据处理软件构成。GPS 接收机:GPS 卫星接收机的基本结构是天线单元和接收单元两部分。天线单元的主要作用为:当 GPS 卫星从地平线上升起时,能捕获、跟踪卫星,接收、放大 GPS 信号。接收单元的主要作用为:记录 GPS 信号并对信号进行解调和滤波处理,还原出 GPS 卫星发送的导航电文,求解信号在站星间的传播时间和载波相位差,实时获得导航定位数据或采用测后处理的方式,获得定位、测速、定时等数据。

二、GPS 的工作原理

GPS 的基本原理是以 GPS 卫星和用户接收机天线之间距离(或距离差)的观测量为基

础，并根据已知的卫星瞬间坐标来确定用户接收机所对应的位点，即待定点的三维坐标(x,y,z)。GPS的工作原理，简单地说，就是利用我们熟知的几何与物理上的一些基本原理。首先，假定卫星的位置为已知，而我们又能准确地测定我们所在地点A至卫星之间的距离，那么点A一定是位于以卫星为中心、所测得距离为半径的圆球上。进一步，我们又测得点A至另一卫星的距离，则点A一定处在前后两个圆球相交的圆环上。我们还可测得与第三个卫星的距离，就可以确定点A只能是在三个圆球相交的两个点上。根据一些地理知识，可以很容易排除其中一个不合理的位置。当然也可以再测量点A至另一个星球的距离，也能精确进行定位。

GPS卫星在空中昼夜不停地连续发送带有时间和位置信息的无线电信号，供GPS接收机接收。卫星时间是由星载原子钟产生的，卫星的位置信息（卫星轨道参数，又称为星历）则是由地面控制站定时发送给卫星，称为“注入”，然后通过卫星广播给用户接收机。

利用三角测量学方法，测量3个或3个以上的卫星与GPS接收机间的距离，从距离来确定GPS接收机在地球或空中的位置。由于要确定接收机的三维位置，所以至少要接收3个以上卫星的信号。

距离的确定是通过测量卫星信号由卫星到达接收机的时间（间隔）来实现的。接收机接收到信号的时刻与卫星发送信号的时刻之间有一个时间间隔，通常这个时间间隔被称为时延。卫星和接收机同时产生同样的伪随机码，一旦两个码实现时间同步，接收机便能测定时延，将时延乘上光速，便能得到距离。

卫星上装有精度极高的原子时钟，可确保时延测量的高精度。但接收机的时钟一般并不是原子时间，所以常常需要第4个卫星的信号作为确定时间的参照，从而修正接收机时钟造成的距离误差。

GPS卫星在运行过程中，其轨道和原子时钟均会发生变化，美国国防部通过观测站网监测其变化，并由主控站通过上行通信链路，定期以导航电文的形式向卫星注入相关导航参数及其误差改正信息，并随同信号广播向外发送。

为了纠正GPS系统的各种误差，可以采用差分方法。近地空间的电离层和中性大气（对流层）均会引起GPS信号时延，导致定位误差。利用数学方法或模型，对实时测量结果进行处理，可以消除这些误差，提高精度，支持GPS的多种多样的应用和服务。

（一）GPS信号

GPS卫星发射两种频率的载波信号，即频率为1575.42 MHz的L1载波和频率为1227.60 HMz的L2载波，它们的频率分别是基本频率10.23 MHz的154倍和120倍，它们的波长分别为19.03厘米和24.42厘米。在L1和L2上又分别调制着多种信号。

1. C/A码

C/A码又被称为粗捕获码，它被调制在L1载波上，是1 MHz的伪随机噪声码（PRN码），其码长为1023位（周期为1毫秒）。由于每颗卫星的C/A码都不一样，因此，我们经常用它们的PRN号来区分它们。C/A码是普通用户用以测定测站到卫星间的距离的一种主要的信号。

2. P码

P码又被称为精码，它被调制在L1和L2载波上，是10 MHz的伪随机噪声码，其周期为7天。在实施AS时，P码与W码进行模二相加，生成保密的Y码，此时，一般用户无法利用P码来进行导航定位。

3. 导航信息

导航信息被调制在L1载波上，其信号频率为50 Hz，包含有GPS卫星的轨道参数、卫星钟改正数和其他一些系统参数。用户一般需要利用此导航信息来计算某一时刻GPS卫星在地球轨道上的位置，导航信息也被称为广播星历。

SPS和PPS是GPS针对不同用户提供的两种不同类型的服务。一种是标准定位服务，另一种是精密定位服务。这两种不同类型的服务分别由两种不同的子系统提供，标准定位服务由标准定位子系统提供，精密定位服务则由精密定位子系统提供。SPS主要面向全世界的民用用户，PPS主要面向美国及其盟国的军事部门及民用的特许用户。

（二）GPS的定位方式

GPS的定位方式是多种多样的，用户可以根据不同的用途采用不同的定位方式。GPS定位方法可依据不同的分类标准，做如下划分。

1. 根据定位所采用的观测值分为伪距定位和载波相位定位

伪距定位所采用的观测值为GPS伪距观测值，所采用的伪距观测值既可以是C/A码伪距，也可以是P码伪距。伪距定位的优点是数据处理简单，对定位条件的要求低，不存在整周模糊度的问题，可以非常容易地实现实时定位；其缺点是观测值精度低，C/A码伪距观测值的精度一般为3米，而P码伪距观测值的精度一般在30厘米左右，从而导致定位成果精度低。另外，若采用精度较高的P码伪距观测值，还存在AS(反电子欺骗)的问题。

载波相位定位所采用的观测值为GPS的载波相位观测值，即L1、L2或它们的某种线性组合。载波相位定位的优点是观测值的精度高，一般优于2毫米；其缺点是数据处理过程复杂，存在整周模糊度的问题。

2. 根据定位的模式分为绝对定位和相对定位

绝对定位又称单点定位，这是一种采用一台接收机进行定位的模式，它所确定的是接收机天线的绝对坐标。这种定位模式的特点是作业方式简单，可以单机作业。绝对定位一般用于对导航和精度要求不高的场景。

相对定位又称差分定位，这种定位模式采用两台以上的接收机，同时对一组相同的卫星进行观测，以确定接收机天线间的相互位置关系。

3. 根据获取定位结果的时间分为实时定位和非实时定位

实时定位是根据接收机观测到的数据，实时地解算出接收机天线所在的位置。非实时定位又称后处理定位，它是通过对接收机接收到的数据进行后处理以进行定位的方法。

4. 根据定位时接收机的运动状态分为动态定位和静态定位

所谓动态定位，就是在进行GPS定位时，认为接收机的天线在整个观测过程中的位置是变化的。也就是说，在数据处理时，将接收机天线的位置作为一个随时间的改变而改变的量。

所谓静态定位，就是在进行GPS定位时，认为接收机的天线在整个观测过程中的位置是保持不变的。也就是说，在数据处理时，将接收机天线的位置作为一个不随时间的改变而改变的量。在测量中，静态定位一般用于高精度的测量定位，其具体观测模式是多台接收机在不同的测站上进行静止同步观测，时间由几分钟、几小时甚至数十小时不等。

三、GPS 在现代物流中的应用

（一）GPS 在车辆调度中的应用

车辆导航系统是 GPS 导航功能的最基本应用，其他应用都是在导航功能的基础上实现的。车辆导航系统通常需要向用户提供与空间、时间相关的定位信息和引导提示。具体来说，一个车辆导航系统通常需要具备以下功能。

（1）定位功能。这是车辆导航系统最基本的功能，通常包括显示车辆的经纬度及海拔高度，并通过地理信息系统中的道路网信息，利用地图匹配算法在地图上显示出车辆所在的位置，并且显示相关地理位置的道路、区域信息。

（2）地图显示功能。用户可以通过调整显示的地图比例尺，来查看不同范围内、不同区域的道路网信息。这种功能实际上是地理信息系统在车辆导航系统上的一个简单任务的实现。

（3）兴趣点查询/显示功能。这里所说的兴趣点是指用户感兴趣的、关心的，希望获得其信息的位置对象，例如附件美食、酒店、医院等。通常有多种查询方式，比如，对指定城市确定区域查询范围内的兴趣点并显示，还有根据输入兴趣点名称来确定其所在的位置并显示。最常见的是显示车辆当前位置周围的兴趣点，给用户提供需要的出行信息。

（4）路径规划功能。用户通过输入起始位置和目的地，由车辆导航系统设计最优路径并输出给用户，这里的最优有多种标准，包括时间最少、距离最短和交通状况最好等。路径规划功能不仅可以结合数据库中存储的道路信息，而且可以实时通过无线通信获得当前的交通状况。

（5）路径引导功能。路径引导功能是车辆导航系统与简单定位系统和 GIS 查询系统的最典型区别。它规划好从初始位置到目的位置的路径后，在每一个路口实时提醒车辆驾驶人员接下来的行驶道路选择，以及当前距离目的地的长度和需要的时间等信息。

GPS 在车辆调度中的应用主要体现在如下方面。

（1）观察车辆分布，提高运输效率。利用 GPS 技术，可以从电子地图上查看自己用户名上所有车辆的分布情况，了解所有车辆在各区域分布的具体位置、行驶状况。通过对该功能的使用，可以查到在某个地域内哪些车辆可供使用，也可以了解公司所有在途运输车辆的分布情况以及可供使用的车辆依据。根据各个车辆的使用和分布情况，物流公司可以最快的速度找到适合自己使用的车辆，从而省去不必要的交涉环节，加快车辆的使用频率，缩短运输配货的时间，减省相应的工作量。

（2）观察历史轨迹，加强司机考核。通过对历史轨迹的查询，可以看出车辆在行驶过程中的状态、路线，从而规定行驶路线、中途停车点。根据该车的行驶轨迹，公司与客户都可对货物在途的运输过程有相应的了解，并可将此作为考评依据。

（3）查询车辆当前位置，提高车辆安全指数。通过对车辆当前位置的查询，可以看出车辆当前的准确位置、运行的方向和运行速度。一般这个功能只有在意外或特殊情况发生时才会用到，如有报警信息发生需进行救援、急于查看车辆的具体位置进行实时调度等。

(4) 连续监控。可根据实际情况设置对车辆进行监控的时间段和位置点引发监控的条件。这样可达到对车辆进行全程监控的目的，以便有据可查。

(5) 区域看车。可根据车辆预计行驶的范围或路线在电子地图上定一个或多个报警区域，当车辆驶出和驶入该区域时终端就会向系统发出报警信息，报警信息会以手机中文短信的方式发送到指定的手机上，告诉手机的持有者是何时、何地、何车因何原因发生了报警。接货方只需要通过发货方所提供的相关资料和权限，就可在互联网实时查看到货物信息，掌握货物在途的情况和大概的运输时间，以此来提前安排货物的接收、停放以及销售等环节，使货物的销售链可提前完成。设置车辆行驶路线和定点上报功能，既可用于公司也可开放给客户。

通过 GPS 的应用，在物流中可及时进行调度和配载，降低车辆空驶率，可对承运货物的车辆进行全程跟踪以保证其安全性，也可实时掌握车辆的所在位置，提前完成准备工作，加强对司机的管理，彻底解决私拉乱运问题。

(二) GPS 在货物运输中的应用

1. 海上运输

海洋和河道运输是当今世界上应用广泛的运输方式，效率、安全和最优化是海洋和河道运输的重点。GPS 技术的应用，有效实现了航行交通冲突的最小化，可以最有效地利用日益拥挤的航道，保证了航行安全，提高了交通运输效益。卫星导航广泛应用于港口船舶进出港导航、现场调度指挥监控、GIS 建库和维护、信息管理系统建设等方面，对加速港口现代化建设起到了不可替代的作用。目前许多港口国家对进入该国领海的船舶强制实施船位报告，以确保海域内的航行安全和有效管理。此外，许多船务公司为了提高船舶运营的效益及公司的竞争力，也要求公司所属的船舶必须进行船位报告。这促使卫星定位系统在船位报告系统方面的需求不断扩大，目前已有众多利用 Inmarsat-C(国际海事通信卫星)进行船位报告的应用系统。全球定位系统与其他定位系统，如雷达定位、劳兰定位、台卡定位相比，具有全球性、全天候性、全时性和精度高等特点，因而成为海上船舶应用最多的导航定位系统。

2. 陆上运输

随着我国市场经济发展和贸易范围的不断扩大，陆上运输有了不同于以往的显著特点，形成了对卫星定位系统的明显需求。长距离、大范围运输量增加，经济贸易的范围不断扩大，促成运输上的大跨度。目前跨省、区以及边贸运输不断增加，运输公司和货主都迫切需要对车辆和货物状况做到远程监控，从而导致对大范围车队监控的需求增大。陆上运输对卫星定位系统的要求已经转化为一些成熟的应用系统，如 GPS 车辆自导航、GPS 紧急救援定位、GPS 车队监控等。

3. 航空运输

除了在陆上运输和海上运输方面的应用外，卫星定位系统在航空方面也有着广泛的应用需求，如自适应导航系统、全天候着陆系统、机场监控系统等。为满足日益增长的空中运输量的需求，适应新型飞机航程的扩展与航速的提高，克服陆基空中交通管理系统的局限性，国际民航组织（ICAO）决定实施基于卫星导航、卫星通信和数据通信技术的新的空中交通管理系统，即新航行系统。根据ICAO的要求，新系统和原系统在2005年前同时使用，到2010年全球范围内的陆基系统将逐步停止使用，2010年以后新系统将作为唯一手段在世界范围内运行。

4. 铁路运输

在货运车厢上安装GPS设备，有利于解决铁路货运过程中监控难的问题，提高铁路运输对客户的满意度和吸引力，增强铁路货运在整个运输市场的竞争力。

总之，随着我国经济的发展，卫星定位系统在交通运输领域中正逐渐获得全方位应用，并存在着较广阔的开发应用空间，其应用开发必将对我国运输业现代化起到有效的促进作用。但这里也存在着统一标准、规范制式、合理利用资源的问题，需要有关部门对此高度重视，从宏观管理上加以建设性引导。

第三节　GIS及其应用

一、GIS概述

随着人类社会进入信息时代，信息技术正在慢慢地改变着人类的生活。地理信息系统（GIS）是管理和分析空间数据的计算机技术，GIS可以提供各种有关区域分析、方案优选和战略决策等方面的解决办法，所以，GIS在物流领域得到广泛应用。

（一）GIS的定义及其特点

由于研究和应用领域的侧重点不同，人们对GIS的理解仍然存在着分歧。20世纪60年代至今，有代表性的定义如下。

（1）GIS之父——Roger Tomlinson（1966）认为，GIS是全方位分析和操作地理数据的数字系统。

（2）Dueker（1979）认为，GIS是一种特殊的信息系统，其数据库包含着有关分布空间上（点、线或面）的现象、活动或事件的观察数据。GIS处理的是反映空间分布现象的地理数据。

（3）Burrough（1986）认为，GIS是从现实世界中采集、存储、提取、转换和显示空间数据的一组有力的工具。

（4）Smith等（1987）认为，GIS是存储空间数据的数据库系统，是一套用于检索数据库中有关空间实体的数据的程序。

（5）Parker（1988）认为，GIS是一种存储、分析和显示空间与非空间数据的信息技术。

（6）Goodchild（1990）认为，GIS是采集、存储、管理、分析和显示有关地理现象信息的空间信息系统，同时认为GIS中的“S”不是简单的“System（系统）”，而应是“Science（科学）”。

（7）Clarke（1995）认为，GIS是采集、存储、提取、分析和显示空间数据的自动化系统。

（8）Chrisman（1999）认为，GIS是人们在与社会结构相互作用的同时，测量、描述地理现象，再将这些描述转换成其他形式的有组织的活动。

(9) 21世纪初期，一些发达国家的GIS权威机构又对GIS给出了定义，有代表性的定义如下。美国国家地理信息与分析中心给出的定义：GIS是为了获取、存储、检索、分析和显示空间定位数据而建立的计算机化的数据库管理系统。英国教育部认为：GIS是一种获取、存储、检索、操作、分析和显示地球空间数据的计算机系统。美国联邦数字地图协调委员会(FICCDC)关于GIS的定义：GIS是由计算机硬件、软件和不同的方法组成的系统，该系统设计用来支持空间数据的采集、管理、处理、分析、建模和显示，以便解决复杂的规划和管理问题。

归纳上述定义，可以认为GIS是一个发展的概念，其内容主要有两个部分：其一，地理信息系统是一门交叉学科，是目前正在兴起的地球信息科学的主要内容；其二，地理信息系统是一个技术系统，是以地理空间数据库为基础，采用地理模型分析方法，适时提供多种空间和动态的地理信息，为地理研究和地理决策服务的计算机技术系统。我国目前不少学者推荐美国联邦数字地图协调委员会关于GIS的定义及概念。

从系统角度看，在未来的几十年内，GIS将向着数据标准化(Interoperable GIS(互操作地理信息系统))、数据多维化(3D&4D GIS(三维(四维)地理信息系统))、系统集成化(Component GIS(面向对象和构件技术的地理信息系统))、系统多媒体化(MGIS)、平台网络化(Web GIS)和应用社会化(DE(数字地球))的方向发展。

(1) 互操作地理信息系统是GIS集成平台，它实现在异构环境下多个地理信息系统或其应用系统之间的互相通信和协作，以完成某一特定任务。

(2) 三维(四维)地理信息系统目前研究重点集中在三维数据结构的设计，优化与实现，以及可视化技术的运用，三维系统的功能和模块设计等方面。

(3) 面向对象和构件技术的地理信息系统是把GIS的功能模块划分为多个控件，每个控件完成不同的功能，通过可视化的软件开发工具集成起来，形成最终GIS应用。其主要特征为：高效无缝的系统集成；无需专门的GIS开发语言；大众化的GIS。

根据地理信息系统的定义可知，地理信息系统属于信息技术，属于空间信息系统，地理信息系统在应用方面主要有如下特点：

(1) 具有采集、管理、分析和输出多种地理空间信息的能力，具有空间性和动态性；

(2) 以地理研究和地理决策为目的，以地理模型方法为手段，具有区域空间分析、多要素综合分析和动态预测能力，产生高层次的地理信息；

(3) 由计算机系统支持进行空间地理数据管理，并由计算机程序模拟常规的或专门的地理分析方法，作用于空间数据，产生有用信息，完成人类难以完成的任务。

(二) GIS的组成及其功能

1. GIS的组成

一个完整的地理信息系统主要由五部分构成，用来支持空间数据的采集、管理、处理、分析、建模和显示等功能。其基本构成主要包括硬件系统、软件系统、地理空间数据、应用人员和应用模型。

1) 硬件系统

计算机的硬件系统用于存储、处理、传输和显示地理和空间数据，包括数据的处理设备与数据的输入输出设备等，数据的处理设备是计算机系统硬件核心，输入设备包括数字化仪和扫描仪等，数据的输出设备包括绘图仪、打印机和高分辨率显示装置等。

2）软件系统

地理信息系统的软件是整个系统的核心，用于执行地理信息系统功能的各种操作。一个完整的地理信息系统需要包括多种软件协同工作，GIS运行所需的软件系统包括计算机软件系统、GIS软件和其他支持软件和应用分析程序。计算机系统软件通常包括操作系统、汇编程序、编译程序、诊断程序、库程序以及各种维护使用手册等，是GIS日常所需的软件。GIS软件包括数据库管理系统、计算机图形软件包、计算机图像处理系统等，用于支持对空间数据的输入、存储、转换、输出和与用户对接等操作。在GIS的支持下，应用程序应该是透明的和动态的，与系统的物理结构无关，并能随着系统应用水平的提高而不断优化和扩充，应用程序是从空间数据中提取地理信息的关键。

3）地理空间数据

GIS的操作对象是地理数据，它描述地理现象的空间特征、属性特征和时间特征。空间特征是指地理现象的空间位置及其相互关系，其数据称为空间数据（根据地理现象在空间上的几何图形表示形式，可将地理现象抽象为点、线、面三种类型，将其表达成地理数据。通常在逻辑上可以采用矢量和栅格两种数据组织形式，分别称为矢量数据结构和栅格数据结构。属性特征表示地理现象的名称、类型和数量等，其数据称为属性数据。时间特征指地理现象随时间而发生的变化，其数据称为时态数据。地理数据包括空间数据、属性数据和时态数据。

4）应用人员

GIS应用人员包括系统开发人员和GIS的最终用户，他们的业务素质和专业知识是地理信息系统及其应用成败的关键。

5）应用模型

GIS应用模型是为某一特定的实际工作而建立的运用GIS的解决方案，其构建和选择也是决定系统应用成败至关重要的因素。但应用模型的选取也是根据企业或者个人的具体需要，不同的企业，有属于自己独特的操作实践。

2. GIS的功能

地理信息系统的核心是空间数据管理子系统，它由空间数据处理和空间数据分析构成。空间数据的主要来源有专题地图（等水位线图、地形地质图等）、遥感图像数据、统计数据及实测数据等。地理信息系统具有七大功能：数据的提取、转换和编辑，数据的存储与管理，数据重构和数据转换，空间数据的查询和检索，空间操作和分析，空间显示和成果输出，以及空间数据的更新。以下分别进行介绍。

1）数据的提取、转换和编辑

数据提取即数据采集，是在数据处理系统中将系统外部的原始数据传输给系统内部的过程，主要有图形数据输入（如管网图的输入）、栅格数据输入（如遥感图像的输入）、测量数据输入（如GPS数据的输入）和属性数据输入（如数字和文字的输入）。数据转换是将这些数据从外部格式转换为系统便于处理的内部格式的过程，它提供了一种与其他各种软件进行数据转换的接口，从而增强了GIS空间数据获取的能力。由于采集的各种空间数据不管是实地测量的、室内数字化和扫描的数据，还是空间数据或属性数据，都存在着不完善和错误，因此 GIS 提供了空间数据（点、线、面）的编辑功能。数据编辑主要包括图形编辑和属性编辑。属性编辑主要与数据库管理结合在一起完成，图形编辑主要包括拓扑关系建立、图形编辑、图形整饰、图幅拼接、图形变换、投影变换、误差校正等功能。

2）数据的存储与管理

GIS 的主要数据可由二维或三维的空间型地图而来，它包括 3 方面的内容，分别为空间位置、拓扑关系和属性。数据存储是将数据以某种格式记录在计算机内部和外部存储介质上。其存储方式与数据文件的组织密度相关，关键在于建立记录的逻辑顺序，即确定存储的地址，以便提高数据存取的速度。属性数据管理一般直接利用商用关系数据库软件（如 ORACLE、SQL Server、FoxBase、FoxPro 等）进行管理。空间数据管理是 GIS 数据管理的核心，各种图形和图像信息都以严密的逻辑结构存放在空间数据库中。

3）数据重构和数据转换

空间数据重构包括空间数据和属性数据结构的改变，多指矢量数据结构与栅格数据结构之间的转换。空间数据的转换包括比例尺的缩放、旋转平移和转换；属性数据的转换包括线性和非线性函数的转换。

4）空间数据的查询和检索

GIS 提供了功能强大的查询和检索功能，即从空间位置检索空间物体，以及满足一定属性条件的空间对象。

5）空间操作和分析

这一功能是 GIS 中最关键、最重要的功能，也是 GIS 有别于其他信息系统的本质特征，因为它的对象是空间数据，不仅包括几何数据，而且涉及属性数据。如果要对几何数据进行操作，那么也要对相应的属性数据进行相应的分析。

6）空间显示和成果输出

空间显示包括图形的二维显示和三维显示，二维可由颜色不同以区分不同的值，三维可以用直观的起伏来表示大小。GIS 不仅可以输出全要素地图，还可以根据用户需要，分层输出各种专题图、各种统计图、图表及数据等。

7）空间数据的更新

由于空间实体都处于发展着的时间序列中，人们获取的数据只能反映某一瞬间或一定时间范围内的特征。随着时间的推进，数据会随之改变。数据更新可以满足动态分析的需要，对自然现象的发生和发展做出合乎规律的预测、预报。

二、GIS 的开发

GIS 是利用电子计算机及其外部设备采集、存储、分析和描述整个或部分地球表面与空间信息的系统。它的基本功能是将表格型数据转换为地理图形来予以显示。GIS 应用范围广，技术潜力大，且发展迅速，很难用一个固定的方法分类。根据其内容，可分为两大基本类型：应用型地理信息系统和工具型地理信息系统。

（一）GIS的开发方法及工具

1. GIS的开发方法

工具型GIS，就是可以对各种地理空间数据进行输入、编辑、显示、管理、查询处理和分析，并能用以建立应用型GIS的软件包，例如ArcGIS、Arc/Info、ArcView、GenaMmap、MapIinfo、Idrisi、MapGIS、GeoSstar等商业软件。它一般具有设计先进、技术含量高的地理信息处理平台支持，在很大程度上满足用户的应用要求，但其面向的往往是GIS的理论与技术，对用户的专业问题针对性不强。除非熟练掌握GIS理论、技术、方法的专业用户，才能自如地解决自己的专业应用问题，而一般用户则难以直接使用。空间分析方法与应用模型是GIS的一个很重要的组成部分，这部分的好坏是衡量一个GIS的功能强弱的重要指标。应用型GIS，就是应用目的明确，与特定的地理区域相联系的信息系统。应用型GIS目前常用的开发形式如下。

（1）底层开发。不购买专用的GIS平台，使用具有底层开发能力的通用开发平台，如VC、Delphi、VB等，从底层做起，构建应用程序。其优点是开发出来的系统针对性强，稳定性好，运行速度快，但工作量大，要求程序员有很强的开发技巧，对GIS理论的理解较深。

（2）单纯二次开发。目前国内流行的GIS工具软件提供了二次开发的宏语言，如ERSI公司的AVENUE，MapInfo公司的MAPBASIC。利用这些语言，以原GIS工具软件为平台，可开发符合实际用途的GIS应用软件。其缺点是数据库管理功能差，不能充分利用当前成熟的数据库技术；用户界面质量差；开发语言不是真正面向对象语言，代码编写、维护困难。

（3）集成二次开发。①OLE/DDE。采用OLE Automation技术或利用DDE技术，用当前流行的可视化语言作前台，通过OLE或DDE方式控制GIS工具在后台运行，实现所需要的地理信息系统功能。这种方式能弥补单纯二次开发的不足，界面美观，数据库功能完整，缺点是必须运行在相应的地理信息系统平台上，应用程序过于庞大。②GIS控件。利用GIS工具软件生产厂家提供的建立在OCX基础上的GIS功能组件，如MapInfo公司的MapX、ERSI公司的MapObject等，嵌入到VB、Delphi一类的可视化语言中，实现地理信息系统功能。优点是编程方便，充分体现面向对象的编程思想，程序紧凑，体积小，轻量化，由于不需运行在相应地理信息系统平台上，所以投资小，也易于发布。

由于独立开发难度太大，单纯二次开发受到GIS工具提供的编程语言的限制，因此结合GIS工具软件与当今可视化开发语言的集成二次开发方式就成为GIS应用开发的主流。它的优点是既可以充分利用GIS工具软件对空间数据库的管理、分析功能，又可以利用其他可视化开发语言具有的高效、方便等编程优点。集二者之长，不仅能大大提高应用系统的开发效率，而且使用可视化软件开发工具开发出来的应用程序具有更好的外观效果，更强大的数据库功能，可靠性强、易于移植、便于维护。尤其是使用OCX技术，利用GIS功能组件进行集成开发，更能体现出这些优势。

由于上述优点，集成二次开发正成为GIS开发的主流方向。这种方法唯一的缺点是前期投入比较大，需要同时购买GIS工具软件和可视化编程软件，但“工欲善其事，必先利其器”，这种投资是值得的。

2．GIS 的专业开发工具

在 GIS 的发展过程中，目前已出现了大量专业开发工具。按这些专业开发工具的组成结构，可以归纳为以下几个主要类别。

（1）集成式 GIS。集成式 GIS 指的是集合各种功能模块的大型 GIS 系统软件包。ESRI 公司推出的 Arc/Info 以及 Genasys 公司的 GenaMap 等都是集成式 GIS 开发工具。集成式 GIS 系统的优点是各项功能已形成独立的完整系统。缺点是系统复杂、庞大，成本较高，并且难以与其他应用系统集成。

（2）模块化 GIS。模块化 GIS 把 GIS 按功能划分成一系列模块，运行于统一的基础环境中。Intergraph 公司的 MGE 就是一个有代表性的模块化 GIS。模块化 GIS 具有较强的工程针对性，便于开发和应用。

（3）组件式 GIS。组件式 GIS 是随着近年计算机软件技术的发展而产生的，代表了 GIS 的发展潮流。组件式 GIS 具有标准的组件式平台，各个组件不但可以进行自由、灵活的重组，而且具有可视化界面和使用方便的标准接口。最主要的组件式 GIS 平台就是 Microsoft 的 COM（即组件对象模型）。基于 COM，Microsoft 推出了 ActiveX 控件技术。ActiveX 控件已经成为当今可视化程序设计的标准控件，新一代的组件式 GIS 大都是采用 ActiveX 控件来实现的。Intergraph 公司推出的 GeoMedia，ERSI 公司推出的 MapObjects，MapInfo 公司推出的 MapX，中科院地理信息产业发展中心开发的 ActiveMap 等，都是采用 ActiveX 来实现的。这类 GIS 提供的是为完成 GIS 而推出的各种标准 ActiveX 控件，使 GIS 开发者不必掌握专门的 GIS 开发语言，只需熟悉基于 Windows 平台的通用集成开发环境，知道组件式 GIS 各个控件的属性、方法和事件，就可以利用各种可视化开发语言和利用这些控件组织实现 GIS。所以，组件式 GIS 在系统的无缝集成和灵活性方面具有优势，从一定意义上讲，它代表了 GIS 的发展方向。

（4）WebGIS。WebGIS 是 Internet 技术与 GIS 相结合的产物。已经有一些公司推出了 WebGIS 产品，如 MapInfo 公司的 MapInfo ProServer、MapXtreme，Intergraph 公司的 GeoMedia Web Map，ESRI 公司的 Internet Map Server for ArcView&MapObject 和 Autodesk 公司的 MapGuide 等。已经推出的 WebGIS 是利用现有的 GIS 软件通过 CGI 或者 Server API 构造的过渡产品。随着组件式 GIS 的发展和分布式对象 Web 技术的逐渐成熟，未来的 WebGIS 将是基于 COM/ActiveX 或 COBRA/Java 开发的分布式对象 GIS。

（二）组件式 GIS 开发

目前，在软件开发领域，日趋成熟的组件技术开始流行。组件技术以前所未有的方式提高了软件产业的生产效率，这一点已逐步成为软件开发人员的共识。传统的 C/S 结构、群件、中间件等大型软件系统的构成形式，都将在组件的基础上重新构造。

由于组件技术的出现，软件产业的形式也随之发生了很大的变化。大量组件生产商涌现出来，并推出各具特色的组件产品；软件集成商则利用适当的组件快速生产出用户需要的某些应用系统；大而全的通用产品逐步减少；很多相对较为专业，但用途广泛的软件，如 GIS、语音识别系统等，都以组件的形式组装和扩散到一般的软件产品中。

组件式软件技术已经成为当今软件技术的潮流之一。为了适应这种技术潮流，GIS 软件像其他软件一样，已经或正在发生着革命性的变化，即由过去厂家提供全部系统或者具有二次开发功能的软件，过渡到提供组件由用户自己再开发的方向上来。无疑，组件式 GIS 技术将给整个 GIS 技术体系和应用模式带来巨大影响。

GIS 技术的发展，在软件模式上经历了功能模块、包式软件、核心式软件，从而发展到组件式 GIS 和 WebGIS 的过程。传统 GIS 虽然在功能上已经比较成熟，但是由于这些系统多是基于十多年前的软件技术开发的，属于独立封闭的系统。同时，GIS 软件变得日益庞大，用户难以掌握，费用昂贵，阻碍了 GIS 的普及和应用。组件式 GIS 的出现为传统 GIS 面临的多种问题提供了全新的解决思路。

组件式 GIS 的基本思想是把 GIS 的各大功能模块划分为几个控件，每个控件完成不同的功能。各个 GIS 控件之间，以及 GIS 控件与其他非 GIS 控件之间，可以方便地通过可视化的软件开发工具集成起来，形成最终的 GIS 应用。控件如同一堆各式各样的积木，它们分别实现不同的功能(包括 GIS 和非 GIS 功能)，根据需要把实现各种功能的“积木”搭建起来，就构成应用系统。

GIS 软件的模型包含若干功能单元，诸如空间数据获取、坐标转换、图形编辑、数据存储、数据查询、数据分析、制图表达等。可以想象要把这些功能都放在一个控件中几乎是不可能的，即使实现也会带来系统效率低下。一般可以认为，GIS 构件的设计主要遵循应用领域的需求。例如 ESRI 的 MapObjects 就是以空间数据访问、查询、制图为主要目标的 GIS 构件。把 GIS 的功能适当抽象，以组件形式供开发者使用，将会带来许多传统 GIS 工具无法比拟的优点。

GIS 组件的代表作应首推 MapObjects 以及 MapX 等。其中 MapObjects 由全球最大的 GIS 厂商 ESRI(美国环境研究所)推出；MapX 由著名的桌面 GIS 厂商美国 MapInfo 公司推出。另外还有加拿大阿波罗科技集团的 TITAN 等。

MapX 是 MapInfo 公司向用户提供的具有强大地图分析功能的 ActiveX 控件产品。由于它是一种基于 Windows 操作系统的标准控件，因而能支持绝大多数标准的可视化开发环境如 Visual C++、Visual Basic、Delphi、PowerBuilder 等。编程人员在开发过程中可以选用自己最熟悉的开发语言，轻松地将地图功能嵌入到应用中，并且可以脱离 MapInfo 的软件平台运行。利用 MapX，能够简单快速地在企业应用中嵌入地图化功能，增强企业应用的空间分析能力，实现企业应用的增值。MapX 采用基于 MapInfo Professional 的相同的地图化技术，可以实现 MapInfo Professional 具有的绝大部分地图编辑和空间分析功能。而且，MapX 提供了各种工具、属性和方法，实现这些功能是非常容易的。GIS 通过地理空间拓扑结构建立地理图形的空间数据模型并定义各空间数据之间的关系，从而实现地理图形和数据库的结合。MapInfo 采用双数据库存储模式，即其空间数据与属性数据是分开来存储的。属性数据存储在关系数据库的若干属性表中，而空间数据则以 MapInfo 的自定义格式保存于若干文件中，二者通过一定的索引机制联系起来。要使用 MapX，需要有用户的记录和 MapInfo 地图文件。MapX 以 MapInfo 表的形式组织所有潜在信息，每个表都是一组用来在地图中创建图层的 MapInfo 文件。所有的 MapInfo 表都会拥有下列文件。

(1) 属性数据的表结构文件. tab。描述 MapInfo 表的结构。它是描述包含数据的文件的格式的小文本文件。

(2) 属性数据文件. dat。这种文件含有表格格式数据。

(3) 交叉索引文件.id。链接对象和数据的交叉引用文件(如果没有地图对象则不存在该文件)。

(4) 空间数据文件.map。描述地图对象(如果没有地图对象则不存在该文件)。

(5) 索引文件.ind。索引文件允许使用Find对象来查找地图对象。

MapX组件的基本组成单元是Object(单个对象)和Collection(集合)。其中集合包括对象,是多个对象的组合。每种对象和集合负责处理地图某一方面的功能。由MapX对象体系结构图可以看出,位于顶层的是Map对象本身,其他均由Map对象继承。Layers、DataSets、Annotations是Map对象下面的三个重要分支。其中Layer主要用于操作地图的图层,DataSet用于访问空间数据表,Annotation用于在地图上增加文本或者符号。

三、GIS在现代物流中的应用

GIS应用于物流领域,主要是指利用GIS强大的空间分析能力来完善物流分析技术。地理或空间的数字化数据一般有两种方式:矢量和栅格。矢量数据是由点、线和多边形组成的,物流企业可以把顾客的地点以点的形式储存在数据库中;公路网可以描绘成一组线,而仓库服务的区域边界可以看成一个多边形;扫描的数据也可以用栅格的形式表示,每一个栅格里存储特定的数据。卫星和空间照相以扫描的形式或者把纸质地图扫描到计算机里。一般来说,使用者将购买或获得使用权来得到标准化地理边界和特征数据,并且把它们与本企业的数据引入到GIS中。有的数据提供商提供的地图是一组典型的矢量数据,包括不同层次的公路和铁路网络,村镇和城市的不同人口分布,以及港口、飞机场、火车站等。边界数据可以从很多的数据源中得到,它们可以不同的层次出现,像行政区、邮政区、街区等。

GIS在物流中的应用主要是物流中心选址、信息查询、最佳路径与最短路径选择,完整的GIS物流分析软件集成了车辆路线模型、最短路径模型、网络物流模型、分配集合模型和设施定位模型等。①车辆路线模型:用于解决在有一个起始点、多个终点的货物运输中如何降低物流作业费用,并保证服务质量的问题,包括决定使用多少辆车,每辆车的路线等。②网络物流模型:用于解决寻求最有效的货物路径分配问题,也就是物流网点布局问题。如将货物从n个仓库运往m个商店,每个商店都有固定的需求量,因此需要确定由哪个仓库提货送给哪个商店,所耗用的运输成本最小。③分配集合模型:可以根据各个要素的相似点把同一层上的所有或部分要素分为几个组,用以解决确定服务范围和销售市场范围等问题。如某一公司要设立x个分销点,要求这些分销点覆盖某一地区,而且要使每个分销点的顾客数目大致相等。④设施定位模型:用于确定一个或多个设施的位置。在物流系统中,仓库和运输路线共同组成了物流网络,仓库处于网络的节点上,节点决定着路线,如何根据供求的实际需要并结合经济、效率等原则,在既定区域内设立多少个仓库,每个仓库的位置,每个仓库的规模,以及仓库之间的物流关系等问题,运用此模型均能很容易地得到解决。

(一) GIS在物流中心选址中的应用

物流中心选址是物流系统中具有战略意义的投资决策问题,对整个系统的物流合理化和商品流通的社会效益有着决定性的影响。但由于商品资源分布、需求状况、运输条件和自然条件等因素的影响,使得即使在同一区域内的不同地方建立物流中心,整个物流系统和经济效益也是不同的。

物流中心选址方法已有较为成熟的模型与算法，主要有重心法、数值分析法、Kuehn-Hanburger 模型、Baumol-Wolfe 模型、CFLP 法、Delphi 专家咨询法等，这些传统选址方法虽然使物流中心选址更加方便，但大部分方法均存在不同程度的令人不满意的地方。这些方法都存在一个共同的缺陷，这也是一般物流中心选址方法所存在的一个弊病，即这些方法几乎都是建立在静态的假定条件下来实现的，或者画平面图求解，或者建立一个模型，经过一系列的计算，然后得出最优结果。所有这些方法，都是静态的，非直观的，但是，现实事物在不断变化，尤其在信息时代，需求与供应都可能随时发生变化，因此，其结果往往与现实情况不完全相符合甚至相差非常大。GIS 的出现，可以很好地帮助企业克服以上缺点，较好地解决物流中心的选址问题。

利用 GIS 选址有如下优点。

(1) GIS 最大、最显著的特点是通过地图来表现数据。在传统的关系数据库中，各数据域是平等的，它们按照关系规范化理论组织起来。在 GIS 中，空间信息和属性信息是不可分割的整体，它们分别描述地理实体的两面，以地理实体为主线组织起来，除了具有管理空间数据(如物流节点的位置)的功能外，还具有空间查询与分析功能(如查询设施的属性、分析其周围的环境状况等)。

(2) 具有可视性。利用 GIS 可以图的形式显示包含区域地理要素的背景下的整个物流网络(如现存物流节点、道路、客户等要素)，一般规划者能够直观、方便地确定位置或路线，而且 GIS 最终评价是输出图形，既直观又便于理解。

(3) 动态交互性。GIS 是一个动态的系统，它的强大的数据库系统可以保持持续更新，对于地理空间上的任何变化，GIS 都可以更新其数据库以备调用。同时，利用 GIS 的空间查询分析功能，在物流中心选址过程中能很好地实现规划者与计算机的动态交互，使得选址结果更符合实际需要。

在 GIS 中，物流系统中的点、线、面都可作为空间实体，可用空间数据来表达，空间数据描述的是现实世界各种现象的三大基本特征：空间特征、时间特征和专题特征。空间特征是地理信息系统或空间信息系统所独有的，是指地理现象和过程所在的位置、形状和大小等几何特征，以及与相邻地理现象和过程的空间关系。时间特征是指空间数据随时间的变化而变化的情况。专题特征也指空间现象或空间目标的属性特征，它是指除了时间和空间特征以外的空间现象的其他特征。

GIS 是进行物流中心选址的最佳分析工具，它用于物流中心选址主要是依靠 GIS 的以下分析功能。

(1) 空间查询。能够分析系统中点、线、面基本图形间的关系，如查询物流中心周围一公里范围内所有配送点的情况，某个配送中心相连的道路情况，某个需求点区域与周边的地理分布情况等。

(2) 叠加分析。叠加分析是 GIS 非常重要的空间分析功能。要了解一个街区的面积、一条主干道的长度、一个地区的人口密度等信息，仅仅用上面的空间查询功能是不够的，需要将空间目标进行分割、组合，必要时需重新建立拓扑关系，才能得到确切的结果。分析某条配送路线上的需求点情况，用点与线叠加；分析某个区域内的配送中心及需求点分布情况，用点与面叠加；分析某个区域内的主要街道、道路情况，用线与面叠加。

(3) 缓冲区分析。缓冲区分析是对一组或一类地物按缓冲的距离条件,建立缓冲多边形,然后将这个图层与需要进行缓冲分析的图层进行叠加分析,得到所需要的结果。设计或分析某条配送路线或者配送中心选址等空间布局问题时,要分析配送中心周边范围内的需求点、道路等数据情况,可根据数据库中的点、线、面实体建立周围一定宽度范围内的缓冲多边形。

(4) 网络分析。网络分析是进行物流设施选址时最重要的功能,用于分析物流网络中各节点的相互关系和内在联系,主要有路径分析、资源分配、连通分析、流分析等。路径分析可以寻求一个节点到另一个节点的最佳路径;资源分配包括目标选址和为供货中心寻找需求市场或需求资源点;连通分析用于解决配送路径安排方面的问题,以降低配送成本;流分析主要是按照某种优化标准(时间最少、费用最低、路程最短或运送量最大等)设计资源的运送方案。

(二) GIS 在物流配送中的应用

由于 GIS 的数据组织、空间分析与可视化等众多优点,基于 GIS 物流配送系统集成已成为物流配送系统发展的必然趋势。系统集成的目的是利用 GIS 空间分析功能,在可视化、智能化的信息平台实现高效、便捷的物流配送,使配送企业能最大限度地利用内部人力、物力资源缩短配车计划编制时间,减少车辆的闲置、等候时间,合理安排配送车辆行驶路线,制定合理的配送方案,提高车辆的利用率,优化人员与车辆的调度,使物流配送达到最优,以降低企业的运营成本。将 GIS 技术应用到物流配送过程中,能更容易地处理物流配送中货物的运输、仓储、装卸、送递等各个环节,对其中涉及的问题如运输路线的选择、仓库位置的选择、仓库的容量设置、合理装卸策略、运输车辆的调度和投递路线的选择等进行有效的管理和决策分析,这样才符合现代物流的要求,有助于物流配送企业有效地利用现有资源,降低消耗,提高效率。

利用 GIS 可使企业基于属性数据和图形数据的结合,对分区进行科学、规范的管理,并且可以优化车辆与人员的调度,最大限度地利用人力、物力资源,使货物配送达到最优化。物流中的许多重要决策问题,如货物组配方案、运输的最佳路径、最优库存控制等方面,都可以得到更好的解决。GIS 在物流配送系统中主要有以下功能。

(1) 物流网络布局和运输路线的模拟与决策。寻求最优货物分配路径问题,也就是物流网点布局问题,可利用长期客户、车辆、订单和地理数据等建立模型来对物流网络的布局进行模拟,根据实际的需求分布规划出运输线路,使显示器能够在电子地图上显示设计路线,同时显示汽车运行路径和运行方法,利用 GIS 的网络分析模型优化具体运行路径,使资源消耗最小化。以此来建立决策支持系统,提供更有效而直观的决策依据。

(2) 车辆和货物跟踪与导航。利用 GPS 和电子地图可以实时显示车辆或货物的实际位置从而对车辆提供导航服务,并能查询出车辆和货物的状态,以便进行合理调度和管理。在时间紧迫的情况下,找出可替代的行车路线,使所从事的物流活动可以安排在恰当的时间出发,并按照规定的时间到达目的地。

(3) 配送区域划分。企业可以参照地理区域,根据各个要素的相似点把同一层上的所有或部分要素分为几个组,用以解决确定服务和销售市场范围等问题。如某一公司要设立若干个分销点,要求这些分销点覆盖某一地区,而且要使每个分销点的顾客数目大致相等。

(4) 客户定位。使用 GIS,对某个城市或地区按管理的要求建立电子地图,准确地反映出街道、道路等情况。由于地理地图已具有了地理坐标,通过对地理坐标的描述,可以在地图上对新客户进行地理位置的定位或者修改老客户的地理位置,从而使企业能精确地确定配送点和客户的位置。

(5) 信息查询。对配送范围内的主要建筑、运输车辆、客户等进行查询,查询资料可以文字、语言及图像的形式显示,并在电子地图上显示其位置。

物流是一个大范围的活动,物流信息贯穿物流活动的全过程。物流信息具有信息源点多、分布广、信息量大、动态性强、信息的价值衰减速度快等特性。这意味着物流信息的收集、加工和处理要求速度快、难度大。将 GIS 集成应用于物流管理,可以提供分布式的物流信息系统管理平台;电子地图图形化显示和输出增强了物流系统的可视化管理能力;强大的地理分析和空间分析为物流方案的制定提供了科学的方法;基于 GIS 的仿真模拟对物流方案设计提供了准确的判断依据。

小结

以 BDS、GPS、GIS 为代表的卫星导航与物流动态跟踪技术可以实现移动目标的实时监控,掌握物流作业的状态信息,将卫星导航与物流动态跟踪技术引入现代物流管理技术中并进行有效的集成,已成为现代物流发展的必然趋势。BDS 由空间段、地面段、用户段组成。GPS 主要有高精度、全天候、高效率、多功能、操作简便、应用广泛等特点。物流企业可应用 GIS 强大的地理数据处理分析功能来完善物流分析技术,加强对物流过程的监控和管理,提高物流效率。

重要概念

北斗卫星导航系统(BDS)
全球定位系统(GPS)
地理信息系统(GIS)

练习与思考

一、简答题

1. BDS 的建设目前处于什么状态?
2. GPS 的定位方式有哪些?各有什么特点?
3. 如何用 GIS 进行物流仓库选址?

二、思考题

1. GIS 在物流网络优化和交通规划中的具体应用有哪些?

2. 中国在定位技术发展过程中都做了哪些贡献?

综合案例

GIS 为烟草物流插上科技的翅膀

1. 案例背景

威海属于卷烟纯销区,拥有 13141 个卷烟零售商。从 2000 年以来,威海烟草以网络建设为核心,努力实现传统商业向卷烟现代化流通企业的转变,经过不断的探索和努力,建立了覆盖全市的卷烟销售网络体系,奠定了现代物流信息化建设的坚实基础。从 2003 年开始,威海烟草取消了县级公司的卷烟库存,实行由物流中心直接配送到车的对接配送模式,其特点是分拣到车,分散配送,固定送货路线,每天都有固定的车辆来保障固定路线的送货任务。虽然一库制大配送极大地提高了配送效率,但由于客户经理线路优化的不合理和卷烟需求分布的不均衡,也显示出了一些问题和弊端。

如何科学合理地调配资源,提高卷烟配送的服务质量,最大限度地减少环节,优化流程,缩短运距,最终达到减低物流成本,提高配送效率等目的?面对这一课题,威海烟草本着先进、实用、高效、经济的指导思想,经过反复调研、论证分析,决定在全省烟草商业企业率先开发应用以 GIS 技术为核心的多点路线优化系统,运用先进的现代科技和科学管理手段,进一步提高现代烟草物流配送效率和服务质量。2005 年 3 月份,威海烟草与金启元公司签订了软件开发合同,威海烟草 GIS 多点线路优化系统开发应用工作正式启动。

2. 解决方案

威海烟草 GIS 多点线路优化系统开发工作经过了三个阶段:第一阶段是绘制电子地图。通过收集大量的地理信息数据,根据威海市行政区划的矢量化的电子地图进行进一步细化和加工,在地图上标出全市所有烟草相关单位和卷烟零售商的位置,打造烟草 GIS 系统的可视化信息平台,实现初步的烟草和基础地图信息的维护与查询功能。第二阶段是规划配送区域。利用卷烟零售商历史的分布和订货量数据,根据地理位置及周边环境,打破传统的行政区划,采用配送系统路径优化算法,优化成若干送货路线,并规划了几个比较经济的物流配送区域,优化成 34 辆送货车。第三阶段是系统调试及应用。6 月份在其中一个中转站进行试点,7 月份在全市范围内正式应用。

3. 实施效果

物流管理人员最直接地体验了路线优化系统带来的变化。划分后的各个配送区域布局更合理,地理位置相对集中,送货车辆、耗油量减少了,区域重组后节约用车 9 辆,直接节省运力达到 28.13%。配送区域内各条路线工作量大体平衡,一线配送员工的抱怨减少了,零售客户的服务水平提高了,打破了烟草流通主体分散、流通规模较小的现状。与烟草配送车辆卫星定位系统整合后,利用车辆定位跟踪功能,实时查看车辆的位置信息,车辆配送的安全性提高了,车辆管理更加规范了。通过数据分析生成各种统计分析报表及品牌分布状况,并以柱状图、饼状图、线状图等进行结果展示,效果更加直观突出。

第六章
互联网+电子商务物流技术及应用

学习目标

1. 了解物联网及协同物流的概念与特点；
2. 理解物联网及协同物流的各种关键技术；
3. 掌握物联网及协同物流技术在物流管理系统中的应用方法。

引 例

菜鸟网络——互联网电商物流新模式

2013年5月30日，阿里巴巴集团、银泰集团联合复星集团、富春控股、中国邮政集团、中国邮政EMS、顺丰集团、天天、三通一达（申通、圆通、中通、韵达）、宅急送、汇通以及相关金融机构共同宣布，“中国智能物流骨干网”项目正式启动，合作各方共同组建的菜鸟网络科技有限公司（以下简称“菜鸟”）在深圳正式成立。

菜鸟平台首期注入1000亿元，二期达2000亿元。菜鸟平台将实现全国任何一个城市24小时送达的物流服务。

6月21日，菜鸟宣布在武汉江夏区投资80亿元，宣称打造中国智能骨干网的关键节点。未来的菜鸟，将是以核心物流节点为基础，渗透二、三级物流节点，形成一张立体的地网。根据阿里巴巴每产生一个订单，将形成一个物流计划，根据物流计划的密集程度定义出菜鸟的物流园区格局。

未来菜鸟平台的一个例子如下：义乌的商家在网上卖商品，东北顾客有需求，下单后直接从沈阳的仓库发货，24小时内配送到位。这个例子表面上看是订单处理、物流的过程，实际上需要基于科学的供应链系统支持。

1. 需求预测

必须要通过大数据对东北这个片区的市场进行需求分析，预测该地区的主流品类，销量预测，商品上架之前就必须铺货到沈阳库。否则顾客下单后根本不可能在沈阳有需求对应的商品发货。所以，未来菜鸟的物流平台一定是以大数据为核心，帮助商家实现精准的预测。

2. 库存计划

沈阳库究竟铺多少？如果限期铺货过多，品类不对，则会产生过多的库存，导致商品积压，为了一个需求去铺货10个库存，那一定是失败的结局。所以，基于商家市场需求，制订科学的库存计划，将是菜鸟智能骨干网的关键。

3. 物流计划驱动

物流计划驱动源于顾客的订单需求，义乌的商家得到顾客的订单确认后，如何驱动沈阳仓的物流作业，这是一个跨企业的作业驱动。这里有三层关系，订单系统在卖家手上，物流作业将在菜鸟物流平台的沈阳仓，沈阳仓不是菜鸟自有的物流员工运营的，一定是第三方物流，这样跨平台协同将对系统形成较大挑战。

4. 末端配送

马云宣布全国任何一个城市24小时送达。当然北上广等一线城市24小时配送不会有争议。而对于三、四线城市及农村顾客的订单来说，将是一个重要挑战。几个核心问题：配送和仓储大多是不同的合作伙伴，如何实现无缝协同？配送流量是否支撑运营成本，在偏远地区，订单稀少，如果追求24小时配送到位，单位订单的物流成本将不可估量，这方面的成本由谁买单呢？快递公司、菜鸟、商家还是最终的买家？所以说，24小时配送看起来很美，规则的定义有待争议。

对于配送系统，经过“双十一”的成功演练，天猫的后台物流系统已基本具备运力调动和协同能力。但大家应该明白，为了应对这几天的协同物流，天猫是提前3个月协同各大合作的快递企业。其实还有一个盲点，那就是仓储与快递系统的协同，商品在库作业时间过长，会大大压缩快递员的配送时间。所以说24小时送达，不仅仅是递送，包括订单处理、包装、分拣、中转、快递整个过程，这里需要高度的系统协同。

末端配送的可视化将是客户体验的重要环节，马云收购高德地图股份，其中的一个重要价值将体现在这里，全国几十万服务于菜鸟体系的快递员，将被可视化地展现在地图上，卖家可以随时可视化地看到自己的包裹动态，并能预测到达时间。

5. 客户服务

菜鸟会建立客服系统吗？会建立物流的Call Center(呼叫中心)吗？目前天猫体系的客服是由卖家承担的，很大的一个问题就是卖家在物流服务商面前是很被动的，特别是中小卖家，快递公司不可能听卖家的。所以，未来的菜鸟平台必须通过信息化，打通仓储、快递的信息通道，真正帮助商家建立客服的信息通道。

6. 供应链可视化

未来的菜鸟平台的系统，理想状态下是一个综合的供应链服务平台，最终是实现从需求开始到库存计划、从订单下达到仓储运营、从干线调拨到末端配送、从线下运营到线上协同的全供应链可视化服务，只有这样，才能体现出智能骨干网的真正价值。

所以，从以上6个角度看，菜鸟需要建立的不仅仅是简单的物流系统，而且是基于大数据的精准数据挖掘，以及科学的供应链计划，是订单驱动的供应链可视化运营，这套体系在中国尚未有任何企业建立。

第一节　物联网技术及其应用

一、物联网技术概述

（一）物联网的概念

物联网(IOT)，广义上指的是将各种信息传感设备，如射频识别装置、红外感应器、全球定位系统、激光扫描器等种种装置与互联网结合起来所形成的一个巨大网络。物联网技术是多学科高度交叉的新兴前沿研究热点领域，综合了传感器技术、嵌入式计算技术、现代网络及无线通信技术、分布式信息处理技术等，通过各类集成化的微型传感器协作地实时监测、感知和采集各种环境或监测对象的信息，利用嵌入式系统对信息进行处理，并通过随机自组织无线通信网络以多跳中继方式将所感知的信息传送到用户终端。狭义上，物联网可以理解为以电子标签和 EPC(产品电子代码)为基础，建立在互联网基础上的实物互联网络，其宗旨是实现全球物品信息的实时共享和互通。

物联网的理念最早出现于比尔·盖茨 1995 年《未来之路》一书。1999 年，美国 Auto-ID 首先提出“物联网”的概念，即把所有物品通过射频识别等信息传感设备与互联网连接起来，实现智能化识别和管理。

2005 年 11 月，国际电信联盟(ITU)发布了《ITU 互联网报告 2005：物联网》，报告指出，无所不在的物联网通信时代即将来临，世界上所有的物体从轮胎到牙刷、从房屋到纸巾都可以通过因特网主动进行交换，射频识别技术、传感器技术、纳米技术、职能嵌入技术将得到更加广泛的应用。2008 年 11 月 IBM 提出“智慧地球”概念，即“互联网＋物联网＝智慧地球”，以此作为经济振兴战略。

20 世纪 80 年代至 1999 年，此阶段并没有物联网的概念，随着信息技术的发展，传感技术、传输技术等物联网关键技术都取得了长足的发展，为物联网的出现奠定了基础。

1999 年美国 Auto-ID 实验室提出“物联网”的概念。1999 年在美国召开的移动计算和网络国际会议上，Mobi-Com1999 提出“传感网是下一个世纪人类面临的又一个发展机遇”。这些是物联网概念提出的标志。

2005 年，电信联盟(ITU)发布了《ITU 互联网报告 2005：物联网》，在该报告中，ITU 提出物联网是通过 RFID 和智能计算等技术实现全世界设备互联的网络，并预言无所不在的物联网时代即将到来。物联网概念的兴起很大程度上得益于这份以物联网作为标题的报告。

2006 年 3 月，欧盟召开会议，对物联网做了进一步的描述，并于 2009 年制定了物联网研究策略的路线图。这些标志着物联网概念的发展。

2009 年，IBM 首席执行官 Samuel J. Palmisano 提出了“智慧地球”(Smart-Planet)的概念，把传感器嵌入和装备到电网、铁路、桥梁、隧道、公路、建筑、供水系统、大坝、油气管道等各种应用中，并且通过智能处理，达到智慧状态。奥巴马就任美国总统后，也对这一战略非常认可。

2009年6月,欧盟委员会向欧盟议会、理事会、欧洲经济和社会委员会及地区委员会递交了《欧盟物联网行动计划》。从计划中可以看出欧盟希望物联网能帮助提升欧洲的竞争力,而且从其分析的情况来看,应该说欧盟已经进行了大量的尝试,一些经验已经是在实际的应用中得出的。这份计划从物联网应用、物联网管理、政府在物联网中的作为等方面对物联网在欧盟的发展做了相关的描述,同时提出了14条行动计划,这些行动计划都揭示了欧盟对物联网行业的巨大信心和未来要投入的切实动作。

2009年7月,日本政府的信息技术战略本部提出了新一代的信息化战略"I-Japan",提出到2015年实现以人为本,"安心且充满活力的数字化社会",让数字信息技术如同空气和水一般融入每一个角落,并由此改革整个经济社会,催生出新的活力,实现积极自主的创新。

2009年10月,韩国通信委员会通过了《物联网基础设施构建基本规划》,将物联网市场确定为新增长动力,希望到2012年"通过构建世界最先进的物联网基础实施,打造未来广播通信融合领域超一流物联网强国"的目标,并为实现这一目标,确定了构建物联网基础设施、发展物联网服务、研发物联网技术、营造物联网扩散环境等4大领域的12项详细课题。

2009年,时任国务院总理温家宝在无锡微纳物联网工程技术研究中心视察并发表重要讲话,表示中国要抓住机遇,大力发展物联网技术,并提出要在无锡建设"感知中国"中心。同年11月,温家宝在人民大会堂向首都科技界发表了题为《让科技引领中国可持续发展》的讲话,指出要首先突破物联网、传感网关键技术,物联网产业随即被列入国家五大新兴产业。

根据欧洲EPOSS研究机构在《Internet of Things in 2020》报告中的分析与预测,未来物联网的发展将经历四个阶段:2010年之前的RFID被广泛应用于物流、零售和制药领域,主要处于闭环的行业应用阶段;2015—2015年物体互联,2015—2020年物体进入半智能化阶段,物联网与互联网走向融合;2020年之后,物体进入全智能化阶段,无线传感网络得到规模应用,将进入泛在网的发展阶段。

(二)物联网技术应用原理

1. 物联网技术的构成

物联网从结构上可以分为三层:感知层、网络层、应用层。与物联网相关的技术也可相应分为三类。

1)物联网感知技术

物联网感知技术主要包括物品的标识识别技术、物品的传感和控制技术、短距离的无线通信技术。

2)物联网网络技术

物联网的网络层主要负责物品的感知识别层与管理服务层的连接。目前的主要存在形式有以下几种。

(1)互联网。互联网是物联网的核心平台,IPV6的推行使得终端设备的物流连接数量的障碍不复存在。

(2)无线宽带网。Wi-Fi/WIMAX等无线宽带技术具备较广的覆盖范围和较快的传输速度,为物联网提供了廉价并且高速可靠的互联手段。

(3)无线低速网。ZigBee/蓝牙/红外等低速网络技术为物联网中能力较低的节点提供了低能量来源、低计算能力的连接手段。

(4) 移动互联网。移动互联网为物联网提供了“全面、随时、随地”的连接手段,为“物品触网”创造了条件。

3) 物联网应用技术

物联网应用技术指的是从感知层传来的海量信息的管理技术,包括数据库技术、海量存储技术、搜索引擎、数据挖掘技术、网络安全技术等。

2. 物联网的关键技术

物联网的快速发展是以技术的不断创新为前提的,在物联网的发展过程中,相关的技术发展更新很快,其核心技术主要包括射频识别技术(RFID 标签)、传感技术、M2M 技术等。

1) 射频识别技术

射频识别技术是指利用射频信号通过空间耦合实现无接触信息传递并通过所传递的信息达到自动识别的目的。射频识别(RFID)技术是一种无线通信技术,可以通过无线电讯号识别特定目标并读写相关数据,而无须在识别系统与特定目标之间建立机械或者光学接触。无线电的信号是通过调成无线电频率的电磁场,把数据由附着在物品上的标签传送出去,以自动辨识与追踪该物品。某些标签在识别时从识别器发出的电磁场中就可以得到能量,并不需要电池;也有些标签本身拥有电源,可以主动发出无线电波(调成无线电频率的电磁场)。标签包含了电子存储的信息,数米之内都可以识别。与条形码不同的是,射频标签不需要处在识别器的识别范围之内,也可以嵌入被追踪物体之内。

RFID 技术在国外起步较早,而在我国起步较晚,但发展迅速。目前,我国不仅掌握了高频芯片的设计技术,也成功实现了产业化,而且超高频芯片业已经完成开发。RFID 技术在我国已经得到了比较广泛的应用,在我国的二代身份证、中国火车管理系统、智能交通、城市建设、移动支付等诸多领域展开。

2) 传感技术

传感技术是关于从自然信源获取信息,并对其进行处理(变换)和识别的一门多学科交叉的现代科学与工程技术,它涉及传感器(又称换能器)、信息处理和识别的规划设计、开发/建造、测试、应用及评价改进等活动。传感器是能感受信号并按一定规律转换成有用输出信号的器件或装置。

传感器技术是计算机应用中的关键技术,它把模拟信号转换成数字信号后计算机才能进一步处理。传感器技术的发展,可以使计算机的计算能力更强,并且更加智能。在物联网时代,通过感知识别技术,可以实现物与物之间的信息交互,是融合物理世界和信息世界的重要一环,是物联网区别于其他网络的最独特的部分。可以说,传感器技术给物联网带来了新的发展契机。在中国,传感器技术要落后于西方发达国家。

3) M2M 技术

M2M(Machine to Machine)是指机器对机器的通信,即 M2M 是无线通信和信息技术的整合,它使系统、感应终端设备、后台信息系统及操作者之间实现信息共享。它提供这四者之间的无线连接,是实现数据传送的必要条件。在 M2M 中,主要的远距离连接技术是 GSM、GPRS 和 UMTS,其近距离连接技术主要有 802.11b/g、蓝牙技术、Zigbee、射频识别技术和无线传感技术等。此外,还有一些其他技术,如超文本语言和 Corba,以及基于全球定位系统、无线终端和网络的位置服务技术。M2M 的重点在于机器间的无线通信，存在的方式有以下三种：机器对机器、机器对移动电话、移动电话对机器。

二、物联网技术在现代物流中的应用

物流领域是最先应用物联网技术的领域，而其也能作为物联网发展的成功案例。

（一）物联网技术在物流配送中的应用

物流配送指在经济合理的区域范围内，根据顾客的要求，对物品进行拣选、加工、配货、分割、组配等作业，并按时送达指定地点的物流活动。配送的一般流程主要包括备货、储存、订单处理、加工、分拣、配货、配装、送货、送达、返回等。下面对物联网技术在配送中心具体作业流程的应用予以介绍。

配送中心内部作业主要包括收货、分拣、仓储、出货。

1）收货

传统的配送中心的收货工作大都是由人力完成的，不仅效率低下，而且容易出错。但是应用物联网技术，特别是 RFID 技术和智能穿梭车技术之后，收货工作就变得简单有效，节省了大量的人力、物力和时间，优化了作业流程，提高了效率。具体的应用过程如下。在货物配送之前，每个货物都会贴上相应的 RFID 标签，上面记录了货物的目的地、种类、数量等信息。当货物配送到目的地之后，收货人员只需使用相应的识别设备（例如手持终端）扫描每个货物上的 RFID 标签，相应的信息便会传递到物流配送系统，然后物流配送系统会自动分配相应的智能穿梭车，完成货物的收货并更新数据。

2）分拣

现代物流配送不同于传统的每种货物单独配送的模式，现代物流配送有共同性和混载性的特性，配送方式多样，配送更多偏向于多品种、小批量。所以分拣这一环节的工作内容复杂而且工作量很大。而传统的分拣作业已经无法满足现代物流的发展，既浪费人力物力，又浪费时间，还容易出错。物联网的 RFID 技术和自动分拣技术可以很好地解决这个问题。在收货环节完成后，货物被送到自动分拣机上进行分拣作业，分拣设备通过读取货物上 RFID 标签的信息，对各类货物进行分拣，由配送系统对货物的储位做出下一步安排。

3）仓储

由于“零库存”在很多物流供应链中很难实现，所以仓储也是配送中心不可或缺的环节之一。现代物流配送中心仓储货物种类繁多而且流动量非常大，因此传统的仓储水平已经无法满足现代物流配送的需要。物联网技术的应用可以实现物流配送仓储环节的自动化、智能化和集约化。在物流配送中心可以用到的物联网技术有以下几种：RFID 托盘标签、RFID 货物标签、RFID 储位标签、工作人员 RFID 终端、温度传感器标签、光传感标签、读取设备等。通过这些技术的应用，结合物联网建立的物流配送系统，可以实现整个仓储过程的可视化、智能化与自动化，完成货物的合理调配、人员的合理分配，实现资源的合理配置。

在配送中心的每个储位也可以应用 RFID 标签，通过 WMS（仓库管理系统）可以收集每个储位的信息数据，并且通过配送中心的仓储系统计算出储位的最佳利用方案，实现储位利用的优化配置。

对于一些特殊货物，像是易腐产品或者易碎产品，由于它们的保存对于温度、湿度和存放环境都有一定的要求，所以可以通过一些传感器来实时感知这些特殊货物的状态，并将所获数据传递至配送系统，保证货物的安全完好。

4）出货

可以在配送中心的主要出货大门处安装 RFID 固定式识别系统，这样可以保证在货物经过时，快速大批量地识别货物上的 RFID 标签，从而实现全自动的物品快速确认、校验工作。一般 RFID 固定式识别系统应用于配送中心出入口、快速通道及货物装卸点等。

物联网技术在配送中心到配送点之间以及应用配送中心到配送点之间运转的过程主要涉及配送路线的选择，配送过程对配送车辆货物的实时监控跟踪，对配送车辆的调度指挥以及对整个配送过程的管理。

物联网技术在配送过程中的具体应用如下。

（1）车辆跟踪。车载定位终端自动进行 GPS 定位，并按照预设的发送间隔频率自动上传定位信息，结合 GIS 和 GPRS 技术，准确确定车辆所在位置，记录过去一段时期的车辆行驶路线，实时跟踪车辆行驶情况。

（2）调度指挥。管理人员通过计算得出最佳配送路线之后，可以通过物流运输系统给车辆驾驶员发送调度指挥信息，驾驶员通过车载通信系统接受信息并执行指令，可以确保运输过程安全、高效、准确。

（3）货物运输状态跟踪。货物的安全问题是现代物流配送要面临的重要问题，所以利用物联网技术，在车辆内安装无线数据采集器，同时在每一个货物配备 RFID 标签，这样管理人员就可以通过系统实时获取车载货物的状态，确保货物安全。

（二）物联网技术在物流仓储中的应用

物联网技术问世后，物流业首先开始应用该项技术。仓储业作为物流业的核心环节，也在其作业流程中开始探索基于物联网技术的改革。2003 年底，中国仓储业迈出了自动化作业的步伐，在业内开始应用 RFID 和 EPC 技术。通过对最新技术的应用，仓储实现了对货物配送、分拣、包装及信息管理进行有形、无形的控制，进而更好地满足了供应链上下游的需求。

传统仓储在入库验收、盘点、查询、分拣环节主要依靠手工完成。这种传统模式在时间、效率、正确率、信息化等方面均不能满足现代仓储的需要。物联网技术的出现，正好解决了仓储业的难题。基于物联网技术的仓储业可实现对货品和设备的实时跟踪、信息的快速传递，从而提高了货物流通效率，实现信息快速查询，降低了货物出库、入库操作时间，提高了货物分拣速度。目前应用于仓储业的物联网技术主要是 RFID 技术、GPS 技术、传感器技术、视频识别与监控技术、激光技术、红外技术、蓝牙技术等。在网络技术方面，仓储业多采用局域网、互联网，在不方便布线的地方，采用无线局域网。

物联网技术在仓储各环节的具体应用如下。

1. 入库操作

商品入库是仓储工作的起点，通过收货单、入库单的签发，确定了仓库方对货物的接管，为随后的工作打好基础。传统入库，是通过送货方、仓库方双方签字确认，并通过人工检查，对货物的品名、规格、数量、包装、质量等进行确认。通常，入库商品都是大宗货物，入库工作耗时耗力。物联网技术的应用，可以使仓库方与委托方建立网络联系，在货物送达前，完成货物信息的确认和系统录入，为支持 RFID、电子标签的使用，包括商品、仓库在内的所有作业单元都进行条码化设计。在收货时，入库清单上除了货物信息，还有产品编码条码，进而辅助收货人员使用 RFID 进行收货，快速准确地识别货物数量、仓储要求等信息。条码技术、射频技术的应用，在收集货物信息的同时，将数据传至服务器，服务器自动对货品进行库位分配，再将分配信息发送到无线数据终端。作业人员得到指令，根据入库分配信息，准确地将货物送到库位，并传回相应数据，更新库存数据。

2. 在库管理

商品入库后，仓库负责对商品进行日常的保管、养护，在保证货品安全、不丢失的前提下，仓库也要针对货品的特性，对货品进行合理的库位分配和管理，确保货品品质安全。在库管理须遵循“安全、优质、方便、多储、低耗”的原则。通过对仓库的房、棚、场以及库房的楼层、仓间、货架、走支道等，按地点、位置顺序进行编码，针对存货需要进行区分，方便商品按地点准确存放。为配合货物的入库、移库，仓库使用的搬运设备也被列入物联网技术行列。例如，叉车、拣选车也采用无线通信技术，与计算机实时通信，实现了货物移动的自动化。随着传感技术的加入，AGV(自动导引运输车)也更趋于智能化，为全自动化物流中心提供了具有智慧的物流终端。为保证货物品质，感知技术、传感技术也应用到仓库温度、湿度的控制当中，例如冷鲜品的储存，通过感知技术，将仓库的物理信息及时传送到计算机，并具备自动调节温度的功能。为保证货物安全，监控技术、红外线、感知技术也应用到仓库的安全管理中。通过物联网技术，仓库实现了透明化、无人化。盘点过程中，作业人员可以通过无线终端，对货品进行扫描，并将数据传回终端计算机。终端也通过对货物信息的分析，针对盘点方式、时间发出智能化指令。

3. 出库操作

商品出库需根据客户订单要求，严格按照订单要求的数量、时间进行商品出库的组织。物联网技术下的出库可通过与客户端的网络互联，提前获得订单信息，由终端发出分拣命令，自动形成出库单。作业人员需通过扫描确认、核查货物信息，将货物送到指定位置，完成出库作业。在出库作业中，终端会根据订单要求进行部分分配、完全分配、部分装箱、完全装箱，按不同订单级别对出库进行严格控制和调配。

第二节　互联网＋协同物流技术及其应用

一、互联网＋协同物流技术概述

2012 年 11 月，于扬首次提出“互联网＋”理念。2015 年 3 月 5 日，在十二届全国人大三次会议上，李克强总理在政府工作报告中首次提出“互联网＋”行动计划。李克强总理在政府工作报告中提出，制定“互联网＋”行动计划，推动移动互联网、云计算、大数据、物联网等与现代制造业结合，促进电子商务、工业互联网和互联网金融(ITFIN)健康发展，引导互联网企业拓展国际市场。

两化融合是信息化和工业化的高层次的深度结合，是指以信息化带动工业化、以工业化促进信息化，走新型工业化道路；两化融合的核心就是信息化支撑，追求可持续发展模式。

"互联网＋"是两化融合的升级版，将互联网作为信息化发展的核心特征提取出来，与工业、商业、金融业、物流业等服务业全面融合。

通俗来说，"互联网＋"就是"互联网＋各个传统行业"，但这并不是简单的两者相加，而是利用通信技术及互联网平台，让互联网与传统行业进行深度融合，创造新的发展生态。

我国物流业正从传统物流向现代物流过渡，信息化手段和高新技术的应用、互联网的普及、物联网和传感网络的发展，都推动着现代物流业的发展。然而，我国物流业还存在一些问题。

（1）共性技术有待提高，标准化程度不高。

（2）信息化程度低，物流系统信息不共享，协同程度低。

（3）传统物流服务模式无法适应新的服务需求，物流服务质量和水平有待提高。

（4）物流管理缺乏专业化、规范化指导，物流整体效益较差。

互联网＋协同物流技术的推广，有利于整合零散物流节点，优化网络布局，加速我国物流产业结构调整和组织优化，实现物流企业战略协同。通过信息技术的普及，通过运筹与优化技术弥补目前物流节点设计与空间布局不合理的状况，提高货物配送运输效率。通过网络将各节点相连，运用仓储管理、货运调度系统赋予物流园区高级物流节点的能力，有效整合区域内各节点，实现现有社会资源的整合和提升。

（一）互联网＋协同物流概念

在管理领域，首先提出"协同"理念的是美国战略理论研究专家依戈尔·安索夫。他认为协同是公司战略四要素之一，可以将多元化的公司业务联系到一起，使得企业可以充分利用现有资源和优势开发新的市场。

"管理协同"是指当一个企业进入新的行业时，将其在某一行业中战略、组织和运营等方面的管理技能运用到新进入的行业而产生协同。对企业而言，管理协同就是为了提高管理效率，高效实现企业既定目标。通过优化配置企业各子系统要素进行协同，产生一个结构上、功能上都远优于原有系统的新生命体，达到协同效应，实现"1＋1＞2"的效应。

协同物流是指将具有相互依赖关系的分散的物流实体，通过"竞争-合作-协调"运行机制组织在一起，相互配合，协调一致地工作，以完成任何单个物流实体不能完成或虽能完成但不经济的物流任务，从而实现总体效果优于各个单独效果之和的一种物流形式。

协同物流模式通过整合物流企业资源形成协同物流系统，利用"合作-竞争-协调"机制保证参与系统的各物流实体间资源的高效配置。其中合作和协调机制由于物流任务的各个环节之间存在着逻辑上的关系，可以由多家物流企业协作完成，但由于各家企业存在资源、时间上的约束，节点企业之间需要通过实施交互信息，保证物流任务高效完成。

协同物流涉及的信息类型可以从供应链的决策层分类来研究。第一个是战略层，战略层包含了合作厂商的选择、产品的定价、厂址选择等；第二个是战术层，战术层包括制订生产计划、库存计划等；第三个是决策层，决策层包括生产调度、车辆调度等。

处于不同层次的决策所包含的信息内容是不尽相同的。现有研究对战术层和运作层的信息研究较多，例如订单信息和库存信息等，鲜有战略层信息的研究，没有形成一个协同的状态。生产信息模型(PIM)概念的提出,目的是从信息共享的角度来分析影响供应链绩效的信息分类。另外,可以共享的信息不仅仅是库存和订单信息,销售信息同样可以共享。企业可以通过共享企业调度员柔性信息提高集中度和调度质量来完善信息共享。

只有一个供应商和多个零售商构成的供应链中,通过信息共享,供应链成本明显降低,信息技术的信息贡献对供应量协同效用的增加更为有效。

信息协同中的信息共享策略和共享模式。现有的供应链信息共享模式有信息集中、供应商管理库存及协同计划、预测和补货。三种方式在信息共享上有所不同,信息集中主要是通过零售商和其他伙伴间的市场实际数据共享而减少误差;供应商管理库存及协同计划是通过上游企业做到下游客户的库存及经营信息进而控制库存和管理,使得供应商能够把握住下游零售商的实际需求;预测和补货是通过共享历史数据和预测数据,进行有效的市场预测,掌握市场动态,有效管理库存,降低成本,提高整个供应链的效率。

(二) 互联网+协同物流技术的发展

互联网+协同物流技术的技术体系主要包括基本支持技术和基本应用技术。

基本支持技术主要包括标准化技术、集成技术、资源建模技术、信息传输技术、物流信息技术、信息安全技术。

1. 标准化技术

由于网络化协同物流管理系统需要涉及各类专业的应用系统之间的集成,而这些应用系统一般是异构的,因此,需要研究系统之间的集成标准。标准化技术除了网络化协同物流管理系统支持平台的标准外,还必须为通过支持平台进行的异地应用服务间的集成提供相应的标准。目前数据传输方式采用了 XML 技术,由于 XML 本身是可扩展标记语言,支持定义自己的标记,因此为了数据传输和交换的统一,可以制定相关的专用标记语言,如建立适合管理信息的 MIML 语言,适合质量信息的 QIML 语言等。通过对 XML 格式标准的制定,使异地服务进行集成时数据正确交换以及通信交流和信息共享更加方便可靠。

2. 系统集成技术

网络化协同物流管理涉及多个企业之间的信息交互,涉及应用系统之间的集成,从多个系统进行集成的角度出发,需要协同物流管理系统具有分布式的处理能力,实现应用系统之间的互操作。目前基于分布式的对象互操作技术得到了很大的发展,并且应用的广度和深度大大加强。例如,对象之间的互操作已经从 COM/DCO 和 COM+、CORBA 等逐步发展到 Web Services,以及目前流行的 SOA 架构,其应用的范围也逐步从局部网络到 Internet。这些技术的成熟应用,使得网络化协同物流管理的实现有了很强的分布式对象的互操作技术基础。

3. 资源建模技术

在网络化协同物流管理过程中,物流资源不仅是企业核心竞争优势的体现,还是选择合作伙伴的重要评价因子。因此,需要利用资源建模技术对物流资源的布局以及资源的拓扑结构、能力和可利用情况等进行有效的描述,使其能被正确地识别、理解和应用,从而有效发挥各种物流资源的作用。

4. 信息传输技术

网络化协同物流管理中存在信息在 Internet 上各类专业应用系统之间流动的情况，如何保证在信息传输过程中的速度、质量、安全等要求，是信息传输技术需要研究的内容，目的在于为协同物流管理过程中信息的有效传输提供一种良好的保障环境。

5. 物流信息技术

现代信息技术逐步深入到物流管理的每一环节。与其他资源不同，信息技术正在不断地提升速度和能力，同时又在降低成本。物流信息技术一般包括电子数据交换技术、条码技术、电子标签技术、销售时点信息管理技术（POS）、电子订货系统（EOS）、无线射频技术（RF）、地理信息系统（GIS）、全球定位系统（GPS）和自动分拣技术等。

6. 信息安全技术

网络技术给人们带来各种高效和便利的同时，也承担着各种敏感信息（各类账号、文件等）遭受攻击的风险。在网络化协同物流管理系统中，节点企业众多，竞争与协同并存，因此系统的网络安全和信息安全尤为重要。网络化协同物流管理系统支持平台的信息安全技术主要包括数据加密解密技术、安全交易协议标准、网络安全技术、防火墙技术、信息认证技术、身份识别技术等。

互联网＋协同物流技术体系的基本应用技术包括合作伙伴选择与评价技术、配送优化调度及监控技术、库存控制技术、任务分解与分配技术、工作流管理技术、数据采集与分析技术、决策分析技术等。

1. 合作伙伴选择与评价技术

网络化协同物流管理中合作伙伴之间的关系不再仅仅是短期的交易关系，而是更加重视长期、稳定的合作，进而建立起战略合作伙伴关系，协同发展，从而达到“共赢”的目的。然而，企业之间的合作是否成功，很大程度上与所选择的伙伴有关。因此，建立一套完整的选择评价体系，并选择适当的方法进行合作伙伴选择与评价是网络化协同物流管理中需要研究的重点之一。选择合作伙伴的方法较多，基本可以分为定性方法和定量方法，而在实际应用中往往需要把二者结合起来才能获得更好的效果。

2. 配送优化调度及监控技术

配送是网络化协同物流管理系统中的一个重要环节，配送水平以及配送计划制订合理与否，直接关系到企业能否连续、均衡地进行正常的生产运作，也直接决定着企业库存水平的高低。因此，对配送优化调度及监控技术进行研究，有利于合理配置、组织资源，保证物流配送的及时性，为有效实现协同物流管理提供保障。配送优化问题包括配送车辆优化调度、配送路线优化和配送网络设计和配送中心优化选址等，要解决这些问题，需要综合应用计算机网络技术、数据库管理技术、数据采集技术、系统工程、运筹学、系统预测、决策技术、计算机仿真技术等多学科先进技术，以及交通运输、城市规划等多学科领域的研究成果。

3. 库存控制技术

库存控制是网络化协同物流管理系统中不可缺少的重要组成部分，是实现价值链增值的重要环节。库存量的高低不仅影响着单一企业的综合成本，而且制约着整条物流链的性能。因此，如何把库存量控制到最佳，既减少库存成本，又不影响正常的产品生产和对客户的服务，已经成为物流管理过程中必须考虑的问题。目前的库存控制技术主要有联合库存控制、供应商管理库存、多级库存控制和协同式库存控制等。

4. 任务分解与分配技术

物流任务的分解与分配是网络化协同物流管理的基本问题。通过对整个物流活动过程的合理规划，使复杂的物流活动转化为许多简单的、基本的子过程或子任务，利用协同工作机制，将合适的任务分配给合适的企业，是物流管理中任务分解和分配的主要工作。任务分解的目的就是将一个任务分解成多个子任务，并确定各子任务间的关系，以便各合作企业协同；任务分解后，各子任务间通过输入、输出信息建立联系，从而直接构成各任务在执行顺序和时间上的相互制约关系。

5. 工作流管理技术

网络化协同物流管理系统中，物流业务流程的运作需要多个成员企业的共同参与和协同运作，这涉及企业之间大量的数据交换和跨企业边界的过程管理，因此需要采用工作流技术来实现企业间业务流程的协调和控制。采用工作流技术可以利用松散耦合的方式将不同的活动通过一个流程组织在一起，使它们在受控状态下运行。工作流管理将很好地把企业内部的各种信息资源有机地组织起来，提供对群体协作的支持，从而提高企业的运作效率。

6. 数据采集与分析技术

数据采集与分析技术包括对信息或物流系统中多层次、多方面数据的采集与分析。通过有效的数据采集与分析，可以从集成中心的角度在总体上对物流活动的各个环节进行实时动态管理和随机调度，这些实时信息同时可供企业使用。数据采集与分析技术的重要研究内容是数据的实时/自动采集技术、数据的传输与共享以及特征提取与信息合成技术等。在物流管理中用得较多的数据采集技术有条码技术、射频识别技术等。

7. 决策分析技术

网络化协同物流管理过程中面临着大量的决策问题，包括企业核心能力的确定、合作伙伴的选择、市场分析与评估、利益/风险的分配决策等。各种决策分析技术的合理应用可以有效降低协同物流管理中的各种不确定性因素的影响，对物流运作的整体优化、物流运作敏捷性的提高具有重要意义。在物流管理中，实现决策分析的代表性技术有神经网络技术、数据仓库技术等。

（三）互联网+物流的关键协同技术

1. 合作伙伴选择技术

当面临为数众多的潜在的合作伙伴时，为降低评价的工作量，核心企业应首先通过一种快速的过滤法将候选合作伙伴的数目降到某一合适的范围内，比如采用定性的方案筛选方法、优势法、满意值法。其次，核心企业可以采取定量化的综合评价方法，进一步缩小供应商的数目。合作伙伴选择的标准受到企业自身因素（如行业、需求等）的影响，随着时代的变迁和发展，合作伙伴选择的标准也随之调整变化。2001 年 6 月，Operations Management Roundtable (OMR)发布了“第三方物流选择与实施管理”报告，提出了 3PL（第三方物流）、评价、选择与管理的建议措施，建立了 3PL 评价的参考指标体系。

2．工作流管理技术

工作流是一种反映业务过程的计算机化的模型，是为了在先进计算机集成支持下实现经营过程集成与经营过程自动化而建立的可由工作流管理系统执行的业务模型。工作流程管理主要实现产品的设计与修改过程的跟踪与控制。包括工程数据的提交与修改控制或监视审批、文档的分布控制、自动通知控制等。它主要管理当一个用户对数据进行操作时会发生什么，人与人之间的数据流动以及在一个项目的生命周期内跟踪所有事务和数据的活动。这一模块为产品开发过程的自动管理提供了保证，并支持企业产品开发过程的重组以获得最大的经济效益。协作工作流是工作流管理技术在跨组织应用领域的延伸。世界经济大背景使企业之间的交互与合作不断增加，出现了跨组织的工作流，因此协作工作流建模具有重要意义。1999 年，Aalst 给出了如下几种工作流协作形式。

(1) 能力共享(capacity sharing)：在一个中心工作流引擎的控制下，任务的执行被分布到各个合作伙伴组织中。

(2) 连锁执行(chained execution)：将业务过程划分为不相交的子过程并分别由不同的合作伙伴按顺执行，在合作组织内部实行工作流的分布控制。

(3) 转包(subcontracting)：某个组织 A 把整个业务过程划分为若干子过程，再把各子过程转包给合作伙伴，对于组织 A 来说，各子过程是原子的(不能被进一步分割)，而对合作伙伴来说，子过程可能是很复杂的(可进一步分割)。在类似树状结构的层次式组织中实现工作流的分布控制。

(4) 实例迁移(case transfer)：每个合作伙伴本地都有工作流模型定义的一个拷贝，即模型定义是分布的，实例在各个合作伙伴间移动，在某一时刻，实例只能出现在唯一一个合作伙伴本地，相应的任务完成后，实例被移交到下一个伙伴。

(5) 扩展的实例迁移(extended case transfer)：上述实例迁移模式假定每个合作伙伴本地都有一个相同的模型定义的拷贝。本模式允许本地增添新任务而对拷贝进行扩展，但这种扩展要在实例迁移之前进行。

(6) 松耦合(loosely coupled)：业务过程被分割成可并行执行的子过程，子过程的定义放在本地，它们通过公共协议进行通信。任一合作伙伴都可以修改本地的过程而不必通知其他伙伴。在此基础上，Aalst 采用消息序列图(MSC)表示上述各种协作模型。

3．决策分析技术

目前比较具有代表性的决策分析技术主要有神经网络技术和数据仓库技术。

人工神经网络(ANN)，它是一种模仿动物神经网络行为特征，进行分布式并行信息处理的算法数学模型。这种网络依靠系统的复杂程度，通过调整内部大量节点之间相互连接的关系，从而达到处理信息的目的。神经网络通过对人脑的基本单元——神经元的建模和连接，探索模拟人脑神经系统功能的模型，并研制一种具有学习、联想、记忆和模式识别等智能信息处理功能的人工系统。神经网络的一个重要特性是它能够从环境中学习，并把学习的结果分布存储于网络的突触连接中。神经网络的学习是一个过程，在其所处环境的激励下，相继给网络输入一些样本模式，并按照一定的规则(学习算法)调整网络各层的权值矩阵，待网络各层权值都收敛到一定值，学习过程结束，然后我们就可以用生成的神经网络来对真实数据做分类。

数据仓库是决策支持系统(DSS)和联机分析应用数据源的结构化数据环境。数据仓库研究和解决从数据库中获取信息的问题。数据仓库的特征在于面向主题、集成性、稳定性和时变性。主要功能仍是将组织通过资讯系统之联机事务处理(OLTP)经年累月所累积的大量资料,经由数据仓库理论所特有的资料储存架构,做一有系统的分析整理,以利于各种分析方法如联机分析处理(OLAP)、数据挖掘之进行,并进而支持如决策支持系统、主管资讯系统(EIS)之创建,帮助决策者快速有效地从大量资料中分析出有价值的资讯,以利于决策拟定及快速回应外在环境变动,帮助建构商业智能(BI)。数据仓库由数据源和前端工具两大模块组成。数据源是数据仓库系统的基础,是整个系统的数据源泉,通常包括企业内部信息和外部信息。内部信息包括存放于RDBMS(关系数据库管理系统)中的各种业务处理数据和各类文档数据。外部信息包括各类法律法规、市场信息和竞争对手的信息等。前端工具主要包括各种报表工具、查询工具、数据分析工具、数据挖掘工具以及各种基于数据仓库或数据集市的应用开发工具。其中,数据分析工具主要针对OLAP服务器,报表工具、数据挖掘工具主要针对数据仓库。

二、互联网+协同物流技术在现代物流中的应用

(一) 互联网+协同物流技术在物流中心管理领域的应用

物流中心是指接受并处理下游用户的订货信息,对上游供应方的大批量货物进行集中储存、加工等作业,并向下游用户进行批量转运的设施和机构。物流中心接受末端客户的订货信息,对供应商提供的货物进行物流作业,最终配送到末端客户中。物流中心需协调与上下游客户的业务关系,实现物流、信息流、资金流的无缝衔接。根据物流功能在物流任务中的重要程度,将其分为核心功能、辅助功能。物流作业需要的核心功能包括仓储、运输、配送以及物流信息的管理,是不同类型的物流中心都必须具备的功能。辅助功能包括装卸搬运、包装、流通加工等,为核心功能提供辅助支持。

互联网环境下物流中心任务协作流程包括以下环节。

(1) 物流客户在云端服务界面提交物流任务,任务信息包括任务起始点和目的地、服务类型、时间及成本要求信息。其中,服务类型包括单项服务和组合服务。单项服务指的是仅进行一项物流活动,比如仓储、配送等;组合服务针对的是多个物流活动组成的物流任务,比如运输+仓储+配送。任务提交后,物流云端将获得任务要求信息。

(2) 针对某段时间的物流任务分类整理,为协同处理做准备。

(3) 物流云端通过与各个物流中心的信息系统对接,得到物流资源信息,该信息包含各个物流中心的实时状态和任务处理报价。其中物流中心状态信息由物流中心坐标、下属物流企业数量、业务类型、负荷状态、处理能力组成。

(4) 物流任务云段处理中心得到物流任务信息和物流资源信息后,通过物流任务协同处理模型计算得出协同处理方案。

(5) 物流任务分配是指将物流任务协同处理信息发放给各家物流中心的下属物流企业。

(6) 各个物流中心接到任务处理信息,按照要求完成物流任务。任务处理信息包括任

务处理数量、时间要求等。

（7）物流任务完成后，物流云端通过收集客户反馈信息和任务完成信息，评估各物流中心及下属物流企业的服务质量，为供应商评价提供依据。

基于云环境下区域内多个物流中心物流任务协同处理问题，物流中心实际运营应该包含组合服务和单项服务业务。其中，组合服务业务主要指包含运输、仓储、流通加工、配送等多项物流服务，物流任务业务场景可以描述为在一段时间内，由云中心进行计算，货物需要从起始点运至某个物流中心进行物流作业，经过物流中心处理后再运至目的地。其中，物流中心作业流程也分为不同种类，可以包括仓储、流通加工、包装、装卸搬运四项物流活动中的任意几项，但是物流活动的顺序相对确定。单项服务的物流作业相对单一，物流任务业务场景可以描述为：客户提交给云端的任务是将一批货物从起始点运至目的地，或者运至物流中心只进行某项物流活动，例如仓储或流通加工。

考虑到各物流中心下属物流企业的实际运行状况以及物流任务处理时间和成本的限制，模型建立和求解考虑如下几个方面。

（1）物流任务选择某家物流企业进行处理需要等待一段时间，则应考虑任务等待带来的时间成本和选择其他物流中心引起的运输和时间成本对比问题。

（2）若物流中心不能在规定时间和成本下完成物流任务，则需要将物流任务外包。

（3）由于物流企业需要处理多批任务，每接受和处理一批任务，其物流作业的时间安排需要改变。

根据以上三个方面，设计物流任务处理机制包括物流方案形成机制、方案选择与业务外包机制、任务排队与时间推演机制三部分，排队机制解决单个任务的分配最优化问题；物流业务外包机制保证物流任务在不能够得到妥善处理的时候能够外包处理，提升物流云服务能力；时间推演机制解决云环境下物流任务多批次优化处理问题。

针对某项物流任务，云物流平台下的各家物流中心根据时间和成本给出处理方案，处理方案包括中心内的物流企业处理某项物流活动的时间和成本。物流方案选择和业务外包机制是指在满足客户对于物流任务处理时间和成本的要求的前提下，针对形成的物流方案进行排序并选择，若无满足要求的方案，则平台需要将该业务外包。时间推演和排队机制是考虑各家物流中心及物流企业完成物流任务的作业能力限制因素而设计的，其中时间推演是将各物流企业的任务处理转化为作业时刻表，根据作业时间判断物流任务在该家企业处理是否需要等待，并考虑等待带来的时间成本因素。

（二）互联网＋协同物流技术在食品冷链物流领域中的应用

食品冷链物流系统协同指的是在食品从供应地向接收地的实体流动过程中，食品冷链物流系统各主体企业为了保持食品始终处于维持其品质所必需的可控温度环境下，通过相互协作、信息及资源共享以实现食品冷链各物流环节的无缝对接，以达到保障食品安全、提高食品物流效率和降低物流成本的目标。食品冷链物流系统协同在实际运作过程中通过相互协作、信息及资源共享以实现食品冷链各物流环节的无缝对接。鉴于此，可以得出食品冷链物流协同的三个目标，即保障安全、提高效率及降低成本。

食品冷链物流系统分为主体、客体和设施设备三类要素。相应的协同对象可分为主体协同、客体协同和设施设备协同，在各要素的协同过程中，信息协同扮演了重要角色，所以食品冷链物流系统协同的内容可分为主体协同、客体协同、设施设备协同和信息协同。

食品冷链物流系统的协同过程分为三个阶段，分别是战略层协同、战术层协同及操作层协同。食品冷链物流系统协同过程，从战略层协同开始，进行战术层协同。以操作层协同为基础，操作层的协同结果会影响到战术层协同。同理，战术层协同也会影响到战略层协同。食品冷链物流协同的过程如表 6-1 所示。

表 6-1　食品冷链物流协同的过程

	组　　织	资　　源	信　　息
战略层	协同组织的构建 协同组织的维护及持续改进	软件资源协同 硬件资源协同	确定信息系统战略 确定信息共享机制
战术层	各主体企业确定协同内容 各主体企业调整内部组织	软件资源战术层协同 硬件资源战术层协同	共享订单信息 共享配送计划信息 共享库存信息
操作层	—	信息技术的应用 操作标准化与规范化	—

战略层协同是食品冷链物流系统最高层次的协同，对系统协同起指导作用。协同组织的构建是冷链物流系统协同的开始，之后需要对其进行维护及持续改进，以确保食品冷链物流系统的组织能够始终满足系统总目标的要求。资源协同是食品冷链物流系统协同的重要组成部分，从战略的层面上考虑资源协同是食品冷链物流协同发展的重要组成部分。软件资源是食品冷链物流系统能力的重要表现之一，对系统的运作能力有很重要的影响。企业之所以要谋求协同，能够实现资源共享尤其是软件资源共享是其主要的动因之一。软件资源的协同对策包括：建立统一的质量标准，品牌形象共享，共同规划人力资源。食品冷链物流系统中的硬件资源主要包括运输设施设备及仓储设施设备。其中，运输设施设备包括冷藏汽车、铁路冷藏车、冷藏船、冷藏集装箱、冷藏飞机等；仓储设施设备包括货架、叉车、托盘等冷库以及仓库中的附属设备。食品冷链物流系统硬件资源是系统运作的物质基础，同时相比于一般的物流设施设备更为昂贵，从战略层次考虑硬件资源的协同具有重要意义。食品冷链物流信息的战略层协同还包括信息系统战略的确定和信息共享机制的确定。

食品冷链物流系统战术层协同的管理内容包括订单管理、销售预测、成本控制、库存管理、运输管理等方面。

食品冷链物流操作层协同处于最低层次，是战略协同和战术协同的基础和前提，为战略协同和战术协同提供有力的支持。食品冷链物流操作层的协同对食品冷链物流协同至关重要，作为战略层协同与战术层协同的最终实施环节，食品冷链物流操作层的协同结果对食品的物流安全、物流效率、物流成本等有决定作用，直接体现了食品冷链物流协同的效果。食品冷链物流系统在操作层面的协同主要集中在信息技术及操作规范两个方面，这两个方面能够保证食品冷链物流系统的协同战略、战术层面的协同策略得到实施。

(1) 信息技术的应用。高质量的信息传递和信息共享是食品冷链物流系统实现协同、有效运行的重要保障之一。先进的信息技术是信息共享体系建立的基础。因此，有效实施基于系统管理的战略合作关系离不开信息技术的支持。信息技术能起到整合从食品生产加工制造商、批发零售商和物流商直到最终消费者的整条食品供应链的作用，提高食品冷链活动的效率，有利于对食品冷链物流系统中各主体企业的计划、协调、顾客服务和控制活动进行更有效的管理。提高物流技术装备，以科技改善物流水平，对物流技术装备保障具有重要意义。企业迫切需要的就是适宜、安全的物流快速响应，以降低成本费用，优化库存结构，减少资金占用，缩短物流周期，提高物流质量，取得用户和消费者的信任。为达到这一目的，食品冷链物流主体企业必须提高物流技术装备水平，在充分利用网络信息技术的前提下，采用托盘、集装箱等物流技术，实行高度机械化、自动化的装卸、搬运、拣货等作业，采纳准时供应、全面质量管理、客户关系管理、自动连续补货等协同物流管理技术等。以科技手段改造物流技术装备，提高物流水平，及时地对瞬息万变而竞争日趋激烈的食品交易做出反应，提供高质量物流服务，保证食品物流系统的整体效率最优。借助 GPS、自动识别等技术的应用，通过网络平台和信息技术将承运人、制造商、供应商及相关的银行、海关等单位联结起来，实现对货物的全程监控和资源共享，提高整体运输效率；可以有选择性地在食品冷链物流的某一环节使用 RFID 技术，例如，许多食品冷链物流服务商有针对性地在冷链物流的短板——冷藏运输环节使用 RFID 技术，同时，RFID 还可扩展为由企业或物流系统建立覆盖全冷链流程的监测中心数据平台。采用 RFID 技术最大的好处是可以对冷链物流系统进行透明化管理，有效降低成本。引进自动化冷库技术和库房管理系统、运输车辆温度自动控制技术等先进技术，提升物流运作能力。

（2）操作标准化与规范化。为了保证食品冷链物流运作的各个流程在操作过程中不出纰漏，在实际操作过程中需要制定相应的操作标准。为了涵盖物流运作的各个流程，所制定的食品冷链物流操作标准需要包括温度记录、跟踪与监控，货物验收、货物运输以及货物仓储等领域。具体来说，为了保证冷链物流操作过程规范，整个操作流程快速高效同时能够保证食品安全，食品冷链物流系统中的各主体企业需要制定一系列的操作规范。这些规范应该包括卫生管理操作规范、托盘管理操作规范、冷链食品拣选操作规范、冷藏仓库温度控制操作规范、冷冻食品收货温度测试操作规范等。除了这些业务操作规范之外，还需要制定相应的管理制度来保证相关操作人员严格按照操作规范执行。

第三节　互联网＋电子商务物流技术在现代物流中的应用

一、智慧物流

智慧物流的概念从源头追溯是从智慧地球的提出引申而来的，而建设智慧地球的基本前提就是要实现世界的互联互通，这一切理想的实现都要依赖新兴信息技术的研发与应用，重要的有物联网、新一代移动宽带网络、云计算。智慧物流作为智慧地球建设过程中的一个板块，它的发展也必然从新兴技术的研发开始。智慧物流由物流数据中心、支撑应用、核心应用、门户应用组成，它们之间通过互联网、物联网、传感网进行联系。智慧物流的运行基础是数据库，而数据的监测需要通过物联网、互联网等来完成。

中国物联网校企联盟认为，智慧物流是利用集成智能化技术，使物流系统能模仿人的智能，具有思维、感知、学习、推理判断和自行解决物流中某些问题的能力。即在流通过程中获取信息从而分析信息，做出决策，使商品从源头开始被跟踪与管理，实现信息流快于实物流。

可通过 RFID、传感器、移动通信技术等让货物配送自动化、信息化和网络化。

在概念的界定方面，随着发展背景的不断丰富，智慧物流概念的内涵也逐渐饱满起来。2009 年，国内权威物流部门做出智慧物流概念的最初界定，即智慧物流是将物流系统通过集成智能化技术进行人性化设置。2010 年，智慧物流建设在中国实践过程中，物联网技术备受关注，李书芳教授指出，智慧物流是利用物联网技术实现物流过程的服务最优化、资源配置最优化、生态环境保护化。2011 年，智慧物流在中国不同地区开始建设，由于学者的出发点不同，智慧物流的概念又有了不同的认识。汪明认为，智慧物流是在运行物流过程时，参与方进行信息沟通，从而加深各参与方的沟通。贺胜瑜等人站在管理者的视角，认为智慧物流是将物流通过信息化降低成本、提高效益的管理活动。王阳从实际利益出发，指出智慧物流是科学分配物流资源、降低物流消耗的过程。章合杰认为智慧物流是靠现有信息技术支撑起来的高规格的现代综合性物流系统。童孟达认为智慧物流是物流应用智慧技术的产物。2012 年，学者邵广利认为智慧物流是通过三网(物联网、传感网、互联网)融合，实现物流过程的科学分析，进而达到“智慧”状态。2013 年，龚关认为智慧物流是通过信息系统对物流环节实行的精细化管理模式;2014 年，胡安安、黄丽华等人认为智慧物流是通过信息化技术提高物流运营效率和运营水平的现代物流管理模式。

在智慧物流平台的建设方面，研究学者们也有不同的见解。江瑜、龚卫恒认为成熟智慧物流平台是基于第四方物流展开的，且涵盖了从物流信息发布到物流过程执行结束的所有经营过程，能够同时满足物流供应商与客户对物流的全方位掌控。李远远认为智慧物流信息平台是物流环节协调的实时控制平台，能够实现物流参与方对物流过程中矛盾的及时反馈、及时处理、及时见效的有效现代管理机制。范真容则认为大数据时代的智慧物流平台，应该以数据平台为建设重点，以提高顾客满意度为服务准则，最终实现企业物流成本最小化、盈利最大化的终极目标。潘雨青等认为，智慧物流平台的最新技术能够弥补传统信息平台的缺陷，更具直观性，可操作性也大幅提高，平台功能更加丰富。覃文庆则认为现代的物流信息平台应该能够满足实时调配的要求。

在实际运作过程中，企业更关注智慧物流的技术开发与应用，所以不同企业、不同研究机构针对物流的不同环节进行了分割研究。黄国兴认为 GPS 和 GIS 技术在物流环节中的应用能够提高物流的配送效率。李祖骏也认为 GPS、GIS 和 GPRS 在物流过程中的综合使用，能够对车辆实施灵活控制、实时调度，是对车辆的科学配置过程。张润青认为物联网技术是智慧化管理的信息互联技术，在智慧物流发展中至关重要。RFID 作为物联网的基础核心技术，可以降低人工成本，提高工作效率;在服务业、制造业中，该技术能够极大地提高管理效率;而 RFID 技术的广泛应用来源于它的识别、跟踪功能。

智慧物流在中国出现后，一直备受物流企业的关注。企业为了走在行业的发展前列，降低企业物流成本，已经在智慧物流的技术与产品的研发、引入中投入大量的资源与资金。就目前的发展情况来看，中国物流企业对物流产品的研发整体上处于智慧建设的初级阶段。如为了加大对生产线的监控程度，MRP、ERP 或自动化生产流水线已经被引入众多的生产工厂中。当然，也有智慧化程度较高的研发成果推出，如中国自主研发的北斗导航系统，其精密性已步入世界前列，但由于导航市场已经被国外产品优先占领，它的市场占有率远远低于相关部门的预测。中国智慧产品的研发情况虽不理想，但随着相关智慧软件的不断引入，中国物流企业的信息化水平将得到有效提升，如利用大数据平台进行企业管理、通过使用自动化技术降低物流人工成本、“网订店取”等新兴快递配送模式增加客户群，清晰可见的经济利益推动着中国智慧物流的发展。2015 年，杭州市制定了《杭州市建设全国智慧物流中心三年行动计划(2015—2017 年)》，中国智慧物流建设上升了一个层面。

与发达国家相比，中国物流的发展起点比较低，集约化程度较弱，技术水平比较落后。因此，中国的信息化建设、产品研发都有待加强。中国智慧物流还有很大的发展空间。

二、电子商务物流模式

(一) 电子商务物流模式概述

电子商务是指在技术和经济都高度发达的现代社会环境下，由掌握了信息技术和商务规则的人，运用电子工具，系统、高效、低成本地从事以商品交换为中心的各种经济活动的总称。电子商务发展迅速，具有交易虚拟化、低成本化、高效率化、透明化的特点，给企业和消费者带来了巨大便利和实惠，代表着未来的消费、贸易和服务方式。但无论在传统的贸易方式下，还是在电子商务环境下，商务的顺利进行都需要各类物流活动的支持。而且，目前我国电子商务的发展已严重受阻于物流配送，对电子商务物流的研究已迫在眉睫，所以有必要对电子商务物流的概念进行界定。电子商务物流的概念是伴随电子商务技术和社会需求的发展而出现的，它是电子商务真正的经济价值实现不可或缺的重要组成部分。

目前对电子商务物流尚无统一的定义，有人认为它是物流企业的电子商务化即电子商务对物流管理提出的新要求，认为是“物流管理的电子化”，即利用电子商务技术(主要是计算机技术和信息技术)对传统物流的改造。也有人将其理解为与电子商务这一新兴商务模式相配套的物流。王之泰认为，电子商务是网络经济和物流一体化的产物，可以形象地用“电子商务=网上信息传递+网上交易+网上结算+物流配送”来表明物流与电子商务的关系，电子商务也可以表示为“鼠标+车轮”。把电子商务物流理解为物流管理的电子化有些过于宽泛，而电子商务的健康、快速发展需要物流、信息流、商流、资金流的完美融合，而目前物流配送是电子商务发展的瓶颈和短板。

根据电子商务发生的对象，可将目前的电子商务划分为五种类型：企业与企业间的电子商务(B2B)，企业与消费者间的电子商务(B2C)，消费者与消费者间的电子商务(C2C)，企业与政府之间的电子商务(B2G)，消费者与政府间的电子商务(C2G)。

目前的电子商务物流模式主要有四种：自营物流、第三方物流、物流联盟和物流一体化。

(二) 电子商务物流模式分类

1. 自营物流

自营物流是指电子商务企业，自行组建物流配送系统，经营管理企业的整个物流运作过程。采取自营物流模式的电子商务企业主要有以下两类。

一类是资金雄厚且业务规模较大的电子商务公司。由于电子商务在我国兴起的时候国内第三方物流的服务水平远不能满足当时电子商务公司的要求，而这些电子商务公司手中持有大量的外国风险投资，为了抢占市场的制高点，不惜动用大量资金，在一定区域甚至全国范围内建立自己的物流配送系统。

第二类是传统的大型制造企业或批发企业经营的电子商务网站，由于其自身在长期的传统商务中已经建立起初具规模的营销网络物流配送体系，在开展电子商务时只需将其加以改进、完善，就可满足电子商务条件下对物流配送的要求。

自营物流模式对于企业来说，有以下两个比较明显的优势。一是容易协调。由于在企业自营物流中，企业供应链是企业内部各个职能部门组成的网络，每个职能部门不是独立的利益个体，有共同的目标，相对于企业与企业之间的供应链更容易协调。二是高稳定性。由于在自营物流模式中，电子商务企业控制能力比较强，问题都在公司内部解决，因此具有较高的稳定性，在一定程度上避免了整个供应链的波动且具有高保密性。但是电子商务公司自营物流所需的投入非常大，而且建成后对规模的要求很高。这种高投入、大规模使企业缺乏柔性，与电子商务的灵活性有一定的矛盾。另外，这样一个庞大的物流体系，建成之后需要工作人员具有专业化的物流管理能力。目前我国的物流理论与物流教育严重滞后，导致我国物流人才严重短缺，企业内部从事物流管理的人员的综合素质也不高，难以解决电子商务中各种复杂多样的物流问题。

2. 第三方物流

第三方物流又称外包物流或合同物流。第三方物流是指由物流劳务的供方、需方之外的第三方去完成物流服务的物流运作方式。第三方就是指提供物流交易双方的部分或全部物流功能的外部服务提供者。第三方物流随着物流业的发展而发展，是物流专业化的重要形式，物流业发展到一定阶段必然会出现第三方物流。任何一笔电子商务的交易都包括“四流”——商流、信息流、资金流和物流。根据核心竞争理论和供应链理论可知，在电子商务这条供应链中，链上各企业都应该有一定的分工，各自专注于企业自身的核心业务。很显然，电子商务主体的核心竞争力不可能是在资金流和物流方面，而应该集中在运用网络技术及时满足客户特定要求，设计和生产特定产品上，即电子商务的核心业务应放在商流和信息流上。资金流交给银行完成，物流业务则应该外包给专业的第三方物流公司做。

物流不是电子商务主体的专长，没有比较优势，自营物流的物流成本远高于依赖专业的第三方物流公司；从高层次考虑，物流不会是电子商务主体的核心竞争力，自营物流会浪费企业有限的资源，不能专注于企业的核心业务部分，势必会影响核心竞争力的巩固和发展。按照供应链理论，电子商务主体将物流外包出去，与第三方物流企业建立战略联盟，使企业内外的资源得到合理配置，供应链上的任何一方都能专注于发展核心业务、增强核心竞争力，电子商务主体降低了物流成本，第三方物流企业可以获得规模经济带来的成本降低的好处。但更重要的是整条供应链竞争优势的加强，电子商务的高效、快捷、低成本等特点才能真正地体现出来，电子商务才能健康地发展，才会体现出它相对于传统商务的优越性，更好地为整个经济服务。电子商务企业选择第三方物流的优点为：有利于企业集中核心业务，培育核心竞争力；降低成本，减少库存，减少资本积压；提高企业经营效率，从而提升企业形象。

在我国的具体情况下，把物流外包给第三方物流公司，有两点需要注意。首先，我国的第三方物流尚未成熟，没有达到一定的规模化与专业化，成本节约、服务改进方面的优势并不明显，而且常常会造成外包物流的失败。一方面，物流公司缺乏合格的专业人员设计评估物流系统，许多物流服务商不能对客户希望的服务要求做出有效反应。另一方面，合同不规范或双方都不知道怎样规定合同条款中的服务要求。在中国，企业对外包物流没有经验，双方签订的合同对很多条款的规定是模糊的，这就导致以后的纠纷，或者是物流商没能提供企业满意的服务。其次，容易受制于人。在供应链中，电子商务企业还不成熟，过分依赖供应链伙伴，容易受制于人，在供应链关系中处于被动地位，甚至与最终顾客失去联系而有被淘汰出局的危险。

3．物流联盟

物流联盟是一种介于自营物流与第三方物流之间的物流组建模式，可以降低二者的风险，且企业更易操作。物流联盟是指两个或两个以上的经济组织为实现特定的物流目标而采取的长期联合与合作。其目的是实现联盟参与方的“共赢”，具有相互依赖、核心专业化、强调合作的特点。企业间相互信任、共担风险、共享收益，不完全采取导致自身利益最大化的行为，也不完全采取导致共同利益最大化的行为，只是在物流方面通过契约形成优势互补、要素双向或多向流动的中间组织。联盟是动态的，只要合同结束，双方又变成追求自身利益最大化的单独个体。

在现代物流中，是否组建物流联盟，作为企业物流战略的决策之一，其重要性是不言而喻的。物流联盟的建立，有助于物流合作伙伴之间在交易过程中减少相关交易费用；将促使伙伴之间进行“组织学习”，从而提高双方对不确定性环境的认知能力，减少因交易主体的“有限理性”而产生的交易费用；联盟企业之间的长期合作将在很大程度上抑制交易双方的机会主义行为；将促使企业进行战略性的合作，建立联盟伙伴关系，可以通过对专用性资产的“共同占有”解决资产专用性这一矛盾。

战略联盟有各种形式，一个极端是正式的一体化组织，另一个极端则是在组织之间形成非常松散的协作关系，不涉及所有权的转移或股权的分配。出现这些不同形式的联盟的原因很多，但它们一般都与联盟内的资产有关（这里的资产并不仅仅是指实物资产或财务资产，还包括市场技能、专业知识等无形资产）。因此，联盟的形式受下列因素影响：资产管理（资产需不需要联合管理以及联合管理的程度）、资产独立性（能否分开各方所涉及的资产）、资产挪用性（联盟的一方或另一方挪用资产的风险有多大）。

4．物流一体化

物流一体化就是以物流系统为核心，由生产企业经物流企业、销售企业直至消费者供应链的整体化和系统化。物流一体化是在第三方物流的基础上发展起来的新的物流模式。在这种模式下，物流企业通过与生产企业建立广泛的代理或买断关系，与销售企业形成较为稳定的契约关系，从而将生产企业的商品或信息进行统一组合处理后，按部门订单要求配送到店铺。这种模式还表现为用户之间的广泛交流供应信息，从而起到调剂余缺、合理利用共享资源的作用。在电子商务时代，这是一种比较完整意义上的物流配送模式，是物流业发展的高级形式和成熟阶段。如国内海尔集团的物流配送模式可以说已基本达到物流一体化模式的标准。物流一体化的发展可进一步分为三个层次：物流自身一体化、微观物流一体化和宏观物流一体化。

（1）物流自身一体化。物流自身一体化是指物流系统的观念逐渐确立，运输、仓储和其他物流要素趋向完备，子系统协调运作，系统化发展。

（2）微观物流一体化。微观物流一体化是指市场主体企业将物流提高到企业发展战略的地位，并且出现了以物流战略作为纽带的企业联盟。

(3) 宏观物流一体化。宏观物流一体化是指物流业发展到这样的水平:物流业占到一国国内生产总值的一定比例,处于社会经济生活的主导地位,它使跨国公司从内部职能专业化和国际分工程度的提高中获得规模经济效益。

物流一体化是物流产业化的发展形式,它必须以第三方物流充分发育和完善为基础。物流一体化的实质是一个物流管理的问题,即专业化物流管理人员和技术人员,充分利用专业化物流设备、设施,发挥专业化物流运作的管理经验,以求取得整体最优的效果。同时,物流一体化的趋势为第三方物流的发展提供了良好的发展环境和巨大的市场需求。

三、互联网+社会物流的应用

"最后一公里"(Last Kilometer),也称 Last Mail(最后一英里),指走某段路程距终点的最后一段距离,通常也指完成某件事情的最后也是关键性的一个阶段。"最后一公里"配送,顾名思义指商品从目的地配送中心到消费者手中的过程。物流配送被誉为网络购物的"最后一公里",它是企业与消费者间最直接的沟通桥梁,也是构成网络购物必经的关键一环。互联网+社会物流模式可以改善"最后一公里"的解决效率。

"最后一公里"终端配送有 7 种具有代表性的方式。

(1) 电商企业自建终端配送。为了提高消费者满意度,电商企业自建"最后一公里"物流配送机构,组建自有配送人员,按照消费者的需求,将商品送至消费者手中,实现送货上门的服务。这种方式有利于电商企业对配送服务的把握及售后服务的开展,既保障了网购消费者的满意度,又可以提升企业在同行中的竞争力。但这种模式对配送人员的要求较高,这就增加了人力成本和时间成本,不利于企业对成本的控制。另外,送货上门服务对于消费者来说虽然很方便,但同时也将自己的隐私暴露给了外人,使消费者增加了风险。

(2) 电商自营实体店配送。电商企业根据自身业务需要,在各地建立 O2O(线上到线下)实体店并提供配送服务。具有代表性的是顺丰嘿客,利用自身品牌和资源优势,实现线上线下买卖,并将商品送给消费者,打破了传统消费者对网络购物虚拟化的顾虑。但是,面对 B2C 行业竞争激烈的现状,且建立 O2O 实体店的前期投入成本过高。因此,在各地扩展实体店业务,配送难度较大。

(3) 建立收派网点配送。第三方物流企业根据人员密集度和货量的多少在校园内或社区里建立收派货网点,以确保及时有效地将商品配送到位。这种方式具有服务能力强、人员培训到位、售后服务处理及时等优势,但成本较高,需要投入大量的时间成本和管理成本。一般资金雄厚、管理能力较强的物流企业宜选择这种方式。

(4) 便利店合作配送。与便利店(连锁便利超市、药店、移动营业厅等)合作配送,利用便利店作为收派货点进行自提、寄件服务,以实现商品的有效配送。借助便利店营业时间长、贴近居民、成本低、方便快捷的优势,契合了网购配送的小批量、多批次、取件位置分散的特点,市场发展潜力大。虽然自提的取件方式保护了消费者隐私,避免了社区、校园进入困难的问题及由此带来的安全隐患。但由于对配送货品的收益、责任划分不清,容易引发纠纷。因此,与便利店开展合作是物流企业开展过程中的必然选择,但需进一步正确引导及推广。

(5) 智能储物柜。物流企业在特定地点放置供消费者自助提货的电子收货系统。可为消费者提供 24 小时便利服务，绿色环保。其由电脑自动操控，消费者通过取货密码即可自行提货。

(6) 共同配送。共同配送的基本思路是：货物进入目的城市后，各物流企业不再各自派件，而是通过专门的末端配送公司，经由对整个城市待配送货物的统筹和整合，实现统一配送，从而降低物流企业的总体成本，缓解由各物流公司独立配送造成的交通压力、环境污染等问题，其实质为城市配送问题。共同配送与其他配送模式相比，集中组织化程度较高，可实现统一配送，降低成本。其缺点是阻止了上游企业与终端消费者的接触、沟通，且售后服务开展不顺利，极大地影响了上游企业的品牌推广。

(7) 社区收发室代理配送。为了保证人们的安全或解决由于上班、上学无法正常取货问题，由社区收发室为代理方，统一管理快件的配送业务。它属于社区共同配送方式，可接纳多家物流企业，辐射多个社区，既方便自提，又可减少配送人员，节省配送时间，大大降低了配送成本。但由于缺乏专业引导，社区收发室配送经验不足，产生的利润或快件丢失的责任划分不清，处理方式有待进一步解决。目前，该配送模式正处于初步运行阶段，后续需政府和物流企业共同努力做进一步指导、推广。

目前，快递上门服务依旧是大多数社区居民的需求和习惯，但物流企业应该从发展的角度，开发更多让社区居民感到方便的快递自提柜等自助模式，构建一个多种配送模式并存的社区末端配送系统。首先让这些自助模式成为上门服务的重要补充，随着消费者观念和习惯的逐渐改变，相信这些自助模式会主导社区末端配送系统。

将快递“最后一公里”服务作为智慧社区的电子商务应用，直接引入到智慧社区中，通过在智慧社区内安装智能快件箱，实现 7×24h，自助无人值守取件。同时，通过将基于物联网 RFID 等技术建立的快递件智能可追溯和智能配送的可视化管理网络系统无缝对接到智慧社区管理平台，一方面提高了快递物流的安全保障系数以及责任追究的可溯性，对于快递件破损等情况的责任追究更加明晰；另一方面，运用基于物联网 GPS 技术建立的智能配送可视化管理网络，可对物流车辆配送进行实时、可视化的在线调度与管理，以实现快递配送作业的透明化、可视化管控，真正让社区居民畅享“最后一公里”的优质服务，大大提高社区居民的幸福指数，促进现代化和谐社区的建设。基于物联网技术的智慧社区快递“最后一公里”运营模式的实施步骤如下。

第一步，通过整合信息平台，实现资源共享。在智慧社区管理平台中，通过系统集成技术，将快递件的智能可追溯和智能配送的可视化管理网络系统无缝对接到智慧社区管理平台，实现社区居民对快件的实时查询和追踪服务。

第二步，实现为社区居民提供 7×24h 自由取件的服务。社区内设立智能快递箱，解决投递时间和居民空闲时间不一致的矛盾，实现了社区居民 7×24h 取件服务，提高“最后一公里”服务的满意度。

第三步，实现物业管理和快递公司双赢的目标。物业管理方作为智能快递箱的管理者，既为快递公司节约投递成本，也为自己找到新的盈利模式，实现了和快递公司双赢的目标。

基于物联网技术智慧社区“最后一公里”的运营模式，是以智慧社区发达的信息通信(ICT)产业、领先的 RFID 相关技术、广泛的电信业务、优良的信息化设施为基础，将快递件的智能可追溯和智能配送的可视化管理网络系统无缝对接到智慧社区管理平台，充分共享智慧社区的公共资源，无须增加额外的投资，就可以实现“最后一公里”的投递服务。同时，这也是智慧社区建设的目标和要求。智慧社区将大大提高社区系统的集成度，信息和资源也能得到更充分的共享；对于快递公司来说，大大节约了“最后一公里”的运营成本。

小结

物联网是指将各种信息传感设备，如射频识别(RFID)装置、红外感应器、全球定位系统、激光扫描器等装置与互联网结合起来所形成的一个巨大网络。物联网关键技术主要包括射频识别技术(RFID 标签)、传感技术、M2M 技术等。“互联网+”就是“互联网+各个传统行业”，是利用通信技术及互联网平台，让互联网与传统行业进行深度融合，创造新的发展生态。互联网+协同物流技术的推广，有利于整合零散物流节点，优化网络布局，加速我国物流产业结构调整和组织优化，实现物流企业战略协同。互联网+协同物流技术的技术体系主要包括标准化技术、集成技术、资源建模技术、信息传输技术、物流信息技术、信息安全技术/合作伙伴选择与评价技术、配送优化调度及监控技术、库存控制技术、任务分解与分配技术、工作流管理技术、数据采集与分析技术、决策分析技术等。目前的电子商务物流模式主要有四种：自营物流、第三方物流、物流联盟和物流一体化。互联网+社会物流模式可以改善“最后一公里”的解决效率。

重要概念

物联网(Internet Of Things)
协同物流(Collaborative Logistics)
M2M(Machine-To-Machine)
最后一公里(Last Kilometer)

练习与思考

一、简答题

1. 什么是物联网？
2. 什么是协同物流？
3. 什么是智慧物流？

二、思考题

1. 互联网环境下，“最后一公里”有什么样的新变化？
2. 互联网+物流对传统物流带来了什么样的变化？

综合案例

湖南汝城农惠通——互联网十孵化基地物流

汝城县农惠通联网十孵化基地项目由湖南一家通电子科技有限公司汝城分公司投资兴建，项目选址于汝城经济开发区三星工业园区，占地400亩，总投资6亿元，是一个集物流仓储(建材、副食品百货、家电、汽车、疏果、冷链等)、电子商务创业中心、电子商务金融中心等服务于一体的实体电子商务基地，主要集成了物流配送软件系统、智能装车分析系统、B2B电子商务平台、电子商务支付服务系统等几个子系统，并实现不同的业务服务。项目得到了湖南省商务厅的大力支持，在汝城县首次试点。项目主要针对村镇物流配送成本高、收货不方便、农产品对外销售困难的实际，与各生活类电子商务公司和快递公司合作，提供收、发货网点，真正解决现代电子商务物流“最后一公里”(县城—村镇、村镇—县城)的物流配送、仓储等问题。

汝城农惠通电子商务有限公司(以下简称“农惠通”)是一家专门从事以县级为单位，专注于从服务、资讯、购物等方面纵深拓展，通过科技创新将优质服务传导至终端客户的全国首家电子商务落地平台运营商，拥有实体平台和电子商务软件平台科学结合的服务系统。

农惠通作为仓储物流便民服务项目的倡导者，以实体仓储和完善的物流服务为纽带，以电子商务软件平台为依托，以各乡镇实体店为服务平台，通过整合不同类别服务提供商的产品资源、融合不同规模分销商的销售渠道，为服务提供商提供深入农村的销售渠道，同时为广大农民的农产品从偏远的农村运到城市，提供便利、便宜、具有更多附加值的物流渠道。

农惠通互联网十孵化基地项目是由“两平台”组成。两平台分为“实体平台”和“软件平台”，实体平台是指集现代物流仓储、专业类仓储、农资农产品交易分类中心、电子商务创业中心等服务于一体的实体电子商务基地。农惠通互联网十孵化基地项目实体平台示意图如图6-1所示。

软件平台是集物流配送软件系统、智能装车分析系统、B2B电子商务平台，以及电子商务支付、便利店管理系统、智能仓库管理系统、智能订货系统等与农惠通实体平台于一体的电子软件系统。通过“两平台”解决农民生活、生产的电子商务化，通过物流“最后一公里”的系统设计让农作物能进城交易获利，让城市商品可下乡，并全面助力农村及县域经济的良性发展。

实体平台是集现代物流仓储、专业市场、农资农产品交易分类中心、电子商务创业中心等服务于一体的实体电子商务基地，是集传统营销与电子商务平台营销于一体的服务中心。

软件平台分为物流仓储配送集成系统、B2B电子商务平台、电子商务支付平台、进销存管理系统、订票票务服务系统等子系统，各子系统为不同的业务服务。其中，物流仓储配送集成系统基于对底层的电子商务现代化软硬件平台的优化，结合现代物流管理，真正有效地解决电子商务“最后一公里”的物流、仓储、配送等问题，如图6-2所示。

B2B电子商务集成系统集中了店面进销存系统、店面销售分析系统、订货单生成系统、智能订货系统、淘宝代购系统、店面双屏广告系统、物流收货系统，为村、镇、县级门店电子商务化提供更好的支撑，如图6-3所示。

图 6-1　农惠通互联网＋孵化基地项目实体平台示意图

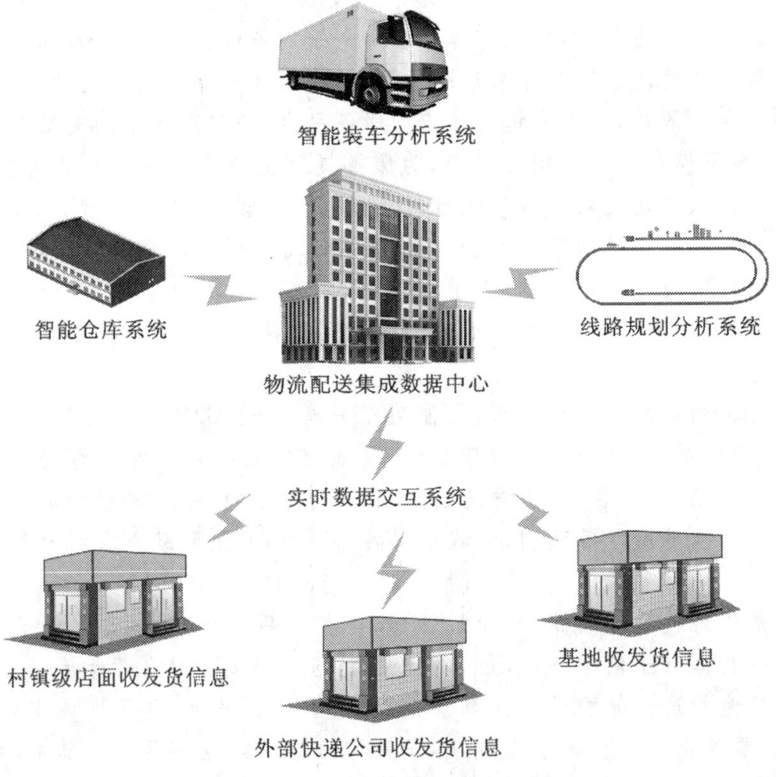

图 6-2　物流仓储配送集成系统

电子商务代支付系统主要用于农村不会用网上支付以及没有银行卡的人员代支付，如图 6-4 所示。

订票票务服务系统的最终目标是建立一个覆盖面广的售票网络，实现客票管理和发售

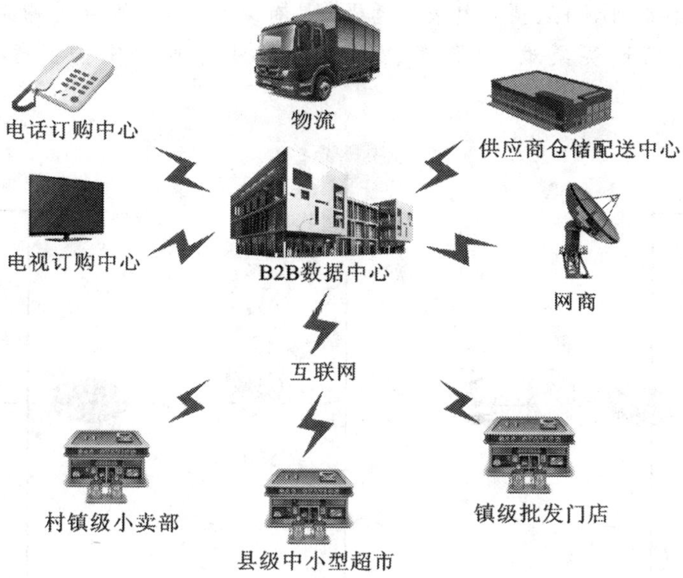

图 6-3　B2B 电子商务集成系统

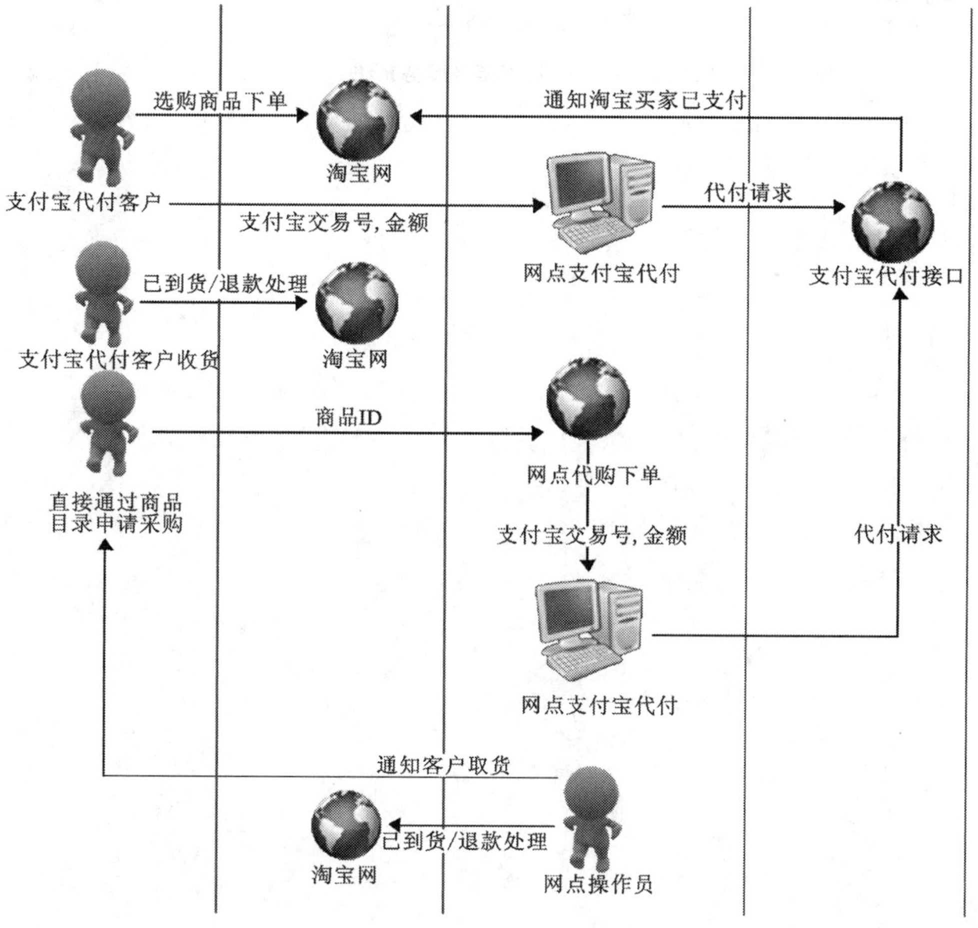

图 6-4　电子商务代支付系统

工作电子商务化，系统可预订、预售和发售客票，具有返程、联程等异地购票功能。主要集中解决农民工返乡后回城买票难、操作难、无网络、无法计划与安排行程等问题，如图 6-5 所示。

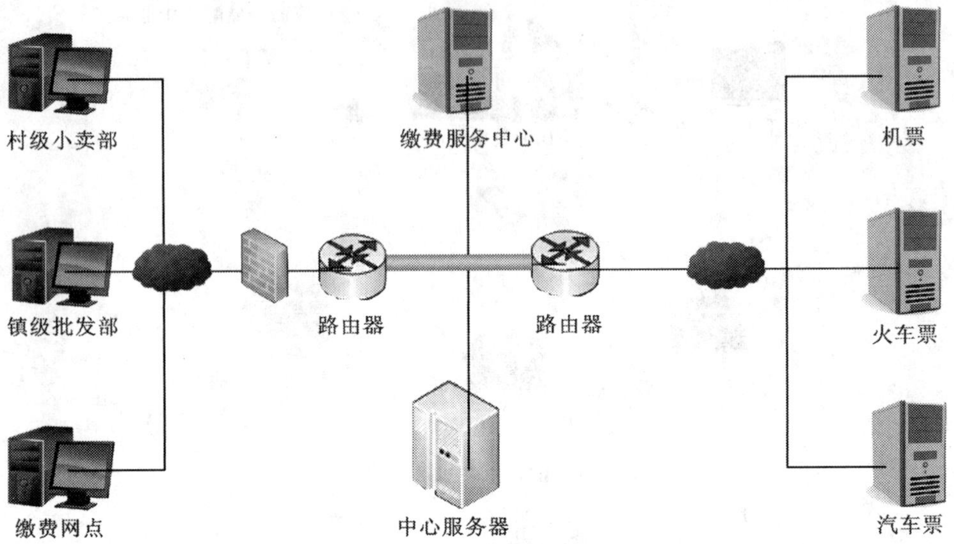

图 6-5 订票票务服务系统

第七章 大数据与云计算技术及应用

学习目标

1. 了解大数据和云计算技术的具体内容和概念；
2. 熟悉大数据和云计算技术的各种关键技术；
3. 理解大数据和云计算技术在物流管理系统中的应用。

引 例

大数据技术在亚马逊物流集成中的应用

亚马逊(Amazon)，是美国重要的一家网络电子商务公司，是网络上最早开始经营电子商务的公司之一，位于华盛顿州的西雅图。亚马逊成立于1995年，一开始只经营网络的书籍销售业务，现在扩及范围相当广的其他产品，已成为全球商品品种最多的网上零售商和全球第二大互联网企业。

亚马逊坚持自建物流，将集成物流与大数据紧紧相连。在亚马逊近二十年的历史中，自建物流不但是其发展过程中的关键环节，也与大数据挖掘结合在一起，帮助亚马逊在营销方面实现更大的价值。由亚马逊强大技术支持的智能物流系统是其价值链扩张的重要部分，使其在整条产业链上建立竞争优势。亚马逊还将免费物流作为营销手段，其基础在于其对市场的把握和分析。在电子商务经营处于危难时刻，亚马逊独辟蹊径，三次大胆地将免费送货作为促销手段，并且不断降低免费送货服务的门槛。薄利多销、低价竞争，以物流的代价去占领市场，招揽顾客，扩大市场份额。显然此项策略是正确的，因为抓住了问题的实质。当然，这项经营策略也是有风险的。

亚马逊重视物流集成系统的发展，完善的物流系统是决定电子商务生存与发展的命脉。由于亚马逊有完善、优化的物流系统作为保障，它才能将物流作为促销手段，并有能力严格地控制物流成本和有效地进行物流过程的组织运作。

亚马逊的大数据业务主要包括三大方面：电商平台，包括自有产品的电子商务、第三方卖家及对一些成员的特殊服务；KINDLE、数字内容等；云服务。以电子商务起家的亚马逊，由电子书发家，由云服务推动企业进一步发展，以企业云平台闻名于世。由于大数据技术的日渐成熟，亚马逊慢慢成为大数据行业的排头兵。亚马逊推出过一系列大数据产品，其中包括基于 Hadoop 的 Elastic MapReduce、Dynamo DB 等数据库，以及能够与 Amazon Web Services 顺利协作的 Redshift 规模化并行数据仓储方案。

亚马逊最先把大数据引入电商行业，应用大数据技术改善客户体验，将大数据技术与智能物流、物流集成相结合。在亚马逊近二十年的历史中，物流不但是其发展过程中的关键环节，也与大数据挖掘结合在一起，帮助亚马逊在物流集成方面实现更大的价值。由亚马逊强大技术支持的智能物流系统是其价值链扩张的重要部分，使其在整条产业链上建立竞争优势。首先，亚马逊经由以云计算为依托的电商开放平台，通过客户数据收集、目标客户甄选、营销组合设计和营销信息推送四个步骤来实现精准营销。整个过程的核心在于对目标客户的准确定位，从而在分析客户偏好的基础上有针对性地发布营销信息。其次，有了数据分析系统的支撑，智能物流也得以发展。对于亚马逊这样一家秉承客户至上理念的企业来说，其智能物流方面的创新是其他电商企业难以企及的，它精准实现了更高层次的消费者体验满足。亚马逊依靠大数据技术及大型的系统运输能力作为支撑，在物流集成方面有以下创新之处。

(1) 智能化预估系统。亚马逊的预估体系，在整个物流集成管理上起到了非常关键的作用。应用云计算的设备以及管理系统，亚马逊创建了智能化预估系统，对每个物流中心进行非常特别的管理方式，对仓储空间和配送路径进行相当精细的计算。亚马逊物流中心内的存货，不单单是同品种存放在一起，它们是乱七八糟地摆在一起，货物码放乱，但是乱中有序。亚马逊依据技术投入的大数据可推知客户在买一样货物时有哪些可能同时购买的关联货物，由此，在供货、上架、储存的时候，会按照数据的分配相互交叉地储存，使空间得到最好的利用，同时在拿货的时候，选择最短距离。这使得亚马逊的上架效率极高，空间的利用率极高。每一个对季节性产品的下单都会左右其数据如何支配，以及在库存里面的各个物流中心的储备，实时调节库存，才可能实现库房（物流中心）的每一处空间得到最好的使用。

(2) 智能化运输调拨系统。应用大数据技术，亚马逊实行全天候全程实时监控运输网络。通过调拨和干线运输及"最后一公里"运输，进行智能化管理，实现还未下单而货已在途。购买亚马逊的产品，可以在网上看到一个配送时间的估算，这个估算实际上是用大数据跟物流体系进行的连接，这个连接能够让亚马逊知道，根据消费者的要求在什么时间送到，这个数据是在即时的情况下，消费者下单的时候会做出核算。亚马逊在美国、加拿大的商品是跨境配送的，在中国实行的是全国配送。亚马逊配备了几大物流系统，像调拨路线，亚马逊采取智能调拨系统，在库房之间进行调拨，还有干线运输、第三方合作运输等多种方式。

(3) 以大数据、大系统增强出货能力。出货时，亚马逊也采用大数据、大系统。通过系统进行动态订单处理，以信息化智能控制来更新拣货路径，提高拣货效率。目前这个信息系统可以达到百分之百的送货率，而库存估算的准确率可以达到99%以上。

第一节 大数据技术及其应用

一、大数据技术概述

（一）大数据技术的发展背景

随着信息技术的发展，互联网、社交网络、物联网、移动互联网等相继进入人们的日常工作和生活中，全球数据信息量呈指数式增长。根据国际数据公司（IDC）发布的研究报告，预计全球数据量大约每两年翻一番，到2020年将达到35ZB，约为2013年数据规模的44倍。由此可见，我们已进入了大数据时代。

大数据是IT产业一次颠覆性的技术变革，对于企业将产生巨大的影响。如今，大数据分析已经成为行业研究的热点，大数据正在以多种方式创造着巨大的价值。《纽约时报》2012年2月的一篇文章称：大数据时代已经降临，在商业、经济及其他领域中，决策将日益基于数据和分析而做出，而并非基于经验和直觉。哈佛大学社会学教授加里·金说，这是一场革命，庞大的数据资源使得各个领域开始了量化进程，无论学术界、商界还是政界，所有领域都将开始这种进程。麦肯锡称，数据，已经渗透到当今每一个行业和业务职能领域，成为重要的生产因素。人们对于海量数据的挖掘和运用，预示着新一波生产率增长和消费者盈余浪潮的到来。大数据在物理学、生物学、环境生态学等领域以及军事、金融、通信等行业存在已有时日，却因为近年来互联网和信息行业的发展而引起人们的关注。

大数据技术能够将隐藏于海量数据中的信息和知识挖掘出来，为人类的社会经济活动提供依据，从而提高各个领域的运行效率，大大提高整个社会经济的集约化程度。在我国，大数据将重点应用于以下三大领域：商业智能、政府决策、公共服务。例如：商业智能技术，政府决策技术，电信数据信息处理与挖掘技术，电网数据信息处理与挖掘技术，气象信息分析技术，环境监测技术，警务云应用系统（道路监控、视频监控、网络监控、智能交通、反电信诈骗、指挥调度等公安信息系统），大规模基因序列分析比对技术，Web信息挖掘技术，多媒体数据并行化处理技术，影视制作渲染技术，其他各种行业的海量数据处理技术等。

（二）大数据的含义与特征

大数据（big data），指的是所涉及的数据规模巨大到无法通过目前主流软件工具在合理时间内撷取、管理、处理并帮助企业做出经营决策。IT业界通常将大数据的特征概括为四个“v”：

（1）体量（volume）。体量是大数据的空间属性。数据体量巨大，非结构化数据以超大规模快速增长，从TB级别跃升到PB级别。

（2）多样性（variety）。多样性是大数据的结构属性。数据类型繁多，有很多不同类型的数据，如文本、图像、视频、机器数据、地理位置信息等。

（3）价值密度（value）。价值密度是大数据的内容属性。价值密度低，则商业价值高。以视频为例，在连续不间断的监控过程中，可能有用的数据仅仅有一两秒。

(4) 速度(velocity)。速度是大数据的时间属性。处理速度快,遵循 1 秒定律,采用实时分析而非批量式分析。

大数据和传统数据库有所不同。诞生在 20 世纪 70 年代的传统数据库是小型的、单一的、孤立的、基于小范围的抽样样本统计。而大数据则要求穷尽一切相关样本,搜集尽可能全面的数据。大数据的数据集拥有的不是支离破碎的割裂数据,不是数据片段,而是完整的数据。数据的海量与数据的完整性使大数据具有传统的数据库无法比拟的信息优势。如今数据量级别不断加大,数据类型繁多,可分为结构化数据、半结构化数据和非结构化数据,而且数据产生速度快,具有很强的时效性。数据蕴藏着很大的价值,但是其价值密度很低,我们很难从数据的海洋中找到其中有价值的数据,需要运用技术手段进行数据挖掘。

所谓大数据应用,指的是从多种渠道中收集电子信息并进行应用分析,从而识别发展模式、趋势及其他智能信息。这种分析可能会帮助企业识别那些已经发生但不易被察觉的信息,也有可能帮助企业预测未来将要发生的情况。大数据应用包含三大要素。要素一:大量。大数据一词中的"大"主要指的是可用于分析的信息量。在供应链领域,它可能包括销售网点体系、条形码扫描设备、射频识别阅读仪、用于车辆和手提电话的全球定位系统以及用于管理交通、库房和其他运作的软件体系。要素二:多样性。数据不仅应该采撷自一个信息源,而且除了那些记录在数据库中的信息等结构性数据以外,还应包括隐藏在文本、影像资料以及其他形式文件中的非结构性数据。用 IBM 公司负责商业分析与决策管理的项目经理 Erick Brethenoux 的话来说,企业应该想方设法地从包括社交媒体网站、虚拟社区、客户服务中心在内的多种渠道获取大量非结构性数据,司机对于所驾驶车辆性能的反馈也是其中的内容。微博、博客、邮件、产品评论以及在线评论,经过整合与分析,都能够帮助企业识别顾客所需。要素三:速度。过去,以每日、每周或每月为单位对模型或数据进行分析就足够了,但现在,企业如果想避免库存不足或者由于恶劣天气导致的延迟送货等现象的发生,就必须进行实时或者近乎实时的数据分析。

(三) 大数据的作用与意义

商业智能的深入发展使得商业决策已经越来越依赖于数据。然而,传统的商业智能系统中用以分析的数据,大都是企业内部的运营数据,它们只占到了企业所能获取的全部数据的 15%。大数据使得企业能够分析更多的数据,从而使得分析结果更真实,能够获取新的洞察力,因此大数据能带来更大的价值。大数据时代的到来使分析挖掘海量数据,对海量数据进行有效应用成为可能,也使非结构化大数据的采集分析成为社会管理、政府和企业决策、商业营销、产品研发创意、疾病预防的重要凭借和有效途径。在大数据时代,大数据对于社会、企业和个人都是一种核心竞争力。通过对规模庞大的非结构化数据的分析挖掘,发现、提取有价值的数据图谱和趋势性信息,可以为各行各业提供行情预测、趋势分析的前瞻性信息,作为各行各业决策的依据和制定策略的参考。

长期以来,由于技术硬件限制和观念意识不到位,大量的数据信息没有被人们重视,没有得到有效采集,即使采集了也往往难以被长久存储。例如,交通监管部门、医疗机构、商场超市每天都会产生大量的实时视频图像数据,但这些数据往往很快就被清除了,更谈不上深度挖掘分析。但是随着大数据时代的到来,这些半结构化、非结构化的数据却成为宝贵的信息资源,经过挖掘分析,它们可以提供大量前瞻性的预见信息,为预测经济发展前景、商业消费趋势，监控食品安全和瘟疫流布等提供重要依据。这方面为人津津乐道的例子比比皆是。无论是2009年时，谷歌公司凭借对人们频繁检索的词条进行监测分析，早于使用传统数据反馈方式的美国公共卫生机构及时预测出甲型H1N1流感爆发和传播的态势，还是2013年12月淘宝根据4.7亿注册用户的网购数据、浏览点击数据、收货地址数据编辑制作的个人网购志。维克托·迈尔-舍恩伯格强调，大数据的出现还使追求精确性、重视辨析因果关系的传统思维模式显得迂腐过时，在大数据集合中，数据的混乱性、非结构化数据的杂陈对于人们了解社会生活甚至更为重要。最惊人的是，社会需要放弃它对因果关系的渴求，而仅需要关注相关关系，也就是说只需要知道是什么，而不需要知道为什么。这就推翻了自古以来的惯例，而我们做决定和理解现实的最基本方式也将受到挑战。由此，一种以数据为中心，重视统计、量化和数据相关性而非理念演绎、概念推理、逻辑关联的新型文化范式势必崛起。这必然会深刻影响到当代社会文化的方方面面，影响到整个社会的组织方式、管理方式，人们的生活方式、信息处理方式也将发生改变，社会管理、商业经营的理念也必然会随之发生变化。

二、大数据的关键技术

大数据的关键技术一般包括数据采集、数据预处理、数据存储、数据挖掘、数据展现，如图7-1所示。

图7-1　大数据处理的关键流程

（一）大数据并行处理技术

大数据的基本处理流程与传统数据处理流程并无太大差异，主要区别在于：由于大数据要处理大量、非结构化的数据，所以在各处理环节中都可以采用MapReduce处理。MapReduce适合进行数据分析、日志分析、商业智能分析、客户营销、大规模索引等业务，并具有非常明显的效果。

大数据可以通过MapReduce这一并行处理技术来提高数据的处理速度。MapReduce的设计初衷是通过大量廉价服务器实现大数据并行处理，对数据一致性要求不高，其突出优势是具有扩展性和可用性，特别适用于海量的结构化、半结构化及非结构化数据的混合处理。MapReduce将传统的查询、分解及数据分析进行分布式处理，将处理任务分配到不同的处理节点，因此具有更强的并行处理能力。作为一个简化的并行处理的编程模型，MapReduce还降低了开发并行应用的门槛。

MapReduce是一套软件框架，包括Map（映射）和Reduce（化简）两个阶段，可以进行海量数据分割、任务分解与结果汇总，从而完成海量数据的并行处理。MapReduce的工作原理其实是先分后合的数据处理方式。Map即分解，把海量数据分割成若干部分，分给多台处理器并行处理；Reduce即合并，把各台处理器处理后的结果进行汇总操作以得到最终结果。

（二）大数据采集技术

大数据是指通过RFID数据、传感器数据、社交网络交互数据及移动互联网数据等方式获得的各种类型的结构化、半结构化（或弱结构化）及非结构化的海量数据，是大数据知识服务模型的根本。重点要突破分布式高速高可靠数据爬取或采集、高速数据全映像等大数据收集技术；突破高速数据解析、转换与装载等大数据整合技术；设计质量评估模型，开发数据质量技术。大数据采集一般包括以下两层。

（1）大数据智能感知层。主要包括数据传感体系、网络通信体系、传感适配体系、智能识别体系及软硬件资源接入系统，实现对结构化、半结构化、非结构化的海量数据的智能化识别、定位、跟踪、接入、传输、信号转换、监控、初步处理和管理等。必须着重攻克针对大数据源的智能识别、感知、适配、传输、接入等技术。

（2）基础支撑层。提供大数据服务平台所需的虚拟服务器，结构化、半结构化及非结构化数据的数据库及物联网络资源等基础支撑环境。重点攻克分布式虚拟存储技术，大数据获取、存储、组织、分析和决策操作的可视化接口技术，大数据的网络传输与压缩技术，大数据隐私保护技术等。

大数据采集的主要方法如下。

（1）系统日志采集方法。很多互联网企业都有自己的海量数据采集工具，多用于系统日志采集，如Hadoop的Chukwa，Cloudera的Flume，Facebook的Scribe等，这些工具均采用分布式架构，能满足每秒数百兆的日志数据采集和传输需求。

（2）网络数据采集方法。网络数据采集是指通过网络爬虫或网站公开API等方式从网站上获取数据信息。该方法可以将非结构化数据从网页中抽取出来，将其存储为统一的本地数据文件，并以结构化的方式存储。它支持图片、音频、视频等文件或附件的采集，附件与正文可以自动关联。除了网络中包含的内容之外，对于网络流量的采集可以使用DPI（深度包检测）或DFI（深度/动态流检测）等带宽管理技术进行处理。

（3）其他数据采集方法。对于企业生产经营数据或学科研究数据等对保密性要求较高的数据，可以通过与企业或研究机构合作、使用特定系统接口等相关方式采集数据。

（三）大数据预处理技术

大数据预处理技术主要完成对已接收数据的抽取、清洗等操作。①抽取。因获取的数据可能具有多种结构和类型，数据抽取过程可以帮助我们将这些复杂的数据转化为单一的或者便于处理的构型，以达到快速分析处理的目的。②清洗。对于大数据，并不全是有价值的，有些数据并不是我们所关心的内容，而另一些数据则是完全错误的干扰项，因此要对数据通过过滤去噪从而提取出有效数据。

（四）大数据存储及管理技术

大数据存储与管理要用存储器把采集到的数据存储起来，建立相应的数据库，并进行管理和调用。重点解决复杂结构化、半结构化和非结构化大数据管理与处理技术。主要解决大数据的可存储、可表示、可处理、可靠性及有效传输等几个关键问题。开发可靠的分布式文件系统（DFS）、能效优化的存储、计算融入存储、大数据的去冗余及高效低成本的大数据存储技术；突破分布式非关系型大数据管理与处理技术、异构数据的数据融合技术、数据组织技术，研究大数据建模技术；突破大数据索引技术；突破大数据移动、备份、复制等技术；开发大数据可视化技术。

开发新型数据库技术，数据库分为非关系型数据库、关系型数据库以及数据库缓存系统。其中，非关系型数据库主要指的是 NoSQL 数据库，分为键值数据库、列存数据库、图存数据库以及文档数据库等类型。关系型数据库包含传统关系数据库系统以及 NewSQL 数据库。开发大数据安全技术，改进数据销毁、加密解密、分布式访问控制、数据审计等技术；突破隐私保护和推理控制、数据真伪识别和取证、数据持有完整性验证等技术。

（五）大数据分析及挖掘技术

大数据分析技术包括：改进已有数据挖掘和机器学习技术；开发数据网络挖掘、特异群组挖掘、图挖掘等新型数据挖掘技术；突破基于对象的数据连接、相似性连接等大数据融合技术；突破用户兴趣分析、网络行为分析、情感语义分析等面向领域的大数据挖掘技术。

数据挖掘就是从大量的、不完全的、有噪声的、模糊的、随机的实际应用数据中，提取隐含在其中的、人们事先不知道的但又是潜在有用的信息和知识的过程。数据挖掘涉及的技术方法很多，有多种分类法。根据挖掘任务，可分为分类或预测模型发现、数据总结、聚类、关联规则发现、序列模式发现、依赖关系或依赖模型发现、异常和趋势发现等。根据挖掘对象，可分为关系数据库、面向对象数据库、空间数据库、时态数据库、文本数据源、多媒体数据库、异质数据库、遗产数据库以及环球网 Web。根据挖掘方法，可分为机器学习方法、统计方法、神经网络方法和数据库方法。机器学习方法中，可细分为归纳学习方法（决策树、规则归纳等）、基于范例学习、遗传算法等。统计方法中，可细分为回归分析（多元回归、自回归等）、判别分析（贝叶斯判别、费歇尔判别、非参数判别等）、聚类分析（系统聚类、动态聚类等）、探索性分析（主元分析法、相关分析法等）等。神经网络方法中，可细分为前向神经网络（BP 算法等）、自组织神经网络（自组织特征映射、竞争学习等）等。数据库方法主要是多维数据分析或 OLAP 方法，另外还有面向属性的归纳方法。

从挖掘任务和挖掘方法的角度，着重突破可视化分析、数据挖掘算法、预测性分析、语义引擎、数据质量和数据管理。

（1）可视化分析。数据可视化无论对于普通用户还是数据分析专家，都是最基本的功能。数据图像化可以让数据自己说话，让用户直观地感受到结果。

（2）数据挖掘算法。图像化是将机器语言翻译给人看，而数据挖掘就是机器的母语。分割、集群、孤立点分析还有各种各样五花八门的算法让我们精炼数据、挖掘价值。这些算法一定要能够应付大数据的量，同时还具有很高的处理速度。

（3）预测性分析。预测性分析可以让数据分析师根据图像化分析和数据挖掘的结果做出一些前瞻性判断。

（4）语义引擎。语义引擎需要设计出足够的人工智能从而足以从数据中主动地提取信息。语言处理技术包括机器翻译、情感分析、舆情分析、智能输入、问答系统等。

（5）数据质量与数据管理：数据质量与数据管理是管理的最佳实践，透过标准化流程和机器对数据进行处理，可以确保获得一个预设质量的分析结果。

三、大数据技术在物流中的应用

（一）大数据技术对物流管理的影响

1. 物流管理系统中的大数据应用

物流管理系统产生的数据分散存储、数据模型不统一、标准化程度低、无法支持非结构化和半结构化数据处理、数据未能有效地进行商业利用等特点，给予大数据的物流管理系统构建数据集中、数据模型标准化、数据统一存储和处理、多结构化数据处理的模式、对产品搜索引擎和询价日志进行收集并管理，对海量数据进行计算和分布式处理，实现海量管理系统数据的实时快速加载、实时复杂查询和数据的实时入库，结合用户上网日志和互联网网页内容，进行深度数据挖掘和分析，为企业把握用户行为偏好、改善用户体验、精准行销、产品竞争力分析提供数据支持。物流管理的大数据架构，从上至下分为五个层次，分别是用户接口、分类模块、计算模块、存储模块和查询模块。

(1) 用户接口。用来与用户对接，方便使用者管理运用，也是数据的来源，在这个模块上产生输入数据。

(2) 分类模块。数据由此进入存储中心，分类管理。利用用户接口传输来的数据再传送到下面的计算模块。分门别类地对应空间管理、仓储管理、销售管理和结算管理。

(3) 计算模块。在计算模块，物流管理采用的是 Hadoop 集群，这个集群是计算模块的主要组成部分。在这个集群上，系统每天会对物流管理数据进行不同的 MapReduce 计算。利用数据挖掘、空间分析、运筹等算法进行数据的分类、整合，进行可视化处理。

(4) 存储模块。在存储模块，采用 Hadoop Base 分布式关系型数据库的集群，是基于 Hadoop Base 技术的一个 NoSQL 的存储集群，其中还包括数据交换中心和分布式文件系统（HDFSF）。

(5) 查询模块。在这一模块，通过操作系统和数据库对经过大数据技术处理过的数据进行查询、分析。

2. 大数据技术对物流管理的影响

(1) 降低物流成本。大数据技术应用于物流管理决策可以提高物品流通速度，降低物流成本。尤其对一些特定产品来说，对时间、新鲜程度的要求很高，发展现代物流，关键是能够充分运用专业化、现代化的运输工具将商品迅速、及时地运往消费地，提高商品流通速度，降低商品积压所占据的成本，同时通过大规模的作业降低作业成本，减少多次装卸搬运所产生的产品破损，从而有效地降低物流成本。

(2) 提升商品价值。大数据技术应用于现代物流管理决策可以促进专业化物流增值服务提升产品价值，是提升国际竞争力的需要。有些商品本身的价值不高，可以通过发展专业的第三方物流组织，为商品提供专业的物流增值服务，来发掘商品的内在价值。现实中。我国不少商品不仅在质量和外观上缺乏竞争力，而且在流通过程中的产品配送和分销能力不足，交易成本高，损耗和浪费大。大数据应用于现代物流管理决策，就是使商品通过低成本、高效率的物流体系送达消费者手中。此外，应用大数据技术对现代物流管理决策进行研究也是发展物流产业和降低物流成本的需要，有利于大大提高企业的收入。应用大数据技术不仅可以进行集约化物流，在一定范围内实现物流合理化，从而大量节约物流费用，而且可以节约大量的社会流动资金，实现资金流动的合理性，既提高经济效益，又提高社会效益。显然，完善和发展现代物流是流通国际化，缩小同发达国家之间的差距和提升国际竞争力的必要手段。

(3) 做出科学决策。物流管理的信息化、网络化发展到一定程度就产生了智能化的需要，因此物流管理的智能化是物流信息化、网络化的高层次应用。物流管理中，不管是管理部门还是生产经营单位，不管是产品配送企业还是客户，都涉及运筹和决策的问题，例如产品储存库存水平的确定、运输路线的选择、产品配送中心的经营管理等决策问题都需要借助大量的管理知识、经验和信息来解决。物流管理的智能化就需要有一系列智能的物流管理信息系统(如物流专家系统、物流预测系统、物流配送中心决策系统等)的支持。当今的一些物流管理信息系统只为管理者提供普通的业务处理数据和简单的分析数据，不具备数据挖掘和知识发现的功能，不能提供立体的、多视角的、有渗透力的数据，更不能提供具有预测性的潜在信息，不能满足物流网络中各个层次的实时需要。基于大数据的物流管理信息系统，可以把相应的业务数据提取出来进行分析，分析过程可以不脱离物流企业和客户的操作流程，时效性强，可以克服在管理决策中出现的大量主观决策，避免产生牛鞭效应。

(4) 物流产业升级。将数据挖掘应用到物流管理决策中，不仅增强了物流系统的功能，可以实现物流结构的调整，有利于物流产业良性升级，减少人工投入量，而且在物流园区、物流中心的建设、库存控制和运输配送等方面建立起能够有效控制的运行机制，使物流体系能够适应市场的变化，提升物流系统的效率和决策的准确性。另外，企业领导和管理部门可以将其所掌握的信息转化为决策的依据，提升决策能力、决策效力和决策准确性，减少决策过程中的主观因素，克服决策中的主观随意性和盲目性，减少因决策失误而造成的经济损失。

(二) 大数据技术在物流行业的应用

1. 大数据技术对物流行业的意义

(1) 大数据技术是突破物流行业发展瓶颈的需要。时至今日，我国物流行业的发展面临着巨大的困难，急需突破发展初期的界限，迈向更高层次的发展。物流业一直被称为“第三利润源”，这个利润源是指物流成本的降低，而现在我国物流业规模不大，行业整体物流成本高。而物流成本高不在于设备的利用率及先进性，而在于对信息和数据的整合分析。要解决这些问题，最直接的方法就是数据。如果能够充分分析和挖掘物流数据中的潜在价值，就能够帮助物流企业降低物流成本，突破由小物流到大物流的界限。

(2) 大数据技术是建立大物流、智慧物流的基础和关键。大物流是要实现全社会物流资源的整合利用，而智慧物流是利用集成智能化技术，使物流系统能模仿人的智能，实现物流的信息化、智能化、网络化、电子化，实现传统物流向现代物流的转变。新兴物流的发展和实现无疑需要以数据分析为支撑，同时实现大物流和智慧物流的关键也在于大数据技术。

(3) 大数据技术的应用是未来物流业发展的趋势。首先，应用大数据可以帮助物流企业开发物流领域的“黑大陆”。如果人们能够掌握物流活动过程中的全部数据，那么所谓的物流“黑大陆”就不存在了；而如果能够充分分析和挖掘这些数据的价值，就能够帮助我们找到物流市场的潜力所在，也就是未来物流领域的新蓝海。其次，应用大数据可以帮助企业做出正确的决策。在物流业，成本和效率一直难以同时兼顾，但通过数据分析，可以看到具体的业务运行情况，能够清楚地判断哪些业务利润率高、增长较快，把主要精力放在真正能够给企业带来高回报的业务上，避免浪费。同时，通过对实时数据的掌控，企业还可以即时对业务进行调整，确保每个业务都可以赢利，从而实现高效运营。最后，应用大数据可以帮助企业建立核心竞争力。未来的物流市场，竞争更激烈、市场变化更快，利用分析技术挖掘隐藏在海量数据中的价值，支撑和创新业务模式，将成为物流企业的核心竞争力。

2. 大数据技术在物流行业的应用

大数据技术源于物流的直接需求，虽然它在各领域都存在广泛的使用价值，但是物流领域是大数据技术的主要应用领域之一。这是因为条形码等技术的发展，物流部门可以利用前端 PC 系统收集、存储大量的货物进出状况和服务记录等数据。物流业同数据密集型企业一样积累了大量的数据，这些数据正是进行数据挖掘的基础。大数据技术有助于识别运输行为，发现配送新模式和趋势，改进运输效率，取得更高的核心竞争力，减少物流成本。

同时，我国物流企业已经开始摆脱简单的技术应用阶段，已经从单纯的应用数据库系统和简单 MIS(管理信息系统)发展到应用智能决策系统。从传统管理提高到依靠企业市场竞争力来实施物流业信息化。然而，在这一过程中，最缺乏的就是对数据的有效利用，即缺乏对数据进行深层次的分析，然后将分析结果应用于经营活动。如果不对数据进行分析，它就只是一种简单的原始数据，不能生成可供企业分析、决策的信息。大数据时代已经到来，物流企业如何把握大数据带来的机遇，如何在发展过程中正确应用大数据，已经成为迫切需要解决的问题。宏观来说，大数据技术在物流行业的应用主要包括以下几个方面。

(1) 统揽运输全局，提高物流决策的总体效率。通过分类信息(按货物的种类、数量、地点和日期等)了解每天的运营和财政情况，掌控货物的运输成本和库存变化。在运输货物时，随时检查货物运输结构是否合理，并将货物分组布局，对运输路线进行分析。通过从统计记录中挖掘的有关信息，可以发现运输某一种货物的顾客可能运输其他货物。这类信息可以形成固定的运输路线，或者保持一定的组合(货物分组布局)，以帮助客户方便地发送货物，打动顾客的心，从而增加营业额。

(2) 降低库存成本。通过大数据系统，将运输数据和库存数据集中起来，通过数据分析，决定对哪些货物先行发货，以确保合适的库存。数据挖掘系统还可以将库存信息和货物预测信息通过电子数据交换(EDI)系统直接传送到客户那里，这样可以定期增加或者减少库存，进而减少自身的负担。

(3) 市场和趋势分析。利用数据挖掘工具和统计模型对数据库中的数据进行仔细研究，以分析客户的运输习惯和其他战略性信息。通过检索数据库近年来的物流数据，可以对季节性运输量、货物品种和库存趋势进行大数据分析。还可以确定风险货物，并对数量和运营做出决策。

(4) 客户细分。客户细分是将消费群体划分为若干细分群体，同属一个细分群体的消费者彼此相似。客户细分可以使商家以不同的方法区别对待处于不同细分群体中的客户，但这并不意味着服务与质量上的差别。只有通过深层次的大数据分析才能帮助企业从众多的客户中分类找出有价值的客户。目前，比较流行的 CRM(客户关系管理)就是在这一理论基础上建立起来的。

在大数据时代，数据的数量优于质量，数据相关性优于数据逻辑性或因果性。因此，在物流业中应用大数据时，要尽可能多地获得数据，因为数据越多，价值越大。充分利用获得的数据，可以知道数据里面暗藏的因果关系和事物间的相关性，从而解决物流企业发展中的问题，促进物流业向现代物流发展。

（三）大数据技术与智慧物流信息化

智慧物流是利用集成智能化技术，使物流系统能模仿人的智能，具有思维、感知、学习、推理判断和自行解决物流中某些问题的能力。即在流通过程中获取信息从而分析信息并做出决策，使商品从源头开始被实施跟踪与管理，实现信息流快于实物流。可通过 RFID、传感器、移动通信技术等使配送货物自动化、信息化和网络化。智慧物流是基于物联网的广泛应用，利用先进的信息采集、信息处理、信息流通和信息管理技术，完成包括运输、仓储、配送、包装、装卸等多项基本活动的，货物从供应者向需求者移动的整个过程，为供方提供最大化利润，为需方提供最佳服务，同时消耗最少的自然资源和社会资源，最大限度地保护好生态环境的整体智能社会物流管理体系。

智慧物流的主要特征如下。①多元化的数据采集、感知技术。基于物联网的智慧物流，面对的是形式多样、信息关系异常复杂的各类数据，多元化的数据采集、感知技术，为智慧物流提供了基本的技术支撑。②泛在网络支撑下可靠的数据传输技术。随着物联网的发展，泛在网络将成为通信网络的基础设施，在与其他网络融合的基础上，为智慧物流提供可靠的数据传输技术，为人们准确地提供各类信息。③基于海量信息资源的智慧决策、安全保障及管理技术。对物联网海量感知信息进行加工处理，是智慧物流进行智慧决策的前提。

在智能时代，应注意数据本身的价值。以往的信息化比较多的是定位于功能，完成某项操作、管理或控制，而不去思考这些管理和控制背后的依据是否充分。通常是在现有经验和水平上去完成信息化的目标。而现在要基于数据，实现在线的分析、优化、控制，就是找出规律和依据，从而提升各项作业控制的价值。当然，面临的一个重要难题是对于大量的数据，会处理就是财富，不会处理则是包袱。在互联网时代，大数据可以全面推进整个物流信息化进程的方方面面，主要表现在以下三个层面。

第一是采集信息端，即识别、定位和感知。首先是身份识别，对每一个管理单元都要求有身份识别，包括人、车、物、单位等。身份识别决定了管理精度或者是管理颗粒度。其次是位置管理，定位是一项基础技术。物流是通过时空管理创造价值的，所以位置是非常重要的一个要素，位置管理会成为采集信息的一个重要方面。第三是感知，通过传感器、摄像头或者其他设备采集需要管理的信息。采集信息端将是一个未来有巨大发展空间的领域。

第二是传输信息。物流的信息传输技术现在基本定位于移动互联网技术，采用互联网的标准架构，但是通信功能要实现无线移动。这个时候就能够支持实时管控的要求，技术会体现在智能终端上。人、车、货实现无线通信要通过两类智能终端：一类是手持终端，跟着人走；另一类是货载或车载终端，跟着物走。这两类终端分别承载着移动通信的基本职能，同时采集信息。

第三是在数据的应用和开发方面，将会出现越来越多的数据中心。数据中心承担着数据的集中整合、深度加工和服务功能，从而能够满足各类管理需求，形成服务外包的数据中心。而能否外包取决于服务是否标准。标准和外包这两件事是密切相关的。所谓标准化，是指描述清楚、考核规范、纠纷能够得到依据处理。能做到这三点,则该服务基本上就是标准的。当一个服务标准化的时候,它很容易外包出去,而且会取得规模效益和专业化效益的双赢。

第二节　云计算技术及其应用

一、云计算技术概述

(一) 云计算的概念及其特点

1. 云计算的概念

云计算(Cloud Computing)是分布式计算技术的一种,是通过网络将庞大的计算处理程序自动分拆成无数个较小的子程序,再交由多部服务器所组成的庞大系统经搜寻、计算分析之后将处理结果回传给用户。通过这项技术,网络服务提供者可以在数秒之内处理数以千万计甚至上亿计的信息,实现与超级计算机具有同样强大效能的网络服务。

云计算有广义云计算和狭义云计算之分。广义云计算是指服务的交付和使用模式,这种服务可以是信息技术,与软件、互联网相关,也可以是提供包括计算能力在内的其他服务,这就意味着计算能力可作为一种商品通过互联网进行流通。狭义云计算是指信息技术基础设施的交付和使用模式,指通过网络以按需、易扩展的方式获得所需的资源(硬件、平台、软件、数据)。广义云计算和狭义云计算的概念明确指出,云计算是一种让用户能够方便获取的、资源共享的、随机应变的和实时访问的网络模式。进一步说,就是通过把计算数据部署在大量的分布式计算机上,用户能够将资源切换到需要的应用上,根据需求访问计算机和存储系统。

云计算是现代物流行业发展的新方向,时代在进步,物流行业也需要进步,而进步的关键就在于云计算这个问题上。我国物流还处于初级阶段,云计算在国外物流中的成功应用给了我们一个方向。发展高科技物流,顺丰现在正在做,马云的菜鸟物流也在尝试,其他的物流公司想要在日益激烈的物流竞争中存活下来,就要进行改革。未来的中国物流一定是速度与服务并存,谁做得好谁就能在竞争中存活下去,成为新的赢家。而随着云技术的日益完善,能否带来新的物流方式尚不明确,对于新技术的推动可以成为物流行业发展的新的动力,谁能采用新的云技术,谁就有可能成为物流行业的主导者。

2. 云计算的特点

无论广义云计算还是狭义云计算,都具有快速部署资源或获得服务、按需扩展和使用、按使用量付费、通过互联网提供等特征。

(1) 快速部署资源或获得服务。提供资源的网络被称为云。专业网络公司搭建计算机存储、运算中心,用户通过一根网线,借助浏览器就可以很方便地把云作为资料存储以及应用服务的中心。

(2) 按需扩展和使用。云中的资源在使用者看来是可以无限扩展的,并且可以随时获取、按需使用、随时扩展,人们可以像使用水、电一样使用信息技术基础设施。就像用水不需要建立水厂，用电不需要家家装备发电机，可以直接从水厂、电力公司购买一样。

(3) 按使用量付费。在云计算模式中，用户按需获取资源，并只为这部分付费。

(4) 通过互联网提供。云计算是将互联网看作一个大的资源池，除了具有基本功能(可视、可输入、可发声、可网络接入)的终端设备(如个人计算机、手机、电视等)之外，其余的能直接从互联网上获取。这种形式如同有线电视中的点播和回看系统，用户只要配备电视和机顶盒即可收看所需的电视节目。

具体来说，云计算技术还具有规模大、可靠性高、共享数据和价格低等特征。

(1) 规模大。由于数据、软件等都在云中心，云计算为用户提供一些基础性的服务。使用云计算的企业有很多家，云计算的应用范围是非常广的。谷歌云已经有了 100 多万台云计算服务器，其他大公司像微软、雅虎、IBM 等，也都有几十万台服务器。所以说云计算能提供给企业各种各样处理问题的方法，带给个人用户超快速的计算能力，为数据管理和数据储存提供无限广阔的空间。

(2) 可靠性高。人们通常是把数据保存在电脑硬盘里，但是这样一旦出现了什么问题就会导致资料丢失，带来极大的不便。如果把数据保存在云端里就不会出现这样的情况，云计算采用的数据保存方法是非常先进的，可以保证用户的数据不受到损害，给用户带来非常方便的体验。

(3) 共享数据。人们日常生活中的一些资料、私人信息、一些照片和视频往往储存在不同的地方，寻找时会很不方便。当人们使用云计算的时候，云计算可以将这些资料以共享的模式交给人们，也就是说只要人们有权限，就可以使用任何电子设备上网查看资料，这样可以随时随地拍照上传、拍视频上传。

(4) 价格低。在云时代到来的时候，大部分软件应用都可把数据存在云端内，所以人们主要用浏览器查看数据，这无疑降低了工作的成本。而且不仅仅是个人，云的构成可以极其低廉，这样就可以让企业节约一大笔资金，同时使效率得到极大的提高。

(二) 云计算的服务层次

云计算主要包括基础设施即服务(Infrastructure as a Service，IaaS)、平台即服务(Platform as a Service，PaaS)、软件即服务(Software as a Service，SaaS)。基础设施在最下端，平台在中间，软件在顶端。云计算的服务层次如图 7-2 所示。

1. IaaS：Infrastructure-as-a-Service(基础设施即服务)

第一层叫作 IaaS，有时候也叫作 Hardware-as-a-Service。几年前，如果消费者想在办公室或者公司的网站上运行一些企业应用，则需要去买服务器或者别的价格高昂的硬件来控制本地应用，让消费者的业务运行起来。有了 IaaS，消费者就可以将硬件外包到别的地方去，可以通过互联网从完善的计算机基础设施中获得服务。IaaS 公司会提供场外服务器以及存储设备和网络硬件，消费者可以租用。节省了维护成本和办公场地，公司可以在任何时候利用这些硬件来运行其应用。

一些大的 IaaS 公司包括 Amazon、Microsoft、VMWare、Rackspace 和 Red Hat，这些公司又都有自己的专长。比如 Amazon 和微软给消费者提供的不只是 IaaS，它们还会将其计算能力出租给消费者来管理消费者的网站。

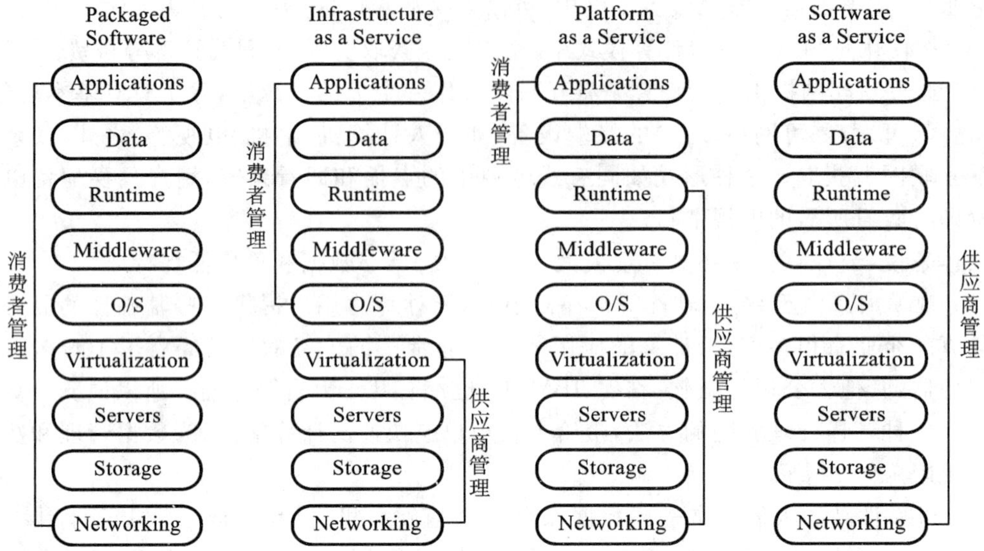

图 7-2　云计算的服务层次

2. PaaS：Platform-as-a-Service（平台即服务）

第二层就是所谓的 PaaS，某些时候也叫作中间件。消费者公司所有的开发都可以在这一层进行，节省了时间和资源。这实际上是指将软件研发的平台作为一种服务，以软件即服务的模式提交给用户。因此，平台即服务也是软件即服务模式的一种应用，但它的出现可以加快软件即服务的发展，尤其是加快其应用的开发速度。

PaaS 公司在网上提供各种开发和分发应用的解决方案，比如虚拟服务器和操作系统。这节省了消费者在硬件上的费用，也让分散的工作室之间的合作变得更加容易。还包括网页应用管理、应用设计、应用虚拟主机、存储、安全以及应用开发协作工具等。

大的 PaaS 提供者有 Google App Engine、Microsoft Azure、Force. com、Heroku、Engine Yard 等。最近兴起的公司有 AppFog、Mendix 和 Standing Cloud 等。

3. SaaS：Software-as-a-Service（软件即服务）

第三层就是所谓的 SaaS。这一层是和消费者的生活每天接触的一层，大多是通过网页浏览器来接入。任何一个远程服务器上的应用都可以通过网络来运行，此即 SaaS。这是一种通过互联网提供软件的模式，用户无须购买软件，而是向提供商租用基于 Web 的软件进行企业管理经营活动。

消费者消费的服务主要是从网页如 Netflix、MOG、Google Apps、Box. net、Dropbox 或者苹果的 iCloud 那里进入这些分类。尽管这些网页服务用作商务和娱乐或者两者都有，但这也算是云技术的一部分。

一些用作商务的 SaaS 应用包括 Citrix 的 GoToMeeting，Cisco 的 WebEx，Salesforce 的 CRM，以及 ADP、Workday 和 SuccessFactors 等。

4. Iaas 和 Paas 之间的比较

PaaS 的主要作用是将一个开发和运行平台作为服务提供给用户，而 IaaS 的主要作用是提供虚拟机或者其他资源作为服务提供给用户。接下来，将从以下七个方面对 PaaS 和 IaaS

进行比较。

(1) 开发环境。PaaS 基本都会给开发者提供一整套包括 IDE 在内的开发和测试环境，而 IaaS 用户主要还是沿用之前比较熟悉的那套开发环境，但是因为之前那套开发环境在与云的整合方面比较欠缺，所以使用起来不是很方便。

(2) 支持的应用。因为 IaaS 主要是提供虚拟机，而且普通的虚拟机能支持多种操作系统，所以 IaaS 支持的应用的范围是非常广泛的。但让一个应用跑在某个 PaaS 平台上并不是一件轻松的事，因为不仅需要确保这个应用是基于这个平台所支持的语言，而且也要确保这个应用只能调用这个平台所支持的 API。如果这个应用调用了平台所不支持的 API，那么就需要对这个应用进行修改。

(3) 开放标准。虽然很多 IaaS 平台都存在一定的私有功能，但是由于 OVF 等协议的存在，使得 IaaS 在跨平台和避免被供应商锁定这两方面是稳步前进的。而 PaaS 平台的情况则不容乐观，因为不论是 Google 的 App Engine，还是 Salesforce 的 Force. com，都存在一定的私有 API。

(4) 可伸缩性。PaaS 平台会自动调整资源来帮助运行于其上的应用更好地应对突发流量，而 IaaS 平台则需要开发人员手动对资源进行调整才能应对突发流量。

(5) 整合率和经济性。PaaS 平台的整合率非常高，比如 PaaS 的代表——Google App Engine 能在一台服务器上承载成千上万的应用，而普通的 IaaS 平台的整合率最多不会超过 100，而且普遍在 10 左右，使得 IaaS 的经济性不如 PaaS。

(6) 计费和监管。因为 PaaS 平台在计费和监管这两方面不仅达到了 IaaS 平台所能企及的操作系统层面，比如，CPU 和内存的使用量等，而且还能做到应用层面，比如，应用的响应时间等，这将提高计费和管理的精确性。

(7) 学习难度。因为在 IaaS 上面开发和管理应用与现有的方式比较接近，而在 PaaS 上面则有可能需要学一门新的语言或者新的框架，所以 IaaS 的学习难度更低。

PaaS 和 IaaS 的比较如表 7-1 所示。

表 7-1　PaaS 和 IaaS 的比较

项　　目	PaaS	IaaS
开发环境	完善	普通
支持的应用	有限	较广
通用性	欠缺	稍好
可伸缩性	自动伸缩	手动伸缩
整合率和经济性	高整合率，更经济	低整合率
计费和监管	精细	简单
学习难度	较高	较低

在当今的云计算环境当中，IaaS 是非常主流的，无论是 Amazon EC2 还是 Linode 或者 Joyent 等，都占有一席之地，但是随着 Google 的 App Engine、Salesforce 的 Force. com 以及微软的 Windows Azure 等 PaaS 平台的推出，使得 PaaS 也开始崭露头角。IaaS 在支持应用和学习难度这两方面的优势，使得 IaaS 在短期之内会成为开发者的首选，而就长期而言，PaaS 模式的高整合率所带来的经济性使得其若能解决诸如通用性和应用支持等方面的挑

战，它将会替代 IaaS 成为开发者的新宠。

（三）云计算中云的分类

按照美国国家标准技术研究院的分类方法，云计算可分为私有云、公共云等。这种分类方法是以云服务提供者和服务对象来区分的，没有把应用和数据考虑进去。从未来信息化发展趋势看，应增加应用和数据两个维度。实际上云物流是云计算在应用维度上的一个分支，即云分类中的行业云。

(1) 公众云。公众云是可为公众所使用的平台，在云的概念没有提出来以前，人们就已经使用符合现代云计算概念的产品，早期的雅虎搜索就是其中的佼佼者。公众云通过公开途径获取数据，并利用公开数据和独有的算法为客户提供服务，其核心竞争力是它独有的算法和庞大的数据业务系统。

(2) 行业云。行业云的概念是由国产服务器厂商浪潮集团提出的，它是由行业内或某个区域内起主导作用或者掌握关键资源的组织建立和维护，以公开和半公开的方式，向行业内部、相关组织及公众提供有偿或无偿服务的云平台。行业云还可以按不同的行业进一步细分。公众云与行业云的主要区别在于数据来源、服务对象、组织构架模式及服务提供者的核心竞争力的不同。公众云的特点是数据来源公开，服务对象是不特定的社会公众；而行业云的特点则是数据主要来源于行业内部的核心组织或其他成员，绝大部分数据是私有数据，因此，不可能无偿提供给第三方。但由于市场上存在需要提供服务的用户，所以行业云可以提供这种服务，满足市场需求。云计算是一个刚刚发展的领域，其分类并不完善，人们对如何分类的看法还不统一。但就应用而言，应尽快对云计算的大致分类理出头绪，找到应用方向。

二、云计算技术在现代物流中的应用

（一）云计算技术在现代物流中的应用特点

从现有实践看，云计算应用中存在的主要问题是隐私问题。云计算要求大量用户参与，从而获取用户的某些数据，这就引发用户对数据安全的担心，不可避免地出现隐私问题。参与的用户越多，其隐私被厂商收集并扩散的可能性就越大。虽然在加入云计算的时候，很多厂商都承诺尽量避免收集用户隐私，即使收集到了也不会泄露或使用，但由于泄露事件时有发生，使用户在怀疑厂商承诺的同时也对云计算望而却步。如果泄露事件不能通过制度层面加以有效防控，将会大大影响云计算的应用前景。

从 1983 年太阳电脑（Sun Microsystems）提出网络是电脑，到 2006 年 3 月亚马逊（Amazon）推出弹性计算云（Elastic Compute Cloud，EC2）服务，再到今天，云计算的发展也不过只有短短 20 多年，而应用服务仅有 5 年时间。尽管如此，云计算依然显示出广阔的应用前景。

(1) 计算能力的汇集。云计算最主要的应用，也是它最初提出的概念应用，就是计算能力的汇集。比如你需要计算一个特别大的数据，但是自己的计算机配置不够，那么你就可以向云计算平台发出申请，通过这个平台调度各种空闲的运算资源，通过云平台调度后得到结果反馈给你，你再根据所用的计算资源付费。

(2) 数据检索服务。人们在互联网上进行检索的时候，实际上使用了互联网上的检索服务，这样的服务是由网络服务器收集海量的网络信息，并通过多台检索计算机用特定的算法析出所需要的信息，但使用这一检索的人，不需要也不知道其检索的过程。

(3) 信息系统软件能力的交付。管理信息系统的使用，在网络出现以前需要购买全部的系统软硬件，在云计算时代，企业可以不去购置软件，而是找到云计算服务公司，由这些专业公司来提供相关服务，同样可达到管理好企业的目的。在这一应用中，企业获得的不仅仅是软件能力，相关的硬件平台也通过购买其工作能力而获得。

(4) 云安全。云安全是一个从云计算演变而来的新名词。云安全的策略构想是：使用者越多，每个使用者就越安全，因为如此庞大的用户群足以覆盖互联网的每个角落，只要某个网站被挂马或某个新木马病毒一出现，就会立刻被截获。云安全通过网状的大量客户端对网络中软件异常行为的监测，获取互联网中木马、恶意程序的最新信息，推送到服务端进行自动分析和处理，再把病毒和木马的解决方案分发到每一个客户端。

(5) 云存储。云存储是在云计算基础上延伸和发展出来的一个新概念，是指通过集群应用、网格技术或分布式文件系统等功能，将网络中大量各种不同类型的存储设备通过应用软件集合起来协同工作，共同对外提供数据存储和业务访问功能的一个系统。

当云计算系统运算和处理的核心是大量数据的存储和管理时，云计算系统中就需要配置大量的存储设备，那么云计算系统就转变为一个云存储系统。所以，云存储是一个以数据存储和管理为核心的云计算系统。值得指出的是，云计算在物联网中的应用已经受到市场关注。随着物联网业务量的增加，对数据存储和计算量的需求会对云计算能力提出新的、更高的要求。

(二) 云计算技术在现代物流中的应用原理

物流行业的发展离不开物流信息及其相关技术，尤其是在现代化的物流系统中，物流信息起到了引领物流行业发展的作用。运用云计算分类的方法，物流行业中的行业云就是物流云。所谓物流云，就是一个平台开放、资源共享的网络，物流云是物流信息的共享平台。正确认识物流云的相关概念与物流云的相关技术，有利于物流云这朵行业云在物流行业的发展与应用。物流云是物流信息化下的一个应用子项，物流信息化的总体框架如图 7-3 所示。

<table>
<tr><td>监管层</td><td rowspan="6">物流信息化体系</td><td>海关商检</td><td>交通监管</td><td>商品监管</td><td>信息安全</td><td>环保就业</td><td>工商税务</td><td>金融保险</td><td rowspan="6">物流信息化标准体系和安全体系</td></tr>
<tr><td>宏观层</td><td colspan="2">国际物流信息化</td><td colspan="3">国际应急物流信息化</td><td colspan="2">多式联运信息化</td></tr>
<tr><td>中观层</td><td colspan="3">重点物流行业信息化</td><td colspan="2">区域性物流信息化</td><td colspan="2">物流园区信息化</td></tr>
<tr><td>微观层</td><td colspan="4">企业物流信息化</td><td colspan="3">物流企业信息化</td></tr>
<tr><td>基础层</td><td colspan="3">物流基础设施信息化</td><td colspan="2">物流技术装备信息化</td><td colspan="2">物流管理信息化</td></tr>
<tr><td>技术层</td><td colspan="4">物流相关信息业</td><td colspan="3">物流信息技术</td></tr>
</table>

图 7-3 物流行业信息化构成示意图

在物流信息化相关法规的规范下，在相关物流信息化技术标准体系和安全体系的支持下，形成一个支持多功能、多层面的信息系统体系，实现不同层次、众多功能之间的信息共享，云技术在其中的作用是不可忽视的。云计算是物流系统中的一个使能技术，在充分发展以后，云计算在信息技术的支持下，会为各个层面提供信息，把各个物流功能模块中的信息集中起来，进行全方位、大范围的物流信息共享，并反作用于物流运行的控制与指挥，成为物流系统的中枢神经。物流云应该对物流行业的各个层面进行支持，它不仅可以对微观层面进行支持，如为快递行业提供数据共享，而且对于其他层面也可以提供支持，如在管理层面进行相关的统计、控制。物流云的应用范围会随着物流业的发展而不断拓宽。

三、云物流

（一）云物流的基本概念及体系结构

1. 云物流的基本概念

云物流这一概念由星晨急便董事长陈先平最先提出，将云计算的概念引入物流管理模式之中，建立云计算的物流运作体系，建立云计算服务平台，依靠大规模的云计算处理能力、标准化的作业流程、灵活的业务覆盖能力、精确的环节控制、智能的决策支持以及深入的信息共享来完成物流行业的各个环节活动。云物流是基于云计算应用模式的物流平台服务。在云平台上，所有的物流公司、代理服务商、设备制造商、行业协会、管理机构、行业媒体、法律机构等都集中整合成资源池，各种资源相互展示和互动，按需交流，达成意向，从而降低成本、提高效率。

云物流是集中了计算机技术、网络技术、物流管理技术的产物，是在计算机云概念之下的应用拓展。要想把云计算很好地应用到物流行业，形成云物流，网络是离不开的使能工具。网络应用普及率的高低，决定了云物流实现的可能性与难易程度。网络普及率越高，云物流发展的可能性就越大；参与云物流的物流企业越多，云物流获得成功的可能性就越大，经济效益也就越高。

云物流是云计算在物流行业的应用服务，即云计算派生出云物流。云物流利用云计算的强大通信能力、运算能力和匹配能力，集成众多物流用户的需求，形成物流需求信息集成平台。用户利用这一平台，最大限度地简化应用过程，实现所有信息的交换、处理、传递，用户只需专心管理物流业务。同时，云物流还可以整合零散的物流资源，实现物流效益最大化。从长远看，云物流具有广阔的发展前景。计算机的信息系统不仅仅支撑起物流系统的运营，发挥物流系统中枢神经的作用，而且在充分利用云计算的基础上，云物流有可能使物流的许多功能发生质的变化。

快递业提出云物流概念的本质是利用云计算数据共享的特性，将快递行业的数据进行集合、整理，并用整理后的数据指导、控制快递公司的业务运作，最终提高快递的运输效率。从云计算的特点看，所谓云计算，就是终端用户只需使用终端设备得到所需要的最终结果，而这一切往往是普通用户的终端设备力所不及的。因为这样的结果可能经过多种方式进行处理，甚至多个云计算供应商都对数据进行整合。在这一过程中，终端用户只使用不过问，这正是云计算的魅力所在。云物流与云计算相仿，是实践在前，提出概念在后。物流领域中常见的第三方物流、第四方物流，从概念上说应该是云物流的雏形，物流终端用户并不直接管理物流的中间过程，而是交由专业的物流公司运作。这些专业的物流公司所承揽的业务特别是大型复杂的物流业务，并不一定是由一家物流公司完成，多数情况下要由几家不同的专业物流公司配合完成，而终端用户不需要了解这些情况，只关心业务完成的最终结果。这与云计算的特征非常相似。这样，促使人们在思考云物流的时候，就不仅仅局限于利用云计算技术开展物流运作，而是在更高的层次思考云物流的发展。

2. 云物流的体系结构

云物流的体系结构是云物流信息平台支撑下的一个层次化的体系框架，从下向上依次分为 6 个层次：资源层、虚拟化与感知层、服务层、核心功能层、应用模式层和平台服务层。

(1) 资源层：涵盖了云物流运作过程中涉及的各类物流资源和物流能力，提供客户一体化物流服务解决方案中的各类基本物流资源和增值物流服务资源，包括各类物流装备资源、物流软件资源、物流人力资源、物流方案设计能力和资源、物流公共服务和政策资源、物流保险等，并进行详细的分类，可以为不同资源和能力进行虚拟化和服务化提供基础。

(2) 虚拟化与感知层：支持各类物流资源的虚拟化及物流能力的服务化，通过虚拟化、服务化，屏蔽物流资源的物理异构性，使物流资源和服务能够以标准的接口进行交互和协同；同时，通过 RFID、GPS、传感器等传感装置，支持各类物流软硬件资源接入云物流平台的信息处理中心，通过对物流资源的感知、识别、信息采集和处理，实现云物流平台对资源的智能化识别和管理控制。

(3) 服务层：包括物流基本服务和增值服务。物流基本服务涉及订单服务、运输服务、仓储服务等，物流增值服务涉及信息服务、金融服务、咨询服务等。

(4) 核心功能层：运作云物流的各种功能，包括服务注册发布、服务部署、服务搜索、服务匹配、服务组合、服务调用、服务调度、服务监控、服务评价管理、服务交易过程管理、服务计费等各项功能。

(5) 应用模式层：根据不同的业务需求，可以为客户和物流服务提供商提供不同模式的云物流运作方式，具体包括基于公有云的云物流应用模式、基于私有云的云物流应用模式和基于混合云的云物流应用模式。

(6) 平台服务层：为云物流的相关参与者提供多种模式的接入方式，具体包括网站门户接入、智能终端接入、PDA 接入以及系统的集成界面接入等。其中，云物流的相关参与者包括云物流服务提供者，如运输公司、仓储公司、第三方物流企业、物流方案咨询商、银行以及保险公司等；物流服务需求者主要是具有单一物流服务或一体化物流服务需求的客户；平台运营者可以是专业的平台运营商或电信运营商。

云物流的体系结构如图 7-4 所示。

(二) 云物流的关键技术及重要作用

1. 云物流的关键技术

云物流是一种新型的现代物流运作模式，其实现是一项复杂的系统工程，涉及产业经济学、服务科学与工程、运筹优化、信息技术等多学科的理论和技术。

(1) 云物流运作总体技术。主要包括云物流的商业模式、组织模式和交易模式等管理模式和技术，云物流平台的体系结构、运作模式以及平台的开发和应用实施的相关标准和规范等。具体包括支持多客户和物流服务提供商协同运作的面向服务的云物流平台体系结

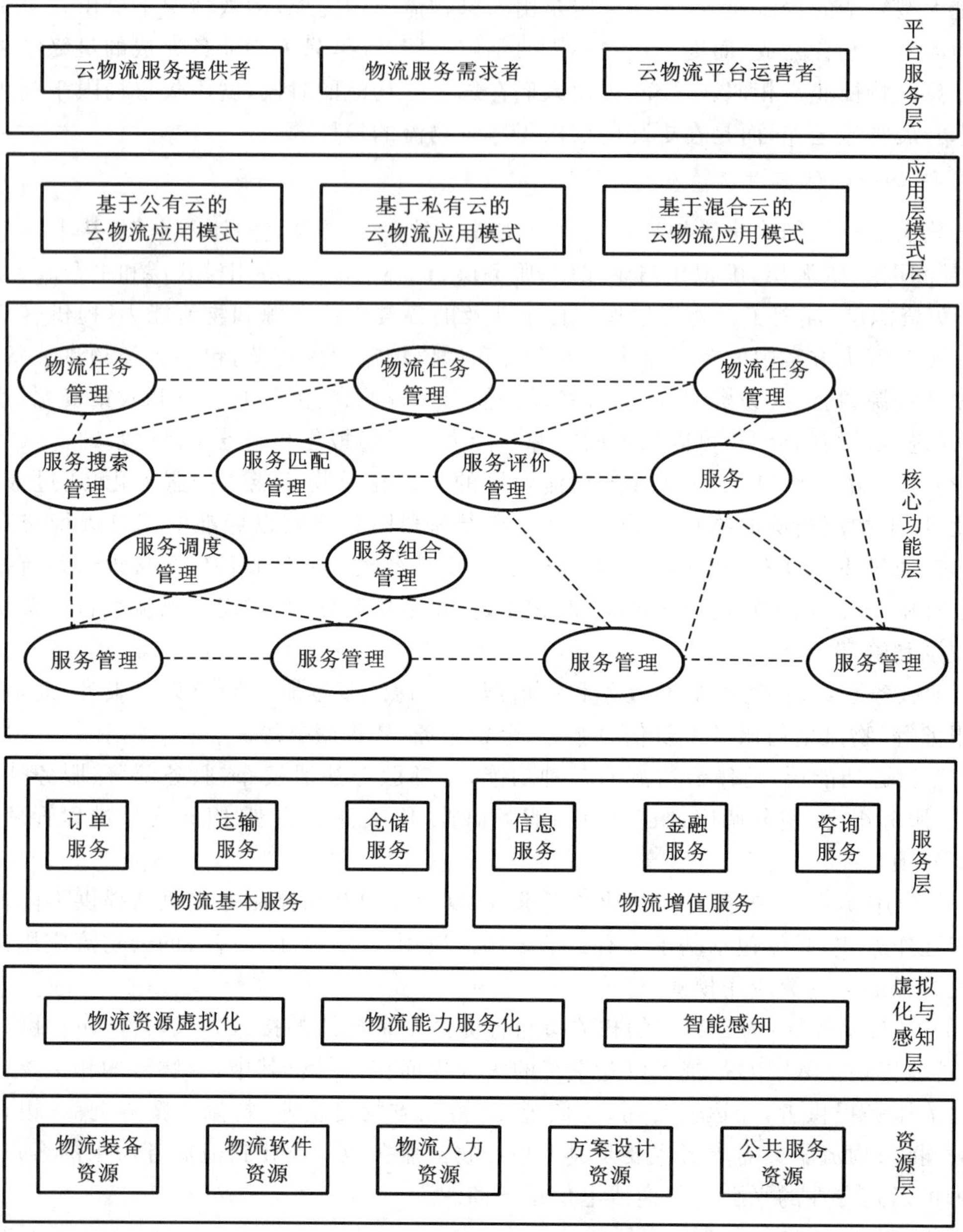

图 7-4　云物流的体系结构

构，云物流平台支撑下的物流服务协同、共享、互操作规范和标准以及云物流服务虚拟化、服务化、云端接入、云物流服务访问协议等标准和规范。

（2）云物流服务虚拟化和云端接入技术。云物流服务虚拟化是通过物联网、信息物流系统、计算虚拟化等技术，把物理上的物流资源全面互联和感知、控制、转化成逻辑上的物流服务，规范资源、服务的描述方法，实现各类物流资源和服务在云物流平台的注册、发布，并支持物流服务的搜索、智能匹配和组合，为客户提供多样化、一体化的物流服务；同时，通过基于 SOA 架构，以松散耦合的方式，采用标准化的接口，将地理上分布的物流服务联系起来，通过接口与服务的动态绑定接入云端，动态访问云物流平台。

(3) 云物流服务智能感知技术。通过 RFID/无线传感网络、3G/GPRS 等通信网络，海量情景感知数据的动态采集、分析与预处理技术，实现物流服务情景数据的实时采集、传输和处理，同时通过情景建模、情景获取、情景分析和情景控制等情景管理技术，实现物流服务运作过程中智能化的管理和控制。

(4) 云物流服务链运作管理技术。基于服务链的运作管理是云物流运作的主要形式之一，也是为客户提供一体化物流解决方案的主要组织形式。云物流服务链运作管理技术包括基于客户需求的云物流服务链建模技术、云物流服务搜索技术、智能匹配和评价技术、云物流服务调度技术、云物流服务链运行管理和监控技术以及云物流服务绩效评价技术等，贯穿为客户服务的全生命周期。

(5) 云物流安全技术。安全是云物流运作的基本要求，也是决定云物流模式能否推广应用的核心因素之一。云物流安全技术主要研究支持安全。可靠云物流运作的相关技术，具体包括云物流数据的安全技术、云物流终端的可信接入、云物流网络的安全性、云物流运营管理的安全性以及云物流服务提供商系统和服务可靠性技术等多个方面。

2. 云物流的重要作用

(1) 云物流可以对物流行业的资源进行整理。我国的物流行业还处于初级阶段，总体来说发展情况一般，物流市场也处于比较混乱的状态，许多物流企业没有一个物流系统管理的标准，导致物流效率低、效果差。总体来说是没有进行信息共享的缘故。现在利用云物流这个功能，将物流企业的系统信息进行整合。加强企业对物流信息系统的利用，可以在一定程度上提高企业效率。比如说，通过云物流对客户的信息进行统计，制定物流运行路线，对工作人员的业绩考核等，都可以用云物流来完成。同时，云物流还能分析当前地区用户的物流喜好和物流需求，物流公司可以根据云物流得出的结论设计特殊的物流配送路线，这样可大大提高物流配送效率，也可节约成本。同时，采用云物流的方法来整合资源，可以减少人力成本，也可以降低设备成本，同时还可以减少对软件的投资，极大地削减了成本。

(2) 云物流还能为物流公司提供一个互相交流与数据共享的平台。物流行业的涉及面比较广，物流公司在与其他物流公司或与国外物流公司的交流中构建完善的信息网络是非常重要的。云物流为公司与公司之间提供了一个相当方便的云交流平台，同一个公司内可以通过云交流实现信息共享，实现共赢。云物流平台的出现实现了这一目标，云物流平台可以实现物流企业的全程电子化，客户只需要上网便可以查询到自己想要的信息，从而提高效率、节省时间。这样有利于提升用户体验，抓住用户心理，扩大服务范围。

(3) 云物流还能为企业提供储存服务。这是云物流对物流企业帮助最大的一点。物流企业平时业务中产生的信息量一般都比较大，如果采用传统的储存方式，占地面积大，维护成本和人力成本高，需要更多地在软件设施，硬件设施上进行投入，久而久之维护成本也相应提高。但是采用了云储存服务后，首先在数据安全上得到保障，同时云储存系统还可以提供备份和恢复的功能，彻底解决物流企业的后顾之忧。云物流服务还可以将资料分享给下属公司，这样可节省一大笔资料传输费用，同时也能避免资料在传输过程中的损坏。云物流还能为企业提供监视系统，通过远程服务器来控制企业的工作，随时随地进行物流信息查询，监控企业的运行状况。

(4) 提供增值服务，提高顾客满意程度。第四方物流的核心在于增值服务。云物流的兴起给第四方物流提供了很好的发挥空间，第四方物流通过提供先进的信息技术，提供物流园区规划、信息规划以及供应链的优化，提供增值服务，从而获得丰厚的利润。

(5) 优化物流环节，提高整体运作效率。第四方物流提供的是整体的优化，克服了第三方物流渠道不畅、连贯性差的弱点，通过对供应链的整合，减少不必要的浪费。从整体设计方案看，无论从运输速度还是资源利用，都会给物流效率带来很大的提升。

(6) 节约物流成本，实现效率与效果并行。第三方物流只能参与供应链的一部分，第四方物流将物流过程中的每一个环节都结合起来，不受限制地进行最优化处理，通过整合资源提供信息，在实现最低成本的同时实现最高效率。

（三）云物流的具体应用及限制因素

1. 云物流的具体应用

综上所述，物流与云计算的关系紧密。云物流属于云计算中行业云的范畴，是应用维度上的一个范例。如何更好地把云计算应用到物流生产活动中，让云计算在物流领域乃至更大范围的流通领域发挥作用，是当务之急。

1) 云物流在快递行业的应用

在快递行业中，云物流主要体现在信息流通方面。云功能可以将海量的快递订单进行分类，将分好类的快递订单反馈给物流信息管理系统，由云计算出最优方案，对整个物流运输体系进行总结，从而提高效率、降低成本。从快递业应用云物流的实例看，云物流的作用主要体现在物流信息方面。在实际运作中，快递行业中的某个企业首先搭建一个行业云平台，集中行业中的私有数据，即集中来自全球发货公司的海量货单；其次，对海量货单和货单的目的路径进行整理；再次，指定运输公司将货物发送到快递公司，最后送达收件人。在这一过程中，云物流对快递行业的收货、运输、终端配送的运作模式进行了整合，实现了批量运输，部分解决了我国运输行业长期存在的空驶（或半载）问题，提高了运输公司的效率，降低了成本。但是，快递行业只是物流行业中的一小部分。

2) 云物流在整个物流行业的应用

物流从经济层面上可以分为宏观物流和微观物流。宏观物流通常是指物流范围较广、工程量较大、具有经济带动作用的物流活动。宏观物流方式会影响社会流通方式，也会影响国民经济。相对于宏观物流而言，微观物流主要是指局部的、小范围的物流作业。除此之外，还有社会物流、企业物流、国际物流、区域物流、特殊物流等不同的分类。物流活动由包装、装卸、运输、存储、流通、加工、配送和物流信息等活动构成。提高物流效率就是提高上述各项活动的效率。

物流活动由包装、装卸、运输、存储、流通、加工、配送和物流信息等活动组成的。云计算可以提高上述单个活动的效率，也就提高了物流效率。物流活动最开始是由企业完全承担，这样给企业造成了很大的压力。第三方物流出现后，将物流活动进行了进一步的划分，将物流变得专业化，提高了物流效率。第三方物流之所以能提高物流效率，其原因就是对物流活动进行细分，并且提高了单个活动的效率。云计算作为新的工具，在物流活动中起了重要作用。在对单个活动的优化中，借助云计算收集车辆信息，对车辆进行监控，计算车辆的实际物流运输能力，这样可以加快物流运输速度，提高装配效率。

当一个企业承担物流的全部功能时，实际上是承担了所有的物流活动。第三方或第四方物流出现以后，通过对物流活动进行细分，实现物流作业专业化，提高物流活动效率。第三方或第四方物流能够提高物流效率的原因，是对物流活动进行重新组合即业务重构，实现了业务活动的专业化。所以，与快递行业一样，业务重构对提升效率起到了巨大的作用。在业务重构过程中，云物流是可以利用的工具。目前，在物流领域有些运作已经有云的身影，如车辆配载、运输过程监控等。借助云物流中的行业云，多方收集货源和车辆信息，并使物流配载信息在实际物流运输能力与需求发生以前得以发布，加快物流配载速度，提高配载成功率。云存储也是可以发展的方向之一，利用移动设备将在途物资作为虚拟库存，即时进行物资信息交换和交易，将物资直接出入库，并直接将货物运送到终端用户手中。受益于云物流的还有供应链，零售业在云物流的影响下也将发生变化。如果说，云物流为快递行业降低生产成本发挥了很大作用，那么，云物流在物流行业应用带来的直接效果就是降低物流成本，这将大大提高物流业的社会效益。仅凭这一点就可以断定，云物流在物流业将有巨大的发展空间。

2. 云物流的限制因素

1）物流企业间的矛盾

当今的物流企业之间充满竞争，甚至有些是危害消费者利益的不良竞争。中国物流市场在中国“入世”之后的竞争日益加剧。2001 年中国加入 WTO（世界贸易组织）后，在中国物流市场，不仅快递、零售领域一下子出现了诸如 UPS、FedEx、沃尔玛、家乐福等国际巨头，在传统的码头和航运领域，马士基、新加坡港务、和记黄埔等重量级国际企业也加快抢滩布点，意在中国总额巨大、年增长速度在 30%以上的物流市场。物流企业的竞争范围扩大、主体多元化、地域全球化、内容多样化。物流企业应对当前竞争局面的主要手段如下。

（1）从有形竞争向无形竞争转换。传统的物流竞争侧重于功能或环节的竞争，物流信息的分散和阻滞导致竞争手段集中于物流设施、运输工具、仓储设备和包装技术等有形部分。随着物流技术的发展和物流设施的完善，物流企业的竞争转向利用现代信息技术、整合物流流程、重组物流功能和协调物流环节，从而提高物流体系运作效率等领域，信息技术水平和协调管理能力等无形因素成为主要竞争手段。

（2）从单一竞争转向复合竞争。国际物流市场竞争激烈，单一的竞争手段既难以获取和保持竞争优势，也无法满足顾客多样性、复杂化的物流服务需求，呈现出多种促销方式并用以及服务、价格和促销多种竞争手段组合的复合竞争态势。

（3）从依赖内部优势到内部优势和外部资源并重。传统竞争条件下，物流企业依赖的是内部优势，通过自身资源和能力的组合而展开竞争。但面对形形色色的贸易壁垒和市场准入限制，物流企业仅凭借自身的资源优势难以展开有效竞争，只有综合运用经济、心理、政治和公关等各种因素，借助政府、社团、媒体和公众等多种力量，形成内部优势和外部资源的合力，才能在激烈的竞争中取胜。

2）物流网络不完善

中国企业还很少有物流外包的情况，这既不利于中国物流水平的提高，也会使企业的经营效率大打折扣。对企业来说，实现真正重大的供应链改进在于转向新的商业模式。从政策措施的角度，开展多种渠道，增加对物流业的投入，并推进物流业对外开放和国际合作。中国物流业与发达国家相比，尚处于初级阶段。第一，物流总费用占 GDP 的比例过高，比发达国家高出一倍多。第二，商品周转速度较慢，物流库存费用过高。第三，物流总体水平明显偏低。这些都是物流网络不完善引起的。

3）利益分配不均

云物流的盈利模式主要是通过提成，那么提成的比例是否会大幅挤压掉物流企业的利润，也是个值得研究的问题。

4）业务责任承担问题

如果是在云物流平台交易中出了问题，比如订单信息错误，业务责任该由谁来承担，毕竟云物流只是一个平台，具体责任由哪一家承担这个问题也是非常棘手的。

云物流在中国目前只是个概念性的产品，虽然星晨急便在这方面做出了尝试，却以失败告终。这就意味着在通往云物流的道路上仍有很长的路要走，未来，无论是在物流基础设施的建设上、物流规划的制定上还是物流模式的创新上，都还需要不断进行积极探索。云物流是一种全新的物流模式，随着时代的发展，将来还可能演变为一种新的商业模式，拥有广阔的发展前景。针对云物流发展中所面临的各种制约因素，需要积极应对。大力发展第三方物流和第四方物流，对我国更好地规范物流行业的发展，更合理地规划物流系统，可以起到很大的帮助作用。我国物流水平低下，不仅仅是由于装备和技术落后。物流规划不合理、物流管理水平低下、物流企业运营不规范、缺乏统一标准等问题，都是制约我国物流业发展的因素。要改进中国物流效益低下的现状，应该着眼于物流的方方面面，从未来的长远利益出发，从物流全局出发，做出相应调整，从而提高效率。

第三节　大数据与云计算结合及其对物流模式变革的影响

一、大数据与云计算结合

（一）大数据与云计算结合的作用与趋势

信息化是现代物流的重要特征之一，信息技术及系统在物流企业的应用能够有效地提高物流企业的运作效率和客户服务水平。推进物流企业及行业的信息化应用水平已经成为企业和地方政府提升管理效率和促进传统物流向现代物流转型升级的重要途径。物流企业管理信息化、公共物流信息平台、智能物流系统是当前物流领域管理创新和信息化的重要内容。

1. 物流企业管理信息化

围绕物流企业对业务管理信息化的需求，开展包括订单管理系统（OMS）、仓库管理系统（WMS）、运输管理系统（TMS）以及财务管理系统的物流行业 ERP 系统应用，从而实现对物流企业内部资源的有效整合和优化配置，提高企业的业务运作效率和客户服务水平。但是，物流企业 ERP 系统是面向物流企业内部的独立系统，是以相对固定的资源和功能为企业提供信息化服务，缺乏按需服务及与客户实时协同的能力，同时，在物流的运作过程中缺乏智能的客户端和实时的信息采集处理能力，需进一步与物联网等技术相结合，从而从更大的范围和深度进行推广和应用。

2．公共物流信息平台

为广大的物流企业提供公共的信息平台，能够较好地满足中小物流企业的信息化需求，降低中小物流企业实施信息化的成本，有效解决物流企业在业务协同过程中由系统异构所带来的信息集成和业务集成问题。但是，由于用户端智能性及数据安全性不足、平台运作商业模式不清晰等问题，公共物流信息平台的推广和应用存在不少障碍。物流公共信息平台的研究和探索为新的物流运作模式提供了有益的借鉴。

3．智能物流系统

基于互联网、物联网技术的深化应用，利用先进的信息采集、信息处理、信息流通、信息管理、智能分析技术，智能化地完成运输、仓储、配送、包装、装卸等多项环节，并能实时反馈流动状态，强化流动监控，使货物能够快速高效地从供应者送达需求者，从而为供应方提供最大化利润，为需求方提供快捷服务，大大降低自然资源和社会资源的消耗。智能物流系统的智能性体现为物流监控、物流企业内外部数据传递、物流企业决策的智能化。智能物流是信息技术在物流企业的深入应用，有效整合了物流企业 ERP、商业智能、物联网等系统和技术，为物流企业提供实时的、智能化、信息化的解决方案。但是，其主要侧重于物流企业内部的智能化运作，在跨企业物流资源和能力整合、物流服务创新及企业间物流业务协同等方面还有待进一步扩展。

（二）大数据与云计算结合的实施步骤

运用大数据技术在物流公共信息平台收集、处理客户的订单，抓取、分析客户需求信息，提交物流管理平台去调度和整合各类物流资源，以最快捷的速度交付货物，云物流联合大数据充分体现了高效协同物流资源、降低物流成本、绿色环保节能、信息安全保障、竞争力提升等方面的创新优势。各物流企业在云物流环境下整合资源，优势互补、团结协作，能够创建智慧物流和生态物流环境。

大数据为云物流汇聚了海量信息、订单全、生命周期可视、业务紧密衔接且可追溯，业务活动按实时需求调整，促成多方交易，智能分析企业物流成本及预估订单收入，实现企业精细化管理，为客户提供个性化的整体物流解决方案。

大数据与云计算结合的物流模式如图 7-5 所示。

第一步：建立大数据系统。跟客户相联系与沟通，通过电子商务、呼叫中心、社交网络、传感器等方式，探测客户，收集和提取数据；然后进行数据分析，获得实时洞察，建立大数据仓库，开展高级分析和定制化分析，为企业提供深入洞察，对数据信息进行整合，提供完整的数据生命周期管控，建设智慧物流、快捷物流、生态物流。

第二步：运行物流公共信息平台。该平台一方面通过数据接口端向客户市场开放，另一方面通过数据接口端接收大数据信息。大数据为客户提供了海量物流服务信息，包括各类物流装备资源信息、物流人力资源信息、物流方案设计能力和资源信息、物流公共服务信息和政策资源信息、物流保险信息、物流金融信息等，这些信息汇聚成虚拟的物流资源和能力，形成云物流公共信息平台上的虚拟资源云，供客户搜索、查询。

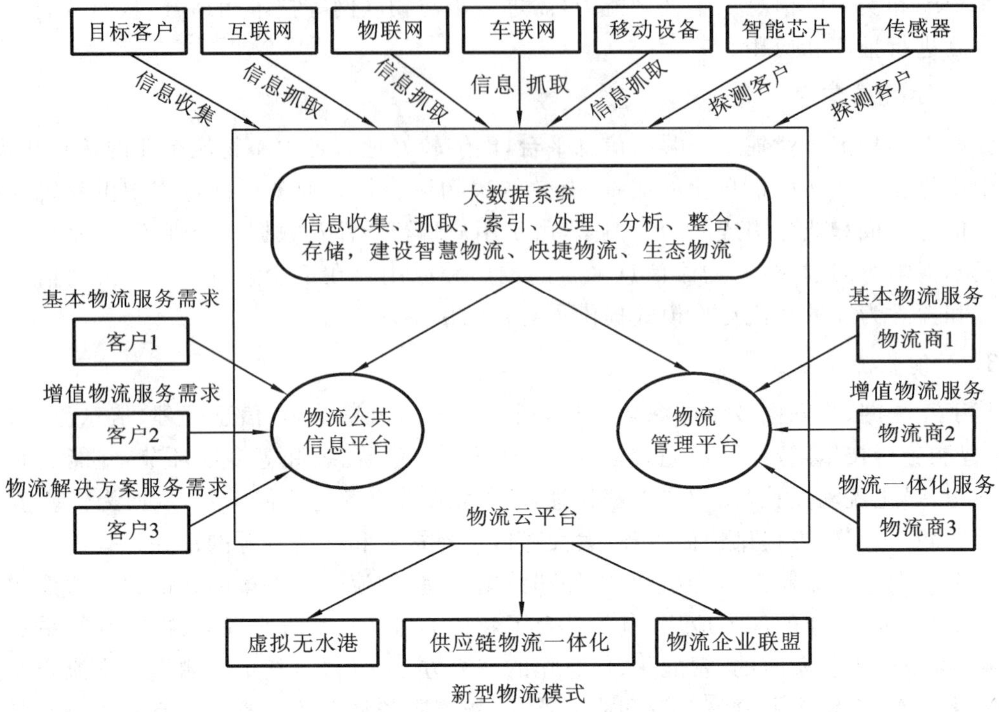

图 7-5 大数据与云计算结合的物流模式

第三步：运行物流管理平台，它是物流企业信息共享、协同工作、资源整合、流程再造、商业智能和决策分析为一体的综合性的物流服务平台，主要任务是通过射频识别(RFID)技术、全球卫星定位系统(GPS)、传感器、车辆运输过程管理(TMS)、车辆运输业务管理(PMS)、车辆综合运营管理(DIMS)、汽车物联网(TUGE)等技术，准确、快捷地处理客户订单，调度和指挥各类物流资源，规划物流路线和物流方式，提供物流一体化解决方案，缩短物流流程，完成“最后一公里”配送，以最快捷的速度按客户要求交付货物，实现云物流平台对资源的智能化识别和管控。

所有的物流企业在这个平台上聚集，如仓储公司、运输公司、第三方物流企业、第四方物流企业、货代公司、物流方案咨询商、银行以及保险公司等，向客户提供订单服务、运输服务、仓储服务、信息服务、金融服务、咨询服务、代理“一关三检”、保险服务等全方位的物流服务。

二、大数据与云计算结合对物流模式变革的影响

(一) 物流企业联盟

物流企业联盟是物流企业实施的一种联盟战略，可为生产企业、商贸企业与物流专线企业提供直接对接的一个平台，能积聚各种各样的物流服务商，通过这些物流企业的加盟，整合专线物流资源，让实际的物流供需更紧密地联系在一起。

在物流超市内客户寻求物流服务时，可方便地了解物流行情、货运价格和货运报价，还提供现场调度以及咨询服务，能够满足客户不断增加的个性化和多元化需求。物流超市借助 SaaS 技术，建立云物流服务平台，摒弃传统信息化软件下企业内独立运作模式，使物流供

应链上的各个参与方都可以按照预定的权限和流程在云物流服务平台上完成相关物流环节的工作。信息流无缝连接,既保持了相对独立,又可以分工协作,实现企业内的跨部门、跨区域协作和企业间的协作,衔接物流供应链上各个环节,突破业务的时间和空间限制,使传统物流企业得到质的提升。

(二)供应链一体化

供应链物流一体化主要是指云制造、云销售和云物流实施一体化。云制造以云物流为平台,对制造资源和制造能力进行集成共享与协同调度,支持制造业在广泛的网络资源环境下,为产品提供高附加值、低成本和全球化制造的服务。云制造和云物流一体化最典型的两种模式是以龙头企业为链主的云物流模式和众包模式。

众包模式主要是以大物流企业为主,锁定一个产业链巨头的供应链主企业,沿供应链向上向下延伸,为其提供多维度的供应链综合服务。服务类别主要有物流、报关、保税、供应链金融、流通加工等多项增值服务。

(三)虚拟无水港

虚拟无水港是将有水港口的设施、功能和服务以及口岸系列配套服务虚拟并集成到电子平台,通过电子网络,延伸到腹地交通枢纽城市(即无水港),与无水港服务进行对接,协同海关、商检、银行、保险等部门提前完成货物出口操作并通过科技手段保障出口货物装运安全的现代综合物流信息平台系统。主要特点有四项:协同资源、降低成本、提高效率、保障安全。

虚拟无水港是中国国际海运网经过大量的港航第一线调研,广泛听取国内外专家意见,结合当前国际经济形势而精心设计的航运物流解决方案。虚拟无水港的建设将会产生以下十个方面的价值。第一,有水港口的各项服务通过虚拟的方式向腹地前移,大幅度降低企业的时间成本、空间成本和人力成本;第二,以沿海有水港口为纽带,与内地无水港经济区节点相连,建立线性和网状互通的信息平台和操作平台,可以提高流程效率;第三,沿海的有水港与内地的无水港信息和业务互动,带动中西部地区经济发展,将有更多的外向型企业在内地生产,带动产业,带动就业,同时,也可以带动内地物流业和口岸业的发展;第四,统一国际标准,建立市场秩序;第五,提升民族航运在国际市场的竞争实力,并通过信息化桥梁有效开辟国际市场,与国际接轨;第六,虚拟无水港能让大量集装箱货物在内地装箱、报关、报检,缓解沿海港口城市的货物积压、交通堵塞和环境污染,实现绿色航运;第七,虚拟无水港可以让港口和船运公司的服务深入市场腹地,有利于港口和船运公司聚揽货物,并大幅降低揽货成本;第八,虚拟无水港借助科学技术手段,可以为港口提供"O to W"(办公室到车间)点到点视频服务,可以为港口加工、安装和增值产业服务提供技术支持;第九,虚拟无水港借助现代科技手段,对出口货物实施"D to D"(门到门)全程监控和跟踪,可以缓解海关和商检现场人员不足的问题,同时让海关、客户和相关部门时时监控货物的位置和状态,保障货物全程安全;第十,虚拟无水港可以协同银行、保险、电信等行业,为其带来巨大的商务增值。

虚拟无水港的核心技术包括大数据技术、网络信息技术、全球定位(GPS)技术、地理信息系统(GIS)、移动通信技术(GPRS)和无线射频识别(RFID)技术等。虚拟无水港除了没有现实的港口、船舶、码头、仓库、堆场外,其他的港口功能都有,通过大数据、网络信息技术、

GPS、GIS、GPRS 和 RFID，客户可以开展在线订舱、口岸服务、货物追踪活动，同时为客户提供物流、金融、保险、酒店、货代等增值服务。

小结

大数据是由数量巨大、结构复杂、类型众多的数据构成的数据集合，是基于云计算的数据处理与应用模式，通过数据的整合共享，交叉复用形成的智力资源和知识服务能力。它是可以利用合理的数学算法或工具从大量数据中找到有价值的信息，并为人们带来利益的一门新技术。大数据的核心思想是数据样本到全数据的扩展及数据因果关系到相关关系的转变。大数据同过去的海量数据有所区别，其基本特征可以用 4 个 v 来总结(volume、variety、value 和 velocity)，即数据体量巨大、数据类型繁多、价值密度低和处理速度快。而云计算技术具有动态地提供资源池化、虚拟化服务器集群、高可用性、可扩展性等特点。

重要概念

大数据(Big Data)
云计算(Cloud Computing)
云安全(Cloud Security)
云物流(Cloud Logistics)
平台即服务(Platform as a Service，PaaS)
基础设施即服务(Infrastructure as a Service，IaaS)
软件即服务(Software as a Service，SaaS)

练习与思考

一、简答题

1. 结合大数据处理的关键流程，对大数据的关键技术进行总结。
2. 智慧物流与大数据技术的具体关系是什么？
3. 大数据技术对物流管理的影响是什么？
4. 云计算中云的分类有哪些？请举例说明。
5. 云物流与云计算的具体关系是什么？
6. 云物流的具体运用和关键技术是什么？
7. 大数据和云计算的区别和共同点分别是什么？
8. 物联网的几个关键技术的具体应用有哪些？
9. 物联网技术会给传统物流带来怎样的变化？

二、思考题

1. 大数据和云计算是物流管理发展过程中十分关键的信息技术，请结合课后网络的专业知识对大数据和云计算今后的发展做一个展望。

2. 基于互联网＋的新思维，物流行业的发展该如何与大数据、云计算、物联网等新兴网络技术相结合，做到真正的互联网＋物流呢？

综合案例

广东中外运的云物流方案

广东中外运成立于1950年，是以海、陆、空国际货运代理业务为主，集海上运输、航空运输、航空快递、铁路运输、国际多式联运、汽车运输、仓储、船舶经营与管理、船舶租赁、船务代理、综合物流为一体的国际化大型现代综合物流企业集团，是国资委直属管理的166家中央企业和国务院批准的120家大型试点企业集团之一。中外运广东公司拥有员工5000人，在粤港澳地区拥有50个分支机构，是中国物流行业的领军企业。

经历了多年的发展后，在信息化浪潮中，广东中外运逐渐显现出云计算时代的短板。在信息化中主要出现以下几个问题。第一，办公手段单一。广东中外运的办公室只能提供PC办公，在移动信息快速发展下没有移动手机的办公体验，难以迅速满足广大客户的需求。第二，系统利用率低。广东中外运的30多个机房利用率低于50%，200多台服务器利用率低于20%，这样的系统利用率跟不上信息时代的步伐，同时也满足不了客户的需求。第三，IT投资持续增加。广东中外运持续投资软硬件，IT投资每年增加约为20%，且运营维护成本居高不下，但是这些高成本的投资，由于系统利用率低下，给公司换来的却不是高回报率。第四，孤岛式办公系统。广东中外运的孤岛式办公系统导致多套办公系统独立运作，无法互通，效率低下。

针对上述问题，广东中外运的团队提出了这样的解决方案。一是办公系统云化，工作流、OA(办公自动化)、邮箱、知识库等办公系统全部云化。二是生产系统云化，仓储、货代、船运等生产系统部分云化。三是通信系统融合化，语音、消息、会议系统全部托管，与办公系统融合、协同。四是办公系统移动化、终端系统一致化：将办公系统迁移到智能终端、PC、平板电脑。最终实现了以下三点。①云化、集中化、全托管。办公系统全部云化，生产系统80%云化；中外运30个分散机房整合优化为2个体系完备的IDC(互联网内容提供商)；200余台服务器整合为64片E6000，资源利用率提升50%。②融合，协同办公，打破信息孤岛。UC客户端集成企业门户、工作流、电子邮箱、网络传真、会议系统、MSN(门户网站)等办公系统。可通过UC/PC客户端实现单点登录，办公系统相互融合，协同，实现便捷办公；帮助中外运重新梳理和优化业务流程28个，当用户有工作流审批时，工作流系统自动发送通知消息到用户UC客户端，点击链接即可进入工作流系统。③移动办公，多终端体验一致。将办公系统搬到手机、Pad上，通过手机/Pad审批工作流，审批时间缩短1/5；30秒内实现通讯录查询并呼叫，效率提高了1倍。为企业中高层领导提供高端视频话机，坐在办公室即可一键召开视频会议。

最终为中外运带来的好处：一是运营维护人员由原来的64人降到4人；二是多分支协同运营，支持50个分支机构协同运营；三是降低了成本，每年可节省上千万元IT（信息技术）建设和通信费用；四是资源利用率由原来的20%上升到70%。

第八章
SOA 技术及应用

学习目标

1. 了解 SOA 技术的概念，掌握 SOA 实施过程的重点与难点；
2. 掌握 SOA 技术特点与工作原理；
3. 理解 SOA 技术在物流管理中的应用。

引 例

基于 SOA 的物流企业管理信息系统建设方案

目前一般的物流信息管理系统主要由配送管理系统、运输管理系统、仓库管理系统、销售管理系统、客户关系管理系统、采购管理系统和供应商管理系统七个部分组成。但是这类传统的物流信息管理系统的架构存在以下问题：

(1) 不同技术、不同结构的系统逐渐叠加；

(2) 各子系统间的数据交互复杂，数据流向混乱；

(3) 结构复杂，难以满足易变的业务需求。

针对现有系统中存在的几点问题，引入 SOA(面向服务的架构)，抽象出一个基于 SOA 的物流信息管理系统架构，如图 8-1 所示。其设计思想考虑到对现有系统的有效集成，引入 SOA 架构和 Web 服务后，可以将原有需要开放出来的功能封装成 Web Service，从而使各个子系统都具有统一的接口标准。在 SOA 下，实现信息交互，使得各个子系统成为既相互独立，又相互协调统一的整体。此外，理解业务需求和服务之间的动态关系，分析业务模型，搭建了一个公共信息交换平台。该平台是为实现系统集成和各个系统之间的数据共享，提供有效的决策支持数据，需要建立基于数据管理和利用的综合性技术方案的共享数据中心，用以存放大量数据的同时有效地将数据管理起来，提供数据访问的手段，为集成系统和各个子系统之间的数据共享提供平台，保证数据的及时性、完整性和一致性。公共信息交换平台作为物流产业基本数据的共享平台，将各个业务部门的基本数据进行集中整理，实现统一管理，保证数据的权威和准确，对物流系统架构中的服务注册、存储、管理和调用做了改善。

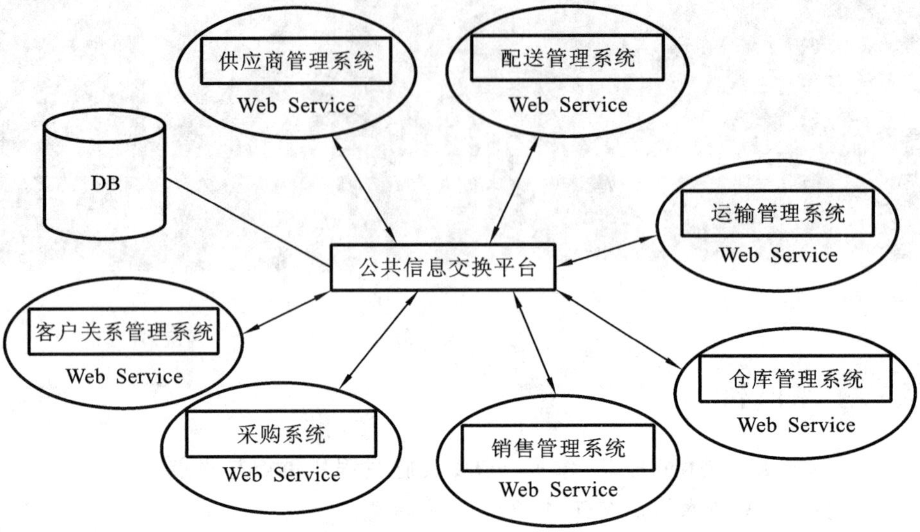

图 8-1　基于 SOA 的物流信息系统架构

1. 基于 SOA 的物流信息管理系统框架

基于 SOA 的物流信息管理系统架构对该物流公司现有的 IT 物流信息系统进行集成。在逻辑上将该系统分为以下五层。

1）应用系统层

应用系统层包括企业内部异构的遗留应用系统，需要引入的外部企业系统以及未知待扩展的应用系统。如何实现这些异构平台和开发环境产出物之间的互操作，成为上层重点解决的问题。

2）企业组件层

企业组件层为应用系统层中异构的应用系统间实现互操作提供了方法，它使用 Web 服务封装器将各种应用系统提供的各种功能封装成不同粒度大小的服务，并提供对外的基于 Web Service 的统一标准接口。

3）业务服务层

业务服务层包含了针对业务流程层的各种服务以及 Web 服务平台。Web 服务平台可以允许以一种与下层应用及技术平台无关的方式来定义和使用业务服务。业务服务层为业务流程层提供了理想的平台，主要体现在以下方面：提供了粗粒度的业务功能；提供了无差别的接口；服务层数据模型是根据服务业务领域定义的，而且是独立于特定应用的数据模型的；服务层安全模型提供了单点登录和基于角色的访问控制等。

4）业务流程层

提供以业务为中心的视图，记录端到端的路程，但是不考虑细节。根据其业务流程，查找业务服务层的各类服务或服务组合，组成应用程序。

5）表现层

表现层主要包括系统在客户端的信息呈现和交互方式，为各类用户提供信息服务访问入口。该层实现了数据访问和执行的分离，可以快速响应企业业务流程点变化，满足企业不断变化和扩展的需求以及异构环境下跨平台业务集成的需求。

基于 SOA 的物流信息管理系统的框架图如图 8-2 所示。

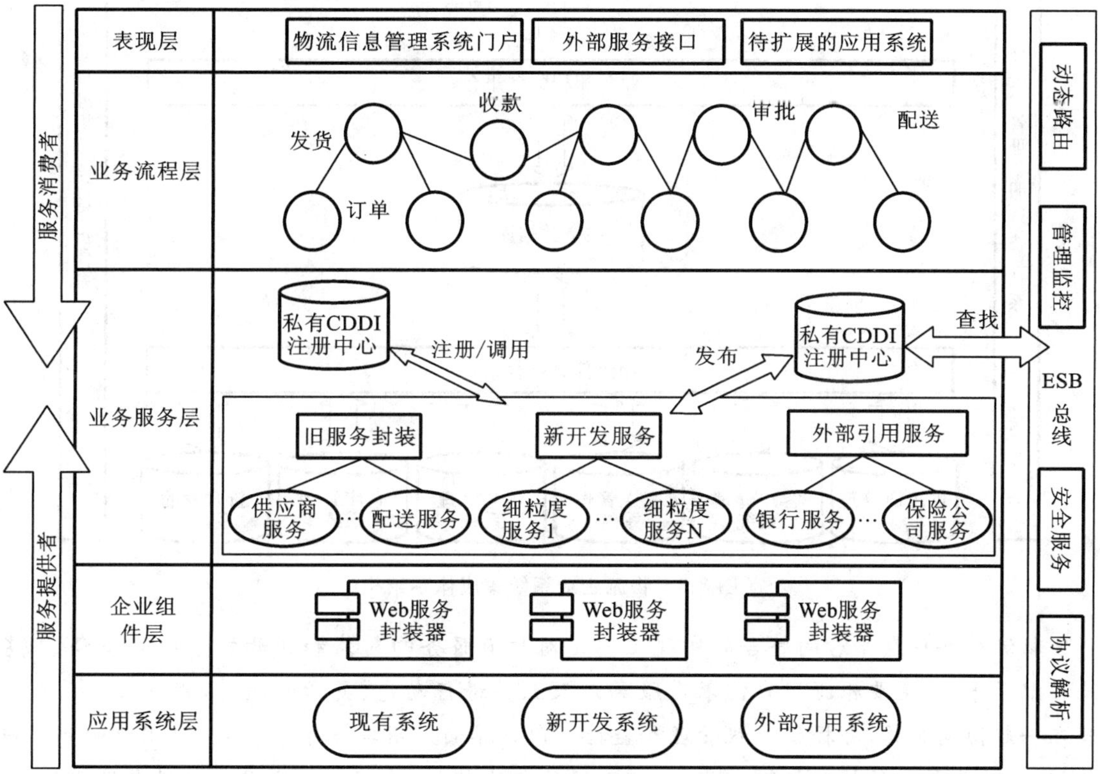

图 8-2　基于 SOA 的物流信息管理系统的框架图

服务封装是该框架模型的核心，由于本系统考虑到对原有遗留系统的集成问题，因此根据原有系统提供的功能将其分解成多个 Web 服务，每个服务都用 Web Service 技术进行封装，为应用集成系统提供各类 Web 服务接口。Web 服务封装用于将各种企业应用转换成 Web 服务的方式进行发布和调用；Web 服务适配器主要处理 Web 服务的绑定调用，同时它还是一个 Web 服务的 WSDL（网络服务描述语言）发布者，将 Web 服务封装层提供的 WSDL 注册到企业私有的 UDDI 注册中心。封装的 Web 服务通过 ESB（企业服务总线）和工作流对服务进行管理和调用。从服务使用者的视角看，只能看到与 Web 服务进行交互，而对 Web 服务背后是使用什么样的技术细节无须知道。

2. 应用实例

上述框架已在该物流企业成功实施。目前，为了统一物流相关企业下的各种异构应用系统，实现企业之间的信息共享和业务流程的精细化管理，最终提高企业物流信息化程度，利用文中的框架对该企业的应用系统进行动态集成，其体系结构如图 8-3 所示。

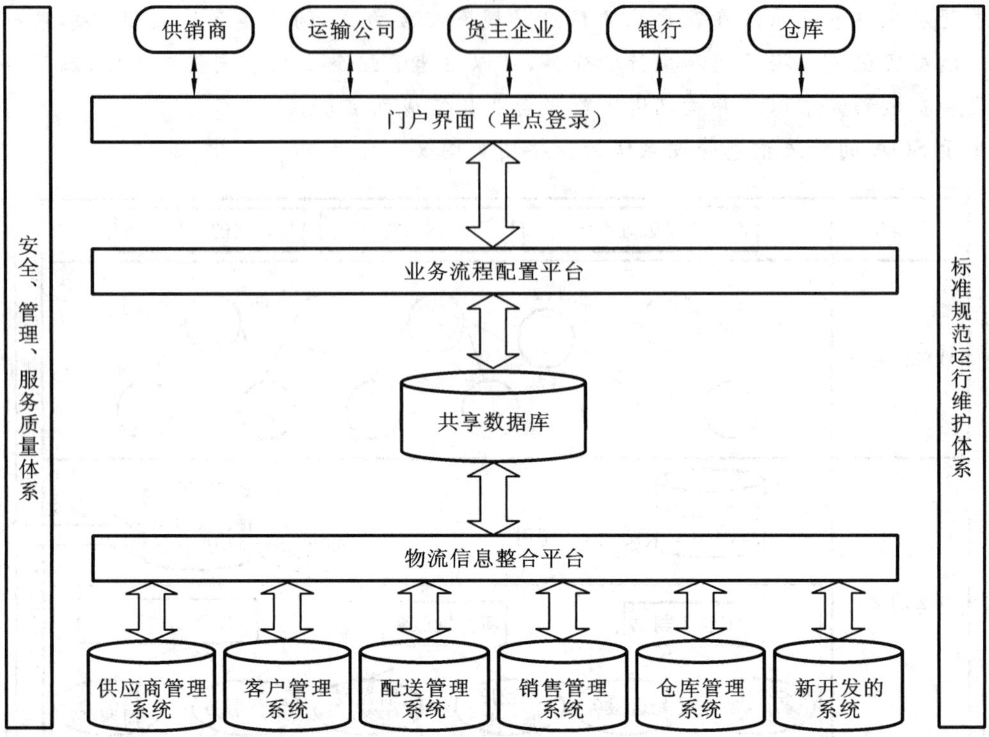

图 8-3　物流企业系统集成体系结构

物流公共信息平台的整合的实现主要是对原有服务的封装和新开发系统的整合，业务流程配置平台，主要根据用户需求对服务以及业务进行动态、灵活的编排，将不同的系统组合在一起协同工作，并提供流程管理和监控。门户界面采用单点登录模式，对用户的权限进行判断，给予相应的控制权限，从而保证系统信息的安全，并可为每位用户提供个性化服务，主要通过组合 HTML、JSP 和 Java Servlets 技术来实现。通过对企业异构系统的整合，最终构建一个集采购、生产、销售、库存、配送等为一体的物流信息管理系统。表 8-1 给出了该物流企业信息系统整合前后相应的指标变化情况，从中可以清楚地看到，采用 SOA 思想集成给企业带来了明显的好处。

表 8-1　采用 SOA 思想集成后各项指标的变化

指　　标	系统整合前	系统整合后
成本/万元	35	15
时间/小时	5	2
执行效率/(%)	67	91
质量合格率/(%)	97	100

第一节 SOA 概述

一、SOA 的概念与作用

（一）SOA 的概念

SOA 是英文词语“Service Oriented Architecture”的缩写，中文有多种翻译，如“面向服务的体系结构”、“以服务为中心的体系结构”和“面向服务的架构”，其中“面向服务的架构”比较常用。SOA 有很多定义，但基本上可以分为两类：一类认为 SOA 主要是一种架构风格；另一类认为 SOA 是包含运行环境、编程模型、架构风格和相关方法论等在内的一整套新的分布式软件系统构造方法和环境，涵盖服务的整个生命周期：建模—开发—整合—部署—运行—管理。

随着我国各行业信息化建设的不断深入，企事业单位和政府部门逐步建立起的大批计算机信息系统和各类数据信息因缺乏有效衔接，导致信息资源共享难、“信息孤岛”现象普遍存在。与此同时，对于企事业单位，随着经济全球化大环境下的市场竞争日益激烈，企业正在通过加快管理转型、技术创新、新产品研发以及业务策略调整等方式来提升自己的核心竞争力，持续占有并扩大市场份额。对于各级政府部门，在以“大部制”为核心的政府行政管理体制改革的驱动下，“管理”导向的政府职能正在向“服务”导向转变。

企事业单位和政府部门的这些转型方式及过程的有效实施，一方面需要信息技术和信息化手段来支撑，另一方面，这些业务需求也对信息技术和信息化建设本身提出了更高的要求：IT 系统（通常也称为“信息系统”、“应用系统”或“软件系统”等）要能快速响应用户业务发展和变化的需求，新系统必须能在充分利用用户原有 IT 资源的基础上快速构建出来，同时要实现跨平台、跨组织的数据共享和业务协同。

SOA 是近年来软件规划和构建的一种新方法，其概念最早由国际咨询机构 Gartner 公司于 1996 年首次提出。由于其本身特性符合上述信息化需求和问题的解决思路，因此在 2003 年以后成为我国软件产业界和各行业用户的关注焦点，并在 2006 年逐步开始在多个行业信息化建设中被选择和应用。SOA 概念自被提出之后，不少国内外机构、企业均对 SOA 进行了定义和阐释，但目前还未形成权威、统一的定义。

本书在结合上述定义的基础上采用如下对 SOA 的定义：“SOA 是一个用于整合业务流程和支持 IT 基础设施的框架，通过对其中作为安全、标准化的组件——服务的复用和组合来解决业务优先级的改变问题。”SOA 要求从全局着眼，来设计系统互操作方案，即将各个系统的功能以服务形式提供出来并建立服务间互操作的标准。SOA 以增量的方式来建立复杂的信息系统，它首先设计面向全局的系统架构，定义服务接入规范；然后根据现有需求建立服务，接入全局系统，并随着新需求的出现，不断补充新的服务，从而使系统不断扩展完善。

（二）SOA 的作用

SOA 的作用主要体现在以下几个方面。

1. 提高业务效率和用户满意度

目前，我国企事业单位及政府部门都在强调服务能力，各类组织对如何提高服务水平并使 IT 系统快速响应新业务需求的要求，已经超过了对于 IT 系统开发效率的要求。依托服务的松耦合性和重用性，通过现有服务和 IT 资产的组装，SOA 减少了新业务应用开发的时间，提高了产品和服务的上市速度和开发效率，使得 SOA 系统中的服务和 IT 资产以更灵活的配置适应新的需求变化，提高了业务效率。SOA 通过创建与具体技术和最终用户设备无关的服务，应用于各种用户服务渠道，以保证一致的用户体验，提高用户的满意度。

2. 有利于整合 IT 资源，提升 IT 系统的对外协作能力

不少行业的企事业单位实施了很多应用系统，比如金融、电信行业以及一些集团企业，如何在不同省市的子公司、分公司和多元化下属单位整合原有系统和信息资源，都是目前面临的主要系统建设需求。SOA 不仅仅停留于技术层面，同时提供了系统集成开发的主要方法及策略。SOA 倡导遵循开放标准，并独立于厂商多样性的环境，为基于互联网的组织内和组织间的系统通信协作和资源共享提供了良好的互操作性和可用性。

3. 提高投资回报率

采用 SOA 的企业、机关部门，将基于服务规则和要求，构建下层 IT 架构，具有技术中立的特性，降低了对厂商的依赖和转换成本；其次，SOA 系统以“服务”为中心，梳理和重组业务流程，使各个业务系统能够互联互通和资源共享，这种服务的松耦合性及平台中立性为机构降低了集成成本，松耦合和模块化简化了维护工作，降低了维护成本。因此，总体而言，SOA 可以保护原有 IT 投资，提高现有 IT 资产的投资回报率。

单个企业或单位的力量是有限的，只有某个行业内或供应链上的多家企业和单位联合，共享“服务”资源，才能推动 SOA 的开发模式进程，收到良好效益。在推进 SOA 的同时，相应的标准化工作必须先行，用统一标准指导各家的服务开发、接口定义、通用数据格式定义、资源存储、服务注册与查询等 SOA 实践工作。

二、SOA 标准体系

SOA 标准体系是指 SOA 领域内多种类、多层次的 SOA 标准所组成的相互联系的有机整体。这套体系对统一用户与企业对 SOA 的理解，加快 SOA 项目实施的规范化，以及增强 SOA 系统间的互操作能力等方面具有重要意义。目前国际上尚无被广泛认可与接受的 SOA 标准体系。一些国际标准协会组织及国际主流企业发布了若干用于构建 SOA 系统的规范及标准，但这些规范及标准仅在各个标准化协会或企业内形成初步的体系，而且不同组织发布的规范及标准间存在重复甚至冲突的现象，因此，国际上统一的 SOA 标准体系短时间内还不能成形。

SOA 的标准体系分为三个层次：第一个层次为基础层，包含 XML 格式相关标准以及网络传输协议。基础层标准出现于 20 世纪 90 年代，在万维网快速发展中得到广泛应用和完善，是 SOA 所有技术标准的构建基础。第二个层次为架构层，是 SOA 标准架构的核心，包含支撑 SOA 系统构建的主要技术标准，涉及基于 SOA 的设计、开发、组装、测试、部署、治理等各个环节。第三个层次为应用层，包含特定行业或特定类型应用的规则和要求。应用层

标准规范基于 SOA 技术标准所进行的行业应用系统实施全过程。上述三个层次标准相互关联和约束，共同形成整体，全面支撑 SOA 系统建设。

1．基础层

（1）XML 及相关标准。XML 及相关标准是 SOA 的基石。其规定了服务之间以及服务内部数据交换的格式和结构，保障消息数据的完整性和有效性，提供不同数据表达之间互相通信的格式，同时提供 XML 文档和信息内嵌的加密数据和数字签名格式，为所有 Web 服务安全技术的建立提供基础。

（2）网络传输标准。数据传输是 SOA 标准体系最基本的需求之一。SOA 标准体系是分布式系统，需要传输大量数据，数据传输就是其生命线。网络传输标准解决了如何连接，如何验证，如何发送、接收数据，以及如何报告错误等问题。

2．架构层

（1）消息传递标准。基于 SOA 构建的系统，其内部各组成部分间需要不断地相互交换消息，以达到协调完成业务任务的目标。消息传递标准提供了在分布式环境中交换信息的框架，定义了消息格式、消息交换模式，保证 SOA 系统能可靠、及时地传递消息。

（2）服务描述和发现标准。对松散耦合的 SOA 系统来讲，服务标准化的描述、发布和发现是至关重要的。描述与发现规范和标准定义一组服务，用于支持 Web 服务提供者、Web 服务消费者以及可以用于访问这些服务的技术接口的描述和发现。

（3）可靠性标准。可靠性是指稳定性、鲁棒性等服务质量因素，可靠消息传递允许在出现软件组件、系统或网络故障时在分布式应用程序间可靠地交付消息。可靠性是使用 Web 服务的必要条件。

（4）事务性标准。SOA 系统是分布式系统，在分布式计算领域，事务是构造可靠分布式应用程序的关键。Web 服务的事务性标准利用传统事务机制提供的协调行为来控制应用程序的操作和输出。

（5）安全性标准。安全性是 SOA 系统的重要方面，是大多数用户优先考虑的问题。使用 Web 服务技术构建 SOA 系统，需要保护 Web 服务确保只被那些准许的逻辑访问。为了保持 Web 服务的开放性并支持多种类型的客户端，就必须解决 Web 服务的安全性问题。Web 服务安全性规范为 Web 服务框架提供安全通信的方法。

（6）互操作标准。SOA 和 Web 服务技术的规范众多，不同的规范可能来自不同的标准化组织，存在着不能完全互联互通的问题，如何用这些规范来开发可互操作的 Web 服务，是一个亟待解决的问题。因此，SOA 需要互操作规范来确保 SOA 系统的互操作性。

（7）表示层标准。标准 Web 服务或面向数据的 Web 服务包括业务逻辑，但缺少表示逻辑。相同的业务流程和业务数据在不同平台、不同终端上往往要求以不同的表现形式展现给用户。表示层标准将下层的内容以多样化的形态提供给上层的终端用户。

（8）业务流程标准。构建基于 SOA 的系统以业务为中心，业务逻辑的实现及优化通过服务组合、服务编排来完成。业务服务通常跨多个组织和机构，需要将服务进行有效的组织才能满足业务逻辑的需求。业务流程方面的标准由此而催生。

（9）集成开发标准。SOA 产品及系统的具体实现需要以开发标准为指导，包括基础服务的实现、服务组装的实现等。同时，SOA 项目往往需要整合各种已有资源，集成过程需要全局的标准化的服务组件以及协议接口作为支撑。

(10) 服务管理标准。服务管理用于发现存在的问题，了解服务的状况、性能，并对服务进行控制和配置。用服务构建 SOA 系统时，业务操作全部都是由服务来完成，服务管理标准提供对服务进行合理、有效的管理的方法，满足业务操作需要。

(11) 质量保证标准。服务质量及水平是判定一个 SOA 系统是否成功的重要因素。SOA 系统的质量重点是贯穿服务生命周期的质量维护，包括可用性、稳定性、可维护性等多方面因素。SOA 系统需要质量保证标准来确保系统的服务质量。

3. 应用层

SOA 项目最终服务于具体的行业或领域用户，如电子政务、电子商务、企业信息化、社区信息化等。不同用户有各自不同的特点，SOA 项目的规划及设计必须首先遵从行业规范、企业的业务战略及规则，实施中服务设计及实现需要相关的应用标准来指导，SOA 的治理也需要和企业 IT 策略一致。XML 及 HTTP 相关标准是支撑 SOA 技术及标准发展的重要基础，在 SOA 热潮之前已在传统的万维网及 Web 技术中得到广泛应用。XML 作为目前数据交换的唯一公共语言，是架构层所有 SOA 标准的基础，提供了不同平台及应用软件通过网络可进行交互的数据内容和结构描述格式。相关的 XML Schema、XSLT、XML Signature、XML Encryption 为 SOA 架构层中的关键消息传递、Web 服务安全等标准提供了直接构建和引用基础。基础层中以 HTTP 为代表的网络传输标准，广泛应用于传统 Web 应用，是 SOA 消息传递标准的基础。架构层的 SOA 技术标准以“WS-”为核心。消息传递标准构筑在传输标准之上，它以传输标准作为载体进行工作，消息传递标准之上是服务描述和发现相关标准，标准体系的这三个部分搭建起了 SOA 的基本框架；可靠、安全、事务三个部分标准需要与服务描述、发现相关标准结合起来工作，它们一定程度上是对基本的服务描写、发现标准的补充，用以满足 SOA 实际应用的要求。

第二节　SOA 技术特点与工作原理

一、SOA 技术的特点

1. 面向服务方法与传统方法的区别

软件开发方法历经数次变革，从结构化分析方法开始，经面向对象方法、面向构件方法，到现在的面向服务方法，这些变革都是为满足客户需求的根本改变，以适应应用领域不断增加的复杂程度而提出的。

(1) 结构化分析方法。结构化分析方法在 20 世纪 70 年代逐步形成，以算法为中心，按照逐层分解、逐步求精的原则，给出一组帮助系统分析人员产生功能规约的原理与技术，方法简单、清晰，符合人们认识世界、改造世界的一般规律，从而大大降低了求解问题的复杂程度。但其对需求变更的适应能力很差，所需文档数据资料极大，也不适合用于解决复杂的大规模问题。

(2) 面向对象方法。面向对象方法产生于 20 世纪 80 年代，以对象(对象＝数据＋算法)为中心，为软件工业实现工程化提供了强有力的支持。面向对象方法具有封装性、多态性和继承性，与人类习惯的思维方法一致，加强了人们对问题域的理解，增强了适应需求变化的能力，且利于用户的参与和各类人员的交流。但其需要依赖具体的编程语言，与业务存在鸿沟；封装粒度小，耦合度高，难以实现大规模、高层次的重用。

(3) 面向构件方法。面向构件方法以粗粒度、松耦合的构件封装可重用的功能单元。企业业务被映射成系统构件，从整个企业的视角出发构思、设计系统，是面向对象方法更高一级的抽象，比面向对象方法更切合企业的实际应用，重用度也进一步提高。但与开发语言紧密联系，导致接口标准不统一，不同开发语言实现的系统之间很难实现互操作。

(4) 面向服务方法。面向服务方法是在面向对象方法的基础上扩展的构建系统的思想和方法。面向服务方法关注的是企业业务，它直接映射到业务，强调 IT 与业务的对齐，以服务为核心元素来封装企业的业务流程和企业已有应用系统。服务的粒度更大，更加匹配企业级应用中的业务，可以实现更高级别的重用。但目前存在相关标准未统一、应用案例较少等问题。

上述各类系统构建方法的比较如表 8-2 所示。

表 8-2 各类系统构建方法的比较

名称	概述	优点	缺点
结构化分析方法	以算法为中心，又称为结构化分析	体现了逐层分解、逐步求精的原则，有严格的规则	难于检验分析结果的正确与否；对需求变更的适应能力很差；系统设计人员对分析结果的理解存在障碍
面向对象方法	以对象（对象＝数据＋算法）为中心，实现了对数据和算法的封装和继承	加强了对应用领域的理解，改进了沟通和交流；适应需求变化的能力较强；支持分析和设计结果的重用	纯技术导向，存在与业务的鸿沟；复杂度高，抽象程度低，难以实现大规模和高层次的重用
面向构件方法	以组件或构件封装可重用的功能单元	重用度进一步提高，提高了软件企业的开发效率和质量	组件或构件封装方法和接口标准不统一，很难实现与外部应用系统之间的互操作
面向服务方法	以服务封装业务流程和应用系统	业务驱动技术，以开放标准实现应用系统之间服务的相互访问，乃至复合应用的组装，实现了更高级别的重用	处在概念导入期末尾，相关标准尚未统一，应用案例及工程实践刚起步

2. SOA 技术的特点

基于 SOA 来构建的 IT 系统具备如下特点。

1) 以业务为中心

SOA 更多地关注用户业务，通过业务人员参与 SOA 系统的规划、设计和管理，使得 IT 系统能在对业务深刻理解的基础上进行构建，实现 IT 系统与用户业务的密切结合。在具体实施中，通过把完成实际业务流程中的一项任务所需的 IT 资源组织为服务进行封装，从而达到以业务为核心，通过业务选择技术，避免技术制约业务的问题。

2）灵活适应变化

IT 系统围绕用户业务构建，用户业务在实现层通过一系列松散耦合的“服务”来实现，这些服务可以根据用户需求随需组合，使得 IT 系统对于业务的适应能力明显提高。

3）重用 IT 资源，提升开发效率

SOA 强调对“服务”的重用，对原有 IT 资源的重用度提升是 SOA 带来的关键效果之一，大量具有高重用性的服务资源，为快速构建新的业务功能和业务系统奠定基础，使得 IT 系统的开发和软件生产效率得到提升。同时，重用过程有利于保护用户前期的信息化投资和 IT 资产积累，节省 IT 系统开发成本，实现用户信息化的可持续建设与发展。

4）更强调标准

SOA 的实现强调基于统一的标准，SOA 系统建立在大量的开放标准和协议之上，以实现系统及信息的互联互通和互操作。因此，SOA 系统从规划到实施，标准都至关重要。

二、SOA 的工作原理

1. SOA 的适用场景

上面提到了 SOA 的特点以及能带来的效益，但是，SOA 并不是在所有的情况和场景下都适用，只有在适宜 SOA 特性的场景下，并采用合适的实施策略来保障，才有可能逐步得到 SOA 带来的各项效益。从 SOA 的特点来看，SOA 在以下场景中能发挥作用和优势。

(1) 企事业单位或政府部门内部 IT 系统的整合。由于业务重组、并购或者内部机制调整，而需要实现组织内的统一管理、协作和信息共享，需要对多个异构的 IT 系统进行整合，提高组织的整体决策、监控能力或业务流程效率。

(2) 企事业单位和政府部门之间 IT 资源的共享和协同。为了在业务和市场上进行合作，需要依赖业务合作伙伴提供其 IT 系统的非核心业务功能或信息。某项服务能力，需要多个组织和单位的 IT 系统共享信息、联合处理，比如电子政务中的“一站式审批”服务、各级政务资源共享交换平台等。

(3) 从头开始开发的新应用系统。SOA 将是未来 IT 新系统构建的主导方法，因此考虑到未来的扩展和重用能力，用户在业务允许的条件范围内，可选择基于 SOA 来构建新应用系统。如基于互联网的一些新的应用模式、基于互联网的软件服务平台。

此外，还包括在信息化建设中，除自己的 IT 系统之外，也同时希望集成互联网上的一些软件工具或 Web 服务的企事业单位，如采用“软件＋服务”策略的单位。

但是，也有一些应用场景不适合用 SOA 来实现，此时采用传统的技术、方法和过程来实施更为妥当，比如下述场景：

(1) 用户业务涉及效率敏感性及对实时性要求较高的系统，如工业控制系统、核心交易系统；

(2) 对安全性要求较高的业务系统；

(3) 用户的业务系统没有集成的需求；

(4) 当前的 IT 系统基于统一的平台和编程方法。

对于大多数企事业单位和政府部门来说，如果采纳了 SOA，还需要注意：考虑 SOA 产品选型，重视业务流程的管理，使 SOA 成为其全面业务转型的实现手段。企事业单位和政府部门在进行业务规划时，应基于自身实际，不要盲目跟风。采用 SOA 要从全局慎重规划，以循序渐进、逐步推进为宜。

2. SOA 的工作原理

从技术层面来看，SOA 并不是一项技术创新，传统的技术在构建 SOA 系统时同样能派上用场。实际上，在采用 SOA 进行系统整合的项目中很多被整合的系统本身就是基于传统技术开发的，但与传统构建系统的方法比较，SOA 更强调标准化应用，更加重视系统的层次架构。SOA 的互联互通性体现在系统中任何一个服务都能被其他服务甚至是其他系统的服务准确无误地发现及理解，而满足这种特性最直接的方式就是每个服务都遵循一系列统一标准。因此，只要在开发过程中遵循 SOA 的理念，采用统一的标准，任何现有技术都能用来开发 SOA 系统。

SOA 与传统技术体系的区别在于系统均是基于服务构造，服务之间的交互和组合采用了一种基于服务中介平台的方式实现了松耦合。图 8-4 是服务被提供和使用过程的示意图。

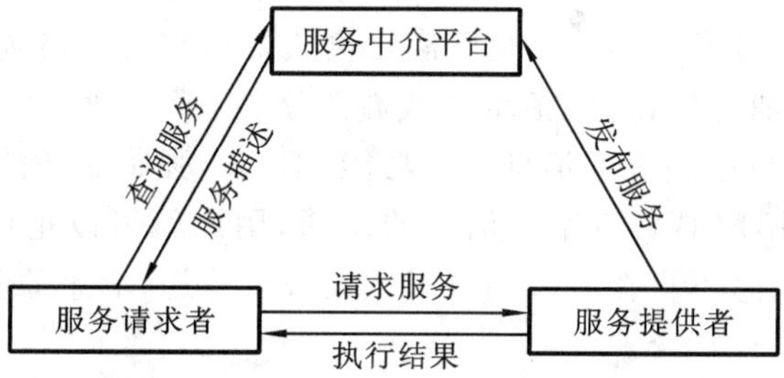

图 8-4　SOA 系统中服务交互示意图

图 8-4 中的服务提供者是一个可以通过网络查找到的实体，它提供的服务是基于 IT 系统的某个功能或流程；服务请求者调用和使用服务提供者提供的服务；服务中介平台类似代理的角色，以目录方式存储了大量服务资源，一方面可以接受服务提供者提供的各类服务信息，另一方面可以通过协调机制把服务的请求分配给服务提供者。这样，为服务请求者和服务提供者建立了中立的沟通渠道。

1）基础设施层

基础设施既包括服务器、网络设备等硬件设施，也包括操作系统、数据库系统等基础软件，作为整个 SOA 系统运行的基础平台。

2）已有资源层

已有资源指用户当前所拥有的 IT 资源。已有应用系统资源和已有信息或数据资源是指用户当前运行的应用系统及数据系统中，若干适合抽取出来用于为上层系统提供服务支持的资源。被抽取出来的资源可以是某个系统（应用系统或数据系统）中的某个模块，可以是某个系统，可以是若干系统的合并及组合，也可以是各类格式的数据资源。已有的组件/构件资源既包括原先采用组件/构件系统的用户所拥有的组件/构件资源，例如基于 COM/COM＋、JavaBean/EJB 或 CORBA 开发的技术功能组件或业务功能组件，也包括已有的 Web Services 服务组件。基础设施层与已有资源层是服务的具体技术实现层，上层应用使用的服务最终都由这两层提供。

3）服务提供层

服务提供层的主要职责是封装下面两层的资源，并以服务的形式展现出来，从而构建整体的应用系统。这是SOA系统最关键的一层，也是SOA系统设计最难的部分，难点在于服务的规划与设计——该如何划分服务及服务的粒度。服务的规划与设计不仅直接影响到SOA系统的性能，也间接影响到SOA系统的扩展能力。但这不仅仅是技术问题，需要从企业战略目标的层次上考虑服务的划分，业务人员的参与也是设计出适合企业使用的服务的关键。本层主要由三部分即服务、企业服务总线、服务资源库组成，各部分内容说明如下。

(1) 服务。主要是与业务需求对齐的各类“业务服务”（与用户业务相关的、实现特定业务功能）、“流程服务”（与用户实际业务流程相关、包含人员与IT系统参与的一个处理过程）、“信息服务”（用于共享的各类数据和信息）、“交互服务”（为最终用户、其他IT系统或服务提供多渠道统一访问入口的服务）以及“其他服务”（包括实现安全规则、管理机制、质量策略等各类构建用户IT系统所需的服务）。

(2) 企业服务总线(ESB)。为服务之间间接和动态交互提供支持。ESB的具体功能包括消息寻址路由（根据请求对服务的描述以及服务在服务资源库中的注册信息，定位具体的服务）、消息验证（检验服务发送的消息是否满足格式要求）、消息格式转换（把消息从一种格式转成另外一种格式）、消息操作（包括增加或删除字符，或对消息中的特定字符进行转换）等。ESB包含了传统消息中间件的消息代理功能，但其增强了服务的动态路由和交换功能。通过把服务接入ESB，由ESB负责服务消息的流通，用户就可以把注意力全部集中在服务的构建上。此外，由于消息不再在服务间点对点地进行传送，消息原先的直接交换就变成了现在的间接交换，实现了松耦合。

(3) 服务资源库。服务资源库里储存的是已注册的服务的描述信息及相关服务元数据描述信息。已注册的服务可以分成两大类，一类是可以直接被使用的、实现具体功能的服务，另一类是在运行时才进行组装的服务。服务的描述信息记录了服务实现的功能、服务该如何调用、服务具体实体所在地以及服务在策略方面做出的规定等。

4）应用接入层

用户在这一层里可以部署各种应用，例如在政府、金融、电信等行业的应用。应用依据业务流程，主要由业务人员设计，IT技术人员辅助。应用依靠下层提供的服务及服务的组合来具体实现。

5）标准体系

标准体系贯穿SOA系统从最低层到最上层全部四层结构，内容上由若干行业内公认的标准组成，是每层系统规划设计时建议采用的规范，为SOA系统的标准化实施确定了边界，同时便于实现SOA系统间的互操作。

6）开发平台及各类工具集

用于对SOA系统进行规划设计、实施测试、运维管理的软件平台及工具集，涵盖系统各个层次。从系统生命周期角度出发，可划分为如下平台及工具。

(1) 规划平台及工具。主要用于做出整个系统的分析与规划，需要进行的工作包括项目管理、需求分析、版本控制以及文档管理等。

(2) 设计平台及工具。协助相关人员完成整个系统的设计工作。具体的平台及工具应该包括“业务建模”(模型化企业的业务)、“流程建模”(把业务整理成流程)、“服务组装”(按照一定规则组装流程,形成服务或应用)、“服务建模”(模型化整理出来的服务用于服务生成)。这个阶段的平台及工具与传统的开发方法所需的平台与工具有较大区别,体现的是SOA 的思想。

(3) 开发平台及工具。用于实施 SOA 系统的开发,采用的开发语言及开发平台没有限制。

(4) 测试平台及工具。用于实施 SOA 系统的测试。传统的测试平台及测试工具在SOA 系统的测试工作中同样可以采用。

(5) 注册部署平台及工具。用于实施服务的注册发布以及 SOA 系统的部署。

(6) 监控管理平台及工具。用于 SOA 系统整个生命周期的监控及管理。这类平台及工具贯穿系统的规划、设计、开发、测试及部署的各个阶段,监测各个阶段 SOA 系统的实施进展,便于用户及早对意外情况做出反应。

以上是通用的 SOA 系统技术体系,可用于指导 SOA 项目的实施。各厂商在实际项目实施中可根据用户需求及产品选型情况,在此技术体系基础上提供个性化的解决方案。

第三节　SOA 在物流管理中的应用

一、SOA 项目的需求来源

当前 SOA 项目的需求来源主要分为两大类:系统整合驱动和新系统建设驱动。

1. 系统整合驱动

电信、金融、政府等以服务为导向的企业或组织中,为了更好地满足客户或公众需求,必须提供一站式以及随需应变的服务能力。不仅要对企业或组织内部系统进行整合,同时要与相关的企业及组织进行信息系统协同,因此在以整合及协同为主要需求的推动下,基于SOA 的 IT 系统整体架构成为选择热潮。基于 SOA 的整合范围包括 3 类:应用系统之间的数据整合、功能整合和流程整合。整合的方式是通过对原有数据及 IT 系统资源进行服务化的包装,从而使得各系统以统一的、标准化的方式进行数据共享和业务协同。

2. 新系统建设驱动

随着信息化建设的不断推进,部分企业的原有系统已经较庞大而复杂,面临新的业务需求,原有系统已远远不能满足实际需要。现有 IT 系统的相对刚性使很多 CIO(首席信息官)在面对频繁的业务变化时步履维艰、痛苦不堪。从技术层面来说,许多软件系统基本采用手工编码的方式,总体架构设计的缺乏注定其无法全面适应系统需求变更的需要。

因此许多单位在建设新系统时,以柔性化、敏捷化的业务应用系统为目标,希望能持续地支撑业务应用的变化及发展。SOA 在基础架构上基于业务服务、标准化、平台无关的特性,使其成为新系统构建的首选。

需要指出的是,上述两种需求来源均不是孤立的,在各行业的项目建设中,系统整合往往与新系统建设相互融合,但各项目所解决的问题会对整合或新系统的建设各有偏重。

二、SOA 的实施

（一）SOA 的实施过程

SOA 既是对 IT 规划设计和基础设施方面的重大改革，也是对应用开发和业务部门应用上的极大改进。SOA 项目的实施不仅涉及 IT 部门，而且涉及企业从上到下、从业务到 IT 的全面参与。在项目实施过程中，必须首先由企业或组织的最高层做出决策，对 IT 系统及各项目实施路线做出整体规划，然后由相关业务部门与 IT 部门深度合作并分步实施，逐步取得 SOA 项目的成功，并最终给企业带来效益。

1. 业务与 IT 规划

业务规划和 IT 规划的目标是面向用户的高层决策者、CIO 和业务主管，在帮助其理解 SOA 的商业价值的基础上，对于组织采纳 SOA 来进行信息化建设的方向、目标、行动、任务、原则、策略、资源等进行综合分析，最终就是否采用 SOA 来进行信息化建设做出宏观决策，并建立 SOA 总体规划蓝图。业务与 IT 规划关系图如图 8-5 所示。

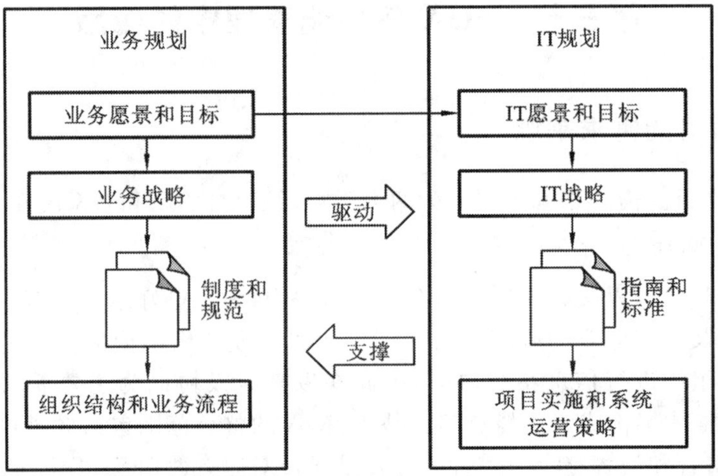

图 8-5　业务与 IT 规划关系图

一方面，企事业单位或组织的决策部门和业务部门需要进行业务规划，通过对企业愿景、内外部环境、资源约束、风险等方面的梳理和分析，确定企业的业务策略及需要解决的业务问题；另一方面，在业务规划的驱动下，IT 部门的 CIO 及团队需要从信息化的角度，对当前组织已有 IT 系统的功能、性能、问题、基础架构、平台、标准及需要满足的需求等各方面进行评估和规划，确定 IT 整体的建设策略、建设路线及组织结构。

在业务和 IT 规划过程中，在如下方面需要双方依次进行研究和磋商。

(1) 是否要采纳 SOA。业务当前问题和需求是什么，现阶段是否有必要、有条件在信息化建设中采纳 SOA？采纳 SOA 到底可以解决什么关键问题？此处可参考本章 SOA 效益及适用场景内容。采纳 SOA，是否具备相应的基本条件？比如，高层决策者对 SOA 具有全面的理解和一致的认识，具有采纳 SOA 所需的预算，信息化建设水平较高，具有较高素质的信息化专业队伍等。

（2）采纳何种 SOA 策略。到底应该在什么层次、什么级别上采纳 SOA？是在战略级别上还是战术级别上？是全面铺开还是局部试点？具体而言，什么业务单元需要 SOA？如何排定需求优先级？以什么作为切入点和突破口？

（3）需要如何投入资源。采纳 SOA 需要哪些资源投入？现有的资源条件是否能满足要求？采纳 SOA 需要哪些政策、制度、指南、标准方面的配套？在此过程中，两方面人员在规划过程中经过反复沟通和协商并达成一致后，最后决策出是否采纳 SOA 以及总体思路。

2. 需求规划

需求规划阶段的工作是：通过对业务及 IT 目标进行综合分析，确定当前所要实施的 SOA 项目目标及项目实施方案。

SOA 项目目标包括成果性目标和约束性目标两大类，主要是需要在一定的成本及时间限度内完成项目的建设内容并达到预期目标，包括 SOA 系统、子系统的功能、非功能和用户界面描述等。

SOA 项目实施方案主要包括项目的实施范围、进度规划、质量控制方法、成本预算、团队计划、风险管理计划、技术规划和产品选型方案等。

在 IT 系统规划中需要考虑系统的规模，建议第一个 SOA 项目要限定项目大小，不要选择太大的项目，保证在一定时间内可以顺利实施完毕，确保项目的成功并使业务人员体会到 SOA 的特点和价值。通过项目经验的积累，为后续 SOA 项目开创一个良好的局面和环境。SOA 本身的特点支持项目的递进式实现，可以采用不断滚动改进的方式实施项目。

同时需要强调的是，在 SOA 项目实施方案中需要特别考虑标准问题。SOA 项目所涉及的标准包含两个方面：业务标准和技术标准。确定和采纳合适的标准体系，有利于保证 IT 系统的建设质量，同时提升其持续利用与扩展能力。

项目的具体实施包括两方面内容：一方面要建设基础设施，另一方面要围绕服务采用不断迭代的方式进行业务功能实现。

3. 服务规划及设计

服务规划及设计阶段的工作是：进行业务的分析和梳理，使业务流程能够映射到 IT 流程，并进行服务建模，以确定所需要的服务集和服务实现策略。

在业务分析层面，其目的是对业务及业务流程进行清晰的建模，此阶段具体实施中可依据一些国内外知名的业务分析方法论来完成。在 IT 层面，需要用服务建模方法来指导如何将业务模型转化为实现 SOA 所需要的模型，通过发现和定义与业务对齐的服务，使服务成为业务与 IT 之间的桥梁，从而让 IT 与业务能更好地互动。

此过程中，需要用户的业务人员参与进来，共同完成业务服务定义、业务流程定义、业务数据分析和组织架构确定等内容。对于相应的服务及流程，需要基于实际情况确定是利用已有 IT 系统进行服务化封装实现还是重新开发新的服务来实现。同时，用户方还需要与专业实施团队共同确定总体技术架构及所采用的技术、标准、工具和产品。

主要规划和设计内容有：组织结构、业务布局分析；相关业务部门功能及需求分析，业务流程分析及业务建模；服务规划，根据业务分析和建模结果，分析识别所需的服务，对服务的层级进行合理划分，对服务的分类和聚合进行设计。识别和规划服务过程中，基本原则是要确保基于标准的服务可以被重新组合和利用并成功地用于典型行业应用环境中的各种系统中;服务定义和描述,包含具体的服务名称、服务操作、输入消息、输出消息,业务目标、业务规则、业务事件,非功能性需求等服务的定义、服务之间关系的描述、服务之间的依赖关系和包含关系;服务实现策略,确定如何实现所需的服务,可以自行开发、外部采购或者集成遗留的 IT 资源。

4. 服务开发及测试

SOA 项目中的服务开发即服务实现,其与传统 IT 项目开发有较大差别。服务是 SOA 项目开发阶段的核心概念,包括单个功能的服务,也包括流程类的服务。

服务开发是将业务服务的定义进行真正的技术实现。在传统项目中几乎所有的代码都需要编写实现,而在 SOA 实现中,可以选择自行开发和手工编码,也可以调用或购买已有的内外部服务,实现过程更多采用参数配置、组装、流程定义等技术,代码编程工作量会减少。在服务具体的技术定义、开发和组装中,用户可以基于现有基础设施情况以及服务设计阶段的业务服务定义,选择采用 Web Service、SCA/SDO 技术或其他传统技术逐步实现单业务功能服务、组合类服务或流程类服务。

服务测试是保证服务开发正确有效的手段,与服务开发交叉进行。服务测试包括对单个服务的单元测试,也包括对组装类服务或服务流程的集成测试。服务测试工作主要是基于服务定义和描述中的功能和性能指标,采用一定的测试工具、技术和标准规范,对服务进行质量测试和评估,并根据测试的结果来决定服务的开发是否合格。在 SOA 项目中,服务的测试与传统的测试也不同,为保证服务能与其他服务互联互通,对服务的标准符合性测试及互操作性测试更为重要。

5. 服务部署

此阶段是根据 SOA 项目目标、通过部署工具将所开发的各类服务及流程部署至用户的物理环境(比如用户的应用服务器、流程服务器、门户服务器等)内。对于单个服务,部署后的服务可以被终端用户、其他 IT 系统或服务实际调用;对于多个基于服务的流程,部署后可形成完整应用系统,从而为用户业务提供相应的 IT 支持。

服务部署包括静态部署和动态部署两种。静态部署是指服务之间的调用关系在运行前已确定,动态部署是指在应用系统运行中需要通过动态路由后确定服务调用关系。这两种部署类型需要在一定的基础设施之上进行。由于用户物理环境往往是基于网络的分布式环境,具体部署的类型需要根据 SOA 项目实施的状况和需求来定。

6. 服务发布

此阶段需要将已开发完成的服务发布在服务注册中心(或服务资源库)内,以便被其他服务发现和调用。服务发布也被称为服务注册,两者含义相同,均指将已有的服务描述信息提交至公共的服务注册中心(或服务资源库)中。

服务注册中心(或服务资源库)是各类服务的统一登录目录,其功能分为两个方面:一方面,每个服务提供者可以发布其所提供的服务描述信息,供其他服务访问;另一方面,服务请求者可以迅速查找其所需的服务,以充分利用已有的服务来实现其 IT 系统构建目标。服务注册中心(或服务资源库)可以在单个企业或组织内部使用,可以供多个合作伙伴共享,也可以在整个行业内部或特定区域内部共享。此外,服务注册中心(或服务资源库)与服务本身的运行节点之间可以是联机方式,也可以是脱机方式,具体的范围和方式根据用户的 IT 规划目标和策略来确定。

需特别说明的是，服务的发布不一定在服务开发部署完成之后才进行，部分 SOA 项目实施过程中，服务在设计阶段被定义出来之后就可以发布在服务注册中心（或服务资源库）中，但此时的服务仅供其他服务在设计中参考，而不能被实际调用，在后续实际开发部署完成之后，服务的状态应改为真正发布。这样做可以减少服务设计中的重复，减少后续一些不必要的开发成本，但需要配合相应服务治理策略和工具来保证对它的有效访问。

7. 服务运维及监控

此阶段的运维及监控分为两个方面，包括用户方的业务人员对业务流程运行状况和绩效的监控，也包括系统维护人员从 IT 层面对基于系统服务的管理和部署模型、对 SOA 系统运行状态以及服务调用状态进行整体管理、控制和监测，从而保障 SOA 系统的稳定可靠运行。用户可将此过程的服务运维及监控结果与规划阶段的仿真情况进行对比，并对业务流程及服务进行功能和性能优化。

用户的业务需求发生变化时，用户的业务人员可在系统维护人员的协助下，对 SOA 系统的各类服务（包括流程服务）进行可视化调整。如果变化程度较大，原有服务及流程无法满足时，则需要开发新的服务，并重复整个实施过程。但此过程主要涉及的工作量是新的服务或流程，因此并不影响原有的系统运行。

8. 治理过程

SOA 治理是基于传统 IT 治理的基础之上，针对 SOA 所特有的服务生命周期定制的 SOA 治理管制。它通过制定人员和角色、管理流程及决策，帮助企业管理整个 SOA 的生命周期。SOA 治理需要采纳相应的方法论和最佳实践，通常需要有工具辅助企业最后定制并管制符合企业自身需要的治理决策。

对于用户而言，要实现 SOA 的效益，开展 SOA 治理非常关键。治理不同于管理。治理规划需要制定决策，而管理是制定和实施决策的过程。治理重在建立决策，而管理重在贯彻执行决策。

SOA 治理强调更多的是政策、方法和策略问题，而不是技术或业务问题。治理贯穿规划和实施全过程，涉及的不仅仅是一个项目，更多的是从 IT 全局来看，横跨多个应用系统、各类流程、信息及人力资源，因此需要高层予以重视。

SOA 治理主要包括的内容如下。

（1）高层领导决策者指导组织建立满足其目标的策略，包括确定由谁负责制定决策、需要制定什么决策以及使决策制定保持一致的决策。

（2）建立 SOA 的组织机制以及授权机制，同时保证项目实施各阶段按预定目标推进的有效控制机制。

（3）建立沟通计划、流程或协议，保证各相关方都对服务获得一致信息。比如，必须在服务提供者和服务使用者之间建立一个协议，告知使用者可以希望得到什么功能、提供者应该提供什么功能。

（4）涉及服务全生命周期，包括指导可重用资产的开发，确立如何设计和开发服务，服务的版本和质量管理，以及对这些服务如何随时间增长进行更改。

（5）建立评估 SOA 项目成熟度以及各项性能测试的评估方法，并在 SOA 项目实施过程中进行监控和调整。

（二）SOA 实施过程的关键点

SOA 项目如同其他 IT 项目一样，也有类似的实施过程，一个可能的实施过程如图 8-6 所示。

图 8-6　SOA 项目的实施过程图

从表面的几个过程看，SOA 项目的实施没有什么特别的地方，能够体现 SOA 特点的是在项目实施过程的每一个具体环节中，如规划阶段对标准的考虑，分析阶段对业务的详细描述和定义，设计阶段对技术架构（包括逻辑架构和物理架构）的定义，实现阶段更多依赖于定义而不是编码，以及运维阶段对服务运行情况的重点关注。

下面介绍实施过程中的主要关键点。

1. 规划阶段

在这一阶段有许多重要的事情需要做，这将决定 SOA 项目实施的成败。

首先是需要确定目标，对于系统的功能目标应该是明确的，除此之外我们需要重点关注的是为什么要采用 SOA 思想，是为了达到什么目的。此时我们需要了解 SOA 能够给我们带来什么，我们希望得到什么，这两者是否匹配；根据 SOA 的特点，需要了解 SOA 适合什么，不适合什么，我们的建设项目与 SOA 是否适配。如果这些匹配一致，我们就可以放心地进行下一步骤了，否则就得考虑是否一定要采用 SOA，是否采用其他的思想和技术架构也足以解决问题。

其次需要考虑系统的规模，建议第一个 SOA 项目不要太大，需要限定项目的大小，保证在不长的时间内可以顺利实施完毕，确保项目的成功。通过项目经验的积累，为后续 SOA 项目开创一个良好的局面和环境。SOA 本身的特点支持项目的递进式实现，可以采用不断滚动改进的方式实施项目。

接着是考虑标准问题。这里的标准包含两个方面：业务标准和技术标准。标准的确定是过程中一直需要考虑的问题，在分析和设计阶段都需要对标准加以考虑，并最终确定项目需要采用和制定的标准。业务标准可以规范服务、流程和数据；技术标准可以帮助确定技术架构，确定采用的技术，可以确保服务/组件的复用、组装和运行维护。

最后是组建团队，要实施好 SOA 项目，需要确保具备合理的团队成员。领导的参与是项目成功的保证，SOA 项目一般会涉及多个部门或企业之间的协作，没有领导的参与和重视，这类项目成功的可能性会非常低。业务人员的参与也是一个重要因素。SOA 中强调的服务是业务的服务，而不是技术实现的服务。业务服务的定义、分类，业务流程的确定，业务数据的分析等，如果没有业务人员参与，这些工作基本上是无法开展的。在现阶段，让业务人员直接参与设计和实现还不现实，但随着 SOA 技术和产品的成熟，业务人员一直参与到设计甚至实现阶段也是可能的，只有这样才能更好地保证 SOA 项目实施的成功，才能更好地体现 SOA 的价值。

2. 分析阶段

分析阶段主要进行业务的分析和梳理，包括业务服务定义、业务流程定义、业务数据分析和组织架构分析。在这一阶段需要确定 SOA 项目中需要实现哪些业务，业务如何复用，业务如何串接在一起完成一个工作流程，在执行业务和业务流程过程中需要使用哪些数据，以及这些数据的关系。接着需要结合组织架构和服务，定义业务流程，确定一个业务流程中有哪些服务，这些服务由哪个部门/角色来使用，这可以通过一个图形描述方式来加以定义，同时需要定义业务流程、业务规则等内容。

3. 设计阶段

设计阶段实际上就进入了技术范畴了，在设计阶段首先需要确定采用的技术体系架构，准备采用的具体技术、工具和产品，准备采用和需要制定的技术标准，也需要定义 SOA 项目的物理环境以及逻辑架构到物理环境之间的映射，最后需要细化整个项目的设计细节。在确定技术体系架构时，可以参考长风联盟 SOA-RA-TF 工作组制定的“SOA 的参考架构规范”。在设计阶段需要确定采用的具体技术。在实现 SOA 项目时可以采用传统技术，也可以采用 Web Services 技术，具体如何采用，需要进行综合考虑。SOA 中的服务与 Web Services 并不用画等号，采用 Web Services 一般更多是从标准化角度进行考虑，为了实现异构系统互联，并且更多应用于多部门系统之间或企业系统之间的互联互通。实现 SOA 也可以采用已有的成熟技术，如通过 JMS(JAVA 消息服务)实现消息通信，可以保证效率和传输可靠性。

还要考虑业务流程实现是使用 BPM(业务流程管理)系统，还是通过服务组装技术，将若干服务通过编码方式进行组合应用。BPM 系统一般应用于实时性要求不高的业务流程处理；而对于需要连续加以运行处理的业务过程，则可以通过服务组装方式加以实现。

此外，需要考虑服务如何实现，是利用已有 IT 系统，通过服务化封装实现，还是重新实现。对已有系统进行服务化封装时不一定要封装成 Web Services，服务描述一般是统一的，具体实现可以是 Web Services，或 EJB，或 BPEL(业务流程执行语言)，或一般的 JAVA 或 C/C++程序。

在设计阶段需要实现逻辑架构与物理架构之间的映射。在进行总体体系架构设计时一般更多地从逻辑角度进行考虑，需要将业务转化为 IT 技术架构，同时也需要进行物理架构规划，同时确定逻辑架构到物理架构的映射。

物理架构需要考虑整个系统中有多少独立的运行节点，有多少已有的业务系统以及需要建立的新的业务系统，需要考虑这些已有的或新的业务系统都在哪些节点上运行。其次需要考虑业务系统之间如何进行通信，以及业务系统之间的通信转换到节点之间的通信。

在业务流程实现时需要考虑是否需要 BPM 系统，需要多少个。一般一个 BPM 系统有一个独立的服务器引擎，在服务器引擎上可以运行多个业务流程。在现有技术条件下，一般一个业务流程的执行在一个服务器引擎上运行，如果需要跨多个服务器引擎，则需将某一流程定义为一个子流程，同时封装为一个服务，供另一个业务流程使用。

在物理架构中需要考虑是否有一个独立的服务注册中心，需要确定服务注册中心与运行节点之间是联机的还是脱机的。在设计阶段最主要的工作是进行系统设计的细化工作。

4. 实现、调试和部署阶段

SOA 项目实现与传统 IT 项目实现有较大差别。在传统项目中几乎所有的代码都需要编写实现，或使用已有的公共代码库。而在 SOA 实现中，很多工作是通过定义来完成的。如在设计阶段定义服务接口，定义服务流程，这些工作并不需要手工编码，而更多的是通过工具进行图形化操作，实现信息的定义。在实现阶段还有一些其他的定义工作需要进行，如数据对象转换的定义、服务适配器的定义和运行环境的定义。

在 SOA 实现阶段，有可能有一定的编程工作，如新服务的实现，复杂数据对象之间的转换，负责业务系统的服务化封装等。在 SOA 项目中，系统的调试会是一件比较复杂和困难的事情，不同于一般应用系统可以通过单步跟踪来调试整个系统。在 SOA 项目中可以借助一些工具实现部分的跟踪调试(如 BPM 的调试)功能，还有很多工作需要通过编写日志方式来跟踪和检查运行是否符合设计要求。SOA 项目的部署一般可以借助产品工具，实现自动部署。如果没有这些工具的辅助，部署工作就会比较复杂，因为涉及多个分布式的节点，需要连接不同的已有系统。通过工具进行部署时，也有自动联机部署和手工部署两种模式。自动联机部署时，可以在中心通过工具产品自动将打包文件部署到运行节点上，系统可以自动展开并运行。手工部署就需要将打包文件手工安装到运行节点上，并运行展开和执行命令，才能使系统正常运行。在部署过程中需要对运行环境进行定义，并定义服务与运行节点之间的对应关系，同时需要定义相关的运行参数。

5. 运维阶段

SOA 项目的运维阶段也是整个项目重要的一个环节。通过对运行过程的跟踪，可以了解整个系统的运行情况，如哪些服务被请求的次数最多，哪些服务运行最稳定，哪些服务的运行不太符合设计要求(如响应时间超过要求)；可以了解哪些节点运行负载比较高，可以了解数据通信的流量。通过这些信息，一方面可以了解整个系统是否满足系统的初始需求，另一方面也为系统的优化提供数据依据。通过这些监控数据，可以更好地对系统进行优化完善，体现 SOA 逐步改进的特点。

总之，SOA 项目的实施与传统 IT 项目建设还是有较大差别的，在项目中，首要的关注点在于服务，包括服务的定义、使用到运行管理；其次是强调标准和基于模型的开发过程；再次是强调实现过程中的定义活动，通过对服务的组合应用，缩短系统建设周期，这些在项目实施过程中需要加以重点关注。

(三) SOA 的实施要素

1. 用户原有 IT 资源

SOA 对用户的效益之一是可以充分利用原有 IT 资源，包括遗留应用、遗留数据资源以及已有的服务资源。新系统可以通过服务重用将遗留应用和数据纳入新的企业整体解决方案，也可以利用已有的服务进行快速组合，搭建起新的应用系统。

SOA 项目实施的关键要素如图 8-7 所示。

2. SOA 项目实施的组织

实施好 SOA 项目，需要确保合理的团队成员。首先，领导的参与是项目成功的保证，

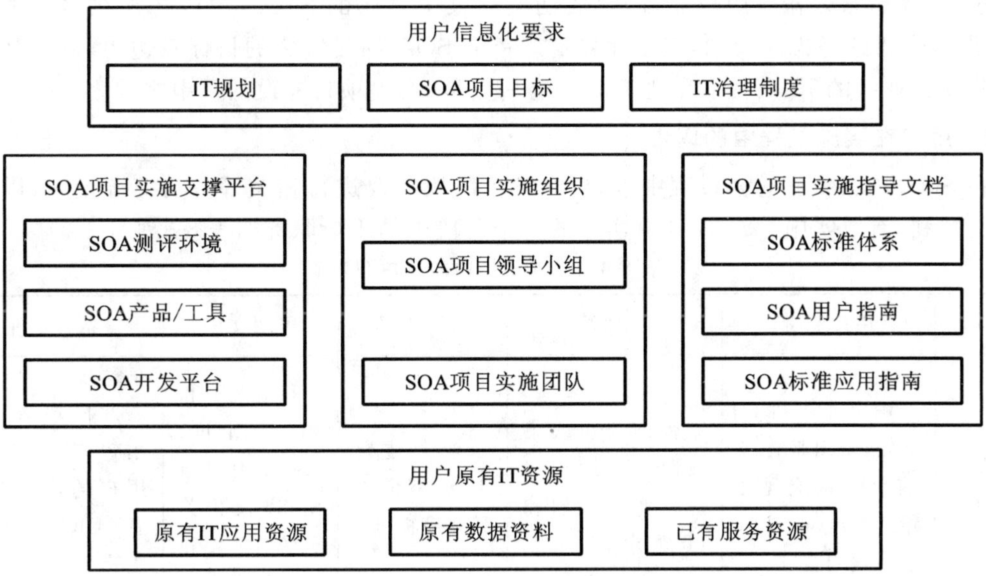

图 8-7　SOA 项目实施的关键要素

SOA 项目一般会涉及多个部门或需要企业之间的协作，有了领导的参与和重视，这类项目成功的可能性才会增加。另外，企业的 SOA 项目实施是一个长期渐进的过程，需要领导稳定、持续地支持与参与。

为此，项目实施组织划分为两类：一是 SOA 项目领导小组，小组成员包括项目所涉及的企业决策层、企业级 SOA 专家以及 PMO（项目管理办公室）等，负责对 SOA 项目进行整体规划及实施监控；二是项目实施的具体人员，包括围绕服务生命全周期的项目经理、架构师、业务分析员、开发人员、运维人员等。在部分单位，上述两个团队均归属于项目团队。

3. SOA 项目实施的支撑平台

SOA 项目的实施中，用户需要基于原有的 IT 环境，在 SOA 项目生命周期中的各个阶段选择相应的实施工具、平台及软件产品。需要注意的是，产品选型中应注意选择符合 SOA 理念和标准的主流产品，选择符合国际及我国相关标准的实施平台，有利于保护用户的投资，提高项目的开发效率并保证实施的质量。

4. SOA 项目实施的指导文档体系

虽然 SOA 应用及项目实施仍处于初步发展阶段，但部分行业已有一定的 SOA 项目实施成功，通过对这些项目的实施经验提取，可以为类似行业用户在决策和实施 SOA 过程中提供指导。另外，我国 SOA 标准体系的研制工作已全面启动，这些标准将重点为行业应用的实施提供切实的指导。用户可以在项目规划、选型及验收过程中选择适宜的标准并基于此实施质量保证。

5. 用户信息化要求

随着一些企业或单位 IT 建设的推进，解决信息化适应业务变化的瓶颈已经成为大多数大型企业的关注点。SOA 的实施会对企业信息化的整个基础设施产生变革，因此将影响企业整体的 IT 建设策略。SOA 的建设及实施不是一蹴而就的，因此对于希望采纳 SOA 并希望通过SOA带来效益的用户而言，要成功实施某个具体的SOA项目，必须在实施之前对IT建设做全盘的考虑和规划，基于此界定好每个SOA项目实施的目标及边界，同时从高层开始建立企业级的IT管控和治理策略。这一点是SOA项目建设的重中之重。

6. 用户在实施过程中的职责

在SOA项目实施总体过程中，用户在各个阶段需要进行相关筹备及资源投入，以保障项目的顺利、有效实施。SOA项目实施的每个阶段中的用户职责如表8-3所示。

表8-3　SOA实施中的用户职责

实施阶段	用户职责	厂商职责	可用工具	可用文档	备　注
业务规划与IT规划	确定业务和IT战略，做出是否采纳SOA的宏观决策，并建立SOA总体规划蓝图	咨询公司或集成商可协助用户进行业务规划和IT规划	业务建模工具、咨询工具及模板	行业政策和相关制度、《SOA用户指南》以及相关SOA国家和行业标准指南	此阶段主要为用户参与，包括：用户的高层决策者、CIO和业务主管
需求规划	确定项目目标和实施要求，选择项目实施厂商、确定实施方案	咨询公司或集成商协助完成项目目标及实施方案	业务建模工具、项目管理工具、文档管理工具	《SOA用户指南》、相关SOA国家和行业标准	此阶段为用户和厂商共同参与
服务规划及设计	与实施厂商配合，梳理业务流程，并提取和设计出所需要的服务	与用户业务人员和IT人员配合，完成项目所需的服务清单及业务流程等的抽取和设计	业务建模工具、流程建模工具、服务建模工具、服务组装工具	行业SOA标准、用户业务规则、项目目标文档	此阶段用户业务人员要深入参与
服务开发及测试	用户IT人员配合实施厂商监督服务、开发进度及质量	以开发人员为主来具体实现各个服务及业务流程	开发平台和集成调试工具以及其他可用的服务资源查找工具	开发测试规范以及内外部的服务目录清单	此阶段可有第三方测试评估人员介入来保证质量
服务部署	用户IT人员协助厂商将服务部署到用户的物理环境中	按照用户的物理环境现状和要求，部署要完成的服务	服务和业务流程部署工具	部署规范及服务接口清单以及行业或企业服务治理安全策略	此阶段主要由厂商完成

续表

实施阶段	用户职责	厂商职责	可用工具	可用文档	备　注
服务注册发布	负责组织内服务资源管理的 IT 人员对服务目录进行更新	协助用户方人员完成服务资源目录的更新	服务注册中心平台以及服务有效性和测试工具	企业内服务注册目录和命名分类规范	此阶段可置于服务开发及测试阶段之前以消除服务的重复开发，也可置于服务部署阶段之后以便其他服务直接调用，具体策略由用户决定。此阶段主要由厂商完成
服务运维及监控	用户 IT 人员和业务人员根据当前的系统状况和业务需求，确保 SOA 系统符合业务要求	协助用户方人员进行维护，此时可提供多种技术服务方式	服务运行维护和监控管理平台	服务可靠性规格定义和度量标准	此阶段用户 IT 人员要深入参与
治理过程	用户方确定适合组织的信息化系统管理策略和评估方法，确保 SOA 系统建设符合组织目标	根据用户需求，协助用户进行服务的维护和系统调试，从技术上保障系统的正常运行	服务监视、定义、度量、安全、版本管理工具和平台	企业战略及战术目标、企业规章制度及企业业务操作规范	此阶段可由第三方测试评估人员和厂商及关键用户联合组成 SOA 治理小组。此阶段贯穿 SOA 项目的整个生命周期

7．产品选型建议

对于 SOA 项目而言，在产品选型时需要根据总体技术路线，对下述各方面进行综合考虑。要针对各项指标，根据自己的关心程度，设置不同的权重，对每项指标进行打分，并根据所得出的综合结论来进行选择。在此过程中可以与相关产品厂商进行沟通。

(1) 产品成熟度及应用领域。要了解产品厂商在技术研发及行业实施中的综合能力，以及产品在相关行业中的 SOA 应用和实施状况。

(2) 标准的符合性及兼容性。对 SOA 国际标准、国家标准以及相关行业标准的符合程度。对各种网络、软件基础设施(操作系统、应用服务器)和开发工具的支持能力。

(3) 产品功能特性(需根据具体项目的需要来进行考虑)。考虑服务的描述、注册和查找、管理功能；服务间的交互功能；服务的流程编排功能；服务与人交换功能；主要技术的适配器及适配器接口。

(4) 产品的质量特性。考虑性能、可靠性、安全性、易用性。

(5) 产品的其他特性。考虑价格以及厂商的售前和售后服务能力等。

三、SOA 技术的应用

1. SOA 项目实施与传统项目实施的比较

SOA 项目实施与传统项目实施之间存在很大差异，主要体现在以下几个方面。

1）在实施过程上

SOA 项目的实施过程重点放在前期的业务流程梳理、服务规划、服务提取及服务定义上，而传统项目的实施重点放在开发、实现阶段。同时，在 SOA 项目实施中，业务人员参与的广度、深度、所承担的责任及介入周期都较传统项目高。业务与 IT 的进一步共融是 SOA 项目实施的重要特点之一。

传统应用系统的开发是从头开发，从零开始，一蹴而就。而 SOA 项目的部署与实施往往是对现存企业或组织内部应用的修补，对现有计算资源的整合，并不是从头开始。同时，SOA 的实施往往是从小范围开始，逐渐地迁移现存应用到新的计算环境中，是循序渐进的过程，所以 SOA 项目的实施往往是长期的。

企业或组织部署 SOA 最好是通过迭代方式来实现。使用迭代方式开发部署 SOA，可通过允许组织逐步纳入到系统中，从而减少出现业务故障的风险。而传统应用程序开发时往往使用的是“瀑布式”开发方法部署 SOA。

2）在实施团队上

SOA 项目的实施团队比传统项目的实施团队更复杂，主要体现在如下两个方面。

一方面，SOA 项目强调高层决策者及业务部门工作人员的全程、深入参与。高层决策者需在 SOA 项目规划初期参与决策，确定相关的实施路线和治理策略、并确保各相关业务部门负责人和工作人员的参与；对于相关业务人员，在各实施过程中，除开发测试过程以及部署过程之外，其他过程业务人员均可以参与，并与 IT 人员共同进行 SOA 系统的规划、设计、监控和流程更改。

另一方面，SOA 项目中的实施角色及职责也与传统项目不同，比如 SOA 架构师与传统 IT 架构师的职责相比更为重要，其工作往往是整个团队的核心；服务开发工程师与传统开发工程师不同，其工作更多采用参数配置、组装、流程定义等技术，代码编程工作量会明显少于传统开发工程师。此外，SOA 项目中新增了一些重要角色，比如服务建模工程师、互操作性测试工程师等。SOA 项目中各相关实施人员的描述如表 8-4 所示。

表 8-4 SOA 实施团队角色及技能表

项目角色	职　　责	合作对象	技能要求	支持工具
SOA 架构师	方案设计、需求分析、架构确定、服务构件建模、运维建模、业务与服务组件的转换	任何其他项目团队成员，包括业务处室代表	通常的 IT 架构能力，J2EE/. NET 技术 XML、XML schema、Web Services、SOA 概念、平台、项目实践经验、业务知识等	UML 编辑器、Office 套件等

续表

项目角色	职　　责	合作对象	技能要求	支持工具
服务建模工程师	接口设计、WSDL 编辑（自顶向下、自底向上等）	业务分析师、SOA 架构师、服务开发工程师	WSDL、XML schema、J2EE/.NET 命名空间技术等	WSDL 编辑器等
流程设计师	业务建模、服务流程组装	服务建模工程师、业务分析师、SOA 架构师、业务代表	BPEL4WS、BPEL4People、WSDL 等	图形化流程设计工具、BPEL4WS generators、实时通信支持等
服务开发工程师	服务提供方编程、服务需求方编程、SOAP 消息包的解析、文档编程	服务建模工程师、业务分析师、SOA 架构师、测试工程师	J2EE/.NET、XML、SOAP、WSDL 等	J2EE/.NET 开发平台、SCA/SDO 开发平台等
互操作性测试工程师	WSDL 检查、SOAP 封装跟踪、性能测试、问题定位	服务开发工程师	SOAP、WSDL、WS-I profiles 等	TCP/IP tunnels and monitors、互操作性测试工具等

2. 采用 SOA 对物流信息系统的影响

采用 SOA 将对物流信息系统建设和运营带来诸多的影响和变化。

(1) 物流信息系统建设策略的变化。在企业物流信息系统研究领域，一直存在两种鲜明对立的系统建设策略，即最优组合(Best of Breed)和企业资源计划(ERP)。前者强调在物流信息系统建设过程中，针对各个关键业务领域采用独立的最优业务信息系统，然后组合成一个完整的物流信息系统。这种建设策略的问题在于集成的难度大。而 ERP 则相反，它强调用统一的信息系统来管理企业的相关业务，尽管集成的难度消除了，但是实施的难度增大了。SOA 的出现，至少在理论上消除了上述两者之间的区别，使两者之间的权衡失去了必要。

(2) 业务与技术的融合问题。在物流信息系统建设过程中，如何融合物流业务与信息技术的问题是难点也是重点。业务部门是需求最初提出部门与最终使用部门，信息技术部门则是技术实现与后期技术保障部门，组织和人员专业知识的差异影响着二者的融合。SOA 的出现在传统的业务和技术之间建立了一个“服务层”，使业务部门不必了解技术细节，从而将技术与业务更加紧密地结合在一起，提高技术与业务的融合度，并使技术很有希望成为各种业务创新的载体、手段和工具。

小结

目前企业的信息系统架构各异，实现的方式众多，采用传统的架构模式难以对现有的系统进行有效集成，从而导致资源信息缺乏有效共享等问题。传统的系统架构难以实现异构系统之间的无缝连接和数据交换等问题，数据交互方式通常采用传统接口方式实现数据交换，但接口处数据紧密耦合，造成系统难以维护和升级。SOA 的出现，让难题迎刃而解。SOA 是一个组件模型，它将应用程序的不同功能单元(服务)通过服务之间定义良好的接口和契约联系起来。接口是采用中立方式进行定义，独立于实现服务的硬件平台、操作系统和编程语言。实施 SOA 的关键目标是实现企业 IT 资产的最大化作用，它的实施包括服务的封装、服务的重用、服务的互操作、服务之间的松耦合度、服务位置的透明化五个基本特征，包括业务与 IT 规划、需求规划、服务规划及设计、服务开发及测试、服务部署、服务发布、服务运维及监控、治理过程八个阶段的实施过程。

重要概念

面向服务的架构(Service Oriented Architecture，SOA)
可扩展标记语言(Extensible Markup Language，XML)
企业资源计划 (Enterprise Resource Planning，ERP)
简单对象访问协议(Simple Object Access Protocol，SOAP)
网络服务描述语言(Web Services Description Language，WSDL)
企业服务总线(Enterprise Service Bus，ESB)

练习与思考

一、简答题

1. 简述 SOA 的概念及特点。
2. 简述 SOA 项目的实施过程与实施要素。

二、思考题

某公司拟进行信息化改造，领导一致决定选派你做该项目负责人，负责公司的信息化建设工作，基于本章内容，你将如何筹划并做好这项工作，试写出分析与设计报告。

综合案例

SOA 技术在铁路物流信息共享平台中的应用

随着信息技术及电子商务的飞速发展，传统物流模式已经不能满足多变的社会经济需求，实现现代信息化物流已成为物流发展的必然趋势。从 2000 年开始，发达国家对原有物流信息系统进行整合集成，形成综合性的现代物流信息系统。日本最大的物流信息服务公用系统 Logilink，在实现部分信息交换共享的基础上，开展业务合作，提供了功能全面、完善的服务。欧洲的铁路运输集成系统 InteGRail 实现欧洲铁路运输领域内的信息共享，使铁路运输系统达到更大的运能，增强了安全性，实现了基础设施资源的优化使用。原铁道部《关于推进铁路多元化经营的意见》中明确指出：统筹铁路多元化经营信息系统建设，综合利用既有信息资源，建立适应多元化经营需要的信息平台，实现信息共享。

以某铁路物流企业为调研对象，对铁路物流信息共享需求进行研究分析，采用 SOA 思想对该物流信息系统进行开发，得到系统的设计方案，并在该物流企业实现了信息系统的实例应用。

1. 铁路物流信息共享的需求分析

(1) 客户对物流信息的查询需求。铁路物流依托于铁路运输，使得物流运输方便快捷，但是铁路物流企业不能将大量运输信息及时反馈给客户，让客户清楚地了解货物的运输情况，这就大大降低了铁路物流服务质量。因此铁路物流企业应具有功能完善、面向社会的电子商务系统，向客户传递运输信息，并保证信息的准确性和时效性。

(2) 企业工作人员对运输信息的查询需求。铁路物流运输分为很多业务模块，如铁路整车运输、铁路集装箱运输、公路配送、仓储业务等，这些业务都是独立完成的，但各个模块之间又有联系，组合起来才是一个完整的物流运输流程，企业工作人员需要对整个运输信息进行查询，以便掌握物流运输完成情况，对下一步工作进行决策。因此需要一个物流信息共享平台，将各个相对独立的业务环节的物流信息整合到一起，提供一个完整的物流信息查询系统。

(3) 内部关联业务的信息共享需求。铁路物流主要依托于铁路运输，很多业务需要与铁路局的运营调度进行沟通和协调，这其中主要有 3 种业务需要共享：①铁路局客户合同系统与物流企业信息系统的信息共享，铁路局对铁路业务客户的合同进行统一管理，物流客户合同信息需要从铁路局的客户合同系统中取出。②物流整车、集装箱业务与铁路局运货系统的信息共享，当物流企业的运输计划制订完成，需要向铁路局提供请求用车计划，铁路局审批后承认用车信息在运货系统中，需要两个系统的信息共享，实现物流企业获取请求用车和承认用车的信息并根据承认用车信息重新制订运输计划。③相关联业务的信息共享，目前的“门到门”的物流方式，需要公路运输、仓储、整车运输、集装箱运输各个业务共同协作完成，需要各业务模块向其他业务模块提供自己的物流信息，通过信息共享实现关联业务的无缝连接，合作完成“门到门”的运输任务。

(4) 各分公司数据统一需求。该物流企业具有多个分公司，因各公司业务特点和业务流程不尽相同，造成了各个分公司具有不同的业务数据，信息系统的数据类型也不相同，这就造成了总公司运营经管部门的统计困难。通过信息共享平台，对数据进行筛选映射，得到统一的数据格式，满足了公司的统计需求。信息共享平台作为物流企业基本数据的共享平台，将各个业务部门的基本数据进行集中整理，实现统一管理，保证数据的权威性和准确性。

2. 基于 SOA 的铁路物流信息共享设计方案

企业为实现不同应用之间的数据交流，以服务为基础，协调系统功能和业务流程之间的关系，从而使得业务和技术分离开来，使服务位于业务与技术之间。因此，借助 SOA 的系统集成理论思想，构建基于 SOA 的铁路物流信息共享平台具有重要的实际应用价值。

1）基于 SOA 的铁路物流信息系统总体架构

基于 SOA 的铁路物流信息系统分为企业物流管理信息系统、电子商务平台和信息共享机制。

(1) 企业物流管理信息系统。该系统是针对铁路物流企业内部工作人员的模块，实现对物流运输业务流程操作的功能，主要包括企业的各个业务系统：铁路整车业务、铁路集装箱业务、仓储业务、统计分析、公路运输业务、配送管理、安全路风管理。每个业务系统独立完成自己的物流业务流程。

(2) 电子商务平台。该平台是针对客户的模块，实现客户提交物流业务订单和查询物流业务详情的功能，主要包括物流业务办理和物流业务查询。

(3) 信息共享机制。信息共享机制是系统后台模块，实现从各个独立的系统获取并存储信息的功能，主要包括共享数据库和信息共享平台。信息系统还需要从铁路局系统中得到客户合同管理系统和运货系统的数据。系统的总体架构如图 8-8 所示。

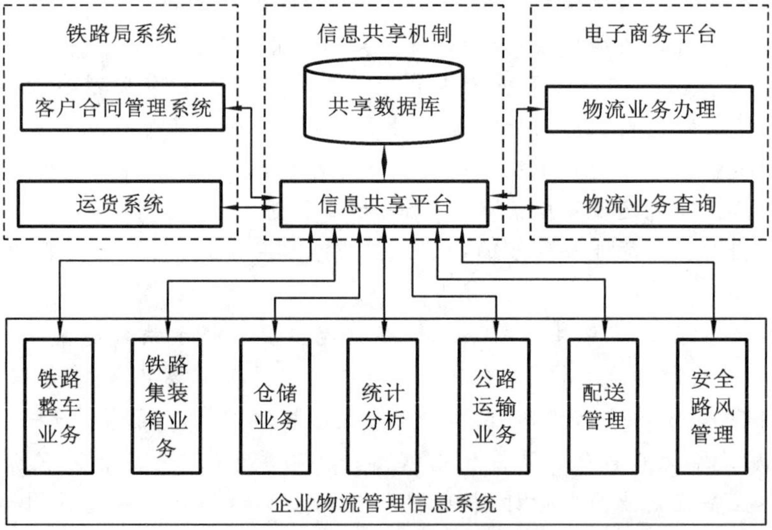

图 8-8 基于 SOA 的铁路物流信息系统总体架构

2）基于 SOA 的铁路物流信息系统逻辑架构

基于 SOA 架构对西部某物流公司进行设计集成，在逻辑上将该系统分为 5 层，分别是消费者层、业务流程层、业务服务层、服务组件层、运营层，其物流信息系统架构如图 8-9 所示。

(1) 运营层。这一层包含了企业当前 IT 环境中存在的运营系统，支持业务活动。运营

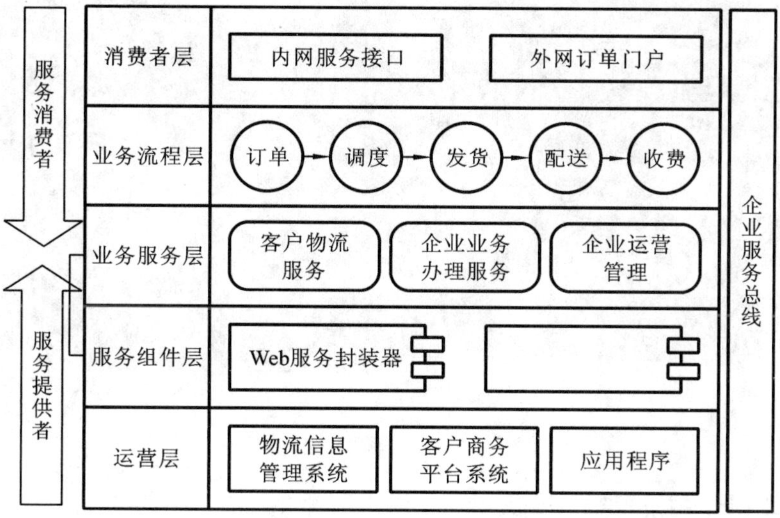

图 8-9　基于 SOA 的铁路物流信息系统逻辑架构

系统包括所有定制打包的应用程序:物流信息管理系统、客户商务平台系统和数据库及遗留系统。

(2) 服务组件层。这一层中的组件满足服务层中的服务所定义的契约。服务组件聚集了来自多个可能完全不同的运营系统的功能,它使用 Web 服务封装器将应用系统层的应用系统提供的各种功能封装成不同颗粒大小的服务,并提供对外的基于 Web Service 的统一接口。

(3) 业务服务层。这一层包含了所有在企业服务组合中定义的服务。每个服务的定义由语法和语义信息组成。服务定义的方式让它们能够被消费者访问到,同时又独立于实现和传输协议。

(4) 业务流程层。这一层描述了业务执行的方式,代表了松散耦合的服务聚合起来的流程。它根据物流业务流程,利用服务层提供相关联的业务服务,组成信息系统的应用程序。

(5) 消费者层。这一层描述不同的渠道,IT 的功能通过这些渠道交付。渠道可以体现为不同的用户类型,例如,企业的外部员工和外部客户,他们通过不同的访问机制,实现访问应用程序的功能。

3. 实施效果

根据某铁路物流企业的实际业务情况,开发了实现信息共享的铁路物流信息系统。该物流信息系统的应用实例证明了信息共享在物流企业中的重要作用,信息共享优化了物流业务流程,发挥了铁路系统的优势,综合利用已有基础信息系统,促进物流产业发展,优化企业内部资源配置,实现管理的科学化、系统化和数字化,提高经营管理水平,增强市场竞争力,为铁路物流企业的发展提供可靠保障。

(资料来源:王虎,李平,刘彦军. 基于 SOA 的铁路物流信息共享研究与应用[J]. 铁路计算机应用,2013(8).)

第九章
快速响应和有效客户响应系统

学习目标

1. 了解 QR 和 ECR 技术的概念与特点；
2. 理解 QR 和 ECR 技术的具体实施策略；
3. 掌握 QR 和 ECR 技术在物流管理系统中的应用方法。

引 例

沃尔玛的快速响应

美国零售业的著名企业沃尔玛公司是 QR(快速响应)系统最早的推动者，公司建立 QR 系统的过程可以分为三个阶段。

1. QR 的初期阶段

沃尔玛公司于 1983 年开始采用 POS(销售终端)系统，1985 年开始建立 EDI 系统，这两大信息系统的建设为沃尔玛实施快速响应奠定了技术条件。沃尔玛公司于 1986 年与 Seminole 公司和 Milliken 公司在服装商品方面开展合作，开始建立垂直型的快速响应系统。当时合作的领域是订货业务和付款通知业务。

2. QR 的发展阶段

为了促进行业内电子商务的发展，沃尔玛与行业内的其他商家一起成立了美国产业共同商务标准协会(VICS)，共同协商制定行业统一的 EDI 标准和商品识别标准。VICS 制定了行业统一的 EDI 标准并确定商品识别标准采用 UPC 商品识别码。沃尔玛基于行业统一标准设计出 POS 数据的输送格式，通过 EDI 系统向供应方传送 POS 数据。供应方基于沃尔玛传送来的 POS 信息，可及时了解沃尔玛的商品销售状况、把握商品的需求动向，并及时调整生产计划和材料采购计划。

供应方利用 EDI 系统在发货之前向沃尔玛传送预先发货清单，沃尔玛事前可以做好进货准备工作，同时可以省去货物数据的输入作业，使商品检验作业效率最大化。沃尔玛在接收货物时，用扫描读取机读取包装箱上的物流条形码，把扫描读取机读取的信息与预先储存在计算机内的进货清单进行核对，判断到货和发货清单是否一致，从而简化了检验作业。这样做的结果使沃尔玛不仅节约了大量事务性作业成本，而且能压缩库存，提高商品周转率。在此阶段，沃尔玛开始把QR的应用范围扩大至其他商品和供应商。

3. QR的成熟阶段

沃尔玛把零售店商品的进货和库存管理的职能转移给供应方(生产厂家)，由生产厂家对沃尔玛的流通库存进行管理和控制，即采用供应商管理库存的方式。沃尔玛让供应方与之共同管理营运沃尔玛的流通中心，在流通中心保管的商品所有权属于供应方。供应方对POS信息进行分析，把握商品的销售和沃尔玛的库存动向。在此基础上，决定什么时间，把什么类型商品，以什么方式和向什么店铺发货。供应方不仅能减少本企业的库存，还能减少沃尔玛的库存，实现整个供应链库存水平最小化。另外，对沃尔玛来说，省去了商品进货的业务，节约了成本，同时能集中精力于销售活动。并且，能事先得知供应方的商品促销计划和商品生产计划，能够以较低的价格进货。

从沃尔玛的实践来看，QR是零售商和生产厂家建立战略伙伴关系，利用EDI等信息技术，进行销售时点的信息交换以及订货补充等其他经营信息的交换，用多频度小数量配送方式连续补充商品，以实现缩短交纳周期、减少库存、提高顾客服务水平和企业竞争力为目的的供应链管理方法。

第一节　快速响应技术及其应用

一、QR技术概述

(一) QR技术的概念

1. QR技术的产生

20世纪70年代后半期，美国的纤维纺织行业出现了大幅萎缩，造成这种状况的主要原因是当时美国的纺织品进口大幅上升。到20世纪80年代初，进口产品几乎占据了美国纺织品市场的40%。美国的纺织业为挽回产业下滑的颓势，一方面要求政府和国会采取措施防止纺织品的大量进口，另一方面进行设备投资来提高企业的生产率。然而，美国国产纺织品萎缩的情况仍然没能改变，市场份额不断缩小。在这种情况下，1984年美国84家大型企业结成了爱国货运动协会，该协会在积极宣传美国国产纺织品的同时，委托克特·萨尔蒙(Kurt Salmon)公司调查、研究提升美国纺织业竞争力的方法。克特·萨尔蒙公司在经过了大量充分的调查后指出，美国纺织业的主要问题是，尽管在整个产业链的某些环节存在着生产效率比较高的现象，但是整个产业链或供应链的效率非常低。鉴于这种情况，克特·萨尔蒙公司建议零售业者和纺织服务生产厂家合作，共享信息资源，建立一个快速供应链系统来实现销售额增长、顾客服务的最大化以及库存量、商品缺货、商品风险和减价最小化的目标。在克特·萨尔蒙公司的倡导下，从1985年开始，美国纺织业开始大规模开展QR运动，正式掀起了QR构建的高潮。

2. QR技术的概念

从字面上看,快速响应会使人们想到更快地做事,从某种意义上讲,这是正确的。但它最重要的作用是,在降低供应链上总库存和总成本的同时提高销售额。所以,成功的快速响应中的伙伴关系将提高供应链上所有伙伴的获利能力。

QR是指在供应链中,为了实现共同的目标,零售商和制造商建立战略伙伴关系,利用EDI等信息技术,进行销售时点的信息交换以及订货补充等其他经营信息的交换。用高频率、小数量配送方式连续补充商品,以实现缩短交货周期,减少库存,提升客户服务水平和企业竞争力的供应链管理方法。一般来说,供应链中的共同目标包括:①提高顾客服务水平,即在正确的时间、正确的地点用正确的商品来响应消费者的需求;②降低供应链的总成本,增加零售商和厂商的销售额,从而提高零售商和厂商的获利能力。

这种新型的合作方式意味着双方都要告别过去的敌对竞争关系,要以战略伙伴关系来提升向最终用户的供货能力,同时降低整个供应链的库存量和总成本。只有当贸易双方用技术来有效地管理彼此间的商品流和信息流,并在管理中接受这种新的开放关系的时候,QR才能真正发挥作用。快速响应业务成功的前提是零售商和厂商间的良好关系。实现这种关系的方法之一就是战略伙伴关系。战略伙伴关系要求厂商高级经理之间进行沟通和接触,然后将这种关系由上往下渗透到整个组织中,同时要求多个部门都参与规划和执行各阶段的工作。

(二) QR技术的特点

对把时间列为竞争优势的企业而言,他们的管理方式与传统企业的管理方式有很大的不同,这类企业的管理往往具有以下几个特点:

(1) 将时间列为重要的管理和战略指标;

(2) 利用快速响应贴近客户,增强客户对公司的依赖性;

(3) 快速将产品或服务转向最有利可图的客户,迫使竞争者转向不太有利的客户;

(4) 比竞争者成长得更快,获利更多。

许多企业通过高度重视灵活性和响应速度取得了骄人的业绩。例如,沃尔玛通过响应速度优势获得了超过同行3倍的增长率,利润也在竞争者平均获利水准的两倍之上。

(三) QR技术的作用

1. QR对生产商的作用

(1) 更好地服务客户。QR可以为客户提供更好的服务,由于厂商的送货与承诺相符,厂商能够很好地协调与零售商的关系,长期的良好顾客服务有助于增加市场份额。

(2) 降低流通费用。由于集成了对顾客消费水平的预测和生产规划,可以提高库存周转速度,减少需要处理和盘点的库存量,从而降低流通费用。

(3) 降低管理费用。因为不需要手工输入订单,所以采购订单的准确率提高了,减少了额外发货,货物发出之前,仓库对运输标签进行扫描并向零售商发出提前运输通知,这些措施都降低了管理费用。

(4) 制订更好的生产计划。由于可以对销售进行预测并能够得到准确的销售信息,厂商可制订更好的生产计划。

2. QR 对零售商的作用

(1) 提高了销售额。条形码和 POS 扫描使零售商能够跟踪各种商品的销售和库存情况,这样零售商就能够准确地跟踪存货情况,在确实需要时才订货。

(2) 减少了削价损失。由于具有了更准确的顾客需求信息,店铺可以更多地储存顾客需要的商品,减少顾客不需要的商品的存货,这样就减少了削价损失。

(3) 降低了采购成本。商品采购成本是完成采购职能时发生的费用,这些职能包括订单准备、订单创建、订单发送及订单跟踪等。实施 QR 后,上述业务流程大大简化,采购成本也随之降低。

(4) 降低了流通费用。厂商使用物流条形码标签后,零售商可以扫描这个标签,减少了手工检查到货所发生的成本。

(5) 加快了库存周转。零售商能够根据顾客的需要频繁小批量订货,降低了库存投资和相应的运输成本。

(6) 降低了管理成本。相关的管理成本包括接受发票、发票输入和发票例外处理时所发生的费用,由于采用了电子发票及预先发货清单技术,管理费用大幅降低了。

总之,采用了 QR 方法后,虽然单位商品的采购成本会增加,但通过频繁小批量采购商品,顾客服务水平就会提高,零售商就更能适应市场的变化,同时其他成本也会降低,最终提高了利润。

二、QR 系统的实施

(一) QR 系统的成功条件

1. 改变传统经营模式,革新组织经营意识和理念

(1) 企业不能局限于只依靠本企业自己的力量来提高经营效率和传统经营意识,要树立与供应链各方建立合作伙伴关系,努力利用各方资源来提高经营效率的现代经营意识。

(2) 零售商在垂直型 QR 系统中起主导作用,零售店铺是垂直型 QR 系统的起始点。

(3) 在垂直型 QR 系统内部,通过 POS 数据等销售信息和成本信息的相互公开和交换,提高各个企业的经营效率。

(4) 协调垂直型 QR 系统内各个企业之间的分工,消除重复业务和作业,建立有效的分工协作框架。

(5) 必须改变传统的事物作业方式,利用信息技术实现事物作业无纸化和自动化。

2. 提高现代信息技术的应用,共享信息

必须开发和应用现代信息技术,这是成功进行 QR 活动的前提条件。现代信息技术有商品条码技术、物流条码技术、EOS 电子订货系统、POS 数据读取系统、EDI 系统、EFT 电子支付系统、供应商管理库存(VMI)、连续补充库存计划(CRP)等。

同时,必须改变传统的对企业商业信息保密的做法。在销售信息、库存信息、生产信息、

成本信息等方面与合作伙伴交流分享。在此基础上，各方在一起共同发现问题、分析问题和解决问题。

3. 供方须缩短生产周期，降低库存

(1) 缩短商品的生产周期。

(2) 进行多品种少批量生产和高频率、小数量配送，降低零售商的库存水平，提高客户服务水平。

(3) 在商品实际需要将要发生时采用准时制(JIT)生产方式组织生产，减少供应商自身的库存水平。

(二) QR 系统的实施要点

在产品交付或服务提供体系中，许多时间被浪费了。这种时间上的浪费主要表现为三点：一是流程限制，如日常审批占用了太多的时间；二是质量问题，如因设计、操作、检测疏忽等问题导致返工而造成时间浪费；三是组织缺陷，主要是指因组织结构不合理而导致的信息流动和沟通方面的低效率，比如，职能部门之间信息的层层传递导致大量的时间浪费。QR 系统的一个突出特点就是通过加速系统处理时间，减少累积提前期，以降低库存，从而减少响应时间，形成良性循环。提前期是指某一工作的时间周期，即从工作开始到工作结束的时间。提前期的观念主要是针对需求而提出的。如果采购部门在某日向生产部门提供某种采购物料，则采购部门应该在需要的日期之前就下达采购订单，否则，不可能即时提供给生产部门，这个提前的时间段就是提前期。

QR 系统一般包括以下 3 个重要组成部分。

(1) 零售商通过对条形码商品的扫描，从 POS 系统得到及时准确的销售数据。

(2) 经由 EDI 传送，制造商每周或每日共享 SKU(库存单位，这是对于大型连锁超市 DC(配送中心)物流管理的一个必要的方法，现在已经被引申为产品统一编号的简称，每种产品均对应有唯一的 SKU 号)一级的销售与库存数据。

(3) 针对预定的库存目标水准，制造商受委托进行自动或近于自动的补充供应活动。

要想成为时间方面的优胜者，企业必须具备一定的条件。首先，企业在产品交付(或服务提供)体系上的灵活性和响应速度必须是竞争者的 2～3 倍；其次，企业需要制定一套有效的战略，确保自己能以时间竞争优势令对手大吃一惊。

快速响应关系到一个厂商是否能及时满足顾客的服务需求的能力。信息技术提高了在最近的可能时间内完成物流作业和尽快地交付所需存货的能力，这样即可减少传统按预期的顾客需求过度地储备存货的情况。快速响应能力把作业的重点从根据预测和对存货储备的预期，转移到以从装运到装运的方式对顾客需求做出响应方面上来。不过，由于在还不知道货主需求和尚未承担任务之前，存货实际上并没有发生移动，因此，必须仔细安排作业，不能存在任何缺陷。

这里需要指出的是，虽然应用 QR 的初衷是为了对抗进口商品，但是实际上并没有出现这样的结果。相反，随着竞争的全球化和企业经营业员全球化，QR 系统管理迅速在各国企业界扩展。航空运输为国际快速供应提供了保证。现在，QR 方法成为零售商实现竞争优势的工具。同时，随着零售商和供应商结成战略联盟，竞争方式也从企业与企业间的竞争转变为战略联盟与战略联盟之间的竞争。

（三）QR 系统的实施步骤

实施 QR 需要经过 6 个步骤，如图 9-1 所示，每一个步骤都需要以前一个步骤作为基础，比前一个步骤有更高的回报，但是需要额外投资。

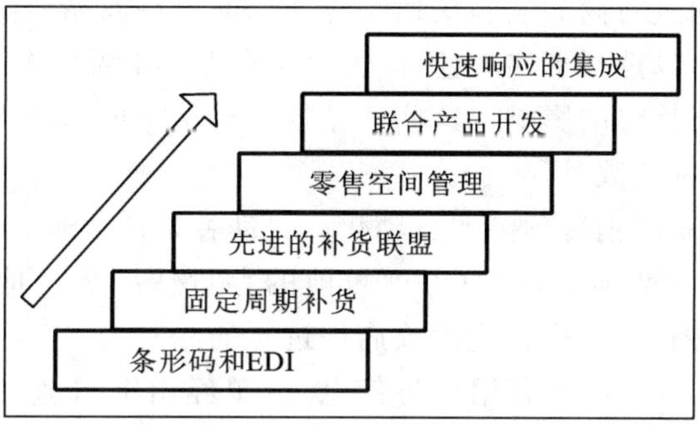

图 9-1　QR 技术的实施步骤

1. 条形码和 EDI

零售商首先必须安装条形码（UPC 码）、POS 扫描和 EDI 等技术设备，以加快 POS 机收款速度、获得更准确的销售数据并使信息沟通更加通畅。POS 扫描用于数据输入和数据采集，即在收款检查时用光学方式阅读条形码，然后将条形码转换成相应的商品代码。

通用产品代码（UPC 码）是 12 位条形码，用作产品识别。正确的产品标志对 POS 端的顾客服务和有效的操作是至关重要的。扫描条形码可以快速准确地检查价格并记录交易。

EDI 是在计算机间交换商业单证，需遵从一定的标准，如 ANSI X. 12。零售业的专用标准是志愿跨行业通信标准委员会（VICS）制定的，食品类的专用标准是 UCC（美国统一代码协会）制定的。EDI 要求公司将其业务单证转换成行业标准格式，并传输到某个增值网（VAN），贸易伙伴在 VAN 上接收到这些单证，然后将其从标准格式转到自己系统可识别的格式。EFI 可传输的单证包括订单、发票、订单确认、销售和存货数据及提前运输通知等。EDI 的实施一般分为以下几个阶段。

（1）EDI 的技术实现，主要满足贸易伙伴通过 EDI 系统进行沟通的需要。

（2）将 EDI 系统同厂商和零售商现有的内部系统集成起来，加快信息流通速度，并提升通信数据的准确性。

（3）重新设计业务流程，以支持全面实现 EDI 后带来的角色和责任的变化。快速响应要求厂商和零售商完成本阶段的 EDI 实施。

许多零售商和厂商都了解 EDI 的重要性，所以已经实施了一些基本的交易（如采购订单、发票等）的 EDI 业务。而且很多大型零售商也强制其厂商实施 EDI 来保证快速响应。但 EDI 的全面实施还需要时间。

2. 固定补货周期

补货周期是根据商店补进商品的备运时间、平均日销售量及企业储备条件、供货商的供货特点等因素而定，一般由商店预先固定，或 10 天，或 15 天，或更长不等。补货批量则不固定，每次补货前，必须通过盘点了解商店的实际库存量，再订出补货批量。定时补货是将每天划分为若干个时段，补货人员在时段内检查拣货区货架上的货物存量，如果发现不足，马上予以补足。这种定时补足的补货原则较适合分批拣货时间固定且处理紧急订货的时间也固定的情况。

QR的自动补货要求供应商更快、更频繁地运输重新订购的商品，以保证店铺货源充足，从而提高销售额。通过对商品实施快速响应并保证这些商品能敞开供应，零售商的商品周转速度更快，消费者可以选择更多花色、品种。某些基本商品每年的销售模式实际上都是一样的，一般不会受流行趋势的影响。这些商品的销售量是可以预测的，所以不需要对商品进行考察来确定重新订货的数量。

自动补货是指基本商品销售预测的自动化。自动补货使用基于过去和目前销售数据及其可能变化的软件进行定期预测，同时考虑目前的存货情况和其他一些因素，以确定订货量。自动补货是由零售商、批发商在仓库或店内进行的。

自动补货系统（ARP）是一种利用销售信息、订单经由EDI连接合作伙伴的观念，合作伙伴之间必须有良好的互动关系，并且利用电子信息交换等方式提供信息给上下游。也就是说ARP是一种库存管理方案，是以掌控销售信息和库存量，作为市场需求预测和库存补货的解决方法，由销售信息得到消费需求信息，供应商可以更有效地计划、更快速地响应市场变化和用户需求，因此ARP可以用来作为降低库存量、改善库存周转状况，进而维持最佳库存量，而且供应商与批发商分享重要信息，双方都可以改善需求预测、补货计划、促销管理和运输装载计划等。

3. 先进的补货联盟

这是为了保证补货业务的流畅。零售商和消费品制造商联合起来检查销售数据，制订关于未来需求的计划，在保证有货和减少缺货的情况下降低库存水平。还可以进一步由消费品制造商管理零售商的存货和补货，以加快库存周转速度，提高投资毛利率。投资毛利率是销售商品实际实现的毛利除以零售商的库存投资额。

4. 零售空间管理

空间管理战术决定了品类在门店中所处的位置和商品在品类中所处的位置，同时也可以对门店的空间利用效率进行合理的衡量。零售市场是一个瞬息万变且非常现实的战场，而最后的成败完全取决于商品是否为消费者接受，是否能在众多产品中抢得一席之地。那么，如何帮助商品在激烈的竞争中脱颖而出呢？除了完整周全的品类规划外，商品的空间管理是非常重要的一环。

商品的空间管理在整个品类管理战术中的地位是至关重要的，是品类管理在门店层面的落地。空间管理战术决定了品类在门店中所处的位置和商品在品类中所处的位置，同时也可以对门店的空间利用效率进行合理的衡量。在空间管理领域，不仅要考虑整家门店的空间陈列，而且最终需要对每个单品的空间陈列位置、陈列排面、陈列区域进行分析和管理。空间管理的工作范围包括：店内各品类陈列位置、关联度，空间资源在各品类的分配，品类陈列原则，不同店铺在空间管理上的统一性和差异性，空间效率分析等。

零售空间管理是指根据每个店铺的需求模式来规定其经营商品的花色品种和补货业务。一般来说，对于花色品种、数量、店内陈列及培训或激励售货员等决策，消费品制造商也可以参与甚至制定决策。

5. 联合产品开发

这一步的重点不再是一般商品和季节商品，而是服装等生命周期很短的商品。厂商和零售商联合开发新产品，其关系的密切超过了购买与销售的业务关系，缩短从新产品概念到新产品上市的时间，而且经常在店内对新产品实时试销。

6. 快速响应的集成

通过重新设计业务流程，将前五步的工作和公司的整体业务集成起来，以支持公司的整体战略。快速响应前四步的实施，可以使零售商和消费品制造商重新设计产品补货、采购和销售业务流程。前五步使配送中心得以改进，可以适应高频率的小运量运输，使配送业务更加流畅。同样，由于库存量的增加，大部分消费品制造商也开始强调存货的管理，改进采购和制造业务，做出正确的响应。

最后一步要求零售商和消费品制造商重新设计其整个组织、业绩评估系统、业务流程和信息系统，设计的中心围绕着消费者而不是传统的公司职能，它们要求集成的信息技术。有时可以先完成最后一步工作，至少是设计整体体系结构，这样补货的改进和新产品的开发就会尽可能地互相吻合。在确定公司核心业务及其发展方向时，应具有战略性的眼光。

第二节　有效客户响应技术及其应用

一、ECR 技术概述

（一）ECR 技术的概念

1. ECR 技术的产生

ECR（有效客户响应）的产生可归结于 20 世纪商业竞争的加剧和信息技术的发展。20 世纪 80 年代特别是到了 90 年代以后，美国日杂百货业零售商和生产厂家的交易关系由生产厂家占主导地位，转换为零售商占主导地位，在供应链内部，零售商和生产厂家为取得供应链主导权，为商家品牌（PB）和厂家品牌（NB）占据零售店铺货架空间的份额展开激烈的竞争，使得供应链各个环节间的成本不断转移，供应链整体成本上升。

从零售商的角度来看，新的零售业态如仓储商店、折扣店大量涌现，日杂百货业的竞争更趋激烈，零售商开始寻找新的管理方法。从生产商角度来看，为了获得销售渠道，直接或间接降价，牺牲了厂家自身利益。生产商希望与零售商结成更为紧密的联盟，对双方都有利。另外，从消费者的角度来看，过度竞争忽视了消费者对高质量、新鲜、好服务和合理价格的需求。许多企业通过诱导型广告和促销来吸引消费者转移品牌。可见 ECR 产生的背景是要求从消费者的需求出发，提供满足消费者需求的商品和服务。为此，美国食品市场营销协会（Food Marketing Institute）联合 Coca-Cola、P&G、KSA 公司对供应链进行调查、总结、分析，得到改进供应链管理的详细报告，提出了 ECR 的概念体系，被零售商和制造商采用，广泛应用于实践。

而在当今中国，制造商和零售商为渠道费用而激烈争执，零售业中工商关系日趋恶化，消费者利益日渐受到损害。ECR 是真正实现以消费者为核心，转变制造商与零售商对立统一的关系，实现供应与需求一整套流程转变方法的有效途径，日益被制造商和零售商所重视。

2. ECR 技术的概念

ECR(Efficient Customer Responses)，即有效客户响应，是 1992 年从美国食品杂货业发展起来的一种供应链管理策略。20 世纪 90 年代初，日本食品加工和日用品加工开始模仿美国服装业的快速响应，并形成自己的体系，称为有效客户响应(Efficient Consumer Response)。ECR 是 20 世纪 90 年代在欧美消费品制造业和零售业得到发展并普遍应用的一种业务发展战略，旨在通过零售商与制造商的协作，以消费者为中心，创造消费者价值最大化的产品与服务。由于 ECR 系统是通过生产厂商、批发商、零售商的联盟来提高商品供应效率，因而又可以称为连锁供应系统。ECR 是零售企业满足顾客需求的解决方案和核心技术，目标是高效地满足消费者不断增长、多样化的需求。只有更好地满足消费者的需求，零售商、分销商和制造商才能生存和发展，才更有竞争能力。ECR 是流通供应链上各个企业以业务伙伴方式紧密合作，了解消费者需求，建立一个以消费者需求为基础和具有快速响应能力的系统。ECR 以提高消费者价值、提高整个供应链的运作效率、降低整个系统的成本为目标，从而提升企业竞争能力。ECR 是 20 世纪 80 年代随着零售企业的发展壮大、竞争的不断激烈、消费者权利增大和信息技术的发展而发展起来的。

ECR 欧洲执行董事会对 ECR 的定义为：ECR 是一种通过制造商、批发商和零售商各自经济活动的整合，以最低的成本，最快、最好地实现消费者需求的流通模式。ECR 强调供应商和零售商的合作，尤其在企业间竞争加剧和需求多样化发展的今天，产销之间迫切需要建立相互信赖、相互促进的协作关系，通过现代化的信息和手段，协调彼此的生产、经营和物流管理活动，进而在最短的时间内应对客户需求变化。

ECR 的两个主要原则是以消费者为核心和合作。持续的商业成功靠的是提供给消费者的产品与服务持续满足和超过其需求与期望。此外，最大化的消费者价值只有在供应链上的公司手连手克服妨碍效率的障碍时才能实现。

ECR 的最终目标是分销商和供应商组成联盟，一起为消费者最大的满意度以及最低成本而努力，建立一个敏捷的消费者驱动的系统，实现精确的信息流和高效的实物流在整个供应链内的有序流动。

1) 有效客户响应的主要观点

(1) 凡是对消费者没有附加价值的所有消费，必须从供应的渠道上排除，以达到最佳效益的目的。

(2) 确认供应链内的合作体制和供应链成员之间的结盟关系。

(3) 实现准确、及时的信息流，以信息流代替物流。

2) 有效客户响应的应用范围

(1) 需求方面。改善提供给客户的产品种类、产品推广和推出新产品的效率，以及其他相关的需求管理工作的效率。

(2) 供应方面。改善产品通过整条供应链的效率，包括原材料的供应、产品的生产、包装到批发商以及经销商，最后到达客户的手中。

(3) 支援技术方面。通过快速、准确、全面的信息传递，如利用 EDI 技术，来支援提供活动所需要的技术。

3) 有效客户响应的关键因素

(1) 信息完整。供应链的信息库要具有完整的信息，包括需求、供应、技术和市场等方面的信息。

(2) 标准化。为了快速响应客户的需求，供应链上的各项信息、数据的收集和传输应加以标准化。

(3) 互信、互利、共识的建立。实施有效客户响应的重点在于供应链企业体系内的上、下游之间彼此分享信息，打破以往互相对立的角色，建立相互信任、荣辱共存、共同发展的新型伙伴关系。

(4) 完善的物流系统。建立一个高效率、功能完备、低成本的物流系统，是确保整个有效客户响应体系成功实施的重要条件。

ECR 技术示意图如图 9-2 所示。

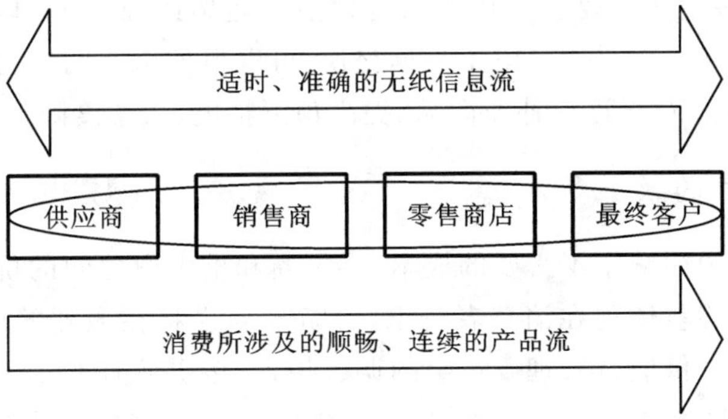

图 9-2　ECR 技术示意图

(二) ECR 技术的特点

1. ECR 系统重视采用新技术、新方法

首先，ECR 系统采用了先进的信息技术，在生产企业与流通企业之间开发了一种利用计算机技术的自动订货(CAO)系统。CAO 系统通常与 POS 系统结合使用，利用 POS 系统提供的商品销售信息把有关订货要求自动传向配送中心，由该中心自动发货，这样就可能使零售企业的库存降至为零状态，并减少了从订货至交货的周期，提高了商品鲜度，减少了商品破损率，还可使生产商以最快捷的方式得到自己的商品在市场是否适销对路的信息。

其次，ECR 系统还采用了两种新的管理技术和方法，即种类管理和空间管理。种类管理的基本思想是不从特定品种的商品出发，而是从某一种类的总体去考虑收益率最大化。就软饮料而言，不考虑其品牌，而是从软饮料这一大类上考虑库存，柜台面积等要素，按照投资收益率最大化原则去安排品种结构。其中有些品种能赢得购买力，有些品种能保证商品收益，通过相互组合既满足了顾客需要，又提高了店铺的经营效益。空间管理指促使商品布局、柜台设置最优化。过去许多零售商也注意此类问题，不同点在于 ECR 系统的空间管理是与种类管理相结合的，通过两者的结合实现单位销售面积的销售额和毛利额的提高，因而可以取得更大的效果。

2. ECR 系统建立了稳定的伙伴关系

在传统的商品供应体制上，生产者、批发商、零售商联系不紧密或相互间联系较为紧密，发生的每一次订货都有很大的随机性，这就造成生产与销售之间商品流动的不稳定性，增加了商品的供应成本。而 ECR 系统恰恰克服了这些缺点，在生产者、批发商、零售商之间建立了一个连续的、闭合式的供应体系，改变了相互敌视的心理，使之结成相对稳定的伙伴关系，克服了商业交易中的钩心斗角，实现了共存共荣，是一种新型的产销同盟和产销合作形式。

3. ECR 系统实现了非文书化

ECR 系统充分利用了信息处理技术，使产购销各环节的信息传递实现了非文书化。无论是企业内部的传票处理，还是企业之间的订货单、价格变更、出产通知等文书都通过计算机间的电子数据交换进行自动处理。

由于利用了电子数据交换，生产企业在出产的同时，就可以把出产的内容电传给进货方，作为进货方的零售企业只要在货物运到后扫描集运架或商品上的电码就可以完成入库验收等处理工作。由于全面采用了电子数据交换，可以根据出产明细自动地处理入库，从而使处理时间近似为 0，这对于迅速补充商品、提高预测精度、大幅度降低成本起到很大作用。

（三）ECR 技术的效益

由于在流通环节中缩减了不必要的成本，零售商和批发商之间的价格差异也随之降低，这些节约了的成本最终将体现在消费者身上，各贸易商也将在激烈的市场竞争中赢得一定的市场份额。根据欧洲供应链管理委员会的调查报告，接受调查的 392 家公司，其中制造商实施 ECR 后，预期销售额增加 5.3%，制造费用减少 2.3%，销售费用减少 1.1%，货仓费用减少 1.3%及总盈利增加 5.5%。而批发商及零售商也有相似的获益：销售额增加 5.4%，毛利增加 3.4%，货仓费用减少 5.9%，货仓存货量减少 13.1%及每平方米的销售额增加 5.3%。这些都是有形利益。ECR 还有着重要的不可量化的无形利益，如表 9-1 所示。

表 9-1　ECR 的无形利益

类　别	无形利益
客户	增加选择和购物便利，减少库存，货品更新鲜
分销商	提高信誉，更加了解客户情况，改善与供应商的关系
供应商	减少缺货现象，加强品牌的完整性，改善与分销商的关系

1. ECR 对生产商的意义

扩大采购经理（品类经理）的职责。领导零售集团经营的相关品类，实现品类的经营目标。领导各商店对品类计划的实施工作，使品类策略及计划得到很好的贯彻和实施。扩大供应链经理（全程物流经理）的职责，使其负责协调整个供应链，即供应商—配送中心—门店—货架—顾客，使供应链达到最优化，使物流成本最低、缺货率最低。把 ECR 的核心原则融入企业文化中，增强可持续发展能力。

2. ECR 对零售业的意义

了解顾客需求，成为品类专家，把顾客服务做精、做细；为客户创造价值，提供满足顾客需求的解决方案，提高顾客忠诚度；强化总部职能，提高对门店运作的指导、服务和控制；优化供应链，降低整体成本；优化组织结构，权责清晰，管理科学；实现规模优势；提升快速响应能力，进行有效扩张。

二、ECR 的实施

（一）ECR 的四大要素

1. 快速产品引进(Efficient Product Introductions)

最有效地开发新产品，制订产品的生产计划，以降低成本。

2. 快速商店分类(Efficient Store Assortment)

通过第二次包装等手段，提高货物的分销效率，使库存及商店空间的使用率最优化。

3. 快速促销(Efficient Promotion)

提高仓储、运输、管理和生产的效率，减少预先购买、供应商库存及仓储费用，使贸易和促销的整个系统效率最大化。

4. 快速补充(Efficient Replenishment)

包括电子数据交换，以需求为导向的自动连续补充和计算机辅助订货，使补充系统的时间和成本最优化。

（二）ECR 的三大战略

ECR 包括零售业的三个重要战略：顾客导向的零售模式（消费者价值模型）、品类管理和供应链管理。

1. 顾客导向的零售模式

品质管理的顾客包括外部顾客（消费者、市场）、内部顾客（研发、制造）。市场导向品控模式也即以顾客为关注焦点的具体表现。任何组织均提供满足顾客要求和期望的产品，如果没有顾客，则组织将无法生存。因此，任何一个组织均应始终关注顾客，将理解和满足顾客的要求作为首要的工作任务，并以此来安排所有的活动。以顾客为关注焦点，可建立起对市场快速响应的机制，提升顾客的满意度和忠诚度，并为组织带来更大的效益。以顾客为关注焦点是质量管理八大原则之一，是首要原则。而质量管理八大原则是品质管理的基础，是企业巩固成熟体系并向世界级体系迈进的需要。通过商圈购买者调查、竞争对手调查、市场消费趋势研究，确定目标顾客群，了解自己的强项、弱项和机会，确定自己的定位和特色，构建核心竞争力；围绕顾客群选择商品组合、经营的品类，确定品类的定义和品类在商店经营中承担的不同角色；确定经营策略和战术（定价、促销、新品引进、补货等），制定业务指标衡量标准、业务发展计划。

2. 品类管理

品类是指消费者认为相关且可相互替代的一组特殊商品或服务。依据 FBI 的相关定义，品类管理(CM)是分销商和供应商合作，将品类视为策略性事业单位来经营的过程，通过创造商品中消费者价值来创造更佳的经营绩效。品类管理是把所经营的商品分为不同的类别，并把每一类商品作为企业经营战略的基本活动单位进行管理的一系列相关活动。它通过强调向消费者提供超值的产品或服务来提高企业的运营效果。

在执行品类管理之前，要先决定品类有哪些。而品类的架构是由供货商与零售商协调确定的，最主要的仍是以消费者需求为出发点。品类的定义是指品类的结构，包括大分类、中分类、小分类等。主导型供应商可以提供相关品类甚至非相关品类的品类定义。品类的定义不能与信息系统脱节。不少零售商都清楚品类的结构，但信息系统中没有相应地做维护，当需要知道中分类、小分类的销售情况时，系统只能打出品类所有单品的信息，员工需手工计算某中分类或小分类的销售数据。这极大地制约了品类管理的实施。另外，品类定义会随购物者购物习惯的变化而改变。

把品类作为战略业务单位来管理，着重通过满足消费者需求来提高运营效果。品类管理是以数据为决策依据，不断满足消费者的过程。品类管理是零售业精细化管理之本。主要战术是高效的商品组合、高效的货架管理、高效的新品引进、高效的定价和促销、高效的补货。品类管理作业流程可以区分为 6 个组件，其中核心组件有企业策略、企业流程，另外还有辅助组件，即信息技术、协同合作的交易关系和评量表，以下分别予以说明。

(1) 企业策略：它是引导企业决策的大方向。

(2) 企业流程：为企业每日所进行的作业，是企业为达成企业策略所从事的一连串活动与方法。

(3) 企业组织能力：它是企业通过适当的组织架构、责任、角色、发展、技术与奖赏系统的进展而得到的。

(4) 信息技术：通过运用信息科技，收集及分析相关资料，提供品类管理所需的数据，可以大幅改善企业流程。

(5) 协同合作的交易关系。

(6) 评量表：它是一种评量工具，用于观察实施成效，改善品类计划与决策，或用作奖罚的参考依据。

3. 供应链管理

供应链是由供应商、制造商、仓库、配送中心和渠道商等构成的物流网络。同一企业可能构成这个网络的不同组成节点，但更多的情况下是由不同的企业构成这个网络中的不同节点。比如，在某个供应链中，同一企业可能既在制造商、仓库节点，又在配送中心节点等占有位置。在分工愈细、专业要求愈高的供应链中，不同节点基本上由不同的企业组成。在供应链各成员单位间流动的原材料、在制品库存和产成品等构成了供应链上的货物流。

供应链管理是指使供应链运作达到最优化，以最少的成本，令供应链从采购开始，到满足最终客户的所有过程。MBA、EMBA 等管理教育均将企业供应链管理包含在内。供应链管理通过协调企业内外部资源来共同满足消费者需求，当我们把供应链上各环节的企业视为一个虚拟企业同盟，而把任一企业看作为这个虚拟企业同盟中的一个部门时，同盟的内部管理就是供应链管理。只不过同盟的组成是动态的，根据市场需要随时在发生变化。

有效的供应链管理可以帮助实现四项目标：缩短现金周转时间；降低企业面临的风险；

实现盈利增长;提供可预测收入。供应链管理的七项原则:根据客户所需的服务特性来划分客户群;根据客户需求和企业可获利情况,设计企业的后勤网络;倾听市场的需求信息,设计更贴近客户需求的产品;时间延迟;策略性地确定货源和采购,与供应商建立双赢的合作策略;在整个供应链领域建立信息系统;建立整个供应链的绩效考核准则等。

企业应建立全程供应链管理的流程和规范,制定供应链管理指标;利用先进的信息技术和物流技术缩短供应链,减少人工失误,提高供应链的可靠性和快速响应能力;通过规范化、标准化管理,提升供应链的数据准确率和及时性;建立零售商与供应商数据交换机制,共同管理供应链,最大限度地降低库存和缺货率,降低物流成本。只有全面实施品类管理和供应链管理,才能实现ECR,给消费者带来更多的价值,取得竞争优势。

(1) 信息资源共享。信息是现代竞争的主要后盾。供应链管理采用现代科技方法,以最优流通渠道使信息迅速、准确地传递,在供应商和企业间实现资源共享。

(2) 提高服务质量,扩大客户需求。供应链管理中,一起围绕"以客户为中心"的理念动作。消费者大多要求提供产品和服务的前置时间越短越好,为此供应链管理通过生产企业内部、外部及流程企业的整体协作,大大缩短产品的流通周期,加快物流配送的速度,从而使客户个性化的需求在最短的时间内得到满足。

(3) 实现双赢。供应链管理把供应链的供应商、分销商、零售商等联系在一起,并进行优化,使各个相关企业形成一个融会贯通的网络整体。在这个网络中,各企业仍保持着个体特性,但它们为整体利益的最大化共同合作,实现双赢的结果。在供应链管理的发展中,有人预测,在未来的生产和流通中,将看不到企业,而只看到供应链。生产和流通的供应链化将成为现代生产和流通的主要方式。

(三) ECR的实施过程

1. 实施ECR的原则

要实施ECR,首先应联合整个供应链所涉及的供应商、分销商及零售商,改善供应链中的业务流程,使其最合理有效;然后,再以较低的成本,使这些业务流程自动化,以进一步降低供应链的成本和时间。这样,才能满足客户对产品和信息的需求,为客户提供最优质的产品和适时准确的信息。ECR的实施原则包括如下五个方面。

(1) 以较少的成本,不断致力于向顾客提供更优的产品、更高的质量、更好的分类、更好的库存服务以及更多的便利服务。

(2) ECR必须由相关的商业带头人启动。该商业带头人应决心通过代表共同利益的商业联盟取代旧式的贸易关系而达到获利之目的。

(3) 必须利用准确、适时的信息支持有效的市场、生产及后勤决策。这些信息将以EDI的方式在贸易伙伴间自由流动,它将影响以计算机信息为基础的系统信息的有效利用。

(4) 产品必须随其不断增值的过程,从生产至包装,直至流动到最终顾客的购物篮中,以确保顾客能随时获得所需产品。

(5) 必须建立共同的成果评价体系。该体系注重整个系统的有效性(通过降低成本与库存以及更好的资产利用,实现更优价值),清晰地标识出潜在的回报(增加的总值和利润),促进对回报的公平分享。

2. ECR 实施过程中应注意的问题

ECR 系统自产生以来，在美国得到较为广泛的采用。欧洲的许多国家也纷纷引用该系统来改变本国陈旧的商品供应系统，并已出现了许多成功事例。因此利用 ECR 系统使流通过程合理化是今后不容回避的课题。但在实施过程中应注意以下问题。

1）高层决策者的作用至关重要

ECR 系统是改善企业经营管理工作的大工程，系统涉及产、供、销等多个企业部门，任何部门出现错误都会对整个系统的启动产生较大影响。因此，各部门的高层决策者的热情和决心对于推动这项工作非常重要，其积极支持和倡导有利于明确目标，提高业务改进速度，减少浪费，增强 ECR 系统的应用质量。

2）准确把握顾客的价值和需求

ECR 系统自始至终把增加消费者的利益和满足消费者的需求作为根本宗旨，所有的业务改善和效率提高都是围绕这一宗旨展开的。只有准确把握顾客需求，才能制定出 ECR 系统的工作目标，增强对顾客的适应能力。正确判断消费者的利益追求，把消费者的利益放在合适的位置，是开展 ECR 工作的第一步。当前超市消费趋向于商品品质、鲜度、营养、包装、价格等方面，在品种结构上，顾客大多带有一次购物的愿望。掌握了这些信息，ECR 系统才能真正发挥出优越性。

3）制定明确的目标和标准

作为一项系统改善工作，ECR 要有明确的目标和标准。通过这些目标和标准，可以对照成果进行正确的评价。同时，有了目标和标准，员工才能明确需要完成的任务和达成的尺度。

4）积极改革组织机构

ECR 系统的有效开展必须获得相应的组织和机构保障。ECR 系统的基本思想是从流通过程和业务活动中寻求改革方案，因而传统职能划分的组织形式不适应，应构筑起新的组织形式。ECR 系统可视为一种广泛的连锁系统，因而可按照连锁模式来建立组织机构。

三、ECR 系统的组成

ECR 系统作为一个供应链管理系统，需要把营销技术、物流技术、信息技术和组织革新技术有机结合起来作为一个整体使用，以实现 ECR 的目标，如图 9-3 所示。构筑 ECR 系统的具体目标，是实现低成本流通、建设基础关联设施、消除组织间隔阂、协调合作满足消费者需要。

（一）ECR 系统的四大技术

1. 营销技术

在 ECR 系统中采用的营销技术主要是商品类别管理(Category Management)和店铺货架空间管理(Space Management)。

商品类别管理是以商品类别为管理单位，寻求整个商品类别收益最大化。具体来说，企业对经营的所有商品按类别进行分类，确定或评价每一个类别商品的功能、收益性、成长性等指标，在此基础上，结合考虑各类商品的库存水平和货架展示等因素，制订商品品种计划，

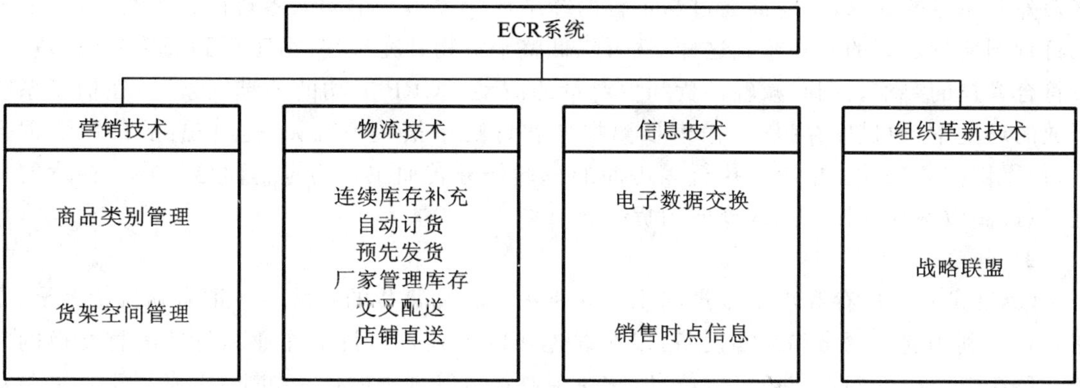

图 9-3　ECR 系统

对整个商品类别进行管理，以便在提高消费者服务水平的同时增加企业的销售额和收益水平。例如，企业把某类商品设定为吸引顾客的商品，把另一类商品设定为增加企业收益的商品，努力做到在满足顾客需要的同时兼顾企业的利益。商品类别管理的基础是对商品进行分类。分类的标准、各类商品功能和作用的设定依企业的使命和目标的不同而不同。但是原则上，商品不应该以是否方便企业来进行分类，而应该以顾客的需要和顾客的购买方法来进行分类。

店铺空间管理是对店铺的空间安排、各类商品的展示比例、商品在货架上的布置等进行最优化管理。在 ECR 系统中，店铺空间管理和商品类别管理同时进行、相互作用。在综合店铺管理中，对于该店铺的所有类别的商品进行货架展示面积的分配，对于每个类别下的不同品种的商品进行货架展示面积分配和展示布置，以便提高单位营业面积的销售额和单位营业面积的收益率。

2. 物流技术

ECR 系统要求及时配送(JIT)和顺畅流动(Flow-through Distribution)。实现该要求的方法有连续补充计划(CRP)、自动订货(CAO)、预先发货通知(ASN)、厂家管理库存(VMI)、交叉配送(Cross Docking)、店铺直送(DSD)等。

1) 连续库存补充计划(CRP)

CRP 利用及时准确的 POS 数据确定售出的商品的数量，根据零售商或批发商的库存信息和预先规定的库存补充程序确定发货补充数量和发送时间。以小批量、多频度方式进行连续配送，补充零售店铺的库存，提高库存周转率，缩短交货周期。一个基本的规则是产品在卖出特定数量后就会按照需要实时自动补充，并且不需要去指定补货点，也不需要按照批量订货法去订货，一般会结合订货点、经济订货法去实施。CRP 很重要的一点就是同步，即零售商同步销售数据给供应商，供应商才能够做到无缝的、持续性的订货，在需要的时候，货物自动会补充进来。CRP 改变了零售商向贸易伙伴生成订单的传统库存补充方式，它是由供应商根据从客户那里得到的库存和销售方面的信息，决定补充货物的数量。在库存系统中，订货点与最低库存之差主要取决于从订货到交货的时间、产品周转时间、产品价格、供销变化以及其他变量。订货点与最低库存保持一定的距离是为了防止产品脱销情况的出现。最高库存与订货点之差主要取决于交货的频率、产品周转时间、供销变化等。为了快速响应客户降低库存的要求，供应商通过与零售商缔结伙伴关系。主动向零售商频繁交货，并缩短从订货到交货之间的时间差。这样，就可降低整个货物补充过程（由工厂到商店）的存货，尽量符合客户的要求。同时减轻存货和生产量的波动。CRP 成功的关键因素是：在信息系统开放的环境中，通过库存报告、销售预测报告和订购单报文等有关商业信息的最新数据交换，使得供应商从过去单纯地执行零售商的订购任务转而主动为零售商分担补充存货的责任，以最高效率补充销售点或仓库的货品。

2）自动订货（CAO）

CAO 是基于库存和需求信息利用计算机进行自动订货的系统。所谓自动订货系统，是指企业间利用通信网络和终端设备，以在线连接的方式进行订货作业和订货信息交换的系统。系统能及时准确地交换订货信息，它在企业物流管理中的作用如下：①有利于减少出错率，节省人工费；②有利于减少企业的库存水平，提高企业的库存管理效率；③有利于企业调整商品生产和销售计划；④有利于提高企业物流信息系统的效率。

电子订货系统的构成内容包括订货系统、通信网络系统和接单电脑系统。就门店而言，只要配备了订货终端机和货价卡（或订货簿），再配上电话和数据机，就可以说是一套完整的电子订货配置。就供应商来说，凡能接收门店通过数据机发送的订货信息，并可利用终端机设备系统直接对订单进行处理，打印出货单和检货单，就可以说已具备电子订货系统的功能。但就整个社会而言，标准的电子订货系统绝不是一对一的格局，即并非单个零售店与单个供应商组成的系统，而是多对多的整体运作，即许多零售店和许多供应商组成的大系统的整体运作方式。

根据电子订货系统的整体运作程序来划分，大致可以分为以下三种类型。①连锁体系内部的网络型电子订货系统，即连锁门店有电子订货配置，连锁总部有接单电脑系统，并用即时、批次或电子信箱等方式传输订货信息。这是多对一与一对多相结合的初级形式的电子订货系统。②供应商对连锁门店的网络型电子订货系统，其具体形式有两种：一种是直接的多对多，即众多的不同连锁体系下属的门店对供应商，由供应商直接接单发货至门店；另一种是以各连锁体系内部的配送中心为中介的间接的多对多，即连锁门店直接向供应商订货，并告知配送中心有关订货信息，供应商按商品类别向配送中心发货，并由配送中心按门店组配向门店送货，这可以说是中级形式的电子订货系统。③众多零售系统共同利用的标准网络型电子订货系统，其特征是利用标准化的票据和配套信息管理系统完成订货作业。其具体形式有两种：一是地区性社会配套的信息管理系统网络，即成立由众多的中小型零售商、批发商构成的营运公司和地区性的咨询处理公司，为本地区的零售业服务，支持本地区电子自动订货系统的运行；二是专业性社会配套信息管理系统网络，即按商品的性质划分专业，从而形成各个不同专业的信息网络。这是高级形式的电子订货系统，必须以统一的商品代码、统一的企业代码、统一的票据和订货标准的建立为前提条件。

3）预先发货通知（ASN）

ASN 是生产厂家或者批发商在发货时利用电子通信网络提前向零售商传送货物的明细清单。这样零售商事前可以做好进货准备工作，同时可以省去货物数据的输入作业，使商品检验作业效率最大化。购货商也可以凭借此清单核对订单交货数量、剩余数量等，及时更正数量上的错误。

4）厂家管理库存(VMI)

VMI是指生产厂家等上游企业对零售商等下游企业的流通库存进行管理和控制。具体地说，生产厂家基于零售商的销售、库存等信息，判断零售商的库存是否需要补充。如果需要补充，则自动向本企业的物流中心发出发货指令，补充零售商的库存。VMI包括POS、CAO、ASN和CRP等技术。在采用VMI的情况下.虽然零售商的商品库存决策主导权由作为供应商的生产厂家把握，但是，在店铺的空间安排、商品货架布置等店铺空间管理决策方面仍然由零售商主导。所谓VMI，就是一种以用户和供应商双方都获得最低成本为目的，在一个共同的协议下由供应商管理库存，并不断监督协议执行情况和修正协议内容，使库存管理得到持续改进的合作性策略。这种库存管理策略打破了传统的各自为政的库存管理模式。体现了供应链的集成化管理思想，适应市场变化的要求，是一种新的、有代表性的库存管理思想。目前VMI在分销链中的作用十分重要，因此被越来越多的人重视。对于供应商管理的库存，因为有最低与最高库存点，按时交货可通过相对库存水平来衡量。例如库存为零，风险较高；库存低于最低点，风险相当高；库存高于最高点，断货风险很小，但过期库存风险升高。这样，统计上述各种情况，可以衡量供应商的交货表现。根据未来物料需求和供应商的供货计划，还可以预测库存点在未来的走势。VMI管理模式是在QR和ECR的基础上发展而来，其核心思想是供应商通过共享用户企业的当前库存和实际耗用数据，按照实际的消耗模型、消耗趋势和补货策略进行有实际根据的补货。由此，交易双方都变革了传统的独立预测模式，尽最大可能地减少由于独立预测的不确定性导致的商流、物流和信息流的浪费，降低供应链的总成本。

零售商帮助供应商更有效地做出计划，供应商从零售商处获得销售点数据并使用该数据来协调其生产、库存活动及零售商的实际销售活动；供应商完全管理和拥有库存，直到零售商将其售出为止，但是零售商对库存有看管义务，并对库存物品的损坏负责。实施VMI有很多优点。首先，供应商拥有库存，对于零售商来说，可以省去多余的订货部门，使人工作业自动化，可以从过程中去除不必要的控制步骤，使库存成本更低，服务水平更高。其次，供应商拥有库存，供应商会对库存考虑更多，并尽可能进行更为有效的管理，通过协调对多个零售商的生产与配送，进一步降低总成本。供应商能按照销售时点的数据，对需求做出预测，能更准确地确定订货批量，减少预测的不确定性，从而减少安全库存量，存储与供货成本更小。同时，供应商能更快响应用户需求，提高服务水平，使用户的库存水平也得以降低。

5）交叉配送(Cross Docking)

交叉配送是在零售商的流通中心，把来自各个供应商的货物按发送店铺迅速进行分拣装车，向各个店铺发货。在交叉配送的情况下，流通中心仅是一个具有分拣装运功能的通过型中心，有利于交货周期缩短、减少库存、提高库存周转率，从而能节约成本。当一个供应商的货物入库之后，要发运至多个目的地，并有多个供应商在供货时，交叉配送的运作模式就是将供应商送达的货物从卸货平台卸下后，根据目的地的不同进行及时的分配，并直接运到装货平台，装上发往不同目的地的车辆，减少货物在仓库的储存时间。

6）店铺直送(DSD)

店铺直送是指商品不经过物流中心，直接由生产厂家运送到店铺的运送方式。其目的在于直接面对客户，提高服务品质，并降低在物流中心的存货。采用店铺直送方式可以保持商品的新鲜度，降低商品运输破损率，缩短交货周期。

3. 信息技术

ECR系统应用的信息技术主要有：电子数据交换和销售时点信息。

1) 电子数据交换(EDI)

ECR系统的一个重要信息技术是EDI。信息技术最大的作用之一是实现事务作业的无纸化或电子化。利用EDI在供应链企业间传送交换订货发货清单、价格变化信息、付款通知单等文书单据。例如厂家在发货的同时预先把产品清单发送给零售商，这样零售商在商品到货时，用扫描仪自动读取商品包装上的物流条形码获得进货的实际数据，并自动地与预先到达的商品清单进行比较。因此，使用EDI可以提高事务作业效率。另一方面，利用EDI在供应链企业间传送交换销售时点数据、库存信息、新产品开发信息和市场预测信息等直接与经营有关的信息。例如生产厂家可利用销售时点信息把握消费者的动向，安排好生产计划；零售商可利用新产品开发信息预先做好销售计划。因此使用EDI可以提高整个企业，乃至整个供应链的效率。

2) 销售时点(POS)

ECR系统的另一个重要信息技术是POS。POS的定义为：对于某个销售点某一时间的销售数据的计算和存货的支出，通常用条形码或磁介质设备来储存相关信息。对零售商来说，通过对在店铺收银台自动读取的POS数据进行整理分析，可以掌握消费者的购买动向，找出畅销商品和滞销商品，做好商品类别管理。可以通过利用POS数据做好库存管理、订货管理等工作。对生产厂家来说，通过EDI利用及时、准确的POS数据，可以把握消费者需要，制订生产计划，开发新产品，还可以把POS数据和EOS数据结合起来分析、把握零售商的库存水平，对生产厂家进行库存管理。

以零售业为例，POS系统的运行由以下五个步骤组成。

(1) 店面销售商品都贴有表示该商品信息的条码标签或光学识别(OCR)标签。

(2) 在顾客购买商品结账时，收银员使用扫描仪自动读取商品条码标签或OCR标签上的信息，通过店铺内的计算机确认商品的单价，计算顾客购买总金额等，同时返回给收银机，打印出顾客购买清单和付款总金额。

(3) 各个店铺的销售时点信息通过VAN以在线联结方式即时传送给总部或物流中心。

(4) 在总部，物流中心和店铺利用销售时点信息来进行库存调整、配送管理、商品订货等作业。通过对销售时点信息进行加工分析来掌握消费者购买动向，找出畅销商品和滞销商品，并以此为基础，进行商品品种配置、商品陈列、价格设置等方面的作业。

(5) 在零售商与供应链的上游企业(批发商、生产厂家、物流业者等)结成协作伙伴关系(也称为战略关系)的条件下，零售商利用VAN(增值网)在线联结的方式把销售时点信息即时传送给上游企业。这样，上游企业可以利用销售现场的最及时准确的销售信息制订经营计划，进行决策。例如，生产厂家利用销售时点信息进行销售预测，掌握消费者购买动向，找出畅销商品和滞销商品，把销售时点信息(POS信息)和订货信息(EOS信息)进行比较分析，以把握零售商的库存水平，以此为基础制订生产计划和零售商库存连续补充计划。

4. 组织革新技术

应用ECR系统不仅需要组成供应链的每一个成员紧密协调和合作，还需要每一个企业内部各个部门间紧密协调和合作。因此，成功地应用ECR系统需要对企业的组织体系进行革新。在企业内部的组织革新方面，需要把采购、生产、物流、销售等按职能划分的组织形式改变为基于商品流程的职能横断形的组织形式。具体来讲，是把企业经营的所有商品按类别划分，对应于每一个商品类别设置一个管理团队，以这些管理团队为核心构成新的组织形式。在这种组织形式中，为每一个商品类别管理设定经营目标(如顾客满意度、收益水平、成长率等)，同时在采购、品种选择、库存补充、价格设定、促销等方面赋予相应的权限。每个管理团队由一个负总责的商品类别管理人(Category Manager)和6至7个负责各个职能领域的成员组成。由于商品类别管理团队规模小，因此内部容易交流，各职能间易于协调。

在组成供应链的企业间需要建立双赢的合作伙伴关系。具体来讲，厂家和零售商都需要在各自企业内部建立以商品类别为管理单位的组织。这样双方相同商品类别的管理就可聚集在一起，讨论从材料采购、生产计划到销售状况、消费者动向的有关该商品类别的全盘管理问题。另外，需要在企业间进行信息交换和信息分享。当然，这种合作伙伴关系的建立有赖于企业最高决策层的支持。

（二）ECR系统的推动重点

目前ECR系统的主要基础架构包括需求面管理、供应面管理、驱动力和整合力，并据此形成ECR全球评估量表，可评估ECR导入程度与能力。此外，ECR可鼓励供应链相关业者能在以下四个方面不断做出改进。

1. 需求面管理(Demand Management)

涉及有关商品与服务需求方面的认知与管理，并直接影响到消费者需求的满足、销售额(量)以及市场占有率等。其内容如下。

(1) 需求策略与能力。分析企业组织内执行需求面管理的能力，包含人员、系统、策略方面的配合与准备，以实现更有效率的销售与及时响应消费者需求。

(2) 商品组合最佳化。确保供应商与零售商能充分地协同合作，评估符合市场需求的商品组合策略，并确实执行。意即在最佳时间将最适当的商品数量展示在消费者面前，并以合理的价格吸引消费者购买，改善库存状况。

(3) 促销最佳化。拟定符合市场目标的商品促销策略，并规划促销策略执行面与评估成本效益，随时审视促销的模式以及频率是否刺激到消费者的购买欲望与购买数量。

(4) 新商品导入最佳化。由于商品开发之前不易评估商品成功率，在交易伙伴间存在旧有的障碍与缺乏信任感，以及商品仿冒问题等，使得新商品导入最佳化成为ECR系统中最难执行的部分。因此，ECR系统的目标是通过供应链伙伴间的合作，有效地了解消费者的需求，改善新商品的研发失败率与缩短新商品上市时间。

(5) 合作创造消费者价值。合作创造消费者价值来自供应链上交易伙伴的协同过程，它以锁定目标消费群与提供消费者价值差异化的解决方案为目标。其包含三个要素：协同式情报管理(一种收集消费者商品购买决策与使用商品信息的流程)，锁定目标消费者(一种零售商应该吸引何种客户上门购买商品与安排商品类别的程序)，消费者价值差异化解决方案(一种整合商品、信息与服务以符合目标消费者需求的完整解决方案)。

2. 供应面管理(Supply Management)

ECR所提及的供给端，其焦点主要集中在以下4个方面。

(1) 供应策略与能力(Supply Strategies & Capabilities)。主要检视商品流(product flow)在整条供应链中从原料、组成、生产、包装到配销以及仓储等流程的效率，企业需有明确的策略，改良现有组织架构，配合信息科技，并针对整个供应链服务做出绩效衡量。

(2) 有效供给(Responsive Supply)。供应端补货管理是改善配销方法来简化商品从生产端配送至零售点货架上的补货作业，并响应实际客户需求与平衡管理成本及存货水平。而其关键要素则包含自动订货、持续补货等技术，进阶要素则有合理的运输规划与有效仓储。

(3) 整合需求导向的供给(Integrated Demand Driven Supply)。规划与控制方法是依照供应链上原料、包装、成分与商品供给频率与数量的实际状况做出调整。其主要包含两个概念：同步化生产(Synchronized Production)、供货商的整合(Integrated Suppliers)。所谓同步化生产，是商品生产规划依据消费者需求，避免不必要的成本与存货，进而可不断缩短生产周期；供货商的角色更是不容忽视，由于原料与包装的成本占整体供应链总成本的30%～50%，会影响到下游厂商的服务水平，需切实执行 ECR 的概念，以应对新品导入等变动情况。

(4) 操作最佳化(Operational Excellence)。采用管理手段增加营运的可信赖度，如缺货管理、瑕疵货品与延迟交货处理等。

3. 驱动力(Enablers)

为使需求面管理和供应面管理能真正落实，商品识别与数据管理能力的支持是主要的驱动力，例如交易伙伴间的商品交易流程，都要有标准格式或信息，才能保证准确、实时的信息响应。驱动力包含三个方面：共同识别标准、交换信息标准、全球数据同步。

4. 整合力(Integrator)

需求与供应管理的策略结合新科技的应用与发展，改变原有的商业模式，形成协同式电子商务并持续增加与交易伙伴的互动和价值提升。整合力包含两个方面：协同规划、预测与补货(CPFR)，以及成本/利润与价值计量。

CPFR 即协同式供应链库存管理，也叫协同规划、预测与补货。它是一种协同式的供应链库存管理技术，它在降低销售商的存货量的同时，也增加了供应商的销售额。它是在CFAR(共同预测和补货)的基础上，进一步推动共同计划的制订，即不仅合作企业实行共同预测和补货，同时将原来属于各企业内部事务的计划工作(如生产计划、库存计划、配送计划、销售规划等)也由供应链各企业共同参与，利用互联网实现跨越供应链的成员合作，更好地预测、计划和执行货物流通。

从 CPFR 的基本思想看，供应链上下游企业只有确立共同目标，才能使双方的绩效都得到提升，取得综合性的效益。CPFR 这种新型的合作关系要求双方承诺长期公开沟通、信息分享，从而确立其协同性的经营战略。尽管这种战略的实施必须建立在信任和承诺的基础上，但这是买卖双方取得长远发展和良好绩效的唯一途径。正因为如此，协同的第一步就是保密协议的签署、纠纷解决机制的建立、供应链计分卡的确立以及共同激励目标的形成。应当注意的是，在确立这种协同性目标时，不仅要建立起双方的效益目标，更要确立协同的盈利驱动性目标，只有这样，才能使协同性体现在流程控制和价值创造的基础之上。CPFR 针对合作伙伴的战略和投资能力、市场信息来源不同的特点，成立一个方案组。方案组通过确认合作伙伴从事关键业务的能力来决定哪家公司主持核心业务活动，合作伙伴可选用多种方案来实现其业务过程。零售商和制造商从不同的角度收集不同层次的数据，通过反复交换数据和业务情报来改善制订需求计划的能力，最后得到基于 POS 的消费者需求的单一共享预测。这个单一共享需求计划可以作为零售商和制造商的与产品有关的所有内部计划活动的基础，换而言之，它能使价值链集成得以实现。以单一共享需求计划为基础能够发现和利用许多商业机会，优化供应链库存和改善客户服务，最终为供应链伙伴带来丰厚的收益。

（三）ECR 系统评分表

由 GCI（全球商务协会）主导建立的全球评分表是一份可以让企业自行评估公司推行 ECR 四项主要概念（需求面管理、供应面管理、驱动力和整合力）的成熟度评分表，可以衡量企业在推行 ECR 前后的情况；同时在交易伙伴导入 ECR 进行合作时，也可借此评分表评估各交易伙伴导入 ECR 的能力，以作为未来合作关系的基础，并可将其成熟度与中国及全世界其他企业相比较。

1. ECR 评分表的重点

（1）“The What”——关键评分指标（KPI）。KPI 是企业在使用 ECR 全球评分表前的参考虑化指标，目前在全球评分表网站中的 19 项评分指标是经由 GCI、VICS、FMI、GMA、CIES 和全球各 ECR 委员会所讨论的结果。企业可在不同时间使用成熟度评分表，每一次填写都会收到包含不同建议的评分指标，以此作为下一步企业“行动计划”（Action Plan）的参考和改进方针。

（2）“The How”——ECR 全球评分表（Global ECR Scorecard）。Global ECR Scorecard，是一种能力评估工具，属量化指标。目前有基础版、进阶版、完整版三种评分表，企业可以在此评分表中了解公司内部和合作伙伴的 ECR 执行能力，共同努力就 KPI 所测出的重点内容进行改善。

（3）“The Where”——链接 Glosup 网站（http://www.globalscorecard.net/thewhere.asp），做更深层分析。经由“The What”所建议的 KPI，再直接链接 Glosup 网站，做更深层的评析，就供应链的执行效率做出更详细的指导和分析，让企业能更有力地达到 ECR 的改善要求。

2. ECR 评分表的效益

（1）帮助企业了解内部及交易伙伴的现状与远景。

（2）理清内部行动的必要性。

（3）列出 ECR 工作范围的优先次序。

（4）提供建设性的行动指引。

（5）找出与交易伙伴共同推行及持续改善的工作范围。

（6）建立面向最佳商业模式的共同沟通方式。

第三节 QR和ECR在供应链管理中的应用

一、QR和ECR在供应链管理中的应用范围与策略

（一）QR与ECR在供应链管理中的应用范围

实施有效的供应链管理，首先要将供应链管理（SCM）策略与企业经营的产品类型合理匹配。经营功能型产品的企业，有必要实施有效客户响应（ECR）策略，高效、低成本地满足市场需求；而经营创新型产品的企业，有必要实施快速响应（QR）策略，对市场需求做出快速响应。

实施有效的供应链管理，首先要将供应链管理策略与企业经营的产品类型合理匹配。通常，我们可以根据产品生命周期、产品边际利润、需求的稳定性以及需求预测的准确性等指标，将企业经营的产品划分为功能型和创新型两种类型。功能型产品具有较长的生命周期，产品更新换代较慢，需求较稳定，需求预测的准确性较高，因而市场竞争比较激烈，产品边际利润较低。这类产品的通用性、替代性较强。而创新型产品的生命周期较短，更新换代较快，需求不太稳定、需求预测的准确性较低，但其边际利润较高，例如新潮时装、电子产品等。根据这两类产品特征的差异性可知，经营功能型产品的企业，有必要实施ECR策略，高效、低成本地满足市场需求；而经营创新型产品的企业，有必要实施QR策略，对市场需求做出快速响应。产品类型与ECR和QR技术的匹配如表9-2所示。

表9-2 产品类型与ECR和QR技术的匹配

产品类型	供应链类型	供应链管理策略	企业需求响应策略	企业竞争战略
功能型	功能型、有效型 推式、稳定型	有效客户响应 （ECR）	备货型生产 （MTS）	总成本领先
创新型	创新型、响应型 拉式、动态型	快速响应 （QR）	订单驱动型生产 （MTO、ATO、ETO）	差异化

（二）QR与ECR在供应链管理中的应用策略

1．QR与ECR在供应链管理中的应用策略

1）实施信息共享

实施供应链管理策略，首先应建立高效的供应链信息系统，及时准确地捕捉顾客需求变化的信息。为此，需要实现商品单元条码化（对商品消费单元用EAN/UPC条码标识，对商品贸易单元用ITF-14条码标识，对物流单元用UCC/EAN-128条码标识），同时，建立销售时点系统，按照商品的最小类别（SKU）读取实时销售信息以及采购、配送等阶段发生的各种信息。

有条件的企业还应建立射频识别系统，以实现商品信息非接触式自动识别。在条码技术和条码自动识别等技术的有力支撑下，实现条码的编码、印制、识读、自动识别与数据采

集。与此同时，还应建立电子数据交换系统，借助计算机网络，采用标准化格式，实现供应链业务数据的传输和处理。这包括企业向供应商发送的订单（订货明细清单）、付款通知以及供应商向客户发货前的提前装运通知等数据和信息。其目的是提升信息传递的效率和准确性，同时通过无纸化作业降低相关事务处理成本。

需要注意的是，虽然因特网的使用费用相对低廉，但其保密性和安全性相对较差，商业秘密容易泄露。因此，要成功实施供应链管理策略，需要开发 EDI 系统。实力雄厚的企业可自行开发，实力不足的企业可多家联合开发，抑或由 IT 公司开发、构建，工商企业采联租用或信息系统外包等方式加以解决。第四方物流公司可以为企业提供完整的供应链解决方案，因此，也可以由其主导，集成 IT 公司的资源，为供应链中的节点企业提供电子数据交换服务。最后，需要将条码系统、自动识别系统、销售时点系统和电子数据交换系统等有机集成，在供应链中建立信息“高速公路”，实现上下游企业实时信息共享。

目前，条码与 POS 系统的使用已比较普遍，但存在的问题是，多数企业并未充分对所获取的信息加以有效利用。例如，制造商在商品上印制条码，更多的是出于对国家标准的遵从或迫于社会压力。但在企业管理实践中，并未充分利用这些信息技术手段提高管理效能。

比如，在采购、储存、配送等阶段，并未充分发挥信息的纽带与服务决策等功能。事实上，库存信息、商品出入库的频率、库存周转的快慢（库存周转率、库存周转期）等信息是市场的“晴雨表”，可反映下游用户需求的变化，由此可进一步判定、区分畅销品与滞销品，为企业经营决策提供参考和依据。而在产品仓储环节，若利用仓库管理系统和射频识别技术，可以提高货物入库、出库以及在库保管的效率，大大节省人力成本。

对于国内的多数零售商，采用条码与 POS 系统，更多的是一种时尚，显得自己在“与时俱进”，或者仅仅是为了采集店铺商品信息，将其输入计算机系统，实现店铺商品的计算机化管理，方便检索与查询。然而，目前存在的问题是，供应链中各个节点企业的信息未有效集成，特别是零售店铺的 POS 数据和信息未及时有效地向上游传递，让制造商共享，这极有可能会导致制造商新品开发、生产与配送的非效率性，即开发、生产的产品不适销对路，这必然会导致产品积压、库存上升，甚至成为呆滞库存，给企业造成损失。此外，由于没有及时、准确地捕捉到顾客的需求信息，企业将无法及时满足顾客需求，这将导致缺货成本上升，降低供应链企业群体的盈利率与收益率。

综上所述，供应链管理策略成功实施的关键，是要将供应链各节点的信息系统有效集成，实现无缝连接，建立健全高效的供应链信息系统，实现上下游企业的实时信息共享，这是供应链管理策略成功实施的前提。

2）快速、高效补货

QR 策略成功实施的保障是要建立快速补货系统，最大限度地避免缺货，降低缺货率，提高客户订单满足率和配送率，缩短客户订单履行的提前期，提高顾客满意度，最终提升企业竞争力。而 ECR 策略成功实施的保障是要建立高效补货系统，最大限度地降低运营成本，让利给消费者，在保证产品品质的前提下，以低成本取胜。

上述貌似“背反”的两个目标及保障措施并非像“鱼和熊掌”一样不可兼得，如果优化或重构供应链，实现供应链的简约化，上下游企业加强合作，实施“协同计划、预测与补货”（CPFR），或采取供应商管理库存（VMI）、联合库存管理（JMI）、集中化的多级库存管理等策略，优化供应链物流系统，实施第三方物流（TPL），采取“越库配送”等物流运作方式等有效措施，就可以在降低供应链运作成本的同时，缩短交货期，实现快速、高效补货。

实施 VMI，如图 9-4 所示，制造商根据零售商的 POS 数据和库存信息来预测需求，据此制订生产计划和送货计划，实现对用户库存的管理。在供应链上游，原材料或零部件等生产资料供应商则根据制造商的物料需求计划（MRP）和库存信息来预测需求，制订生产资料的供应配送计划。在理想的情况下，供应商应多频次、小批量地向客户提供配送服务，在保证满足客户生产经营需要的同时，有效降低客户的库存水平。但这样必然会增加供应商的配送成本，因此，可实施第三方物流，借助第三方物流服务商专业化、规模化、一体化和社会化的物流运作优势，向下游企业提供高效、低成本的物流配送服务，实现对用户库存的快速补充。

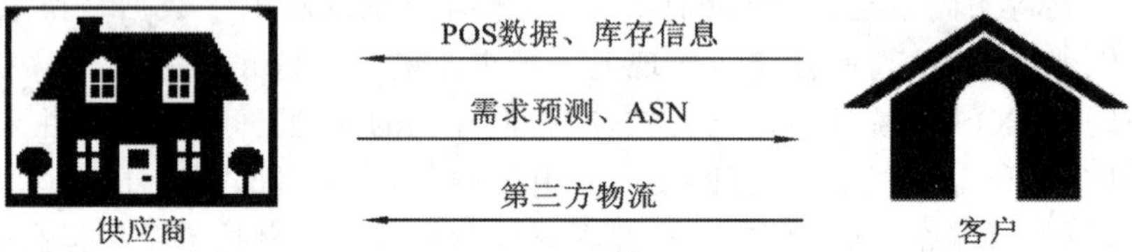

图 9-4　基于第三方物流的 VMI 模式

实施 VMI，需要供应商、用户和第三方物流企业一起建立标准操作程序（SOP），确定库存控制参数（例如再订货点、安全库存水平、最低库存水平等），建立有效的分工协作框架（协议），确保信息系统的有效对接，同时实施连续补货计划（CRP），以确定补货数量和配送时间。在运作中，还应本着互利互惠的"双赢"原则，实施持续改善。

传统意义上，供应链参与主体多，物流环节多，商品流通速度慢。为降低市场风险，各节点都不可避免地持有库存，导致库存的重复设置。因而，供应链中的库存控制往往是一种分布式的多级（点）库存控制。为缩短供应周期，必须优化供应链物流系统，采取越库配送方式，快速响应客户订单的需求。具体而言，在供应链上游，制造商应尽量采取直接供应方式，以缩短供应渠道，或者由供应商建立原材料、零部件等生产资料供应配送中心（DC），通过配送中心向制造商实施供应配送；在供应链下游，制造商应根据目标市场的地域范围及客户的分布情况建立区域分拨中心（RDC）和成品配送中心，在构建完善的销售物流系统的基础上，由成品库或区域分拨中心向配送中心提供供货保障，而配送中心则负责对配送圈范围内的目标客户提供多频次、小批量的配送服务。若供应商能充分共享客户的需求信息，则可实施"越库配送"，即在成品库或区域分拨中心按照客户订单进行货物组配，将货物装入小型集装箱。经过长途运输，到达配送中心后，将组配好的货物，以集装箱为单位换载到卡车上，直接向客户进行配送。这样，可最大限度地避免货物的多次换装（多次拼箱和掏箱），既降低了货损率，又加快了货物的流速，缩短了供货的提前期。相应地，配送中心的储存功能和配送功能弱化，由"分拣型"或"储存型"演变为"通过型"。

需要说明，从企业销售物流管理的角度出发，无论是制造商还是零配件供应商，都可以根据市场营销及销售物流管理的需要，建立区域分拨中心和配送中心，优化销售物流系统。同时，为提高物流活动的效率并降低物流运作成本，可根据物流业务量的大小以及企业自营物流能力的强弱，科学合理地进行物流自营与外包决策（采取二维决策矩阵法以及综合评价法等）。一般而言，将物流业务外包，实施第三方物流，是多数工商企业的理性选择。在引入第三方物流以后，由于物流服务商的客户分布较广，物流社会化程度较高，因此可导入多客户运作，实现整合运输、搭配装载、送取结合、集中配送，在缩短物流配送时效的同时，可有效降低物流运作成本。经优化的供应链物流系统与越库配送模型如图 9-5 所示。

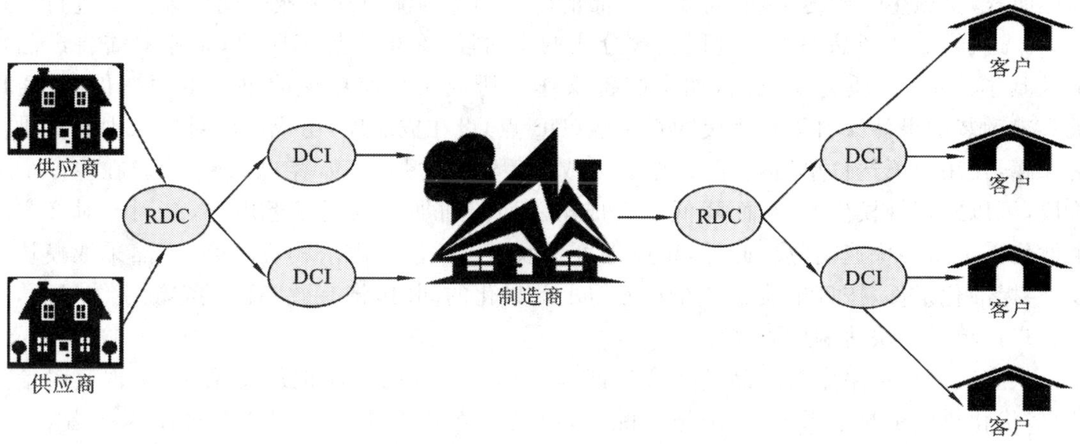

图 9-5　供应链物流系统与越库配送模型

2．QR、ECR 的实施要点

总体而言，QR 和 ECR 两种供应链管理策略都强调上下游企业应加强战略协作，实现实时信息共享，只是侧重点有所不同，QR 策略强调供应链系统对市场需求的响应速度快，而 ECR 策略则强调供应链系统的运营成本低。换而言之，实施 QR 策略的主要目标是为了对客户的需求做出快速响应，并进行快速补货，防止产品脱销，在最大限度地降低缺货成本的同时，有效降低供应链系统的风险。而实施 ECR 策略的主要目标是为了降低供应链系统的总成本，提高供应链系统的运营效率。

在实际运作中，两种供应链管理策略都强调应建立健全供应链信息系统，及时、准确地捕捉顾客需求变化信息，切实做好市场调查与预测工作。两种策略在实施中都需要应用条码自动识别技术、物流信息编码技术、物流标签、电子订货系统(EOS)、销售时点系统、电子数据交换系统、提前装运通知、电子资金转账(EFT)等信息技术，采用 VMI、JMI、集中化或分布式的多级库存管理等策略，采取越库配送等物流运作方式。因此，优化供应链物流系统、实施越库配送以及建立基于第三方物流的供应商管理库存等举措，对两种供应链管理策略都是有效的。由于 QR 和 ECR 的侧重点不同，因此，在运作上仍然存在差异性。

(1) 实施 ECR，可将规模生产与物流延迟策略相结合经营功能型产品企业。由于产品同质化严重，市场竞争激烈，企业竞争优势应建立在低成本的基础上，因此，实施 ECR 策略能最大限度地与公司的总成本领先战略相匹配。为此，企业可以缩减产品线，加大产品生产的批量，通过规模经营来降低生产成本。但这样又会使企业产生较多的成品库存，挤占大量资金，导致成本上升。因此，可实施物流延迟策略，采取越库配送方式，将成品集中存放于工厂成品库内，通过提升库存的共享性、减少库存总投资来降低库存成本；“越库配送”减少了物流作业环节，可进一步降低物流运作成本。

(2) 实施 QR，可将规模生产与生产延迟或完全延迟策略相结合经营创新型产品企业。其竞争优势主要来源于产品或服务的差异化，因此，实施 QR 策略能最大限度地与公司的差异化战略相匹配。该策略强调时间敏感性，通过缩短新品上市的周期来抢占市场，赢得商机，获取竞争优势，但这往往以高成本为代价（例如 JIT 配送）。为此，企业可实施生产延迟或完全延迟等策略，在有效降低供应链系统成本及风险的同时，快速响应市场需求的变化。具体而言，实施生产延迟策略，需要将产品的生产加工与流通加工从时间或地点上进行合理分离。这样，企业产品的生产过程就被分成两个阶段，在生产加工阶段，企业只需将产品加工成基本产品（实质为半成品，如未配备操作手册或用户使用说明书及电源插件的“通用机”、未罐装的果汁饮料等），将缓冲存货点（DP 点）设在成品库，由成品库对配送中心提供供货保障，在用户下达订单后，在配送中心完成最后的配送加工（如客户化包装）。在生产加工阶段，可以实现规模生产，从而降低生产成本。而流通加工点更靠近用户，有利于对客户的个性化需求做出快速响应。此外，企业也可采取订单驱动的需求响应策略，产品采取模块化设计、标准化组件，按订单装配。在延迟需求差异化的同时，将有效降低供应链系统风险，并对客户订单做出快速响应。

供应链管理策略应与产品类型合理匹配。构筑高效的供应链信息系统，实现实时信息共享，优化供应链物流系统，实施越库配送，以及建立基于 TPL 的 VMI、JMI 等举措对 QR 和 ECR 策略都有效。实施 ECR 可将规模生产与物流延迟策略相结合，实施 QR 可将规模生产与生产延迟或完全延迟策略相结合，在有效降低供应链系统成本和风险的同时，对市场需求做出快速响应。

二、QR 和 ECR 在供应链管理中的应用比较

（一）QR 与 ECR 在供应链管理中的应用的共同特征

QR 和 ECR 技术的共同特征表现为超越企业之间的界限，通过合作追求物流效率化。具体表现在以下几个方面。

1. 共同的外部变化

两个行业都受到了两种重要的外部变化的影响。一是经济增长速度放慢加剧了竞争，因为零售商必须生存并保持顾客的忠诚度。二是零售商和供应商之间的交易平衡发生了变化。由于通信技术的发展及向传统领域之外扩张的欲望，零售商变得越来越向全国化甚至是国际化方向发展，交易平衡的重心已偏向零售商。

2. 解决恶劣的关系

在引入 QR 和 ECR 之前，两个行业都陷入了同样的困境：供应商和零售商或批发商的关系非常恶劣，已到了相互不信任的地步，两方面都各自追求自己的目标，而忘记了经商的真正原因——满足顾客的需要。

对于普通商品来说，问题主要集中在前置时间而不是促销问题上。由于服装业的购销风险非常大，零售商希望订购时间尽可能地接近销售季节，而供应商希望订购前置时间更长一些，以使其生产成本最低化。

在超市行业，按照购销双方各自的业绩衡量标准，其业务都得到了改进，但实际上系统的总成本大大地增加了。

供应商采用了促销事件或便捷运输，对价目表上的高报价打折。零售商为了增加毛利，

会在低价时购买额外的存货，这样就带来了额外的库存、运输、管理和财务成本。目前，这些贸易实践的竞争优势已经丧失了，但是它们所带来的成本并没有消失。

3. 共同的威胁

供应商和零售商都受到了新的贸易方式的威胁。对于零售商来说，威胁主要来自大型综合超市、廉价店、仓储俱乐部以及折扣店等新的零售形式，其采用新的低成本进货渠道，这些新的竞争者把精力集中在每日低价、绝对的净价采购及快速的库存周转等策略上。对于供应商来说，压力来自自有品牌商品的快速增长，这些商品威胁到其市场份额。

4. 共同的目标

上述的威胁迫使这两个行业必须采取行动。尽管按照各环节自己的业绩测量标准，这两种供应链都认为他们是有效率的，但是从整个供应链来说，他们的效率都非常低。QR 和 ECR 的起源是一样的。两个系统的低效都是由于各个业务部门追求各自的、常常是相互矛盾的目标。只有大家都能够集中于一个共同的目标，以最低的总成本向消费者提供其真正想要的商品，整个系统的高效率才能实现。

5. 共同的战略

QR 和 ECR 都重视供应链的核心业务，对业务进行重新设计，以消除资源浪费。

(1) 补货。这项业务是指对于那些可补货的商品和普通商品，以尽可能低的存货水平和成本来保持较高的顾客服务水平。

(2) 品种管理。它决定每家店铺应该销售什么商品，以什么方式展示和销售。

(3) 产品开发。它指开发和导入更能满足顾客需要的产品。

(4) 促销。这项业务与顾客沟通商品的现货情况和价值。

ECR 和 QR 大致是一样的，当然针对总战略的各个具体部分，侧重点可能会有所差异。如 QR 首先解决的是补货问题，而 ECR 注重的是过量库存问题。

6. 共同的错误

双方都常常错误地认为，QR 和 ECR 是技术方面的战略。如果总裁信奉这种观念，把 ECR 和 QR 付诸管理信息系统部门，则会一无所获。虽然技术在战略的实施中所扮演的角色是非常重要的，但其本身并不能保证战略的实现。只有信息在整个系统快速、准确和及时地流动，再加上营销、商品购销、店内经营和后勤等方面的有效运作，零售商和制造商才能获得成功。

（二）QR 与 ECR 在供应链管理中的应用的差异

ECR 主要以食品行业为对象，其主要目标是降低供应链各环节的成本，提高效率。QR 主要集中在一般商品和纺织行业，其主要目标是对客户的需求做出快速响应，并快速补货。这是因为食品杂货业与纺织服装行业所经营的产品的特点不同：食品杂货业经营的产品多数是一些功能型产品，每一种产品的寿命相对较长(生鲜食品除外)，因此，订购数量过多(或过少)的损失相对较小；纺织服装业经营的产品多属创新型产品，每一种产品的寿命相对较短，因此，订购数量过多(或过少)造成的损失相对较大。

(1) 侧重点不同。QR 侧重于缩短交货提前期，快速响应客户需求；ECR 侧重于减少和消除供应链的浪费，提高供应链运行的有效性。

(2) 管理方法不同。QR 主要借助信息技术实现快速补发，通过联合产品开发缩短产品上市时间；ECR 除新产品快速有效引入外，还实行有效商品管理等。

(3) 适用的行业不同。QR 适用于单位价值高、季节性强、可替代性差、购买频率低的行业；ECR 适用于产品单位价值低、库存周转率高、毛利少、可替代性强、购买频率高的行业。

(4) 改革的重点不同。QR 改革的重点是补货和订货的速度，目的是最大限度地消除缺货，并且只在有商品需求时才去采购；ECR 改革的重点是效率和成本。

(5) QR 对于零售企业有很重要的作用，因为企业需要对市场上所流行的产品有所了解，然后针对自身需要，做出相应的响应；ECR 对于第三方物流有很重要的作用，大多数的物流企业重视客户的反馈信息，针对客户的要求，对自己的企业做相应的改变。

(6) QR 是美国纺织服装行业发展起来的一项供应链管理策略，是美国零售商、服装制造商以及纺织品供应商共同推动的一种供应链管理方法，在供应商和零售商之间建立一种准时的供应补货系统；ECR 是美国食品业和超市行业推出的类似快速响应的供应链管理策略，是由生产厂家、批发商和零售商等供应链节点组成各方面互相协调和合作，以更好、更快并以更低的成本满足消费者需要为目的的供应链管理系统。

(7) QR 的目标是降低存货和零售店缺货率，提高商品周转速度，ECR 的目标是降低供应链各个环节不必要的成本和费用。QR 的目的是对消费者需求做出快速响应，ECR 的目的是以低成本向消费者提供高价值的服务。

(8) QR 的管理思想是用销售信息指导零售业的采购决策和制造业的生产决策，通过供应商与零售商之间的合作和信息共享，减少订货处理时间和仓库收货时间，以便对消费者的需求更快地做出响应，从而提高供应链的客户服务水平，获得更高的经济收益；ECR 的管理思想是以消费者需求为导向，以零售商、批发商和厂商的紧密合作为前提，降低和消除供应链上的浪费，提高客户服务水平。

小结

QR 是指在供应链中，为了实现共同的目标，零售商和制造商建立战略伙伴关系，利用 EDI 等信息技术，进行销售时点的信息交换以及订货补充等其他经营信息的交换。用多频度、小数量配送方式连续补充商品，以实现缩短交货周期，减少库存，提升客户服务水平和企业竞争力的供应链管理方法。实施 QR 需要经过 6 个步骤：条形码和 EDI、固定周期补货、先进的补货联盟、零售空间管理、联合产品开发、快速响应集成。而 ECR 是一种通过制造商、批发商和零售商各自经济活动的整合，以最低的成本，最快、最好地实现消费者需求的流通模式。ECR 系统是一个把营销技术、物流管理技术、信息技术和组织革新技术有机结合起来的供应链管理系统，该系统包括顾客导向的零售模式、品类管理和供应链管理三个重要战略，并经由 ECR 系统评分表让企业自行评估公司推行 ECR 四项主要概念（需求面管理、供应面管理、驱动力和整合力）的成熟度等情况。

重要概念

快速响应(Quick Response,QR)
有效客户响应(Efficient Consumer Response,ECR)
销售终端(Point of Sale,POS)
自动订货(Computer Assisted Ordering,CAO)
交叉配送(Cross Docking,CD)
店铺直送(Direct Store Delivery,DSD)
厂家管理库存(Vendor Managed Inventory,VMI)
协同式供应链库存管理(Collaborative Planning Forecasting and Replenishment,CPFR)

练习与思考

一、简答题

1. QR技术的具体内容和成功条件是什么?
2. 如何才能在企业中更好地实现QR技术?
3. QR技术的六个实施步骤及每个步骤的关键是什么?
4. ECR技术的四大要素与三大战略分别是什么?
5. 在ECR技术实施过程中应该注意哪些问题?
6. ECR系统的四大关键技术分别是什么?请结合实际案例予以说明。
7. ECR系统的推动重点涉及哪些方面?
8. QR和ECR技术的不同之处和共同特征分别是什么?

二、思考题

1. QR和ECR是物流管理信息技术的关键技术,能够为企业降低运营成本,提高核心竞争力。请结合实际企业的相关案例,对QR和ECR技术进行深度理解。

2. QR和ECR技术都已经发展了好多年,信息技术是不断发展的,企业管理模式也会随之改变,你认为QR和ECR技术为什么能在供应链物流管理理论中经久不衰?

综合案例

宝洁(中国)公司的ECR战略

宝洁(中国)公司能在供应链上有卓越表现的主要原因之一在于其对ECR的贯彻执行。最值得一提的有以下两个方面。

一是保证基本环节正常运作。宝洁(中国)公司拥有完善的订单管理系统,能完全按时按量交货,负责损失赔偿,并正确开具发票。自从宝洁(中国)公司启动了ECR以后,上述各方面的效率从起初的65%提高到90%以上。在此之前,宝洁(中国)公司每个月需要人工处理27000多份订单的错误。而现在，订单错误已经降低了80%，每年节省2000万美元。

在宝洁(中国)公司看来，关注过程的基本环节不仅是制造商的事情，同时也涉及客户和与其共同工作的方式。每年，宝洁(中国)公司都会花费成千上万的资金及大量的资源来和客户一起制订计划以挖掘消费者需求。由于宝洁(中国)公司认为得不到有力执行的计划往往会以失败而告终，所以一旦宝洁(中国)公司销量预测系统、产品推广模型不可靠，或者分销商没有选择正确的品类组合、客户的库存无法满足要求、确认计划执行的系统或活动遭到破坏，就会停下手头的工作直到所有的基本环节都各司其职。对宝洁(中国)公司而言，最重要的是大家要有这样的信念：确保基本环节的正常运行，这不是别人的事而是宝洁(中国)公司自己的事。

二是团结协作精神。在宝洁(中国)公司，大家相信团结协作是ECR能够成功的关键。为了推进自己和零售商的事业共同前进，宝洁(中国)公司建立了一个彼此信任、责任和机会共享的环境。为了创造团结协作气氛，宝洁(中国)公司主要从以下三个方面着手：①确定囊括各部分利益的共同目标(如快速发展、利润、投资回报、市场份额、成功导入新产品)；②制订大家都认可的计划；③在中肯而非挑剔的气氛中执行计划。

在良好的合作气氛中，宝洁(中国)公司的ECR利用EDI通信标准来帮助其从零售商的分销系统中获取大量的信息，尤其是产品存储信息。由于宝洁(中国)公司数年来一直坚持上述两个基本原则，ECR无时无刻不在为宝洁(中国)公司、宝洁(中国)公司的客户及全球的消费者工作，自从宝洁(中国)公司采用了ECR后，产品减少了近20%，通过提供更加透明的购买环境，简化了客户和消费者对产品的选择，而且使其单位产品成本平均节省2美元，使其和经销商的库存共降低了10%，从而促进宝洁(中国)公司的产品销量和市场份额快速增长。

第十章 物流公共信息平台技术及应用

学习目标

1. 了解物流公共信息平台技术的基本概念、作用和发展；
2. 掌握物流公共信息平台的总体架构及关键技术；
3. 理解物流公共信息平台方案的设计及应用。

引 例

公路港模式——传化物流平台

在我国的现实实践中，公路货运主力是依附于大大小小的停车场运营的、被称为“马路货运”的传统货运市场，其分布零散、规模较小、经营松散、信息滞后。虽然中国公路物流市场规模高达2.6万亿元，但95%以上是小而散的第三方物流公司，“货找不到车，车找不到货”是常态，造成高达40%的卡车空载率。在这种公路货运背景下，一种新的物流模式——公路港模式应运而生。在该模式下，通过大型公路港平台集聚与整合物流资源，实现物流企业和社会车辆这两大物流主体在平台内“集约化经营、信息化管理”的目标。公路港模式的本质是搭建一个管理和服务的区域物流公共信息平台，吸引各级中小物流企业加盟运作，变过去中小物流企业各自为政、单兵作战的松散经营模式为现代化的集成化管理，形成以信息化、集约化为特征的现代物流企业群。

公路港模式由浙江传化集团投资的传化公路港物流有限公司（以下简称“传化物流”）所开创，经过探索和实践，已形成了完整的运营体系。传化物流的公路港模式也被称为无水港模式、陆港模式，其中，传化物流基地是传化物流公路港模式的实体承载体，传化物流平台是公路港模式的网络承载体，两者共同构成传化物流公路港模式的“鼠标加水泥”模式。

按照公路港模式，传化集团从2002年到2014年，已建设运营了传化公路港萧山基地、成都基地、苏州基地和富阳基地，同时建设了宁波（镇海）国际物流商务信息港等多个项目，形成了多个公路港物流平台协同运营的网络雏形。传化公路港园区资源整合图如图 10-1 所示。

图 10-1　传化公路港园区资源整合图

1. 公路港总体现状

传化物流是一个“以促进信息交易和服务效率为核心，以组织化、信息化、标准化为切入点，以物流资源集聚为基础，以网络化为载体，以整合提升供应链效率为方向”的物流企业集成发展平台，同时也可以被称为服务于公路物流的一个综合性、平台型的物流企业。定位于“公路物流平台整合服务商”，传化物流一直是在“与您共同成就事业，推动区域经济发展”的经营理念指导下，严格按照现代物流基地的要求进行着规划和建设。通过信息交易、仓储、运输、配送、零担快运、管理六大服务中心和相关配套服务功能模块，传化物流基地快速地汇集了物流服务、物流载体、物流需求、物流管理四大资源，提供信息交易、商务配套和物业等系统服务。

传化物流平台的创新性商业模式还表现出极好的适应性，它不仅适用于像长江三角洲这样的发达地区，也同样可以在西部地区发展壮大。下面主要以传化物流主要的基地及其新业务路港快线来具体说明传化物流平台的发展现状。

1）萧山传化物流基地

坐落于浙江萧山经济技术开发区沪杭甬高速公路萧山出口处的萧山传化物流基地是传化公路港物流探索实践的首个平台，其占地 560 亩，总投资达 3 亿元，现在已成为杭州湾及长江三角洲地区一个重要的物流公共运营基地。

萧山传化物流基地开业于 2003 年 4 月，仅用半年时间就吸引了浙江省内外 350 多家物流相关企业进入。截至 2012 年，进驻的物流相关企业已经多达 480 余家。该基地日整合车辆达3000多辆，已经形成了拥有40多万社会车辆和180多条在运营的、覆盖全国的城际货运班车专线的运输网络，直接提供就业岗位5000多个，并同时为21000多家工商企业提供服务。通过周全的货物仓储运输、配送，为服务企业降低物流成本超过20%，日货物交易量达30000～50000吨，每日发布的交易信息达7000条以上。2012年，萧山传化物流基地实现营业总收入33.9亿元，缴税1.6亿元，其已逐步成为杭州湾及长江三角洲地区的综合型现代物流基地。

浙江传化公路港正在积极探索物流中心与区域总部协同经营的枢纽港模式，致力于大杭州经济圈最大范围内整合物流资源，一起成为长江三角洲南翼“经营模式最大、服务功能最齐全、交易环境最优质”的综合型物流枢纽，为该地区的经济发展提供更大的助力。

2）成都传化公路港

成都传化公路港对传化物流在西部的连锁经营具有战略性的意义。该公路港坐落于成都北部的新都物流中心，为四川省、成都市及新都区政府的重点项目，占地1150亩，总投资达15亿元。该基地交通便利，东靠成德大件路，南至毗河，西临货运大道，北通物流大道。该公路港自2010年投入使用以来，业绩一直在不断突破。在2010年的前10个月，公路港的总营业收入就达到了10亿元，当年共缴纳了7000万元的税款。与此同时，成都传化公路港不仅仅吸引了一大批传统、中小型物流企业进驻，还吸引了一些如长虹、富士康等大型工业贸易流通业的物流服务供应商。

截至2012年，成都传化公路港已成为一个拥有1000多家入驻物流企业、50多万社会车辆、200多条覆盖全国的货运专线、20000多家周边服务企业的物流平台。至2012年，其总营业额达47亿元，缴税总额达2亿元。在平台各个功能中心协同运作的基础上，成都传化公路港基本实现了物流服务、物流载体和物流需求三大资源的整合。成都传化公路港致力于为所有入驻平台的物流企业和货运司机提供“一站式”服务，最大限度地降低其经营成本，提升运营效率。

成都传化公路港一直努力发挥着平台“六大效应”和“十项社会效益”的作用，不断培育出专业的第三方物流企业，通过促进社会分工合作和不断优化，来推动物流产业的前进，最终该平台将成为四川省乃至我国西南地区的重要公路物流枢纽，成为推动区域经济快速发展的重要力量。

3）苏州传化公路港

苏州传化公路港是传化物流在长江三角洲地区开展连锁经营的重要一步，其东临虎泉路，南至金筑街，西邻京杭大运河，北靠黄花泾河，坐落于苏州市金阊新城内。苏州传化公路港作为苏州市的重点工程，也是金阊新城的核心项目，总投资为10亿元，占地面积共588亩。

投入运营以来，该公路港逐步形成包括500多家物流企业、10万多辆社会车辆、185条覆盖全国的城际货运班车专线、10000多家苏州市及周边地区的被服务工商企业的巨大运营网络。在已经逐步完善了管理服务、信息交易、零担快运、车源、后勤配套等功能中心的基础上，通过各个功能中心的协同运作，物流服务、物流载体、物流需求三大资源也得到了很好的整合，入驻平台的第三方物流企业和货运公司可以享受到“一站式”的服务，运作效率大大提高。至2012年，苏州传化公路港营业总额高达21亿元，缴税总额达0.88亿元，创造直接就业机会上千个，为苏州鼓励创业、扩大就业做出突出贡献。苏州传化公路港运营以来使城市空间得以节约，运输效率得以提升，空载率减少，油耗和排放减少，也解决了交通拥堵和环境污染的问题，城市形象也随之提升。整个物流产业协同运作，在苏州传化公路港的运营下，苏南公路物流的整体水平也有所提升，更加密集的公路物流网络将会扩展到长江三角洲地区，服务全国。

4）富阳传化公路港

富阳传化公路港是杭州西部“经营规模最大、服务功能最齐全、交易环境最优质”的综合型现代化物流枢纽，坐落于杭新景高速灵桥出口处，规划占地 460 亩，总建筑面积约 330 亩，总投资 4 亿元，当前，已被列入“浙江省服务业重点项目”、“2012 年浙江省服务业重大项目计划”。

和其他传化公路港一样，富阳传化公路港继续秉承传化物流独特的公路港物流模式，建设、营运大型公路港平台。在完善了物流信息交易中心、运输中心、专线快运中心、仓储中心、配套服务中心“4＋1”功能模块的基础上，实现了物流资源的整合，实现了物流企业和社会车辆的平台内“集约化经营、信息化管理”的目标。预计平台建成后，将会入驻各类物流企业 250 多家，容纳日流动车辆 2000 多辆，很快就能建起辐射全国的零担快运专线。通过各个功能中心的有效协同作用，物流服务、物流载体、物流需求三大资源集聚在一起，实现了为入驻平台的第三方物流企业和货运司机提供“一站式”服务的目标，运作效率也大为提高。

整个项目旨在立足富阳，着眼于大杭州经济圈，实现与传化公路港物流全国连锁枢纽节点的信息无缝对接，扩大物流资源整合范围，建立起全新的物流平台。该项目投资建设正常运营后，可以实现年物流服务收入 25 亿元以上，每年上缴地方税费超过 1.2 亿元。富阳传化公路港的成功运营，对加快富阳现代物流产业的发展步伐具有重大意义。这样一来，富阳的投资环境也得到改善，该区域的招商引资工作也会全面开展。富阳传化公路港创造就业岗位 2000 个以上，为其服务的周边企业降低了 30％～40％的物流成本，促进了整个富阳市经济的快速发展，对富阳市实现“富裕阳光之城”具有战略性意义。

2. “路港快线”业务

“路港快线”业务属于高端的零担货运服务产业，由苏州传化公路港在 2012 年 9 月首次提出。这项业务的开展是传化公路港重大战略调整的产物，对传化公路港转型为物流集成服务平台具有极大的推进作用。具体来说，公路港平台由以前的只服务于中小型专线物流企业，到现在的组织优秀中小运输企业提供全国统一的标准化服务，平台角色发生了重大改变。也就是说，传化公路港从“一站式物流地产服务商”转化为“提供优质服务产品的物流集成服务平台”，传化公路港的商业模式已经发生了变化。

传化公路港的“路港快线”是对“港”这个字的极好解释和实践，同时对整个公路运输行业来说也是一个商业模式上的创新。传化集团总裁徐水波曾经指出，“港”的特点是，飞机和轮船都不归机场或港口所有，却归机场和港口管理。传化公路港的“路港快线”也是按照这个思维发展起来的，虽然车和货物都不归公路港所有，但都必须按照公路港的货物标准化要求来运作。按照标准化要求来运作对公路运输服务是首次，公路提出专线运输标准在中国也是首次。

“路港快线”大部分货主的物流要求都具有多频次、中小批量的特点。“路港快线”通过整合这些中小型专线运输企业的优质资源，在行业内首先提出安全、准时、快速、经济的新一代中高端零担货运产品，实现了“点点直达”、“安快准省”的服务特点。

所谓点点直达，就是速度快。当前许多中国的第三方物流多为中转模式，货量小的时候需要集货。以苏州到山东临沂的公路货运来说，之前是无法专线直达的，物流公司通过门店进行揽货，还需要运到分拨中心进行若干次中转，才能发到目的地的门店，经历一圈，一般需要3天时间。而通过“路港快线”发货，从揽货到最后卸货，一共只要19个小时，这不仅节省了三分之二的时间，在成本上也节约了30%～50%。

除了速度快，“经济”是专线整合产品的另一大优势。将运价定在高端快运产品和普通专线之间，对于用户来说就可以凭借较低的价格获得较好的货运服务，而对于参与整合的专线企业来说也可以得到更大的利润。这样一来那些追求高质量服务并且对价格敏感的中高端用户也有了自己的产品选择，整个公路快运市场得到了进一步的分化。

点点直达还有安全这一特点，企业的客户对货物的安全性和差错率一直十分看重。在一次中转中货物可能会经历多次装卸，增加一次装卸，就增加了1%～2%的货损率，采用点点直达就能够省略中转这一环节，从而降低货损率。

“路港快线”严格遵守“五定”规范，即“定点、定线、定班、定时、定价”，来做到统一品牌形象、网络规划。运营标准、客户服务、运单及流程、保险及理赔、GPS在途跟踪和网络平台的“六统一”服务标准，有效地解决了中小专线企业和货主间的供需矛盾。

“路港快线”是在调查研究了3000多家相关企业之后，由传化公路港推出的产品，对于解决众多专线企业利润低和安全性差等难点具有重要意义。2011年，传化公路港的平台发货吨位数达到了中国大型第三方物流企业发货量的10倍左右。发货量的保证是点点直达顺利运行的保证，也是经济性的一个基础。通过信息平台，传化公路港成功建立了线路信息库，准时出发、准点到达，缩短了在途时间，所有会员企业的车辆实现了统一运单、统一保险、统一理赔、统一服务，统一化的服务使得货运成本也大大降低。

3. 盈利模式

传化物流平台属于典型的基于物流业务流程管理的供应链集成整合模式，整合且优化了公路运输资源，建设模式上采用“鼠标加水泥”模式。“鼠标加水泥”模式是指将互联网线上资源与传统的线下优势资源相结合，利用信息技术来提升传统业务的竞争力，实现多渠道运作的经营模式。对于传化物流平台来说，“水泥”是指传化物流基地平台，包括传化物流基地内的各种硬件设施，“鼠标”是指传化物流基地信息平台，包括基地内的各种信息系统。“鼠标加水泥”模式跟目前互联网流行的O2O模式有类似的地方，也可以看作O2O模式在工业和生产资料互联网应用领域的另一种表述方式。

作为首创公路港物流模式的物流平台整合运营商，传化物流基地打造了一个以信息技术为核心支撑，集聚了各类管理服务资源、物流设备和设施资源、物流客户资源的物流交易平台。该平台结合了无形的信息交易及有形的物流实体业务，极大地推动了无形的信息交易市场与有形的实体物流业务的联合发展，显示出巨大的整合力量，为中国物流行业的发展提供了新的方向。

1）运营模式

社会资本控股型平台，也就是民营主导型平台，是指民营企业投资运营并占有多数股份的平台，传化物流平台便是典型的民营主导型平台。该模式的好处是明显的，如与市场联系紧密，因为有了市场竞争，所以服务水平和服务效率都会明显优于国有主导型平台。由于不受行政干扰，平台的积极性和创新性相比国有主导型平台要明显。但这种模式的弊端也不容忽视，如企业视野的狭隘性可能导致平台全局规划性不强，企业的营利性导致服务的公平公正性得不到保证，而且平台可能面临着投资融资压力大、风险系数高、不具备权威性等困境。

2）收入模式

传化物流平台的主要收入来自硬件租赁费和信息服务费。

(1) 硬件租赁费。平台出租营业用房，如仓库、办公室等实体设施，从场地租金中增加收入；吸引运输车辆，从停车费中实现收益。

(2) 信息服务费。以“电子商务”为平台，从信息服务中获利。

除此之外、平台以政府政策为契机，从规模经济中获利，而且通过为入住企业提供的增值服务，如财务、汽配、汽修、餐饮、购物、住宿、娱乐、通信、后勤、物业等，也为平台增加了收入。

为实现持续盈利，平台实行两种制度：一种是会员制，不同等级的会员享受不同的服务；另一种是类似于云计算机中的 SaaS 模式，即平台把不同的服务模块明码标价，有需要的用户交纳相应的费用后即可使用。在平台初期，硬件租赁费在收入中占了绝大部分，随着平台的不断发展，信息服务费所占比重越来越大。在盈利模式上，传化物流平台探索在硬件费用和信息服务费上的一个平衡。

3）效益分析

(1) 创新性平台集聚物流资源，促进制造业发展。传化公路港物流平台经过十多年的探索与践行，大大促进了制造业的发展，有效降低了物流成本，提升了企业的核心竞争力，在创造“第三方利润源”方面的贡献尤为突出。传化公路港各基地运营情况如下。①传化公路港萧山基地目前已有 480 多家来自省内外的物流企业入驻，整合了 40 多万辆社会车辆，年承运货物达 1300 多万吨。在物流基地各个功能模块的协同运作下，该基地能够为周边 21000 多家制造和商贸企业提供专业的物流服务，2002—2007 年周边企业的外包率从 36% 上升到 80%，物流成本降低了 40% 左右。统计数据显示，浙江传化物流基地为其服务企业节省的物流成本在 2006 年达到 15 亿元，2007 年达到 21 亿元，2008 年在 25 亿元以上。该基地作为公共信息平台，平台信息量和交易量还在逐月提升，集聚效应和成本节省的优势还在继续体现。正是这一公共性的平台为物流企业和制造企业提供了良好的纽带，使二者实现了联动发展。②传化公路港成都基地于 2009 年 5 月 20 日开业以来，已入驻物流企业 1000 多家，日均整合 2 万至 3 万辆社会车辆，每天发布货运信息 3000 多条，日均车流量达 7000 多辆，日均营业额达 700 多万元，日均上缴税款达 30 多万元。公路港公共物流平台作用的发挥，使基地逐渐成为大西南区域重要的公路物流枢纽。③传化公路港苏州基地目前入驻物流企业 450 多家，每天发布货运信息近千条，日均车流量达 3000 辆，从 2010 年 5 月试运营到 2010 年 7 月累计营业额已达 1.2 亿元。随着公路港公共物流平台作用的发挥，该基地将成为苏南区域重要的公路物流枢纽。

(2) 创新性平台孵化促进物流企业成长。第三方物流作为物流市场的主体，随着制造企业不断增加的外包需求和不断提升的配送要求，正在面临严峻挑战。目前，我国第三方物流企业的现状是散、小、乱、管理水平低、综合性差、信息化水平低。第三方物流企业再不发展就会成为制造企业和物流企业实现有效协同的短板。传化物流利用信息化手段建设的创新性平台，有效整合了物流服务资源、物流设备资源、物流客户资源，更加有利于培育出专业的物流企业,促进物流行业的快速发展。浙江传化物流基地在2002年发展初期,进驻物流企业只有150家,2007年达到480多家。随着信息化建设的推进,交易流程也实现了全面信息化覆盖。平台年营业额呈上升趋势,从2003年只有0.3174亿元到2007年达30.9亿元,入驻企业的平均营业规模5年间提升了10倍之多。入驻物流企业的发展能够有效适应日益增加的外包需求,社会分工得以促进,物流业务运营效率得以提高,大大节约了物流成本。

(3) 创新性平台促进制造业和物流业的联动发展。在信息化建设的推动下,传化物流平台实现了信息共享、业务协同等功能、使得物流企业交易链缩短、环节简化、交易成本大大降低。信息化流程为整个社会运输经营户节约的营销成本高达50%以上。由于高速的信息交换与发布,空车配货的时间由平均72小时缩短到6小时。物流效率的提升也为制造业和物流企业供应链的快速交易提供了条件,运价指数大幅下降。此外,公共信息平台还在不断吸引着更多的物流信息和资源。浙江传化物流基地信息平台的日交易信息量高达7000多条,入驻物流企业的业务量得到更大的拓展,并实现了与制造行业的联动发展。如此循环,制造企业和物流企业也就实现了共赢。

传化公路港物流凭借创新性的商业模式取得了良好的经济效益和社会效益,并受到了社会各界的广泛认可,先后获得"国家管理创新一等奖"和10项国家自主知识产权证书。该公路港平台也被评为"最佳物流平台模式创新企业"、"中国物流示范基地"、"国家5A级物流企业"、"国家高新技术企业"、"浙江省重点市场"等,入选交通运输部与浙江省"部省共建"项目重点扶持示范物流园区,并参与了《物流园区分类与基本要求》、《社会物流统计指标体系》等国家标准的制定。继萧山基地之后,成都基地也被评为"中国物流示范园区",并在2010年获得"中国物流杰出企业"称号。苏州传化物流基地也备受关注,先后荣获"中国物流园区投资环境大奖"50强、"最具发展潜力奖企业"、"江苏省道路货运十佳质量信誉站场",并成为苏州唯一入选"江苏省'十二五'交通物流基地规划"的企业。

第一节　物流公共信息平台技术概述

一、物流公共信息平台的概念与分类

(一) 物流公共信息平台的概念

物流公共信息平台是指基于计算机通信网络技术,提供物流信息、技术、设备等资源共享服务的信息平台。具体来说,物流公共信息平台是指运用现代的信息技术、计算机技术、通信技术,整合物流行业相关的信息资源,系统地采集、加工、传送、存储、交换企业内外的物流信息,从而达到整个社会物流信息的高效传递与共享。物流公共信息平台为中小型企业功能性物流管理提供信息化支持,为政府相关部门的信息沟通提供信息枢纽和宏观决策支持。物流公共信息平台的高级应用是指对行业供应链的计划、协同、执行、监控实施有效的同步管理。

从字面上看,物流公共信息平台由物流、公共、信息、平台四个词语组合而成,这四个词语恰好代表了物流公共信息平台的四个重要属性和特点。

物流即物品的流动，是物流公共信息平台产生的原因，是平台需求的来源，是平台业务的主体，是平台服务的内容，是平台存在的核心，是平台发展的抓手，本质上是要降低物品流动过程中的时间成本和空间成本。

公共是指公有的、公用的、大家的，公共是物流公共信息平台的定位、平台的特质及平台的服务对象和服务范围，公共充分体现了平台的中立性、第三方属性、公益属性。平台需坚持公开、公平、公正、诚实信用的原则，平台的公共性与互联网的免费、平等、开放、分享理念充分一致，区别于一般的企业级物流系统。

信息是指音讯、消息，在一切通信和控制系统中，信息是一种普遍联系的形式。信息是物流公共信息平台的技术手段，是平台服务的载体，是构成平台的DNA，是平台的本质，是平台的灵魂。平台所有有形的产品和无形的服务都是信息的物化，拥有了信息，就拥有了平台的生命。信息蕴含了平台建设、运营的方法论，信息技术是平台建设、运营所用到的全部科学技术的总称。信息是平台得以诞生、成长、进化、衰退、消亡的基础。

平台是一类特殊的系统，这里是指计算机硬件或软件的操作环境，也泛指进行某项工作所需要的环境或条件。物流公共信息平台是提供物流公共服务的核心运营支撑系统，是平台战略的具体实例，是平台经济的一种典型形态。平台的本质是其所提供的物流公共信息服务的全部商业模式、服务模式、盈利模式等创新商业思想的具体化。物流公共信息平台实质上是一种存在于互联网虚拟网络空间的物流服务交易空间或场所，与存在于现实世界的物流服务交易空间或场所相配合。该空间引导或促成双方或多方客户之间的物流交易，并且通过收取恰当的费用而努力吸引交易各方使用该空间或场所，最终追求收益最大化。平台是发展战略，是发展模式，是发展路径，是存在形态，是存在结果，是发展的未来，是企业生态圈和生态体系。平台会按照生物的诞生、成长、进化、衰退、消亡的轨迹发展。

建设物流公共信息平台是为了充分发挥物流系统功效，实现物流合理化、物流网络通达化、物流流动一体化及物流信息电子化。物流公共信息平台为了实现物流系统运行高效化，需要进行整体规划设计、组织实施和运行管理。这是一个集合性的概念，通过运用系统工程技术、信息技术、管理科学技术，以物流信息为中心，以市场为导向，以通信网络为依托，以资产为纽带，以实现最佳的功能结构和体系架构为目的构筑而成。物流公共信息平台不是一个全新的概念，也不是一种全新的信息技术应用形态，而是基于现有的、跨组织的、信息技术应用的一种拓展。

（二）物流公共信息平台分类

物流公共信息平台是近些年的新生事物，目前国内外还缺乏统一的分类标准。物流公共信息平台按照服务区域和服务范围不同，可分为宏观、中观和微观层面物流公共信息平台，具体对应为国家级物流公共信息平台、区域级物流公共信息平台和园区级物流公共信息平台。

1. 国家级物流公共信息平台

国家级物流公共信息平台通常由国家物流主管部门或全国性的大企业主导建设，着眼于全国物流行业及全国物流相关部门的合作协调，为全国物流行业的发展提供覆盖全国范围的全面支持，并且平台相关数据的集成和统计也可以对政府物流行业的决策部门提供支持，帮助政府进行宏观调控。

例如，国家交通运输物流公共信息平台，又称物流电子枢纽，是由交通运输部和浙江省人民政府牵头，管理部门、行业协会、软件开发商、物流供应商多方参与共建的一个开放与共享的物流单据和服务电子交换基础网络；浙江省交通运输厅牵头成立运行中心，负责国家交通运输物流公共信息平台的建设和运维。国家交通运输物流公共信息平台亦代表中方参加东北亚物流信息服务网络（NEAL-NET）建设。

中国智能物流骨干网由菜鸟网络科技有限公司投资建设，菜鸟网络是国内知名企业阿里巴巴集团联合银泰集团、复星集团、富春集团、顺丰集团、三通一达（申通、圆通、中通、韵达），以及相关金融机构等共同组建的，其目标是通过5～8年的努力，打造一个开放的社会化物流大平台，在全国任意一个地区做到货物的24小时送达。

另外，发啦网中国物流公共信息平台、中国物通网等平台，其用户遍布全国各地，也是当前知名的全国性物流公共信息平台。发啦网的服务对象包括全国各级政府交通运输部门、商务部门、物流行业协会、农业部门、物流园区、广大物流企业和货运司机。中国物通网整合了物流公司、运输车辆、国际海运空运、快递、搬家等物流资源，把物流企业的“接发货网点”搬上网络，让车找货和货找车更轻松、更省钱，解决了“物流信息不对称”的瓶颈问题。

2. 区域级物流公共信息平台

区域级物流公共信息平台是面向区域层面的物流活动，基于某个区域的特色而建立的区域宏观或中观物流管理服务平台，包括省、市及特定区域物流公共信息平台。

区域层面的物流是指以特定的行政区域为活动范围并与外界其他区域发生各种联系的物流活动。区域层面的物流活动是一个宏观的物流范畴，它以单个企业物流活动为基础，是在更大的社会范围内进行运作；区域内或者跨区域的多个企业通过相互合作、相互作用，共同完成大范围或者综合性的物流活动；区域层面的物流可以实现区域内社会物流资源的合理化；区域层面的物流不仅是区域经济结构化的主要支撑产业之一，也是衡量区域经济竞争优势的重要标准。

区域级物流公共信息平台着眼于为本区域的企业和政府职能部门提供服务和支持，其定位应该是为区域物流行业综合信息服务、监管服务、异构数据交换、行业应用托管服务及物流业务交易提供支持。

区域级物流公共信息平台可以由单个企业建设，也可以由政府部门建设，甚至可以由政企合建。通过综合信息服务、异构数据交换、物流业务交易支持、货物跟踪和行业应用托管服务，区域级物流公共信息平台为区域内的物流活动提供支持。区域级物流公共信息平台的快速发展有利于使该区域成为重要的物流枢纽中心，为建立联合区域物流公共信息平台打好了坚实的基础。

省级物流公共信息平台主要面向全省物流资源的调配，向省内各大物流园区、港口枢纽和大型物流公司辐射，实现平台向企业、货代、车主、司机等对象服务的目标；省级平台与市级平台和园区平台之间通过统一规范的接口进行数据交换，实现互联互通，在政府的监管下为各层次的区域平台提供相应服务，为本省内各个市级及外省的用户提供服务。

例如，湖南省物流公共信息平台为湖南省内外大型生产物流企业、第三方物流企业、园区企业，提供企业自主建站、综合配货系统、短信平台、定位系统、集成平台、数据交换系统等

10 多种服务，为物流企业降低成本、节约信息技术投入、提高物流业运转效率，为客户提供优质、安全的物流信息服务。

市级物流公共信息平台以满足本市范围内的城市配送需求为主要目的，如湘南现代物流公共信息平台、宁波物流网等。湘南现代物流公共信息平台由郴州市金煌物流有限公司主办，为辖区内的政府部门、企业、车辆和个人，提供价格指数、政策法规、行业动态、通知公告、物流信息、快递查询、邮政信息、实时路况等丰富的物流信息服务。

特定区域物流公共信息平台是指以满足某些跨省或跨市的特殊地理区域物流需求为主要目的而建设的物流公共信息平台。特定区域是指由于某些外在因素而联系在一起的区域，特定区域可以横跨几个省份，也可以横跨几个城市，甚至可以是市县的互联。不同区域需要不同类型的物流服务。例如，港口需要保税、仓储、加工、航运等物流服务，而内陆需要铁路运输、汽车运输及转关等物流服务。又如，一些区域需要粮食、煤炭等大宗商品物流服务，而另一些区域需要水果、鲜花等短生命周期产品深加工物流服务。适当缩小物流公共信息平台的服务区域，明确定位服务的区域特色，可以使平台服务更加具有针对性，也有利于获取区域物流相关用户，服务地方经济发展。

因此，特定区域物流公共信息平台定位要满足本区域内物流企业、物流相关政府职能部门、物流区域管理委员会、物流需求企业及公共服务机构等物流信息服务的需求。特定区域物流公共信息平台应该依靠区域产业经济特色，巩固区域阵地，抓住区域物流价值链中的关键环节，这样才能吸引用户，才能实现自身的价值。特定区域的物流公共信息平台在满足本区域的物流需求之外，还应该为区域外的物流需求提供服务，集中本区域的优势资源为本区域和其他区域提供服务。

典型的特定区域物流公共信息平台有长江物流网等。

3. 园区级物流公共信息平台

园区级物流公共信息平台通常依托一个成功的物流园区企业或者园区内的物流企业建设运营，属于微观层面的物流公共信息平台，建设主体是微观经营主体，主要支持和解决园区内第三方物流企业及接受服务的客户所需要的供应链物流各类信息功能。园区级物流公共信息平台通过对物流公共数据的采集、处理、交换，为园区内物流企业信息系统完成各类功能提供有效的支撑。例如，传化物流平台就是典型的园区级物流公共信息平台。

区域级物流公共信息平台与园区级物流公共信息平台的差异主要体现在功能定位上。园区级物流公共信息平台建设主体主要是微观企业，建设的目的主要是解决和支持企业自身物流和企业的客户对物流服务各类信息功能的需求。而区域级物流公共信息平台主要是解决和支持基于省市级物流园区、物流基地及物流中心等多企业的供应链物流运作与社会资源的整合。区域级物流公共信息平台除了具有与园区级物流公共信息平台相同的运作机制、功能结构外，还具有区域物流信息标准化及推广、市场监管和资源整合等功能。

二、物流公共信息平台的作用

近些年，随着制造业的飞速发展，我国已经成为世界上重要的制造业大国，再加上国内需求不断扩大，零售业得到迅猛发展，这些因素使得我国物流业得到了空前的发展，但也在质量上对集约化的物流提出了更高、更紧迫的要求。因此，作为物流信息现代化的重要组成部分，物流公共信息平台的建设就显得尤为必要。建设物流公共信息平台，不仅是为了更好地服务于制造业，也是为了培育物流业新的经济增长点，适应经济发展方式的转变及产业结构升级所需要的多样化物流服务的需求，这是产销衔接、两化融合的内在需求。总体上讲，物流公共信息平台建设的作用和意义具体表现在以下几个方面。

1. 优化现有物流信息，消除信息冗余、信息孤岛

我国现有物流信息中许多是零散的、没有整体规划的，这使物流信息系统注定是不全面、不客观和不科学的。很多研究机构研发的物流信息管理系统功能重复、数据模式未标准化、不具有互操作性，这浪费了大量的资源。设立物流管理系统，整体规划物流公共信息平台，使已有的各种各样的物流信息资讯结合起来，有利于物流系统优势效果的发挥，联系、强化各方面的力量，破除分裂的地方局域的物流管理模式，为物流的迅速发展保驾护航。

因此，通过构建物流公共信息平台，物流相关企业可以实现异构数据格式的转换，实现信息共享，避免重复劳动，节约社会资源；可以通过平台实现信息发布、查询，缩短物流信息流转环节，降低运营费用。此外，物流公共信息平台还可实现与信息化程度高的大企业内部系统的集成，不具备全面开展信息化的中小企业通过会员的方式加入平台，从而能够以较低成本共享物流业内信息，拓宽业务范围。

2. 丰富物流服务内容，降低物流服务成本

首先，通过物流公共信息，物流企业可以发布信息、查询信息、交换信息，使物流各个运作点的透明度大大提高，减少了信息交换部分，缩短了物流周期，极大地提高了物流效率和业绩。其次，物流公共信息平台有助于规模经济的实现，同时也有助于中小物流公司的联网，以及信息现代化建设的顺利过渡。最后，物流公共信息平台降低了物流成本，实现管理和决策优化，达到有限资源的最佳使用和最少消耗。

3. 促进物流相关政府机构相互协调

建立物流公共信息平台有助于推动政府功能的转型，即有助于政府功能由管理向服务与管理并存的方式转型，从而使政府能够为企业的经济活动和社会公众提供更多更有价值的服务。目前，设立的物流流程服务机制牵涉多个机构之间的协作。但现实是这些政府机构信息不共享，甚至存在冲突和矛盾，导致行政效能很低。这与适用一体化物流运作是不一致的。利用物流公共信息平台可以实现信息共享和交流，协调不同政府部门的职能，有助于电子政务的推广，促使政府与政府之间的职责优化，并设立协调工作制度，从而使社会物流系统高效运作。

4. 协助政府宏观经济管理部门规划物流产业的发展

有关政府部门通过对宏观决策的科学分析和规划，在行业的管理中通过物流公共信息平台获得企业总需求、供给能力、经营状况的信息，从而制定相关政策。行业的监管要注重时间、运输方式，在政府各机构之间能够有效协作。

5. 促进供应链优化整合，保证物流企业物流流程信息畅通

未来企业间的竞争是供应链与供应链之间的竞争。物流公共信息平台有助于促进整个供应链的优化整合，提升供应链的整体运行效率，降低运行成本，从而提高供应链体系内企业的物流效率，降低物流成本，打造新的物流生态圈。平台为物流企业向信息化、网络化、现

代化发展提供有效的技术途径，保证物流企业的物流流程信息畅通。物流企业的竞争已经从对物流信息管理水平的关注转向对服务水平的关注，因此，提高信息技术水平，必须努力推进物流过程的信息化，建设物流公共信息平台，提高物流服务水平。

6. 完善物流信息系统的支撑体系

通过采用物流公共信息平台的方式对系统中的共用信息进行管理、中转，各个子系统按一定规则将共用数据发送给物流公共信息平台。由物流公共信息平台进行规范化处理后加以存储，再根据各个子系统的请求，采用规范的格式将数据发送出去。因此，物流公共信息平台是完善孤立的企业物流信息系统的重要支撑体系。

7. 促进交通管理的业务升级换代

业务重点由单纯的运输管理向集约化的物流管理方向转型，现代化的物流管理必然是以交通运输管理为核心，与银行、保险公司、仓储系统、贸易公司等紧密结合，从而为社会提供集金融服务、保险服务、仓储管理、采购为一体的集约化物流服务。只有通过这样的转型，交通运输系统才能为社会提供更多的服务。

8. 推动区域成为经济与物流中心

物流水平，特别是物流信息水平的低下，很大程度上制约了国际采购在我国的发展。高水平、集约化的物流系统对推动出口、引进外资和企业的国际化具有十分重大的意义，这点已经被上海和深圳的实践所证明。

三、物流公共信息平台的发展

（一）物流公共信息平台发展现状

1. 国外物流公共信息平台发展情况

在国外的实践和理论研究中，并没有和国内物流公共信息平台直接对等的概念，通信技术在跨组织物流运作领域的应用研究和实践却很多，这些应用可以说是国外物流公共信息平台的代表。国外物流公共信息平台大多是一个集合的应用，应用形态多种多样，既包括典型的 EDI 应用，也包括基于流程的跨组织信息系统，或共享的数据库，以及面向物流服务交易的电子市场等。因此从本质上来说，物流公共信息平台不是一种全新的信息技术应用形态，而是基于现有的跨组织信息技术应用的一种拓展。目前，国外先进的物流公共信息平台正朝着标准化、信息化、智能化和集约化的方向发展，大型物流公共信息平台兼并、收购中小型物流公共信息平台的趋势也在不断扩大。下面对国外典型物流公共信息平台的情况作简要介绍。

1）美国纽约新泽西港实时货运信息系统

美国纽约新泽西港实时货运信息系统是一个物流配送信息服务平台，它是由美国纽约市与新泽西州联合建立的系统，是通过将智能交通系统（ITS）技术和信息技术集成，为所服务的港口区域建立一个“一站直通”式的物流信息服务平台。美国纽约新泽西港实时货运信息系统是以 Web 技术为基础，同时支持 EDI 信息交换，以加快信息传递速度，通过美国纽约新泽西港实时货运信息系统将货物配送过程中的信息，如货物跟踪情况，交通运输情况信息、火车或船只到达信息、实时监控与终端网关信息、船只交通服务信息及海运相关信息，汇集在美国纽约新泽西港实时货运信息系统的官方网站(First-nynj. com)上。用户可以通过美国纽约新泽西港实时货运信息系统的官方网站查询货物配送的相关信息。美国纽约新泽西港实时货运信息系统可以将配送过程集合成视频呈现给需要查看的用户，还可以把相关业务信息，如装载单状态变化情况等以公告的形式发布。美国纽约新泽西港实时货运信息系统能快速方便地提供信息，同时能够将信息集成，让用户一目了然。

2）日本综合物流信息系统

日本综合物流信息系统是由日本物流业、制造业联合参与建设并使用的物流信息系统，它涉及海路、公路、铁路和空运四种运输业务，并且包含相关通关与贸易业务服务的综合性物流公共信息平台。日本综合物流信息系统的主要服务是：提供货物多种运输方式信息及多式联运服务信息；通过网络传输具有法律效力的电子文件；为用户远程处理各种物流业务报表、申请许可等。日本综合物流信息系统的信息服务主要是发布一些相关信息公告和商业信息，对国内外相关的物流信息进行分析与处理后将有一定价值的信息提供给平台用户。此外，日本综合物流信息系统还整合运用 GPS、智能交通系统等外部信息来源，为用户提供如运输伙伴选择、运输路径优化、GPS 车辆跟踪、危险品车辆运输管理等服务。并且通过这些技术的应用，系统实现了对货物、车辆的实时跟踪管理，提高了对车辆的管理效率和运营效率。

日本综合物流信息系统由物流行政服务、物流信息服务、物流商业服务和运输体系服务四个部分构成。

(1) 物流行政服务主要处理进出港口政务服务、进出口通关服务、出入境管理，以及提供进出口货物检验检疫等过程中的相关信息。

(2) 物流信息服务主要提供会员、货物、贸易及设备使用等信息，通过数据库管理系统(DBMS)分析加工，提供实时有效的信息，提供船期及物流设施设备等相关信息。

(3) 物流商业服务主要是各种方式的货物运输服务，平台为海陆空运输提供电子文件、物流报告及申请许可等业务服务，以及与各种物流活动有关的装卸、运输、搬运、到达等电子文件的传送服务。

(4) 运输体系服务利用智能交通系统和 GPS 提供确认货物车辆位置、构筑 GIS、进行货物车辆管理和进行危险品车辆运输管理等服务，从而提高货物运输过程中的管理效率和运营效率。

3）新加坡 Trade Net 电子大通关系统

凭借独特优越的地理位置，新加坡一直是亚洲乃至世界性的区域物流中心，为了推动本国的信息化建设，1988 年新加坡以国家政策为支持，利用其物流管理技术方面的优势，投资并建设了世界上首个电子通关系统——Trade Net，此后在此基础上将其发展建设为全方位、多领域的物流信息转换平台——Trade Palette。Trade Net 系统将新加坡国内 25 个贸易管理机构进行连接，可以在线完成进出口商所需要办理的所有进出口手续，并可以向新加坡政府各个相关部门申办所有必要的手续、许可证等材料，系统每年处理的通关单数量过千万。迄今为止，Trade Net 已帮助新加坡商贸界节省了大约 10 亿美元。

2. 我国物流公共信息平台发展情况

我国物流公共信息平台的发展最早从公路货运开始，逐渐扩展到铁路、港口、航空等其他运输方式，并初步形成综合性的物流公共信息平台服务网络。总体而言，我国物流公共信息平台的发展历程可归结为货代运营——"吴敏现象"、货运市场、物流公共信息平台等发展阶段。

1）货代运营——"吴敏现象"

"吴敏现象"实际上是一个人所代表的一种行业现象。20世纪80年代末，一位叫吴敏的美术老师在一次贩运货物的过程中突然发现，他所做的努力更多的是让当地的运输公司赚了钱——除去高昂的货物运输成本，他自己能够赚到的钱廖寥无几，而随意贴了一个纸条居然让他找到了十分便宜的返程车，从而小赚了一笔。这个偶然的发现促使他转了行，开始从事朦胧状态的物流货运配载工作。这种生意在当时的中国绝无仅有，这种经营模式当时被称为"投机倒把"，曾经引起过激烈的争论。这种现象实际上就是利用行业信息的不对称来赚取差价，是物流货代运营的初级模式。

2）货运市场

货运市场是伴随着市场经济的发展而逐步演变形成的一个服务性市场。像其他市场一样，货运市场包括相当数量的运输服务需求方，从市场交易的角度，其被称为货物托运人，是生产企业、商业企业或个人等货运需求的市场表达。对货运需求的满足有两种形式，即外包货物运输服务和自我服务，从而构成货运服务供给方，包括专业汽车承运人、生产企业的自有车队和转运人。货运市场的形成就相当于无数个"吴敏现象"的集聚效应。用经济学的理论讲，有利可图驱使人们涌入这个市场，从而货运市场自发地逐步形成。货运市场是在物流公共信息平台产生以前出现的初级信息交易模式。

3）物流公共信息平台

随着物流产业的快速发展，在公路货运方面，简单的空车配货模式已经不能适应物流领域日益增强的市场竞争压力，使用物流信息平台的用户，特别是中小企业用户，不仅需要车源、货源信息，还需要在仓储、装卸、配送等物流环节获得信息化服务，及时掌握行业发展动态，自助开展客户挖掘，实时掌握货物和车辆的运输动态，以提高其内部运营管理水平，为客户提供增值服务。其他运输方式也存在着同样的需求，如港口需要借助信息平台来提高信息服务水平、服务质量和扩大辐射范围，同时与国家电子口岸进行有效衔接，广泛拓宽国际贸易市场。在铁路货运方面，需要结合铁路集装箱物流运输与电子商务应用，衔接海铁联运服务等。针对这些需求，货运信息平台开始向真正意义上的物流公共信息平台转变。物流公共信息平台是围绕从生产要素到消费者之间时间和空间上的需求，来处理制造、运输、装卸、包装、仓储、加工、配送等各个环节中产生的各种信息，使信息能够通过平台快速准确地传递到物流供应链上所有相关的企业、物流公司、政府部门及客户或代理公司。

物流公共信息平台有以下质的转变。

（1）物流公共信息平台是一个物流公共服务平台，它通过对物流信息的分类发布，帮助用户实现对车源、货源及物流企业等信息的查询；根据用户的业务请求，提供决策工具进行决策分析，自动将满足要求的决策方案输出给用户。

（2）物流公共信息平台是一个物流协同管理平台。物流协同管理平台就是通过内部协同和外部协同来实现资源的优化利用，也就是其既可以通过对物流过程的运输、库存、配送等流程的优化控制实现企业的内部协同，又可以采用以需求为驱动的方案来实现不同区域、不同企业之间的协同，即外部协同。

(3) 物流公共信息平台是一个物流可视化流程管理平台，它以运输、库存、流通、加工、包装、装卸、配送等物流过程为对象，通过移动终端、数据库技术、网络技术、无线通信技术，对物流业务过程进行计算机管理，从而能够为用户提供实时、准确、动态的可视化物流业务，并对其进行查询、统计、分析和数据显示。

(4) 物流公共信息平台是一个供应链管理平台。这是第三方物流企业利用其在信息收集和获取方面的优势，为供应链上所有企业建立的电子商务平台。其一方面实现了供应链信息共享，降低了交易成本；另一方面，针对交易活动产生的历史数据进行分析挖掘，创造更高的信息附加值。

（二）物流公共信息平台发展趋势

从国内外物流公共信息平台发展现状可以看出，国外先进的物流公共信息平台已经在运输、国际贸易等对业务时效性和行业整合度要求较高的行业中率先投入使用，其功能服务进一步向物流上下游协同整合方向拓展。一些国家的政府从国家层面对物流信息平台的发展给予支持，反过来物流信息平台的发展也对区域经济和国家发展产生了积极影响。这些物流发达的国家和地区从实际物流需求出发，对物流信息系统模型、物流服务安全模型和技术、物流商务模型和物流信息服务平台关键技术等方面进行了广泛、深入的理论和应用研究，并通过统一的信息平台，把采购商、供应商、物流服务商、承运人、海关、金融服务等机构都放到上面，为用户提供一体化的物流信息服务和咨询。

发达国家的经验表明，建设适合自身特点的物流公共信息平台，能够提高区域内物流相关企业和社会的运行效率，节约社会资源，提升行业发展水平，促进区域经济发展，成为区域物流业集中化、集成化、集约化发展的有力工具和抓手。物流公共信息平台是物流业和物流信息化发展的必然选择和有效经济形态，是带动区域乃至国家物流业发展的关键环节，其经验值得我国物流业学习借鉴。

随着我国国务院《物流业调整与振兴规划》的出台，国家各部委和地方政府开始逐步重视和规划物流公共信息平台建设，相继制定了物流公共信息平台建设规划。例如，2013 年科技部通过了《交通运输物流公共信息平台标准化建设方案（2013—2015 年）》，进一步加强标准化管理，完善交通运输标准体系。此外，科技部组织开发了“交通运输标准服务平台”，积极推进行业标准的建立。2012 年，由国家发展和改革委员会支持的“物流信息平台试点工程”项目，以内蒙古红山物流有限责任公司为依托，实施了覆盖红山物流园区的电子商务、电子物流和园区管理的信息化工程；建成的以计算机信息系统为支撑的信息化工程，实现了电子商务平台、物流公共信息平台、无线物流信息发布系统（短信平台）、具有证书授权（CA）数字身份认证的办公自动化（OA）系统、三维数字展示系统及 GPS，拓展了呼叫中心的功能和座席，实现了物流园区管理和服务的现代化。

一些行业型物流公共信息平台也开始崭露头角。例如，2009 年国家发展和改革委员会验收了重点项目“基于 RFID 技术区域粮食流通管理”，该项目实现了区域粮食物流公共信息平台示范系统的建设。该项目建成的系统目前运行良好，取得了较好的社会效益和经济效益，为改善粮食流通管理、保障国家粮食安全、促进农民增收提供了技术支持，积累了运营经验，开创了 RFID 技术应用新领域。

地方政府也在大力支持当地物流公共信息平台的发展。例如，2010 年江西物流公共信息平台正式启动，平台目标是整合信息资源，充分发挥平台作用，提升江西省物流水平，降低运输成本，努力把江西省物流公共信息平台打造成物流电子政务平台、物流电子商务平台、物流电子监管平台。

有些省市也开始联合共建省级物流公共平台。例如，2009 年浙江、上海、江苏、山东、黑龙江、安徽、福建、青海、四川、内蒙古、宁夏 11 省（自治区、直辖市）的道路运输部门负责人在杭州签订《省际物流公共信息平台共建协议》，旨在以物流信息化为抓手，促进全国各区域物流信息的互通、互联、共享，避免重复开发建设，逐步消除信息技术标准差异、信息平台功能不足、区域信息孤岛化等障碍，推动交通物流信息化建设，促进传统货物运输转型升级。《省际物流公共信息平台共建协议》的主要内容包括：①统一信息系统建设中的标准（代码）；②共同推动一批物流业务标准化软件的使用；③共同构建互相联通的数据交换平台，实现各省（自治区、直辖市）企业间信息资源共享和信息系统互联，为各省物流企业及供应链间的信息互联提供服务；④共同建设、扶持、推广一批基于统一标准和框架的物流公共应用平台。

但是相对于发达国家或地区的物流公共信息平台而言，目前我国的物流公共信息平台尚处于起步阶段，基础设施陈旧、服务模式单一、业务规模不大、地方保护主义严重、物流标准不统一等都是物流公共信息平台亟须解决的问题。其中最关键的问题是物流公共信息平台的商业模式问题，正如中国物流学会常务副会长戴定一所说，“物流公共信息平台的发展瓶颈不是在技术上而是在商业模式上”。无论是民营资本的小本经营，还是国有资本的重金投入，国内物流公共信息平台仍未找到合适的商业运营模式，如何实现物流公共信息平台的持续健康运转仍然是目前国内大多数物流公共信息平台运营者共同面临的难题。交通部科学研究院现代物流研发中心主任赖平仲认为，纵观我国目前存在的物流公共信息平台，均只能算是“初级形式”，其在很大程度上能够缓解初期货运市场信息不对称的矛盾，并产生了一定的社会效益，但是和真正意义上的物流公共信息平台相比还存在很大差距。也正是因为如此，这些物流公共信息平台功能过于单一和雷同，在近乎白热化的低端竞争中，竞争者很难找到独特的盈利点。

总而言之，我国物流公信息平台的发展水平目前还处在一个比较低的阶段，但是物流公共信息平台对我国现代物流的发展有着重要的作用，在物流公共信息平台的发展中有很多问题需要解决，商业模式是尤其需要重点解决的问题。这就需要各个方面的通力合作，政府要继续制定相关政策促进物流公共信息平台的发展；企业要提升物流信息化意识，建立适合经济发展需要的物流公共信息平台。

第二节　物流公共信息平台总体架构与容灾备份

一、物流公共信息平台总体架构

物流公共信息平台整体架构自上向下分为应用层、数据交换层、支撑服务层、运行基础层。平台整体架构如图 10-2 所示。

（一）应用层

物流公共信息平台应用层主要由四大子平台组成：一是物流行业基础数据子平台，主要

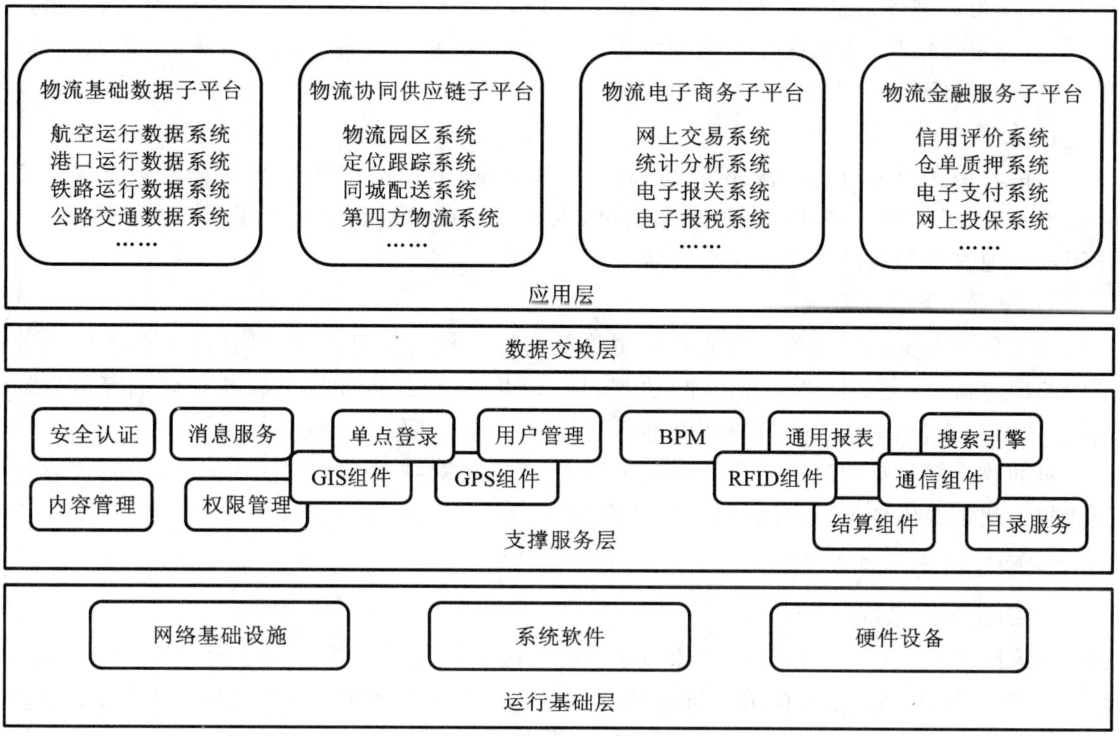

图 10-2　平台整体架构

包括航空运行数据系统、港口运行数据系统、铁路运行数据系统、公路交通数据系统等；二是物流协同供应链子平台，主要包括物流园区系统、定位跟踪系统、同城配送系统、第四方物流系统等；三是物流电子商务子平台，主要包括网上交易系统、统计分析系统、电子报关系统、电子报税系统等；四是物流金融服务子平台，主要包括信用评价系统、仓单质押系统、电子支付系统、网上投保系统等。

1. 物流行业基础数据子平台

1）航空运行数据系统

通过与相关航空公司对接，实时了解航班飞行计划、进行航班预定，动态更新航班信息，数据源来自 ACARS 电报、空管部门、AFTN、SITA 电报信息，这些信息优先等级由高到低排列，当获取到以上数据源提供的航班动态数据后，系统自动更新航班动态，并向前端用户提示。

2）港口运行数据系统

与港口进行对接，获取港口机关数据、港口企业数据、港口分布情况、货运单位及货物分类、收费标准等静态数据，同时实时反馈货物出入港口时间、作业地点、载重吨（立方、标箱）、包装类型等动态数据，及时向用户反馈。

3）铁路运行数据系统

与铁路部门对接，获取主要营业站地址、货场办理限制服务信息；获取价格收费信息，包括货物运价率、货物保价费率、整车货物装卸费基准费率、铁路杂费收费项目和标准、接取送到费及仓储费，可以进行货物运费试算；获取快运货物班列装车组织站、始发站、中转站、到达站、卸车组织站等信息，获取直达货物班列发站、到站、货物品类、车次、开行周期、编组辆数、牵引重量等信息；获取各类车辆和集装箱参数信息，包括车种、自重、载重、车体大小、底板面至轨面高等信息。

4）公路交通数据系统

对接公路交通部门，包括路网信息（高速公路数据、干线公路数据、农村公路数据等）、道路技术数据、限高限重路段数据等静态信息，也能及时反馈道路交通流量、路况、公交信息，让用户合理安排和选择线路组织物流活动。

5）物流政务公开系统

政务公开系统是对接各类物流业务主管及指导机构的信息系统，是物流相关政府主管部门的信息窗口，主要提供有关法律、法规、规章、办事流程、行业技术标准与规范等信息的查询，帮助物流企业、从业人员与政府部门进行快速沟通和信息交换。

协助政府部门对物流行业运营情况进行宏观把握，对物流指数进行预测等，为制定物流行业相关政策提供依据，引导物流业良性发展。

2. 物流协同供应链子平台

1）物流园区系统

物流园区系统可为小型园区搭建属于自己园区的信息交易系统、信息平台门户网站等；对于大型园区，可以根据具体情况进行物流园区系统的开发建设，如总包弱电工程，主要提供通信运营商招投标与谈判，集成商招投标与谈判，弱电管网施工监管，中心机房建设，信息交易大厅建设等服务；总包软件工程，主要提供园区收费管理系统、OA、智能仓储、停车场管理系统、一卡通等。

2）定位跟踪系统

车辆/货物定位跟踪服务主要针对中远长途运输，主要采用中国电信的 GPSOne 移动定位技术，该技术结合了 GPS 卫星信号和 CDMA 网络信号进行混合定位。在终端能够接收到 GPS 卫星信号时采用 GPS 定位方式，当终端在室内或者接受卫星信号不好的环境时采用 CDMA 基站接收的辅助 GPS 卫星信号实现辅助定位，从而能够实现室内、室外的全覆盖定位。定位精度可达 5 米。车辆/货物定位跟踪服务可以有单点定位、连续跟踪、历史轨迹回放、超速报警、区域报警、行驶线路报警等功能，并结合 GIS 系统，在数字地图上直观显示。车辆/货物定位跟踪服务既可应用于对普通货物运输的定位跟踪，又能进一步满足危险品等特种运输中对行驶路线、区域以及速度的全程管控需求。

3）同城配送系统

同城配送系统主要解决物流“最后一公里”的配送问题，根据商品送货目的地、配送站的分布情况，充分利用城市公交网络覆盖整个城区和其“固定时间、固定线路、固定站点”安排的特点，为最终消费者提供配送服务。该系统通过基于 SOA 的数据交换层与城市公交 MIS 进行数据交换，集成配送委托方、城市公交配送方、消费者三方信息，指导完成配送过程，如图 10-3 所示。

4）第四方物流系统

第四方物流系统为物流企业提供物流咨询与优化服务。根据物流公司的要求为其提供物流系统的分析和诊断，或提供物流系统优化和设计方案等。为物流企业实现供应链再建、

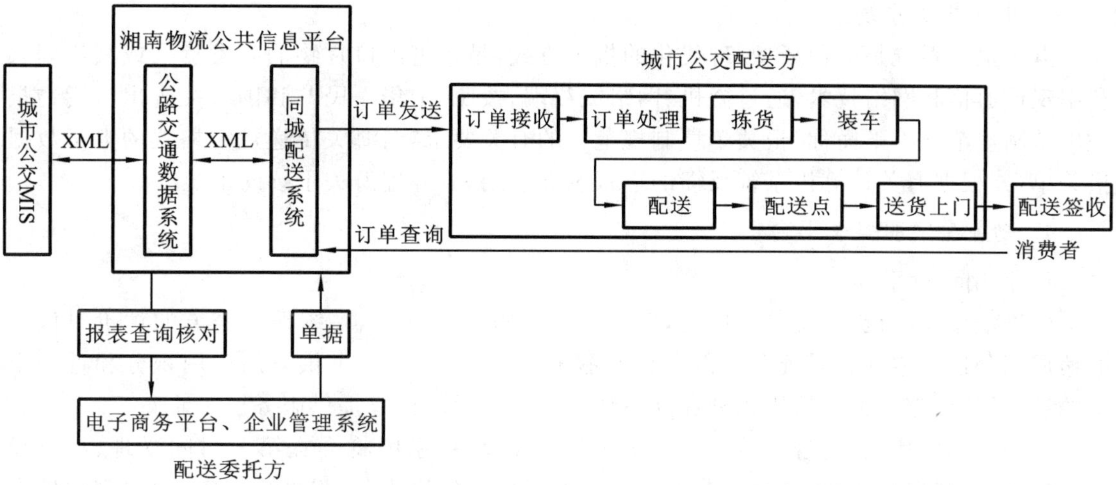

图 10-3　同城配送系统流程图

功能转化、业务流程再造、开展多功能多流程的供应链管理。该系统将为客户带来的效益包括利润增长和降低营运成本，即通过整条供应链外包功能来提高运作效率、降低采购成本，使流程一体化。

3. 物流电子商务子平台

1）网上交易系统

网上交易系统是发布和采集货源信息和车源信息的平台，并根据供需意向撮合物流信息交易，主要针对中长距离运输服务。主要由我的信息、发布信息和信息查询三个部分组成。其中我的信息包含：我的车源信息、我的货源信息、我参与的车源竞价、我参与的货源竞价、我的车辆管理、我的待审核车源信息和我的待审核货源信息。其功能主要用来管理会员自己发布的各种信息和参与竞价的各种信息。发布信息包含车源信息、货源信息和专线信息。其功能主要用来帮助会员发布自己的车源、货源和专线信息。信息查询包含车源信息查询、货源信息查询、专线信息查询和车辆信息查询。其功能是根据会员输入的相关条件，查询到会员所需要的车源、货源和专线等相关信息。

2）统计分析系统

该系统提供灵活、可设置的统计分析功能，可实现固定格式统计、自定义统计等统计方式，并能以数据报表和图形的方式直观地表达出来，其中包括饼图、柱状图、走势图等。数据报表可以是标准报表，也可以自行修改标准报表、设计用户自定义报表，并能方便地对报表文件进行管理。系统具有固定条件查询功能、自定义条件查询功能、模糊查询功能等，实现对运行指标、客服指标、营销指标和物流指标等指标的分析判断。

3）电子报税系统

电子报税系统通过进项发票模块、销项发票模块与税务凭证管理模块采集纳税人纳税申报信息，在申报管理模块中生成申报资料，通过软件中的办税大厅通道上传申报。后续版本将实现借助互联网把纳税申报资料直接传送到税务机关，完成纳税申报，并得到申报信息的反馈结果。除主要办税功能外，它还支持在线咨询、资讯中心等服务功能。

4）电子报关系统

电子报关系统是一种新型、现代化的报关方式，是指进出口货物的收发货人或其代理人利用现代通信和网络技术，通过微机、网络或终端，按照《中华人民共和国海关进出口货物报关单填制规范》（以下简称《报关单填制规范》）的有关要求，向海关传递规定格式的电子数据报关单，并根据海关计算机系统反馈的审核及处理结果，办理海关手续的系统。

4. 物流金融服务子平台

1）信用评价系统

引进信用评级机制，交易完成后，双方可对对方实施评价，系统根据需方的评价对供方的信用积分进行累计。系统在为需方推荐服务时，明确标注每个供方的信用积分和近 6 个月的动态评分，需方根据信用积分和动态评分选择合适的供方提供服务。

若会员出现违法、违规行为，受损方可以在线投诉，系统将会在第一时间受理、解决投诉。核实后，将根据违法、违规情节的严重性给予扣除信用积分，降低信用等级、追究赔偿责任等处分，情节严重者，除以上处分外，永久剔除会员身份。

2）仓单质押系统

提供项目管理、入库管理、出库管理、库内管理、基础资料管理、查询统计、银行专用管理、客户专用管理等功能，实现仓储企业、银行、货主企业之间的委托代理关系，缓解企业的融资需求，提高资金周转效率。

3）电子支付系统

创建自己的支付平台，实质上是以所创建的支付平台作为信用中介，在买家确认收到商品前，代替买卖双方暂时保管货款。这种担保使得买卖双方的交易风险得到控制，主要解决了交易中的安全问题，容易保证消费者的忠诚度。该支付平台主要服务于母公司的主营业务。通过该支付系统，客户可以通过拨打电话、手机短信或者银行卡等多种手段进行电子支付。

4）网上投保系统

提供与物流相关的各种险种的投保，明确投保风险等级及保障范围，提供各种保险方案，自行选择投保时期，实现在线投保、保单验证和查询等功能，减少中间环节，快速理赔。

（二）数据交换层

基于 SOA 的数据交换平台建设，对基础数据子平台、物流协同供应链子平台、物流电子商务子平台、物流金融子平台上的各种系统通过公共组件进行互联和集成，同时为对接外部组织提供接入接口。

1. 面向服务的架构

在数据交换共享平台，物流信息平台采用以松耦合的、粗粒度的、比较成熟的面向服务的架构（SOA）为主导，以细粒度的 EDA 为辅助的架构技术。而在构建服务时，则采用目前发展比较成熟的、部署灵活度大的面向构件的技术，这就满足了平台在可伸缩性、高度可二次开发性与高性能方面的要求。在安全方面，平台全面采用面向对象技术，保证数据的安全，屏蔽了由于数据结构的变化而带来的对整个构件或架构的影响。SOA 的核心概念是重用和互操作，它将 IT 资源整合成可操作的，基于标准的服务，其所有规范都是基于开放标准的XML，从而保证了其在任何平台、任何编程语言的应用都可以采用标准的Internet技术和协议，方便地访问Web服务，在不同的应用之间相互交换数据和参与流程。

采取这种方法，可确保整个数据交换过程的安全性、可靠性，可实现各个业务部门业务数据的分布式共享，实现整个系统内部自由的数据交换。以及跨组织、跨平台、跨系统、跨应用、跨地区的互联互通和信息共享，为政府部门之间、政府与企业及其他机构之间、企业之间等进行数据共享、信息交换、应用集成、数据挖掘等提供支持。

物流行业基础数据子平台、物流协同供应链子平台、物流电子商务子平台、物流金融服务子平台上的各种系统通过公共组件的核心部分SOA-BPM系统集成平台进行互联和集成，为省内外的各种组织机构以及个人提供接入接口。集成平台各层的主要功能如下。

1）系统接口层

系统接口层用来连接各种异种的信息系统，进行系统接口接入集成，支持Tuxedo、Socket、数据库、JMS、EJB、Web Service接入方式，支持同步、异步的调用方式，支持XML、字符串报文，其中调用Web Service时采用SOAP报文。各种接入系统接入时采用各自原有的或新商定的接口技术，通过系统接口层的接入后对外部其他系统和信息系统集成平台内部统一采用Web Service方式，接出时均采用XML报文，用DTD、XML Schema来进行报文格式规范化，传输时对报文进行加密，接收报文时则进行解密。需要通过系统接口层联通的系统包括内部系统和外部系统两个部分，其中内部系统有公共平台门户系统、物流政务相关系统、物流交换监控系统、应急物流系统，外部系统有支持交易过程的系统（政府职能部门、银行、担保公司等）、支持企业供应链的外部系统（制造企业、商贸企业等）、企业合作伙伴系统（第三方物流公司、物流园区等）。

2）SOA集成层

SOA集成层建立在系统接口层的基础之上，主要的任务有五个：Web Service构件库管理、协议解耦、接口汇聚、路由分发。由于平台内外的各种组件最终会表现为Web Service，因此需要有构件库来管理众多的Web Service。SOA平台的突出特征就体现在于协议解耦，在SOA集成层就要解决这个问题，不论原有系统是什么样的组件接口，通过SOA集成层就可连通各种系统，并在各种接口之间进行平滑过渡，通过以XML文件配置的方式来进行SOA集成。SOA集成将原有的众多的纷繁接口汇聚在ESB（企业服务总线）上，供所有被集成的系统共享并使用Web Service。为降低系统之间的交易压力，特别是综合物流管理系统这个日常运营、用户众多、访问量大的系统，就需要有SOA集成层来对接综合物流管理系统不参与的其他协作式处理。

3）SOA-BPM映射

SOA-BPM映射是建立Web Service与流程接口的对应关系。系统集成后，在外在表现为一个一个的业务流程，如在供应链环节上的各家企业合作的业务流程。在业务流程的某个结合点，可能要使用到一些已有的Web Service，这就需要对SOA中的Web Service和BPM中的业务流程节点进行资源整合。

4）BPM层

BPM层主要有两个功能：流程和流程监控。利用流程建模工具可采用可视化的拖拽式方法，灵活有效地建构出业务流程图形。

5）应用子层

应用子层要实现的功能主要有三部分，即平台管理、平台监控、报表与数据查询。平台管理主要用于对平台中的参数、基础数据进行配置和管理，平台监控可供用户使用，监控企业生产的业务情况，而报表和数据查询则基于平台的数据来生成供分析和查询用的报表。数据交换服务，全面负责平台中的数据集成工作。

2．数据交换与共享标准

在公共数据的采集、共享、交换过程中，采用开放标准的XML，以XML作为数据交换和共享的规则。有了共享规则，数据提供方就可以自己定义对外共享的数据格式，而各部门则可以根据这些格式来获取数据并解析，达到数据共享的目的。

参考有关标准与规范，制定平台使用的合理和方便的共享接口标准及规范。包括接口的内容规范、单位的编码规范、接口的命名方法规范、接口的编码规范（包含了接口的数据类型编码规范等）、接口的分类标准、接口的发布流程、接口的访问流程、接口的认证规范、接口的授权访问规范、错误的编码规范、空间数据元数据标准、空间数据改造方案等。

3．数据交换服务设计

包括元数据管理、公共代码管理等，为应用支撑平台之上的各项应用提供数据交换服务。

4．接口安全

在定义数据交换接口的时候，接口访问参数必须包含用户认证信息，即安全参数，基于安全支撑平台。

5．同步和异步支持

对于数据访问事件的完整性，按同步和异步操作分开考虑：对同步操作，由于发出请求必须立即返回结果，所以访问事件总会完成；对于异步操作，则通过消息反馈和状态监测来保证访问事件的完整性，典型的是设置操作系统和反馈标识。

6．统一数据服务

数据交换服务在系统接口和数据服务上采用了四种技术：基于通用的ODBC技术的关系型数据库设计；XML/XSL模块接口功能；基于SOAP协议的服务技术。

7．数据整合和转换

实现业务部门与政务数据资源之间的数据交换业务，形成高效、安全、可靠、稳定的数据交换网络。应提供定时批量、实时按需等多种方式的数据交换手段，提供点对点、一对多的数据交换支持，对数据交换进行管理和监控。通过部署多个数据共享和交换节点，可以将所有参与信息资源建设的业务部门组成一个强大的交换网络，通过资源目录，实现所有资源的统一索引。

8．应用系统接口

在此层面拟实现下述政府部门之间、政府与企业及其他机构之间的数据共享和信息交换：实现与省发改委、省经济信息委、工商、税务、海关、质检、商务厅、农业厅、地震局等政府部门的信息系统接口；实现与省内主要航空、水路、铁路、公路物流枢纽的信息系统接口；实现与省内电子口岸（包括保税区、出口加工区以及航空、水路、铁路、公路的电子口岸）的信息系统接口；实现与省内主要物流园区、物流企业、制造企业、商贸企业的信息系统接口；实现与省内银行、保险、期货交易所、信托等金融机构的信息系统的接口；实现与其他省市物流公共信息平台的接口；实现与国家相关的行业协会的信息平台的接口。

（三）支撑服务层

支撑服务层提供应用所需的公共技术支撑，由安全认证、内容管理、消息服务、权限管理、用户管理、单点登录、通用报表、业务流程管理、搜索引擎、目录服务、GPS组件、GIS组件、RFID中间件、通信组件、结算组件等构成。

1. 安全认证

应用支撑平台使用安全支撑平台提供的基于PKI技术的CA认证服务，在统一身份认证体系下，为各种应用系统提供基于密码技术和统一信任源点的身份认证服务。统一认证中心的使用日志包含三种事件类型，分别为授权、凭证获取认证、HTTP请求。所有的统一认证中心的日志格式都是XML，客户可以指定日志文件的位置、大小和刷新时间。授权中心支持对主流的应用结构及其资源进行管理，如Web服务器（Apache，IIS，Domino，etc），应用服务器（WebSphere，WebLogic，JBoss，TomCat），第三方的基于C/S和B/S架构的系统。授权可以根据用户、组的定义来对资源的访问进行授权。建设安全接入体系、密码服务体系和信用服务体系，完善安全防御体系，为应用支撑平台和应用提供统一的安全服务和可靠的安全平台保障，满足在安全可信环境下实现数据共享和数据交换等政务信息化建设的需要。

2. 内容管理

内容管理是政务系统信息发布的重要手段，内容管理的功能包括站点管理、内容采集、内容处理、内容审核、内容发布、模板管理、信息评论、信息服务等。

1）站点管理

支持多个站点的创建与管理，可以按照现有站点的栏目结构、模板进行类似的创建，可方便快速地构建子站点的基础结构；站点用户管理可与平台统一的用户管理集成，根据需要限制网站、子网站的访问、管理权限；支持站点的激活、关闭处理。网站禁用后，不能以域名、IP地址、搜索等各种方式进行访问。被关闭的网站可被重新激活，重新发布到信息服务器。

2）内容采集

网站、子网站的内容，可以由统一的界面进行管理，实现异源同现、同源异现等功能；提供内容的信息报送和汇总机制；能对其他业务系统的数据进行采集，提供Web Services接口等，以XML的格式标准，与内容管理系统进行数据交换。

3）内容处理

可视化编辑器，可从外部编辑器中自动粘贴图片和表格，并保持原格式信息（字体、字号、颜色），也可直接添加外部链接；支持栏目间文档复制、引用、移动；支持文章手动排序，支持重要文档置顶功能，且置顶与时间关联（达到一定时间后，按默认方式排序）；可对同一内容使用不同模板来展现。

4）内容审核

支持可定制的多级审核流程，可对不同的栏目定制不同的审批流程，经审核确认（由工作流确定)后的内容才能发布到网站。

5）内容发布

网站发布可采用人工触发和后台运行等方式,并对待发、执行、完成、错误队列实现全方位监控;支持定时、自动发布,并以后台方式运行。

6）模板管理

同一模板在不同频道使用;模板可导入/导出,并支持在如 Dreamweaver、FrontPage 等常见网页设计软件中进行编辑处理。

7）信息评论

提供信息评论功能。对于开放评论功能的栏目,公众可对特定信息发表个人见解。评论经管理人员审核后,可发布在外部的评论页面中。

3. 消息服务

消息服务实现信息系统间结构化数据集合的动态共享,是平台动态信息交互功能的重要支撑。其主要功能如下。

(1) 可靠投递管理。即使在网络临时中断或异常的情况下,仍能持续发送消息,并保证同一消息不重复发送。

(2) 消息路由管理。使消息服务具有在消息源和目的源之间选择最佳路由的能力。

(3) 消息存储和激活管理。将有存储要求的消息保存到数据库,并且在其生命周期内保持激活状态。

(4) 识别和解释管理。根据预定义的消息结构对消息进行解释,并根据一定规则进行消息的重组、过滤和转发。

(5) 触发管理。当特定消息产生时,消息服务可以根据规则触发相应的应用程序。

(6) 消息优先级管理,设定消息的优先级,使消息首先按照其设定的优先顺序进行有序的传递。

4. 权限管理

权限管理系统应按灵活、通用的设计原则,对所有对象资源和数据资源进行访问权限控制,确保对各类角色、不同应用系统的使用功能和访问数据范围进行权限的统一管理和控制,例如应用系统的功能菜单、界面按钮、数据显示项以及各种行级数据的执行、访问、新增、修改、删除等,都可进行权限控制。主要功能可包括登录权限管理、特殊权限管理、层级权限管理、数据访问权限管理、授权与复核管理、权限的检验与控制。

5. 用户管理

物流内网已有应用系统大都有独立的用户管理,为了实现各应用系统统一的身份认证,需要统一用户管理。应用支撑平台提供的用户管理范畴较广,不仅包括具体的用户管理,还包括用户所在部门及组织结构的管理。用户管理可以提供统一的方式来定义业务系统中的组织结构关系。通过用户管理的实现,方便业务系统中人员之间业务流转的定义和控制,并形成统一的组织机构和用户管理库。

6. 单点登录

统一认证中心能利用基本的认证与 C/S 和 B/S 架构应用软件相集成,对用户而言,它可以透明地把用户的登录信息传递到应用软件。使用统一认证中心，用户需且只需登录一次，然后就能够访问被授权的所有应用软件。用户在通过门户访问物流后端应用时，由统一认证平台实现单点登录。后端应用分为 Web 和非 Web 应用两种，非 Web 应用主要是 Client/Server 应用，理论上可以实现单点登录的功能，但是由于实施起来会比 Web 方式复杂一些，需要对应用系统做大量改造，所以原则上只将为数不多的重要应用进行单点登录改造。总体来说，不建议对这类应用进行单点登录改造。

7. 通用报表

提供完备的通用报表组件，供应用决策分析功能使用。报表组件作为一个通用的开发组件，能为各个系统提供报表服务，能够平滑地嵌入各个应用系统中。基于三层次结构开发，用户端只要有浏览器就能够浏览报表、图表等信息。提供可视化的报表设计功能，操作方法和 Excel 等电子表格程序类似，可以方便地设计业务报表和统计报表。报表工具能够分布式连接到已有的不同类型的各种业务数据库（Oracle、SQL Server、Sybase、DB2 等），并针对这些业务数据库数据制作相应的报表，报表与数据库表的关系支持一对多和多对一。支持各种常见的格式，包括表格，直方图、饼图等多种格式的图表；支持多种统计方式；提供序列号、当前用户、当前日期等多种计算字段；支持常见的 Excel 计算函数；制作好的报表能够以纯 web 方式显示，客户端浏览报表时无须安装任何插件；报表工具支持分组、交叉、主从表等多种高级报表功能。报表的结果可以另存为 Excel 电子表格或 HTML 格式的文件。系统提供程序开发接口，支持可编程报表的生成。

8. 业务流程管理

业务流程管理系统是与 SOA 集成于一体。业务流程管理系统能够模仿并分析业务流程的业务需求，同时生成业务需求及业务流程的模型并传递给 SOA 套件，以便开发、部署和执行。SOA 则使用各种工具，把业务流程与人力和系统资源集成在一起；实施业务流程并定义与流程相关的业务规则；对流程进行管控。业务流程管理系统具有如下主要功能。

1）可视化的流程设计

用户通过简单的图形拖拉、选择等操作即可完成满足业务需求的流程设计和流程调整。

2）页面自定义配置功能

用户通过简单的操作进行页面元素配置，即可提供流程对应的页面，可完成一个业务流程从流程到页面的完整定义，并立即展现，提供给用户投入使用。

3）符合机构特点的组织机构定义

支持树状多层的组织定义，用户可以根据需要添加、删除和修改部门，并可以根据需要在一个部门下面设立部门岗位。另外，组织机构定义工具也支持从 Excel 中导入组织机构设置，方便组织机构的定义和维护。

4）集中的待办任务列表

事务流转所产生的任务，集中展现在一个任务列表中，用户登录系统后，即可在醒目的位置看到当前需要完成的任务，进行事务处理。

5）工作流引擎功能

工作流引擎支持包括直送、分支、返回、合并、分支对接、条件分支等类型的业务流程的操作。

6）丰富的系统接口

工作流引擎也为系统提供数据接口。用户可以根据需要通过 SOA 的 Web 服务用 XML 语言编写接口程序，以实现与其他业务系统的数据交互。

9．搜索引擎

搜索引擎为用户展现的每一条搜索结果，从产生到被展现给用户，都需要经过四个过程。首先会通过搜索引擎下载系统的计算，来决定抓取的内容和频率值。然后通过分析系统，自动对存在问题或空白内容进行过滤，以避免给用户返回没有意义的内容。再次，索引系统会将过滤后的内容逐一进行标记和识别，并将这些标记转化为结构化数据，储存在索引库中，以便与用户搜索的内容进行匹配。用户输入关键词时，搜索引擎会对其进行一系列复杂的分析，并根据分析的结论在索引库中寻找与之最为匹配的数据展现给用户，如图 10-4 所示。

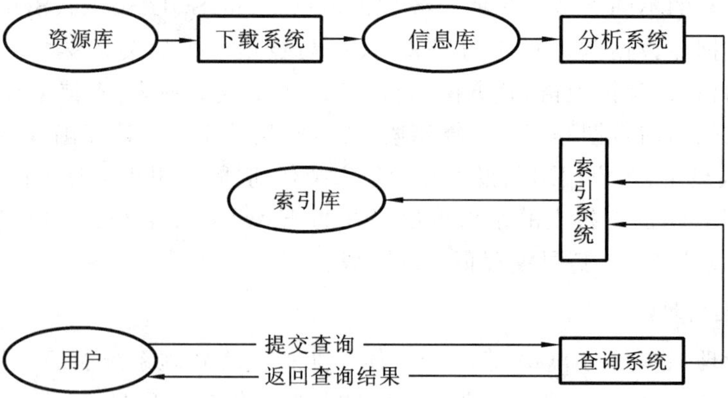

图 10-4　搜索引擎工作示意图

10．目录服务

目录服务是对基于应急物流指挥平台应用的共用资源以目录的形式进行统一管理。共用资源包括系统用户目录、组织目录和服务器目录等。其主要功能如下。

（1）用户目录管理。通过一定的管理、分配和授权机制，对用户信息进行统一管理和维护。

（2）组织目录管理。可按照组织机构分配不同的目录进行管理，与用户目录管理类似，并可与用户目录管理相关联。

（3）服务器目录管理。对服务器目录服务提供统一管理。

11．GPS 组件

GPS 组件是利用空间卫星星座（通信卫星）、地面控制部分及信号接收机对地球上任何地方的用户都能进行全方位导航和定位的组件系统。其基本原理是测量出已知位置的卫星到用户接收机之间的距离，然后综合多颗卫星的数据就可知道接收机的具体位置。要达到这一目的，卫星的位置可以根据星载时钟所记录的时间在卫星星历中查出，而用户到卫星的距离则通过记录卫星信号传播到用户所经历的时间，再将其乘以光速得到。由于大气层电离层的干扰，这一距离并不是用户与卫星之间的真实距离，而是伪距（PR），当 GPS 卫星正常工作时，会不断地用 1 和 0 二进制码元组成的伪随机码(伪码)发射导航电文。

12. GIS 组件

GIS 组件是在计算机硬、软件系统支持下，对整个或部分地球表层(包括大气层)空间中的有关地理分布数据进行采集、储存、管理、运算、分析、显示和描述的技术组件。GIS 组件处理、管理的对象是多种地理空间实体数据及其关系，包括空间定位数据、图形数据、遥感图像数据、属性数据等，用于分析和处理在一定地理区域内分布的各种现象和过程，解决复杂的规划、决策和管理问题。

13. RFID 中间件

物联网组件主要由物联网中间件组成。物联网中间件具有支持多种设备的管理、数据采集及过滤等处理功能，应用与硬件间的耦合性大大降低。物联网中间件提供统一格式的 RFID 等设备的事件共享给外部。中间件研究的领域和范围很广，涉及多个行业，也涉及多个不同的研究方向，如应用服务器、应用集成架构与技术、门户技术、工作流技术、企业级应用基础软件平台体系架构、移动中间件技术和物联网中间件技术等领域。通用的物联网中间件是物联网中的核心，是“面”的问题，面向行业的应用软件是“点” 的问题，应用层的关键是应用软件和中间件。在很多情况下，供应链管理(SCM)、企业资源计划(ERP)等上游应用软件需要物联网中间件、软件集成末端设备。

对于物联网应用的中间件，不同的应用领域对于系统的可靠性、实时性、安全性有不同的要求，因此，需要针对不同的应用领域，设计和实现不同的应用中间件。以便设计和实现物联网应用的中间件，能够隔离物联网特定联网系统，满足快速应用开发的需求。在设计和实现物联网应用中间件过程中，需要参照物联网相关领域的应用平台服务接口标准。物联网中间件功能模块如图 10-5 所示。

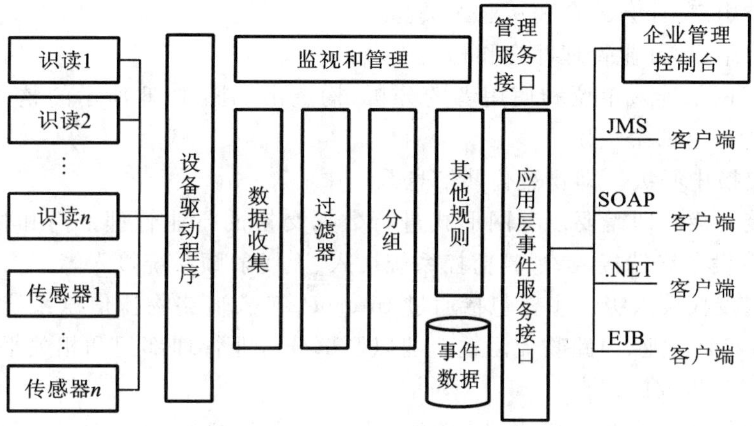

图 10-5　物联网中间件功能模块

中间件主要由平台与通信组成，一般物联网中间件具有的功能模块有：读写器接口、事件管理器、应用程序接口、目标信息服务和对象名解析服务等。最常用的中间件是 RFID 中间件。RFID 标签自身可以携带大量有用的信息，通过为每一件物品附加 RFID 电子标签，使其具有唯一的“身份”和相应的足够的信息，让物品在物联网中能够提供和交换信息，实现物品与物品之间、物品与其他系统之间的“交流”，而无需人的干预。因此，RFID 技术是目前构成物联网的一项最关键的技术。

14. 通信组件

通信组件是对不同通信方式的封装，包括电子邮件、不同的即时通信系统、不同的手机短信提供手段等。应支持内网电子邮件系统、即时通信系统、手机短信通信、针对应用系统提供统一的接口封装底层技术细节、通信对象的状态查询、通信是否送达或状态回执、消息群发等。

15. 结算组件

该组件包括数据采集、计费处理、统计分析、查询服务、计费清算等几个方面。组件主要负责与各银行、金融机构、通信公司进行各种计费结算。组件还能对各种来源的计费结算数据进行分拣、汇总、统计处理，形成用户的各项业务综合的计费结算数据，并根据要求进行统计与分析处理，形成相应格式的报表图形，向用户提供有关的业务预测、经营资料分析以及查询服务。

（四）运行基础层

1. 网络基础设施

在设计中应充分考虑本系统的现状，做到网络的高带宽性、高稳定性和高安全性，满足本系统今后相当时间内的业务应用需求。网络平台综合接入传感网、通信网、互联网、广电网，以满足各种应用对网络的需求。公共信息平台的网络连入单位和使用者可分为以下4类。

（1）第一类用户：工商企业。

（2）第二类用户：物流、运输企业及其相关从业人员。

（3）第三类用户：社会公众和从业人员。

（4）第四类用户：行业管理部门和相关平台。

通过对上述网络连入单位和使用者的分析，构造出如图10-6所示的整体组网模型，将整体网络划分为以下四个级别。

（1）数据交换中心级。即物流公共信息系统中心。

（2）专网接入级。即需要以专网形式进行数据交换的行业管理部门和相关平台，包括物流物联网传感设备终端接入、视频监控系统接入、无线射频系统接入等。

（3）互联网授权接入级。主要包括通过Internet接入道路物流信息系统进行数据交换的单位，如某些工商企业、道路物流运输企业以及部分行业管理部门和相关平台。这些单位的接入访问是经过授权的。

（4）互联网公众浏览级。该级别用户主要是社会公众和从业人员，其访问主要通过Internet进行门户站点的浏览及相关信息查询。

在数据中心的网络结构规划方面，拟采用网络拓扑结构。

首先，为了提高作为整个信息系统基干的网络系统的可靠性，采用双路冗余的方式部署核心交换机，以形成双机热备份结构。

其次，根据物流公共信息平台的用户连接分析，在以Internet接入为主要接入方式的基础上，设计基于MPLS VPN的专网接入，以确保某些不便使用Internet联网来进行数据交

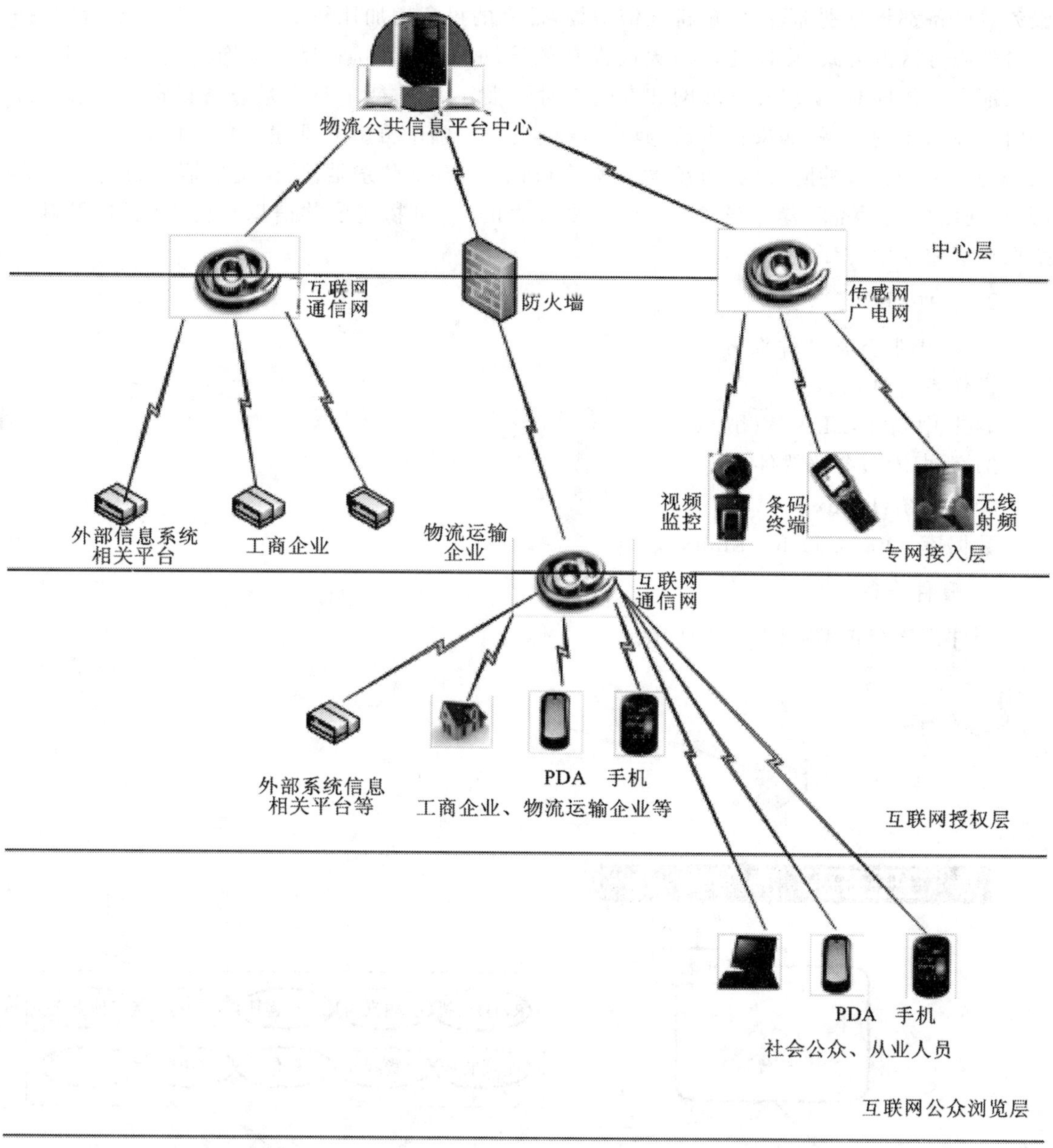

图 10-6 平台整体组网模型

换的单位能够通过专网接入并使用信息系统和进行数据交换。

此外，根据网络系统中所部署设备的功能特点，还需要划分以下几个区域：核心应用处理区、对外服务区和安全管理区。各区域将采用不同的安全策略管理方式来实现不同的服务要求。需要指出的是，考虑到网络中两个出口（分别为互联网出口和专网出口），在对外服务区的设计方面，既可采用分别建立对外服务区的方式（面对互联网的对外服务区和面对专网的对外服务区），也可以采用统一部署的方式。

分别建立面对互联网和专网的队外服务区，虽然在物理结构上可以更加清晰，但与之匹配的负载均衡交换机、防火墙等网络设备，以及 Web 服务器群、数据交换服务器等相关主机服务器设备都将分别部署，数量将成倍增加，带来的投资增加比较明显。而采用统一部署一个对外服务区的方式，可以通过防火墙设备的访问控制策略，配合负载均衡交换机的配置，在保证安全的同时，实现对互联网和专网的对外服务，同时能节省大量设备投资。系统设计保留了对将来的扩展，如果在今后的项目建设中用户单位希望分别建立独立的对外服务区，只需追加采购相关的防火墙、负载均衡交换机以及 Web 服务器、数据交换服务器等设备即可，对网络中的设备配置部署情况不会带来很大的变动，物流公共信息平台系统的 IT 基础架构升级将非常方便。

2. 软件部署与选型

1）Web 服务器软件部署

操作系统：Linux。

Web 中间件：BEA WebLogic。

2）数据库服务器软件部署

操作系统：Linux。

数据库：Oracle 11 for Linux3。

3. 硬件设备

硬件部署与选型如图 10-7 所示。

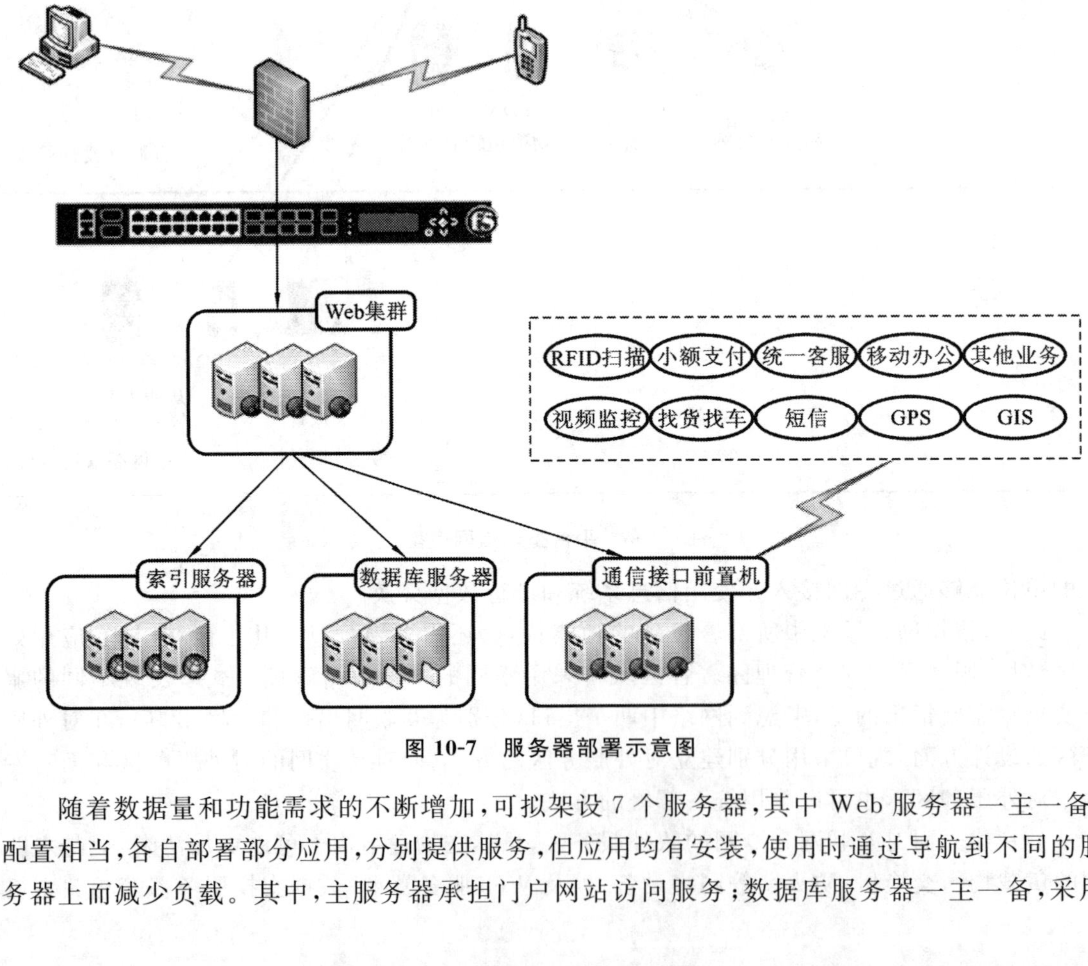

图 10-7　服务器部署示意图

随着数据量和功能需求的不断增加，可拟架设 7 个服务器，其中 Web 服务器一主一备，配置相当，各自部署部分应用，分别提供服务，但应用均有安装，使用时通过导航到不同的服务器上而减少负载。其中，主服务器承担门户网站访问服务；数据库服务器一主一备，采用冷备形式,主服务器配置相对高档;索引服务器(预留)一主一备,为搜索引擎组件提供检索服务;通信接口前置机采用 Windows PC 服务器即可。

数据库服务器的部署,图 10-8 是物流公共信息平台数据库中心的逻辑示意图,该数据中心从逻辑上分为以下三个部分。

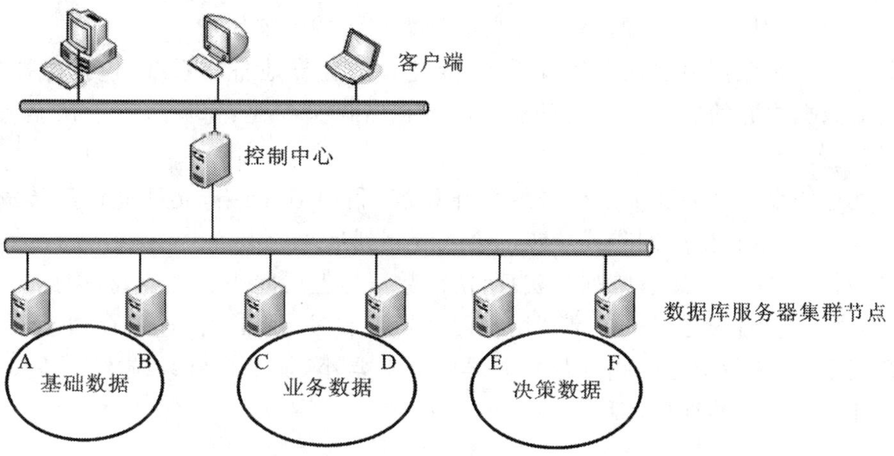

图 10-8 物流公共信息平台数据库中心逻辑示意图

(1) 客户端。指的是企业、政府、学校等各单位和个人的接入部分。包括有线和无线两种模式。

(2) 控制中心。指的是对数据安全进行监控、对数据读写进行调度的部分。控制中心管理数据库服务器集群的各个节点,能对失效的节点进行报警,同时该节点将从集群中移除,保证系统正常运转。通过控制中心,用户可以使用标准的接口访问后台的数据库服务器集群节点。

(3) 数据库服务器集群节点。指的是各种数据信息最终存放的位置。收集每个单位实际运行的数据,然后进行统计分析形成基础数据、业务数据,最终在此基础上进行抽取和筛选,形成决策数据。三类数据分别存放在基础数据服务器集群、业务数据服务器集群、决策数据服务器集群的节点上。

其中,控制中心的数量可根据需要添加并可以分布在不同的地理位置。数据库服务器集群节点也可根据业务需要随时添加。为保证容灾备份,它们也可以分布在不同的地理位置,并实行镜像操作。

数据库软件选型根据以下原则。

(1) 构建高性能、高可靠性、高可用性的集中式 IT 基础架构。

(2) 实现各个部门、各个单位之间的数据集中、信息在线共享和业务协作。

(3) 有效利用系统中的闲置处理能力,提高 IT 设备的使用效率。

(4) 简化 IT 基础平台的使用和维护,降低 IT 系统的总拥有成本。

(5) 获得适应未来发展需求的灵活性和可扩展性。

(6) 通过对数据库软件的对比,拟选用 Oracle 数据库 11g 企业版。该数据库可运行在 Windows、Linux 和 UNIX 等多个操作系统上,具有高性能、高可伸缩性、高安全性和高可靠性等特点,并提供易于使用的全面的功能来管理要求极其严格的事务处理、商务智能和内容管理软件。Oracle数据库软件应用广泛，产品市场占有率高，成熟度高，性价比高，实用性强。

二、物流公共信息平台容灾备份

根据整个平台对数据安全的要求，需要实现数据级的容灾保护。

首先，为了防止数据由于误操作等丢失，要建设一套异地备份系统，包括虚拟带库及物理磁带库，对数据中心的数据做异地的备份。数据备份策略是：每周进行一次全备份，每天进行一次增量备份。

另外，通过磁盘阵列内建的固件或微操作系统，利用IP网络、光纤通道等传输网络，同时将数据中心的关键数据以同步或异步的方式复制到远端的灾备中心。

数据复制过程完全在磁盘阵列间实现，使得数据与上层应用软件隔离，因此对服务器的影响非常小。此外，由于运行机制是利用镜像来复制数据，并借助高速缓存加速I/O读写速度，因此数据中心、灾备中心两端的数据差异时间非常小，加上存储系统本身具有一定的容错能力，因此具有较强的性能和稳定性。

第三节　物流公共信息平台方案设计及应用

本节主要以湘南现代物流公共信息平台的建设为例来阐述物流公共信息平台方案设计及应用情况。具体内容如下。

（一）建设背景

湘南现代物流公共信息平台是由湖南省金煌实业集团旗下子公司——郴州市金煌物流有限公司投资建设的区域性物流信息交易平台，与物流行业相关的供应链上下游企业、全行业各专业机构、专家学者和企业家有机地联系起来，密切关注新兴技术、新型能源、节能减排、信息化等领域科技发展的动向，加强科技转化力度，全力构建郴州市物流信息资源互联网互通网络体系，促进全市物流业从传统向现代化转型，形成全方位、多层次、全开放的物流信息资源的互联互通共享服务区域性物流公共信息平台体系。该项目能够提供强大的运营和管理功能。

(1) 全面提升企业现代化管理水平。可以实现网上报价、网上招标、寻找物流公司、发布企业信息、产品等；能够协助制造商、供应商、仓储服务企业、第三方物流服务企业、运输服务企业和货代服务企业，通过互联网和移动通信技术在平台上进行信息发布，寻求商机、客户或者推销自己的商品、服务，使商业流程自动化，达到降低成本、缩短销售周期。

(2) 有效节约仓储物流和交通运输资源。可以为生产企业提供原材料供求信息发布服务，由专业第三方物流企业提供集中式的物流管理以及仓储服务，减少生产企业的仓储设置和库存，降低生产企业的运营成本，通过平台的LRP(物流资源计划)优化，物流企业可以灵活、合理地利用现有的航空、铁路、船舶以及公路交通运输资源，解决运力紧张的问题。

(3) 大力缓解中小企业资金难题。集团与各大银行建立了良好互信的协作机制，得到了充足的信用额度，获取了由银行方授权的监管职能，能够缓解中小企业目前存在的市场风险和信用风险大、有效抵押不足、缺乏外部信用担保机制、没有信用等级评估体系等突出问题。通过中小企业用户信用记录，以货物做抵押的方式，由第三方物流企业提供一定额度的担保，从而实现中小企业向银行进行信贷，为中小型企业融资难题提供了一个较好的解决途径。

（二）建设必要性

1）平台建设是发展现代物流、推动国民经济发展的需要

继2009年国务院《物流业调整和振兴规划》（以下简称《规划》）中明确提出要加快行业物流公共信息平台建设，并将物流公共信息平台工程列为九大重点工程之一后，国家工业和信息化部《关于推进物流信息化工作的指导意见》，提出要重点支持有实际需求、具备可持续发展前景的物流信息平台建设。推进全国各物流区域、节点城市、交通枢纽、物流园区和经济园区的物流信息平台建设，促进物流信息的跨区域开放、交换和有效利用。

物流公共信息平台是发展物流业重要的关键链条，通过构建物流公共信息平台，物流相关企业可以实现异构数据格式的转换，按统一的数据标准流转，实现信息共享，避免重复劳动，节约社会资源；可以通过平台实现信息发布、查询，缩短物流信息流转环节，降低运营费用；平台可以实现与信息化程度高的大企业内部系统的集成，对不具备全面开展信息化条件的中小企业，通过会员方式加入平台，以较低成本共享物流业内信息，拓宽业务范围，加强了物流企业与上下游企业之间的合作，形成并优化供应链。当合作企业提出物流请求时，物流企业可通过物流公共信息平台迅速建立供应链，提供相关物流服务。这有利于提高社会大量闲置物流资源的利用率，起到调整、调配社会物流资源，优化社会供应链、理顺经济链的重要作用。

2）平台建设是落实国家新兴战略性产业发展的需要

我国刚刚制订了发展新兴战略性产业的计划，物联网是我国重点支持的新兴战略性产业。物联网，顾名思义就是“物物相联的互联网”。它是指通过射频识别、红外感应器、全球定位系统、激光扫描器等信息传感设备，按照约定的协议，把任何物品与互联网连接起来，进行信息交换和通信，以实现智能化识别、定位、跟踪、监控和管理的一种网络。物联网是在互联网的基础上建立起人与物的充分沟通，它把信息网络技术、传感器技术等应用于各个行业、各个产业，组成一个庞大网络，在现代综合技术层面上实现人与物的智能化交流，使人们能够通过互联网监控处于庞大网络中的物品运行情况，从而实现对物的智能化、精确化管理与操作。物联网不仅可以确保服务质量、流通的有序高效、资源配置更加合理，还将催生新兴产业、新的就业岗位和职业门类。这对社会发展具有非常重大而深远的意义。

（1）物资流通信息大动脉。湘南现代物流公共信息平台以物流信息资源为依托，运用先进的信息技术和现代物流技术，充分整合、挖掘、利用信息资源，整合企业与社会的车辆、仓储、资金、货物、人才和信息资源，达到“库有所储，车有所载，货有所运”的物资流通目标。

（2）建立物流大通关体系。通过湘南现代物流公共信息平台，实现与海关、商检、税务、外汇管理、外经贸、交通等政府监管部门，与货主、货代、车队、铁路、码头、报关行、储运、机场、银行、保险等各类企业公司的联网和信息交换，实现港航、空港的电子交换业务，提供无纸贸易、无纸放行及信息的增值服务，建立物流业务大通关体系。

（3）实现五流合一。实现物资流通贸易、仓储、加工、运输、配送等企业通过湘南现代物

流公共信息平台，进行采购、销售、仓储、开票、配送和财务结算等业务的实时管理和控制，达成商流、物流、信息流、资金流和票据流的五流合一。

湘南地区物流发展的总体目标是要以最低的社会物流系统总成本实现既定的客户服务水平，要建成以郴州市为基地、以湘南地区为依托，服务华南、承接长三角与珠三角，面向全国乃至全球的世界级国际现代物流中心。湘南现代物流公共信息平台的战略远景是提升郴州市城市核心竞争力，改善社会物流系统效率，争做国际一流的物流信息平台和运营公司。

（三）湘南物流公共信息平台具体应用介绍

1. 应用层简例：车货配载网上交易系统

车货配载网上交易系统（见图 10-9）主要由我的信息、发布信息和信息查询三个部分组成。我的信息包含我的车源信息、我的货源信息、我参与的车源竞价、我参与的货源竞价、我的车辆管理、我的待审核车源信息和我的待审核货源信息。其功能主要用来管理会员自己发布的各种信息和参与竞价的各种信息。发布信息包含发布车源信息、发布货源信息和发布专线信息。其功能主要用来帮助会员发布自己的车源、货源和专线信息。信息查询包含查询车源信息、查询货源信息、查询专线信息和查询车辆信息。其功能是根据会员输入的相关条件，查询到会员所需要的车源、货源和专线等相关信息。该系统针对中长距离运输，根据供需意向撮合车源和货源，使之达成交易，有效提高了信息获取效率，降低了物流运输成本。

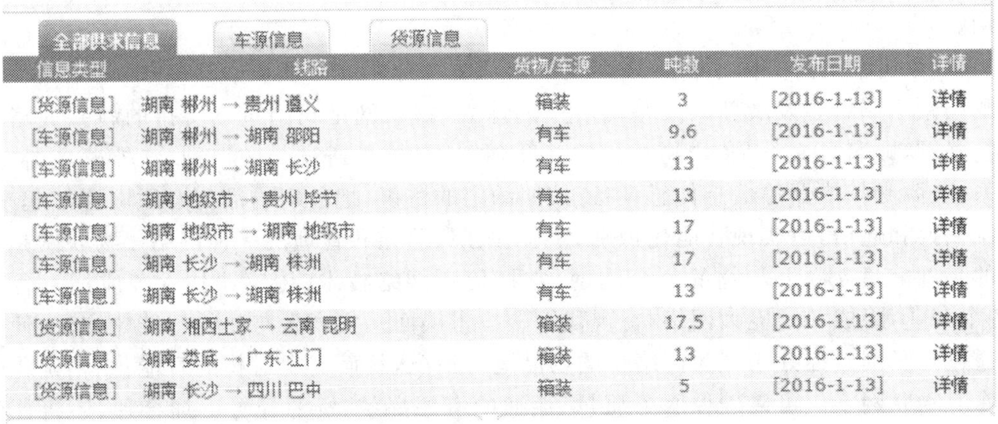

信息类型	线路	货物/车源	吨数	发布日期	详情
[货源信息]	湖南 郴州 → 贵州 遵义	箱装	3	[2016-1-13]	详情
[车源信息]	湖南 郴州 → 湖南 邵阳	有车	9.6	[2016-1-13]	详情
[车源信息]	湖南 郴州 → 湖南 长沙	有车	13	[2016-1-13]	详情
[车源信息]	湖南 地级市 → 贵州 毕节	有车	13	[2016-1-13]	详情
[车源信息]	湖南 地级市 → 湖南 地级市	有车	17	[2016-1-13]	详情
[车源信息]	湖南 长沙 → 湖南 株洲	有车	17	[2016-1-13]	详情
[车源信息]	湖南 长沙 → 湖南 株洲	有车	13	[2016-1-13]	详情
[货源信息]	湖南 湘西土家 → 云南 昆明	箱装	17.5	[2016-1-13]	详情
[货源信息]	湖南 娄底 → 广东 江门	箱装	13	[2016-1-13]	详情
[货源信息]	湖南 长沙 → 四川 巴中	箱装	5	[2016-1-13]	详情

图 10-9　车货配载网上交易系统截图

2. 数据交换层简例：应用系统接口

应用系统接口层（见图 10-10）用来连接各种异种的信息系统，进行系统接口接入集成。包括公共平台门户系统、物流政务相关系统、公共平台门户系统等。通过与市安监局数据对接，可直接办理危险化学品经营许可证审批，特种作业人员操作资格认定等业务；也可通过和省经济信息委、工商、税务，以及其他省市物流公共信息平台的对接，实现业务办理的信息化、简易化、快捷化。

图 10-10 应用系统接口层截图

3. 支撑服务层简例:平台内容管理及权限

平台内容管理包括车源、货源信息,专线运价的发布、修改及审核,栏目新闻,公告及用户留言的管理,审核通过后可显示到平台前台。针对不同级别会员给予不同的操作权限,如游客只能查看信息,正式会员可免费浏览及发布信息,管理员拥有审核、删改信息的权限,可对整个系统进行全方位的管理与使用。平台内容管理及权限截图如图 10-11 所示。

4. 运行基础层简例

软件部署与选型如下。

1) Web 服务器软件部署

操作系统:Linux。

Web 中间件:BEA WebLogic。

2) 数据库服务器软件部署

操作系统:Linux。

数据库:Oracle 11 for Linux3。

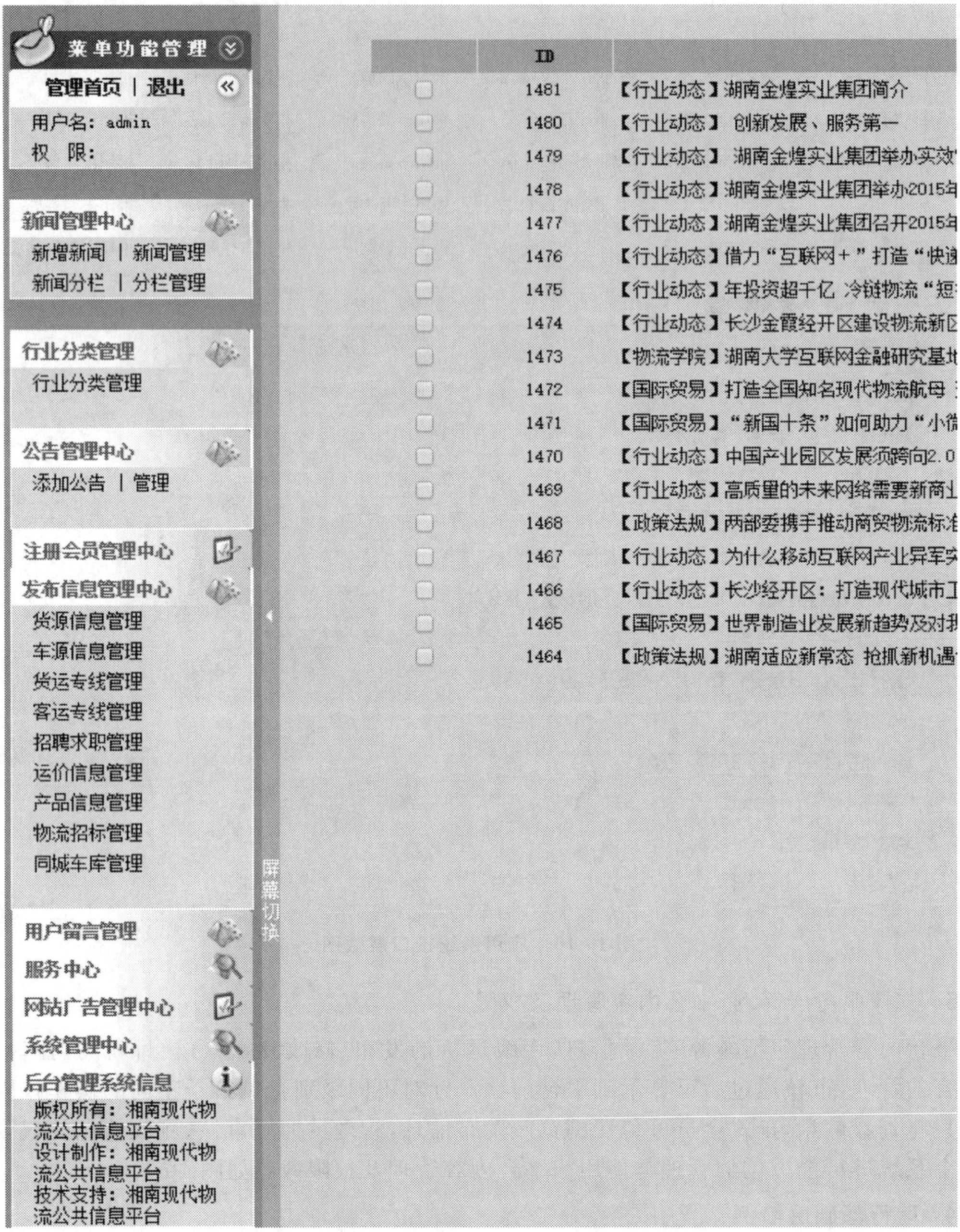

图 10-11　平台内容管理及权限截图

（四）商业模式

湘南现代物流公共信息平台(见图 10-12)是典型的混合服务型模式，其中包括信息资源共享、数据交换中心、物流资源交易等模式。

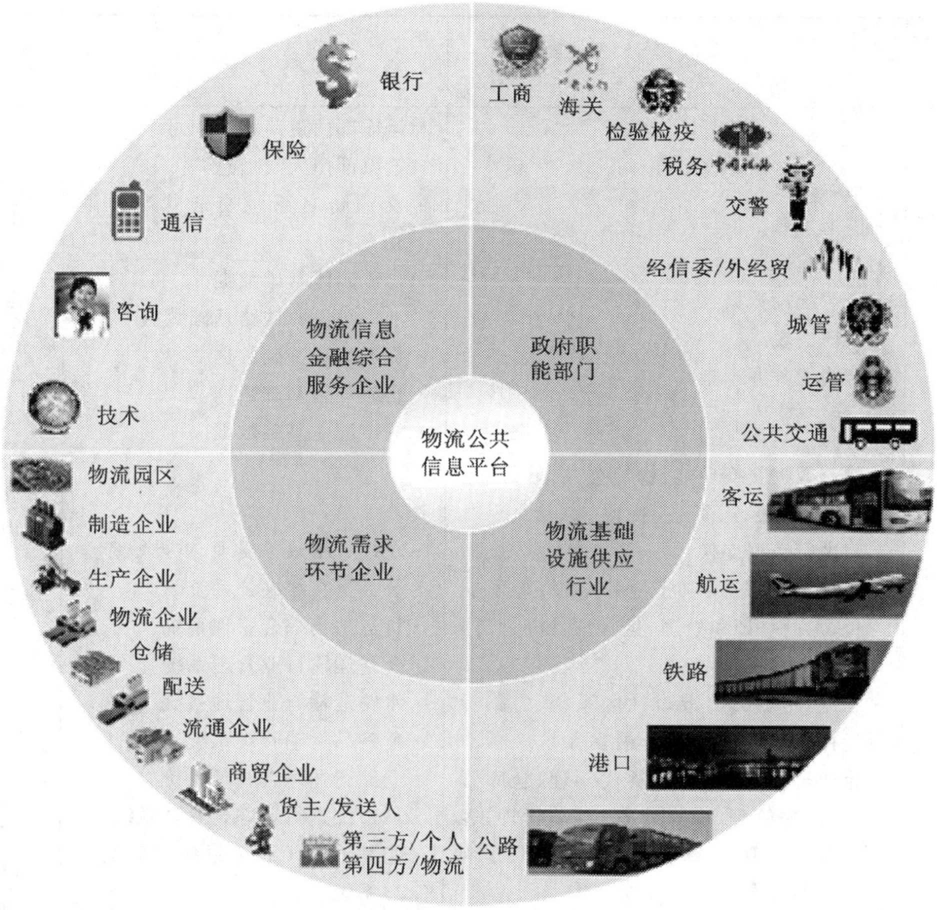

图 10-12　湘南现代物流公共信息平台资源整合图

1. 服务对象

湘南现代物流公共信息平台的交易对象主要是郴州及周边区域的中小物流企业和制造、商贸企业。中小企业有加入物流公共信息平台的需求，虽然聚集在同一区域，但它们之间的最大困境就是渠道不畅通，有车无货、有货无车和运费昂贵的困境依然存在。通过加入公平中立的第三方物流服务平台，中小企业可以打通沟通渠道获得双赢，而且中小企业管理灵活、反应迅速、容易接受新生事物，所以很适合开展物流电子商务。

2. 服务内容

1）服务产品

湘南现代物流公共信息平台的服务产品包括信息服务、数据交换、运力交易、货物跟踪、云物流等。

2）服务功能

湘南现代物流公共信息平台总体服务功能设计面向企业、政府、公众三方面的服务对象，提供信息服务、管理服务、决策服务三种不同层次的服务，具体如表 10-1 所示。

表 10-1 湘南现代物流公共信息平台总体服务功能

层次＼对象	企业	政府	公众
信息服务	·物流资讯 ·供求信息 ·数据交换服务 ·商业统计数据 ·法律法规 ·在线业务办理指南	·运输部门道路状况信息 ·气象部门天气信息 ·交通仿真系统交通状况预测信息 ·物流园区基础数据 ·港口/机场/铁路基础数据 ·货运站场基础数据 ·仓库设施基础数据 ·城市配送基础数据	·民航信息 ·铁路信息 ·公路信息 ·港口信息 ·天气信息 ·最新公告
管理服务	·物流数据交换功能：物流公共信息平台与企业、银行、货主、货代、物流商等之间进行数据交换 ·在线电子服务：电子税务申报、电子支付、工商登记和处理、运营证件办理、网上审批 ·物流虚拟社区：港口社区系统、公路货运社区系统、航空货运社区系统 ·企业解决方案服务：货代管理、仓库管理、运输管理、配送管理、订单管理、客户关系管理、结算管理、系统管理、车辆跟踪调度 ·电子通关：通过实时/批处理方式实现物流公共信息平台与中国电子口岸通关系统的对接	·在线电子政务受理、审批服务 ·公务员在线办公系统 ·货运站场综合管理系统 ·公路运输行业管理系统 ·水路运输行业管理系统 ·危险品运输管理系统 ·仓储行业综合管理系统 ·城市配送行业综合管理系统 ·与其他电子政务系统之间的接口系统 ·公钥基础设施与安全认证机构	·物流跟踪（根据相关单号查询） ·信息查询（对各种物流信息的查询） ·家政物流（搬家、购物配送） ·物流论坛
决策服务	·物流市场分析报告 ·企业解决方案服务中的业务数据分析与决策	·物流行业统计分析 ·政府宏观决策支持系统	—

3）服务流程

（1）价格撮合机制。湘南现代物流公共信息平台的价格撮合机制主要是在线议价和在线招标。对于短期零散物流资源，平台为用户提供网上业务室，采取在线议价的方式。而对于大型中长期物流资源，平台采取在线招标的方式，包括单次竞价、连续循环竞价及多轮循环竞价。单次竞价是指在规定时间内投标人只可申报一次价格；连续循环竞价是指在规定时间内投标人可多次投标；多轮循环竞价指招标人规定竞价轮次和每轮时长，投标人每轮报一次价格。

（2）流程整合。在流程整合方面，湘南现代物流公共信息平台依托政府背景和区域优势，具有建设速度快、推广范围广及权威性高等特点。这些特点都使得平台在短时间内聚集了大量的区域物流资源，也使得平台的流程整合能力大幅增强。通过聚集和整合区域物流资源，平台合并了区域的“信息孤岛”，优化了区域供应链上下游以及物流企业之间整体物流资源的组合，实现了社会利益的整体提高。

（3）会员制度及流程。湘南现代物流公共信息平台最突出的服务流程就是采用会员制方式经营，因此这里着重介绍一下湘南现代物流公共信息平台的会员制。湘南现代物流公共信息平台采用会员制方式经营，企业可作为湘南现代物流公共信息平台的会员访问物流信息。企业物流在公共信息平台上申请成为会员，会员分付费会员和免费会员两大类：①付费会员包括 VIP 企业会员、企业会员、第三方认证会员；②免费会员包括免费企业会员和个人会员。不同类型的会员享受不同程度的信息服务。

第一，VIP 企业会员。VIP 付费客户或大型广告客户可以免费使用湘南现代物流公共信息平台的全部开放系统。VIP 企业会员不仅可以得到大量超值广告赠送，同时还能享受优先、优惠的附加广告支持。VIP 企业会员投放的广告不仅在湘南现代物流公共信息平台的页面上展示，还将通过湘南现代物流公共信息平台众多的合作网站与合作媒体形成多媒体、跨平台的立体推广模式。湘南现代物流公共信息平台免费为 VIP 企业会员建立独具风格的网站并免费赠送以门户网站为后缀的二级域名，打造 VIP 企业会员的“数字脸孔”。网站内容包括企业简介、公司动态、产品展示、商情大全、留言本五大板块，VIP 企业会员可以自行选择增减板块。各板块的内容可由企业自行发布并上传图片，从而使得企业网站图文并茂、更加生动，并且企业可以选择更换网站模板。VIP 企业会员可以随时在湘南现代物流公共信息平台上发布与自身企业相关的各类信息，以找到更多合作伙伴来扩展业务。按照 VIP 企业会员所属的行业，在湘南现代物流公共信息平台的门户网站首页显著位置着重推荐会员企业，通过链接到 VIP 企业会员的独立网站让网络用户方便快捷地了解 VIP 企业会员的基本信息、业务活动、联系方式等。覆盖物流行业与物流相关行业的、最具权威性的分析报告，帮助 VIP 企业会员分析了解市场，实时把握行业动态。VIP 企业会员可以随时在湘南现代物流公共信息平台的门户网站上发布人才招聘信息，并随时查询湘南现代物流公共信息平台门户网站的物流人才库。物流人才库结合了物流行业的需求特点，对物流人才进行系统、全面、综合、专业的细分，让 VIP 企业会员随时找到合意的物流行业人才。

第二，企业会员。付费客户或广告客户可以免费使用湘南现代物流公共信息平台的部分开放系统，可以根据企业的自身情况选择性地使用部分 VIP 企业会员功能。

第三，第三方认证会员。注册第三方认证的会员并且通过第三方认证的企业，申请 VIP 企业会员或企业会员时可以享受优惠。

第四，免费企业。其是指注册企业信息并经过网站、电话、邮件认可信息真实性的企业。免费企业可以在湘南现代物流公共信息平台上限量发布与自身企业相关的各类信息。

第五，个人会员。其是指注册相关个人信息，且经过网站、电话、邮件认可信息真实性的人士。个人会员可以在湘南现代物流公共信息平台上限量发布与自身相关的各类信息。

第六，非会员（游客）。其是指不用注册的个人或者企业浏览者。非会员（游客）可以在湘南现代物流公共信息平台浏览各类信息。

在会员申请方面，不同类型会员的申请流程不一样。

第一，VIP 企业会员和企业会员可以通过电话申请、邮件申请、短信申请、网页申请四种形式申请成为 VIP 企业会员或企业会员。

第二，第三方认证会员申请。第三方认证会员除了需要像企业会员申请一样进行财务监控之外，还需要进行第三方资质的认证，只有这二者均通过后，方可成为第三方认证会员。

第三，免费企业会员申请。企业通过网页填写其注册信息，注册企业的信息经过网站、电话、邮件确认真实性后即可成为免费企业会员。

第四，个人会员申请。个人通过网页填写其注册信息，注册信息经过网站、电话、邮件确认真实性后即可成为免费个人会员。

湘南现代物流公共信息平台的会员，在湘南现代物流公共信息平台上实现自己的物流业务管理，该平台既不属于任何一家零售商，也不和任何一家物流企业有关系，这样才能保证所有业务数据处理的安全性和公正性。分级会员制服务，不仅降低了企业初期的投资风险，保证了企业应用的个性化，而且能保证其内部业务系统不受干扰。其具体产生的利益包括以下几个方面。

(1) 节约投资。投资节约可达 30%～70%。

(2) 加快速度。企业可以更迅速地实现物流业务管理，平均节约时间 1/3～1/2。

(3) 减少风险。企业实现物流业务管理常常由于投资、项目执行等因素面临大量的风险，通过会员制的方式可将这种风险降到最低和完全可以控制的限度。

(4) 专注于核心竞争力。企业可以将稀缺的资源(资金、人员、时间)用于本企业的核心业务而非信息技术上，从而为企业创造更大的收益。

(5) 享受专业技术支持和售后服务。湘南现代物流公共信息平台具有电信级的运行环境和完善的客服管理机制，可以保证企业享受专业的技术支持和售后服务。

(6) 走向联合。企业可以在湘南现代物流公共信息平台上与其他企业共同创造规模优势，实现规模经济。可以与其他企业一起实现物流联合，获取更大的物流优势。

(7) 更有效地利用第三方服务。企业可以通过会员制的方式在湘南现代物流公共信息平台上更为经济地利用与物流管理相关的第三方服务，如第三方认证、车辆跟踪、信息、研究等服务，获取更多的商业机会，实现物流业务的增值。

3. 盈利模式

1) 运营模式

湘南现代物流公共信息平台的运营模式是政府、协会、企业联合运营型模式。湘南现代物流公共信息平台由企业主导，政府、协会联合支持、共同开发，在运营过程中三者相互制约，各司其职。政府的主要职责是制定行业相关法律，为企业提供政策和资金支持，授予协会监督企业运营的权利；协会作为政府和企业之间联系的纽带和桥梁，主要职责是为政府提供政策和法律的制定建议，监督企业的日常运营，维护行业的有序竞争和发展；企业的主要职责是利用政府的资金，再加上自己的内部资金，以股份制形式成立公司，保证平台前期的建设进度和后期的运营管理，为社会创造价值，并且企业对平台的日常经营拥有完全决定权，同时企业可要求协会在行规行约上给予支持，维护企业的合法利益。由于有政府的牵头，平台的权威性和公益性特征明显。协会的参与使政府和企业之间的合作更加协调。由政府资金和企业资金组成的股份制公司使得企业不会过分贪婪而忽视平台的公益性，也使得政府不会过分注重公益性而无法调动企业的积极性和创新性。而且由于有了市场竞争，平台的服务水平、服务质量及服务效率都会明显提高。与上海航运运价交易平台类似，湘南现代物流公共信息平台属于公共基础设施，公益性较强，因此，平台为用户提供的诸如网上业务室、车辆货物监控和数据交换等信息系统大多是对用户免费开放的。免费服务使得国有主导型平台带来的社会福利要大于自身的经济效益。相应地，平台为了能持续发展，也陆续开发了很多增值服务平台，如为会员提供在线融资等服务，但要收取相应的增值费用，这些增值服务就是平台主要的利润来源。

2）效益分析

近年来，郴州物流业总体规模快速增长，服务水平显著提高。2012 年，全市物流总费用为 300.83 亿元，湖南省社会物流总额达到 45880 亿元，社会物流总费用为 4205 亿元，与 GDP 的比率在全国处于中等水平。2012 年，湖南省公路运输货运量完成 16.67 亿吨，同比增长 15.6%。郴州市货运量 2.3 亿吨，比上年增长 20.4%，居全省前列。但郴州市现代物流仍然处于初级阶段，物流规划和布局存在地区分割、部门分割等问题，各地物流资源难以有效整合，大量的物流资源没有发挥出应有的效用，导致社会物流成本明显偏高。2012 年全市物流总费用与 GDP 的比率为 19.83%，而发达国家一般为 8%～10%。

湘南现代物流公共信息平台的建设与广泛应用将能够实现政府、企业、金融机构等各方面信息资源的共享与整合，最大限度地优化配置社会物流资源，以降低社会物流成本、提升物流全过程的整体水平，有效地促进郴州市物流总费用与 GDP 的比率下降，推动经济社会的科学发展。

第一，节约道路运输物流成本，提高物流效率。

据统计，2012 年全国社会物流运输的 GDP 占整个国家 GDP 的 9%左右。公路运输的 GDP 在社会物流运输中占 60%左右。据麦肯锡的调研，中国的运输车辆的空驶率达 40%，而发达国家只有 5%～8%。也就是说，我国的汽车空驶率要比发达国家高出了 30 多个百分点，这 30 多个百分点意味着一年要白白烧掉 4000 多万吨的成品油。由于油价持续在高位震荡，燃油费在道路运输成本中的份额（目前约为 42%）呈大幅度上升趋势。按成品油价格 10500 元/吨计算，4000 万吨成品油就要花费 4200 亿元左右。因此，有效降低空驶率，将大大降低油耗、车辆维修保养及过路费用等成本。降低空驶率不仅能降低油耗，而且能减少汽车尾气排放，可以说降低空驶率也将使我们提前迈进低碳社会。湖南省是以公路运输为主的省份。2012 年，湖南省公路运输货运量达 16.67 亿吨，公路货物周转量为 2392.5 亿吨公里，增长 27.4%。郴州市公路货物周转量为 364.1 亿吨公里，增长 29.2%。据统计，湖南省现有公路运输车辆 40 多万辆，仅油料费一项，如能降低空驶率 30%，则能节约近 40 亿元/年；降低 50%，将能节约 60 亿元/年；如达到发达国家水平，将能节约 120 亿元/年。另外，过路费在我国的公路运输成本中所占比重也不可忽视，目前约为公路运输成本的 12.5%，过路费约为油料费的 30%。在湖南，如能降低空驶率 30%，则能节约 12 亿元/年；降低 50%，则能节约 20 亿元/年；如达到发达国家水平，每年将能节约 40 亿元。

第二，节约物流企业信息化投资，整合社会物流信息资源。

湖南省物流行业登记的企业法人有 2910 家，个体工商户有 48404 家，现在企业要做物流，没有信息化支撑是不行的。如果企业中有 30%应用此平台，按每家物流企业节约信息化投入 20 万元计、个体工商户每户节约信息化投资 2 万元计，湖南省物流业总共将节约信息化投资 5 亿元左右。而平台可通过信息共享、增值服务、价值链管理等对物流企业提供强大的技术支持，促进采购、销售和储运业务以及流程的外包，推动社会化第三方物流的发展，推动两业联动，提升整个供应链系统的市场竞争力。

实现与湖南省物流公共信息平台的有效对接，广泛整合社会物流信息资源，最终实现省际和区域内物流信息共享。2009 年 9 月 12 日，江西、湖北、湖南、河北、吉林五省签订了《省际物流公共信息平台共建协议》，至此，省际物流公共信息平台共建成员增至 16 个省（市区）。湘南现代物流公共信息平台的建设与运营，可以实现与湖南省物流公共信息平台的有效对接，推动区域内和区域间物流信息化、标准化的发展，有利于促进湖南省物流信息化整体水平的提高。同时，湘南现代物流公共信息平台拥有强大的信息发布系统及信息类产品服务，致力于促进区域内和区域间物流信息共享和信息服务协同，围绕采购商、供应商、物流企业及其他相关贸易伙伴，为企业提供多种信息增值服务，并提供采购、物流、仓储管理、物流配送和财务结算等一整套流程化、标准化的数据交互和业务协同服务，这必将可以广泛整合社会物流信息资源，有效提高供应链各环节上的贸易伙伴之间的业务同步化水平，实现信息流、商流、物流协同合一，促进制造商、物流服务提供商、供应商及上下游企业的信息共享和服务融合。

第三，提升郴州市乃至湖南省物流业整体服务水平和业务能力，推动湖南省新型工业化进程和实现制造业、物流业联动发展。

湘南现代物流信息公共平台的构建，可以促进在网络环境下湖南省内和省际物流资源高效整合，实现供应链节点企业间信息共享和资源共用，使制造企业及其他企业提高生产力，物流企业降低运行成本，为产品提供更大的附加值。而且，通过物流公共信息平台的构建，物流相关企业可以实现异构数据格式的转换，按统一的数据标准流转，实现信息共享，避免重复劳动，节约社会资源；可以通过平台实现信息发布、查询，缩短物流信息流转环节，降低运营费用。物流公共信息平台的构建还可以实现与信息化程度高的大企业内部系统的集成。对不具备全面开展信息化的中小企业，通过会员方式加入平台，以较低成本共享物流业内信息，拓宽业务范围，加强了物流企业与上下游企业之间的合作，形成并优化供应链。当合作企业提出物流请求时，物流企业可通过物流信息公共平台迅速建立供应链，提供相关物流服务。这有利于提高社会大量闲置物流资源的利用率，起到调整、调配社会物流资源，优化社会供应链、理顺经济链的重要作用，并实现社会物流成本和企业物流成本的合理控制，有力提升湖南物流业整体服务水平和业务能力。

湘南现代物流公共信息平台，将政府的电子政务系统以及物流枢纽、物流企业、园区的物流公共信息平台都集成、整合在一起，实现了区域内和区域间信息资源的优化整合和充分利用。该平台既能用于政府的宏观调控，使得制造、物流运输和商业企业以及交通、港口、海关、银行等各行各业的不同主体在一个开放、标准、高效的平台上交换信息，实现协同工作，同时，它也是实现区域性合作，与其他区域、国家进行对接的，集成化、智能化的物流信息管理平台。实现区域间、区域内物流园区、配送中心、物流中心、交易中心、物流企业等之间的横向整合，做到区域物流资源信息共享，最大限度地优化社会物流资源配置，才能降低社会物流成本、提升物流业全过程的整体水平，进而有力地推动我省新型工业化建设进程和实现我省制造业、物流业联动发展。

区域物流平台物流提供 SaaS 的业务模式，自身拥有信息管理系统的大中型企业可通过与物流园区信息平台的互联，实现对企业上下游环节的管理及物流的管理。而自身没有能力建设信息管理系统的中小型企业也可通过物流信息平台建立独立的信息发布系统及上下游客户信息管理系统，同时可利用信息平台进行业务推广。这必将可以帮助中小企业建立和完善物流信息化建设，提升企业核心竞争力。更为重要的是，基于 Internet 的湘南现代物流公共信息平台的功能与其他物流系统相比，真正实现了物流企业之间，企业与客户之间的物流信息和物流功能的共享，成为物流信息交换与共享的基础和物流领域的神经网络，面向全省整个物流系统的集成化、智能化的物流信息管理中心。平台建设与运营成效直接关系到郴州市、湖南省物流业调整与振兴规划各个重要领域的发展和每个重点工程的建设，是郴州市现代物流业高效运作的前提和保障，通过建设信息平台，可以极大地推动郴州市现代物流向前发展，并助力两型社会建设、富民强省战略目标的实现。

小结

物流公共信息平台是指基于计算机通信网络技术，提供物流信息、技术、设备等资源共享服务的信息平台。具体来说，物流公共信息平台是运用现代信息技术、计算机技术、通信技术，整合物流行业相关的信息资源，系统地采集、加工、传送、存储、交换企业内外的物流信息，从而达到整个社会物流信息的高效传递与共享。物流公共信息平台是近些年的新生事物，目前国内外还缺乏统一的分类标准，物流公共信息平台按照服务区域和服务范围不同，可分为宏观、中观和微观层面物流公共信息平台，具体对应为国家级物流公共信息平台、区域级物流公共信息平台和园区级物流公共信息平台。物流公共信息平台整体架构自上向下分为应用层、数据交换层、支撑服务层、运行基础层。通过对比学习传化物流平台(公路港模式)和湘南现代物流公共信息平台两个国内比较典型的物流公共信息平台案例，对其商业模式进行剖析，并给出经验启示，从而为国内其他物流公共信息平台的建设和运营提供借鉴与参考。

重要概念

浏览器/服务器结构(Browser/Server，B/S)
客户机/服务器结构(Client/ Server，C/S)
办公自动化(Office Automation，OA)
管理信息系统(Management Information System，MIS)
业务流程管理(Business Process Management，BPM)

练习与思考

一、简答题

1. 简述物流公共信息平台的作用和意义。
2. 列举物流公共信息平台架构体系中应用层的主要组成子平台。

二、思考题

1. 比较传化物流平台和湘南现代物流公共信息平台所采用的商业模式，分析各自的优缺点。

2. 除以上案例中两种商业模式之外，我国目前主要还存在哪几种物流公共信息平台模式？结合本章内容，利用互联网、书籍等资源进行查找，给出调查简报。

综合案例

国家交通运输物流公共信息平台

1. 平台简介

国家交通运输物流公共信息平台(LOGINK，又称物流电子枢纽)是交通运输部和浙江省人民政府牵头，管理部门、行业协会、软件开发商、物流供应商多方共建的一个开放、共享的物流单据和服务电子交换基础网络；浙江省交通运输厅牵头成立运行中心，负责LOGINK建设和运维，LOGINK亦代表中方参加东北亚物流信息服务网络(NEAL-NET)建设。

LOGINK平台是以提高社会物流效率为宗旨，以实现物流信息高效交换和共享为核心功能，由交通运输部和省级交通运输主管部门共同推进，连通各类物流信息平台、企业生产作业系统，统一信息交换标准、消除信息孤岛的面向全社会的公共物流信息服务网络，是"公共、开放、共享"的物流信息服务桥梁。

LOGINK平台名字由logistics和link两个单词组成，LOGINK平台的标志由三个L(logistics)组成，意为推进物流信息化的链接，致力建设围绕物流信息服务的物流电子枢纽。

1) 平台基本特征

(1) 公益性：不以营利为目的，主要为各物流信息服务需求方提供基础性公共服务。

(2) 开放性：向全社会提供服务，不局限于特定行业、特定作业环节和特定服务对象。

(3) 共享性：实现不同部门、不同行业、不同地区、不同物流信息系统间信息交换与共享，减少信息孤岛和重复建设。

2) 平台总体建设目标

构建覆盖全国、辐射国际的物流信息基础交换网络和国家平台门户，实现"公共平台"与相关物流信息系统和平台之间可靠、安全、高效、顺畅的信息交换，实现行业内相关信息平台交换标准统一，提供公正、权威的物流相关公共信息服务，有效促进物流产业链各环节信息互通与资源共享。

2. 平台总体功能

截至2013年1月1日，LOGINK平台已发布的服务涉及标准、基础交换、物流管理软件、公共应用、物流产业链信息互联等五大类。为将这些服务更好地推向物流及相关行业，所有服务集中发布在官网上，统称L2000。相关内容如下。

(1) 标准应用。交通运输物流公共信息平台标准体系是为各参与方实现数据交换和公共应用服务而统一制定并要求遵循的技术应用标准和管理规范的集合。目前提供交通运输物流公共信息平台标准3.1版本。

(2)基础交换服务。基础交换服务是LOGINK的基础和核心，是企业间数据交换和社会资源整合的基础保障，为物流产业链各环节企业提供中立、开放、安全的数据交换，主要包括单据交换和服务调用。

(3)物流管理软件。物流管理软件包括普通运输管理软件、小件快运通用软件、集装箱运输管理软件、仓储管理系统、物流基地通用软件、国际货代管理系统、物流移动终端软件等。

(4)公共应用服务。公共应用服务包括：信用共享物流跟踪、行业监测、物流资源、公共信息等。

(5)物流产业链信息互联服务。通过LOGINK平台基础交换服务，为物流产业链各参与方提供系统互联和信息共享的通道，同时提供标准、物流管理软件、公共应用、技术咨询等一系列服务。

3. 平台实施效果

LOGINK平台在交通运输部领导下，各省份步调一致，科研单位、物流企业、IT企业等多方联合共同建设物流公共信息共享平台，解决物流信息交换、服务共享问题，满足物流行业信息化发展的要求，有效避免重复建设带来的资源浪费和信息孤岛，以提升行业的建设和管理水平。总体来说，该平台的直接作用有：一是提供免费应用软件，促进中小物流企业信息化水平的提高；二是通过政府投资实现物流公共信息交换的公益性和公用性，消除信息孤岛；三是统一全国各省市交通运输主管部门、科研单位、物流企业、IT企业等多方资源，有效避免重复建设；四是能够尽快形成物流信息交换的标准体系，提高物流信息交换效率，降低交换成本。同时，该平台的建设将直接带来巨大的社会和经济效益，推动传统运输业向现代物流业转型。

(1)“平台”建设将减少企业和各省行业管理部门物流信息化重复建设。全国有货运经营户543.3万户，浙江省有货运经营户33万户，如按10%的经营户使用平台，每个企业平均建设物流信息平台2万～4万元，加上各省行业管理部门的物流信息化投入，则全国可节约上百亿元的信息化建设费用。

(2)“平台”建成后可以提高物流效率。加快单据传递、减少差错、提高管理效率；可以整合物流信息服务，提高车货交易、货物跟踪等方面的效率；全国拥有营运货车761万辆，平台建成后，可提高车辆运输组织水平，降低货车空驶率，节约能源。据测算，浙江省每年可带来效益18亿元，全国每年可带来效益超过400亿元。

(3)“平台”的建设将带来外部效益300亿元。“平台”不仅降低道路运输行业成本支出，为社会节约能源，而且能给工商业带来成本的节约和效益的提高。2008年全国物流总费用为5.45万亿元，占GDP的18.1%，与发达国家物流总费用占GDP的10%有很大差距。如果“平台”全面应用，每年至少可以降低物流总费用占GDP的0.1个百分点，浙江省可减少物流总费用21亿元，全国可减少物流总费用约300亿元。

参考文献

[1] 朱长征,屈军锁.我国物流信息化发展现状分析[J].西安邮电学院学报,2010(6):55-58.
[2] 朱长征,方静,杨乐.物流信息技术[M].北京:清华大学出版社,2014.
[3] 赵智峰,施华.物流信息管理[M].修订版.北京:中国财富出版社,2015.
[4] 罗风.RFID在供应链物流管理中的应用研究[D].成都:西南交通大学,2009.
[5] 王喜富,沈喜生.现代物流信息化技术[M].北京:北京交通大学,2015.
[6] 丰斓,赵弘志.物流信息管理[M].北京:机械工业出版社,2012.
[7] 王道平,关忠兴.物流信息系统[M].北京:北京大学出版社,2012.
[8] 徐建春,赵英时,张熙川.基于组件对象模型的GIS[J].国土资源遥感,1999,39(1):49-56.
[9] 韦玉亭.GIS在现代物流系统中的应用研究[D].南京:东南大学,2004.
[10] 王琳.基于XML的EDI系统在物流应用中的设计与实现[D].天津:天津大学,2009.
[11] 李喜刚.电子数据交换在物流系统中的应用[D].西安:西安电子科技大学,2007.
[12] 沈绪明,张晶.EDI在企业物流活动中的重要作用[J].物流技术(装备版),2010(22):54-57.
[13] 陈光军.EDI技术在现代物流管理中的应用[J].中国管理信息化(综合版),2007(5):8-8.
[14] 于丹凤.基于现代物流管理中EDI技术应用的探析[J].电大理工,2013(1):20-22.
[15] 王景.基于ebXML的第三方物流数据交换技术的研究及应用[D].杭州:浙江工业大学,2007.
[16] 王景,赵艳伟,吴斌,蒋一波.基于ebXML规范的数据交换平台的研发与应用[J].计算机系统应用,2007(2):88-90.
[17] 章伟辉.基于ebXML的物流信息交换系统研究[D].杭州:浙江工业大学,2005.
[18] 李颖.ebXML技术规范及其在商业信息系统的应用[M].北京:中国标准出版社,2007.
[19] 廖江辉.EDI电子技术在南孚物流配送中的应用[J].企业技术开发,2011(15):144-149.
[20] 王虎,李平,刘彦军.基于SOA的铁路物流信息共享研究与应用[J].铁路计算机应用,

2013(8):19-22.
[21] 顾春红,万钦.向服务的企业应用架构——SOA 架构特色与全息视角[M].北京:电子工业出版社,2013.
[22] 胡德华.SOA 之道——思想、技术、过程与实践[M].上海:上海交通大学出版社,2011.
[23] 全国信息技术标准化技术委员会 SOA 标准工作组,中国电子技术标准研究所.中国 SOA 最佳应用及云计算融合实践[M].北京:电子工业出版社,2012.
[24] 维克托·迈尔-舍恩伯格,肯尼思·库克耶.大数据时代[M].盛杨燕,周涛,译.浙江:浙江人民出版社,2013.
[25] 麦德奇,保罗·B.布朗.大数据营销:定位客户[M].王维丹,译.北京:机械工业出版社,2013.
[26] 涂子沛.大数据:正在到来的数据革命[M].桂林:广西师范大学出版社,2012.
[27] 王鹏.走近云计算[M].北京:人民邮电出版社,2009.
[28] 张为民.云计算:深刻改变未来[M].北京:科学出版社,2009.
[29] 朱近之.智慧的云计算:物联网的平台[M].北京:电子工业出版社,2011.
[30] 杨正洪.智慧城市:大数据、物联网和云计算之应用[M].北京:清华大学出版社,2014.
[31] 黄玉兰.物联网射频识别(RFID)技术与应用[M].北京:人民邮电出版社,2013.
[32] 金江军,潘懋,承继成.智慧城市刍议[J].现代城市研究,2012(6):101-104.
[33] 胡蓉,夏洪胜.我国建设"智慧城市"的瓶颈及对策分析[J].未来与发展,2012(4):9-13.
[34] 邬贺铨.大数据支撑智慧城市[J].中国经济和信息化,2013(2):66.
[35] 沙勇.国内外智慧城市发展模式对提振"智慧南京"的启示[J].南京财经大学学报,2012(6):7-12.
[36] 龚炳铮.关于发展我国智慧城市的思考[J].中国信息界,2012(11):7-10.
[37] 闫成印.物联网带动大数据发展[J].互联网天地,2012(11):29-31.
[38] 陆伟良,周海新,陆侃.感知智慧城市概论——智慧城市学习体会[J].智能建筑与城市信息,2012(6):28-36.
[39] 顾德道,乔雯.我国智慧城市评价指标体系的构建研究[J].未来与发展,2012(10):79-83.
[40] 钟华艳.解读全球"智慧城市"发展路径[J].上海信息化,2012(9):14-16.
[41] 王根祥,李宁,王建会.国内外智慧城市发展模式研究[J].软件产业与工程,2012(4):11-35.
[42] 张宁.物联网环境下的企业流通领域建设分析[J].商业时代,2010(27):24-129.
[43] 姜书汉.物联网与云计算,诱人但需谨慎[J].物联网技术,2011(2):30-31.
[44] 桑磊.云计算在物联网中的应用[J].科技与企业,2011(14):59.
[45] 侯书森,孔淑红.企业供应链管理[M].北京:中国广播电视出版社,2012.
[46] 谢卓君.供应链信任对其绩效影响的实证研究[M].广州:华南理工大学出版社,2012.
[47] 魏修建.电子商务物流管理[M].重庆:重庆大学出版社,2007.
[48] 姚家奕.管理信息系统[M].北京:首都经济贸易大学出版社,2003.
[49] 陈志祥.生产运作管理基础[M].北京:电子工业出版社,2010.
[50] 王翔.企业管理概论[M].北京:北京理工大学出版社,2010.

[51] 霍红,霍岩.零售业ECR战略及分类管理的分析研究[J].哈尔滨商业大学学报(社会科学版),2002(5):31-33.
[52] 沈祖德.ECR:零售业提高竞争力的最佳策略[J].中国商贸,2001(1):40-41.
[53] 孙元欣.ECR消费者有效反应流通模式[J].上海商业,2000(2):37-41.
[54] 周萱,李敏波.基于ebXML的零售业ECR系统的数据交换技术研究[J].计算机应用与软件,2007(12):113-115.
[55] 顾海鸿.供应链管理策略快速反应(QR)与有效客户反应(ECR)研究[J].中国高新技术企业,2009(19):89-90.
[56] 赵艳.基于供应链环境下的ECR策略研究[J].科技创业月刊,2006(5):75-76.
[57] 韩硕,姜旭平.ECR及其在我国商品流通领域的应用研究[J].商场现代化,2005(13):47-48.
[58] 贾维.零售业ECR战略及分类管理的分析研究[J].北方经贸,2005(2):76-77.
[59] 刘志学,杨敏.定制ECR——有效客户反应的新发展[J].中国物流与采购,2003(3):30-31.
[60] 戴勇.雀巢与家乐福的ECR管理[J].中国物流与采购,2003(17):26-27.
[61] 刘畅.效率型消费者响应理论综述[J].当代经理人,2006(10):161.
[62] 马金锋.ICC-CPFR模型及其在大型零售企业中的应用研究[D].北京:北京交通大学,2009.
[63] 高少坤.供应链环境下CPFR扩展及在现代流通企业中的应用研究[D].北京:北京交通大学,2007.
[64] 曾凤梅.基于快速反应的企业销售物流管理研究[D].成都:西南交通大学,2006.
[65] 康贤刚.基于供应链管理的企业核心竞争力战略研究[D].武汉:华中科技大学,2004.
[66] 胡庆.中国连锁超市基于ECR的品类管理研究[D].武汉:华中科技大学,2004.
[67] 张家茂.试论ECR战略及其未来发展[J].企业家天地,2005(11):63-64.
[68] 缪克平,唐正康.跨国公司FDI的技术扩散与引导[J].企业家天地,2005(12):32-33.
[69] 冯耕中,吴勇,赵绍辉.物流公共信息平台理论与实践[M].北京:科学出版社,2014.
[70] 朱杰.物流公共信息平台建设与运营模式[M].北京:机械工业出版社,2014.
[71] 黄永斌.区域物流信息平台理论与实证[M].杭州:浙江大学出版社,2010.
[72] 冯靖.现代物流信息平台的建设[J].职业圈,2007(8):38-39.
[73] 吴建.电子商务物流管理[M].2版.北京:清华大学出版社,2013.
[74] 刘化君.物联网技术[M].北京:电子工业出版社,2010.
[75] 吴信才.地理信息系统原理与方法[M].北京:电子工业出版社,2002.
[76] 罗云启,曾琨,罗毅.数字化地理信息系统建设与MapInfo高级应用[M].北京:清华大学出版社,2003.
[77] 刘光.地理信息系统二次开发教程[M].北京:清华大学出版社,2003.
[78] 张方.我国电子商务物流模式选择研究[D].大连:东北财经大学,2007.
[79] 兰洪杰.食品冷链物流系统协同研究[D].北京:北京交通大学,2009.
[80] 游佳.网络化制造系统中的物流协同组织与管理技术研究[D].重庆:重庆大学,2007.
[81] 文丽青.智慧物流与综合交通协调发展研究——以山西省为例[D].太原:太原理工大

学,2015.
[82] 张佳栋.物联网技术在物流配送中的应用研究[D].济南:山东建筑大学,2014.
[83] 阮石磊.B2C 电子商务企业物流模式及车辆调度研究[D].沈阳:东北大学,2008.
[84] 周杨.物联网环境下多维度协同物流管理研究[D].长沙:湖南大学,2013.
[85] 周雪梅.电子商务物流模式研究[D].上海:上海海事大学,2005.
[86] 李良伟.我国电子商务物流模式创新研究[D].哈尔滨:哈尔滨工程大学,2007.
[87] 李旭.电子商务环境下物流模式的研究[D].武汉:武汉理工大学,2005.
[88] 何玉影.基于供应链的食品物流运行模式及机制研究[D].重庆:重庆理工大学,2011.
[89] 袁娜朵,胡爱军.基于物联网技术智慧社区快递最后一公里的运营模式思考[J].智能建筑与城市信息,2014(7):99-102.
[90] 陈思云.汽车制造业协同物流系统研究[D].武汉:武汉理工大学,2008.
[91] 周泉良.电子商务的物流模式研究[D].长沙:湖南大学,2003.

教学支持说明

“全国高等院校物流管理与工程专业类应用型人才培养‘十三五’规划精品教材”系华中科技大学出版社“十三五”规划重点教材。

为了改善教学效果，提高教材的使用效率，满足高校授课教师的教学需求，本套教材备有与纸质教材配套的教学课件(PPT 电子教案、习题库和习题答案、案例库、教学录像或视频等)。

为保证本教学课件及相关教学资料仅为教材使用者所得，我们将向使用本套教材的高校授课教师和学生免费赠送教学课件或者相关教学资料，烦请授课教师和学生通过电话、邮件或加入“物流类人才培养与出版”QQ 群等方式与我们联系，获取“教学课件资源申请表”文档并认真准确填写“教学课件资源申请表”发给我们，我们的联系方式如下。

地址：武汉市东湖新技术开发区华工科技园华工园六路华中科技大学出版社有限责任公司营销中心

邮编：430223

电话：027-81321902

传真：027-81321917

E-mail：yingxiaoke2007@163.com

物流类人才培养与出版 QQ 群号：487529221

華中科技大學出版社
http://www.hustp.com

教学课件资源申请表

填表时间：________年____月____日

1. 以下内容请教师按实际情况写，★为必填项。
2. 学生根据个人情况如实填写，相关内容可以酌情调整提交。

★姓名		★性别	□男 □女	出生年月		★ 职务	
						★ 职称	□教授 □副教授 □讲师 □助教
★学校				★院/系			
★教研室				★专业			
★办公电话		家庭电话				★移动电话	
★E-mail （请填写清晰）						★QQ号/微信号	
★联系地址						★邮编	

★现在主授课程情况		学生人数	教材所属出版社	教材满意度
课程一				□满意 □一般 □不满意
课程二				□满意 □一般 □不满意
课程三				□满意 □一般 □不满意
其　他				□满意 □一般 □不满意

教 材 出 版 信 息		
方向一		□准备写 □写作中 □已成稿 □已出版待修订 □有讲义
方向二		□准备写 □写作中 □已成稿 □已出版待修订 □有讲义
方向三		□准备写 □写作中 □已成稿 □已出版待修订 □有讲义

请教师认真填写表格下列内容，提供索取课件配套教材的相关信息，我社根据每位教师/学生填表信息的完整性、授课情况与索取课件的相关性，以及教材使用的情况赠送教材的配套课件及相关教学资源。

ISBN（书号）	书名	作者	索取课件简要说明	学生人数（如选作教材）
			□教学 □参考	
			□教学 □参考	

★您对与课件配套的纸质教材的意见和建议，希望提供哪些配套教学资源：